KECHENG SIZHENG JIAOXUE SHEJI

LIDE SHUREN QIANGNONG XINGNONG: XIAOSHIPIAN

课程思政教学设计

立德树人 强农兴农：校史篇

田义轲　　张玉梅　主编

中国农业出版社

北　京

校史篇

XIAOSHIPIAN

主　编：田义轲　张玉梅
副主编：刘园园　刘丽红　牛婷婷
编　委（以姓氏笔画为序）：

王　格	王家胜	牛婷婷	田义轲
冯秀梅	刘丽红	刘园园	刘振斌
孙　娟	孙兆明	李玉全	李春梅
肖军霞	张玉梅	张恩盈	周春玲
宗全利	孟庆波	赵紫平	徐鲁斌
黄金光	崔　凯	董玉河	韩先杰
蔡　斌	蔡连卫	谭玲玲	

序

2019 年 9 月，习近平总书记给全国涉农高校的书记校长和专家代表的回信中明确指出："中国现代化离不开农业农村现代化，农业农村现代化关键在科技、在人才。"2022 年 10 月，党的二十大报告明确提出，全面推进乡村振兴。2023 年，中央 1 号文件《中共中央 国务院关于做好 2023 年全面推进乡村振兴重点工作的意见》擘画了党和国家"三农"工作的方向和蓝图。

2020 年 5 月，教育部印发的《高等学校课程思政建设指导纲要》指出，全面推进课程思政建设是落实立德树人根本任务的战略举措，课程思政建设是全面提高人才培养质量的重要任务。农学类课程要注重培养大学生的"三农"情怀，引导学生以强农兴农为己任，培养知农爱农创新人才。农业院校立足办学特色，满足社会关切，服务国家粮食安全等重大战略需求是教育教学的使命。高校是学习教育的主阵地，课堂教学既要按照教学大纲的统一要求完成教学内容的传授，又要结合学校的培养目标和学生的专业实际体现校本特色，更要服务于培养中国特色社会主义建设者和接班人这一重大历史使命。

青岛农业大学始建于 1951 年，历经莱阳农业学校（1951—1958、1963—1976）、莱阳农学院（1958—1963、1978—2007）、莱阳农业大学（1976—1978），2007 年 3 月经教育部批准更名为青岛农业大学。在长期办学实践中，学校铸就了"厚德、博学、笃行、致远"的校训和"勤奋、严谨、求实、创新"的校风，形成了"矢志三农、勤奋求实，自强不息、追求卓越，培养高素质应用型人才"的办学特色。青岛农业大学贯彻落实习近平总书记回信精神，把习近平总书记关于"三农"工作的重要论述和党的"三农"政策融入课程教学内容中，引导学生立志成为"一懂两爱"（懂农业、爱农村、爱农民）的乡村振兴骨干力量。

70 年弦歌不辍，70 年砥砺奋进，青岛农业大学牢牢把握时代脉络，不断见证、亲历时代变迁，积极回应国家和社会发展需要。学校植物学与动物学、农业科学、化学学科、工程学学科、环境与生态学学科位居基本科学指标数据库（ESI）全球排名前 1%。水产学科和农业工程学科为山东省高水平学科（培育学科），水产学科、植物学与动物学（含草学）为山东省一流学科。学校坚持围绕国家和地方重大战略需求设立研究课题，面向生产实际开展基础和应用研究。1978 年以来，学校累计获得省部级以上科技成果奖励 238 项，其中国家级科技奖励 14 项、省部级成果一等奖 37 项，获奖数量和层次在山东省省属高校中位居前列。20 世纪 70—90 年代，学校连续首创全国北方小麦、夏玉米、旱地小麦大面积亩*产超千斤**栽培理论与技术，夏花生大面积超 800 斤栽培理论与技术，为确保国家粮食安全、实现粮食和油料作物增产、促进畜牧业发展作出了重大贡献。

为深刻领悟新时代农业院校的重要责任和历史使命，课程思政设计更加贴近学生实际，取得良好的育人效果，我们编写了《课程思政教学设计 立德树人 强农兴农：校史篇 校友篇》。其中，《校史篇》以青岛农业大学部分专业导论课程为线索，讲述青岛农业大学及其各专业的发展历程，培养学生的主人翁精神、树立强农有我的自豪感和自信心。以专业导论第一次课的内容进行课程思政教学设计，突出展示重点学科和优势学科的发展过程。明确各类学科在提高农业生产能力、提升农民生活质量、保持社会稳定、推进乡村振兴方面的重要作用。结合青岛农业大学发展历史，着重强调关键学科和核心领域的发展，从中体会和领悟我国涉农院校的发展变迁与国家需求、人民期待之间的关系，更加明确树立强农兴农责任的紧迫感，更加明确培育知农爱农新型人才的时代使命。《校友篇》选取青岛农业大学部分杰出校友投身"三农"、助力乡村振兴的贡献和事迹，将校友"三农"贡献和情怀信仰融入各类课程教育教学中，展现青岛农业大学课程思政教学创新和改革的有益探索，强化高校立德树人根本任务，培养知农爱农的应用创新型新农科人才。本书结合青岛农业大学课程思政的具体案例，向读者一一展开教学设计、教学活动、教学内容。一方面，总结青岛农业大学课程思政的经验，为继续推进课程思政建设打下良好基础；另一方面，希望和广大高校交流课程思政教学经验，相互学习，相互促进，共同为培育时代新人而努力，谱写新时代农业学校发展绚丽华章。

郭善利

2023 年 10 月

---

* 亩为非法定计量单位，1 亩≈666.67 平方米。余后同。——编者注

** 斤为非法定计量单位，1 斤＝0.5 千克。余后同。——编者注

目录

农 学 专 业 导 论

一、基本情况

（一）教师简介

葛磊，农学院教授，山东省泰山学者海外特聘教授。主要研究方向为玉米抗逆与表观遗传发育学的研究。主讲作物学导论、科技论文写作等课程。以第一或通讯作者发表SCI论文11篇，合作发表SCI论文10余篇；主持国家自然科学基金面上项目2项，参与国家自然科学基金集成项目1项，授权国家专利4项。

（二）课程简介

本课程是农学专业的第一门专业课程，是了解本专业发展脉络、知识体系和结构的引导性课程。主要任务是让学生了解农学的发展历史、研究现状和发展趋势，掌握农业生产中的新技术和新成果，能够分析和解决作物生产中存在的问题，指导农业技术推广，深刻理解农业资源的有效开发和环境保护之间的关系。

本课程着眼于大农业系统，追溯农业的起源与发展，立足于作物生产，探究作物生长发育及其与环境间的奥秘，把握生产技术，使作物健康成长，着重介绍农学基本知识、基本原理和基本技术，涉及作物栽培学、耕作学、植物保护学、作物生理学和农业生态学等学科领域。

（三）授课方式

线上线下混合教学，线下教学为主。

二、教学设计

（一）专业名称

农学专业。

（二）教学目标

社会主义事业合格建设者和可靠接班人应做到德智体美劳全面发展，具有家国情怀、勇于担当、素养优良、视野开阔；掌握人文社科和自然科学基本理论知识，具备良好的科学文化素养和健康的人际交往能力；了解世界农业发展形势与政策，掌握作物生产、作物遗传育种及种子生产与经营等方面的基本理论、知识和技能；能够将传统农业科学与现代生物学技术、信息技术相融合，具备与时俱进的适应能力、创新能力和实践能力；能够从事现代农业生产、农业技术推广、农业经营管理、科学研究和教学等工作；具备良好的身体素质和知行合一、矢志"三农"精神。

1. 知识目标

掌握数学、物理、化学等自然科学基础理论知识；掌握生物学科和农学学科的基本理论、基础知识和实验技术；掌握作物栽培和作物种植制度、作物新品种选育和种子生产与经营、农田水肥管理、作物病虫草害及其防治等专业知识；了解和关注国内外农业生产与作物学发展的重大问题，具备农业可持续发展的意识和农业经济与管理等方面的基本理论和基础知识。

2. 能力目标

具有生物化学、生物学、遗传学、土壤肥料学和农业气象学的基础实验技能；具有从事作物育种、栽培、管理和数据分析的能力；具有较强的调查研究与决策、组织与管理、口头与文字表达能力，以及独立获取知识、处理信息和创新的能力；能阅读外文专业文献，具有运用现代信息技术获取相关信息的能力。

3. 素质目标

养成良好的政治思想道德素质，树立正确的世界观、人生观和价值观；具有乐观向上、积极进取、甘于奉献、团结协作的心理素质和良好的身体素质；具备良好的语言沟通和健康的人际交往能力；具备从事本学科、相关学科工作和研究的基本技能和素质。培养学生融入青农、热爱青农的归属感；培养学生具有爱国主义信念、"知农爱农"的"大国三农"情怀。

（三）案例设计

1. 导入

引导学生以学校所处的山东这一农业大省的发展来切实深刻理解农业农村发展现状和乡村振兴的重要意义和艰巨挑战。首先请同学们思考一个问题：众所周知，"全国农业看山东"，但其背后的数字支持是什么呢？作为农业大省，山东用占全国6％的耕地和1％的淡水，生产了全国8％的粮食、11％的水果、12％的蔬菜、13％的水产品，为全国贡献了农业产业化经营等山东经验。

问题1：为什么说"全国农业看山东"？

问题2：作为发展较好的农业大省，山东在乡村振兴和农业农村现代化的历史进程中如何完成其历史使命？如何展示其责任担当？

问题3：在座同学们的个人抱负是什么？

2. 展开

（1）了解山东农业总体布局

2019年7月，在新中国成立七十周年省（区、市）系列主题发布会上，时任山东省省长龚正针对山东省在乡村振兴方面采取的举措和取得的成效作出总结：山东省贯彻习近平总书记的要求"充分发挥农业大省优势，打造乡村振兴的齐鲁样板"，这是山东全省的光荣使命和重大责任。打造乡村振兴的齐鲁样板，其核心要求包括两条。

第一，标准要高、水平要高。山东在发展农业过程中曾经创造过诸城模式、寿光模式、潍坊模式，还有基层组织"莱西经验"。新时代要有新的内涵，走出新的路子。

作为新时代涉农高校的青岛农业大学学生，要勇于确立高远的奋斗目标，在锻造精神、重塑灵魂中勇敢发出自己新时代大学生的特有声音。

第二，按照习近平总书记要求，山东省要打造有特色且可复制、可推广的样板，可以理解为各具特色的现代版富春山居图。在实际工作中表现为谋篇布局，狠抓落实，努力解决发展不平衡、不充分的问题。发展不平衡，主要是城乡发展不平衡；发展不充分，主要是农村发展不充分。要通过乡村振兴促进城乡发展一体化。

在这一伟大历史进程中，新时代涉农高校的大学生必将是不可或缺、使命担当的主力军。

山东全省的发展总体思路概括起来是"13613"。"1"就是一个愿景引领，实现生产美、产业强，生态美、环境优，生活美、家园好"三生三美"融合发展，其中"家园"包括物质家园和精神家园。

"3"就是按照三个层次、三个结点来实现农业农村现代化。按照规划，到2020年，30%以上的村要基本实现农业农村现代化；到2030年，60%以上的村要基本实现现代化；到2035年，全部村庄要基本实现农业农村现代化。

在校大学生个人目标的实现和个人理想的奋斗恰恰是实现农业农村现代化历史进程的组成部分，真正与国家和民族的命运紧密相连，在校大学生必然是我国农业农村现代化建设的基础力量。

"6"和"13"，分别是实施农业综合生产能力提升等六大工程和科技"展翅"等13项行动。

山东省的政策体系可以概括为"1+1+5+N"。第一个"1"是出台了乡村振兴的指导意见；第二个"1"是出台了乡村振兴战略规划，"5"是指山东省按照习近平总书记强调的产业振兴、人才振兴、文化振兴、生态振兴和组织振兴出台了5个工作方案，成立了5个工作专班；"+N"是指农村美丽村居建设、农村改厕等若干个具体专项行动。这其中工作很多，每一项都事关大局、事关群众的切身利益。这些也是在校大学生融入建设农业农村现代化时代洪流所要深刻理解、坚决执行、保证完成的政策指令。

山东作为农业大省、粮食生产大省，要维护国家粮食安全，这是习近平总书记对山东省提出的明确要求。体现在要坚决守住1亿亩耕地红线和每年生产500亿千克粮食的底线。通过适度规模经营、延伸产业链等多种方式提高种粮效益，保护农民种粮的积极性，现已连续五年粮食产量超过500亿千克。作物科学是粮食稳产和高产最根本的科技支撑，涉农高校农学专业的学生如何充分利用在校时间充实自己，如何扎实专业学习达到学以致用是必须圆满回答的时代命题。

（2）农学专业的历史使命

农学专业肩负着实施乡村振兴战略、推进生态文明、打造美丽中国、践行总书记"两山"理念、落实习近平总书记"以立德树人为根本，以强农兴农为己任"回信精神的历史使命。同学们应该踏踏实实学好农学专业知识，不辱使命，勇于担当。

农学专业是青岛农业大学传统优势特色专业，设立于 1951 年。为国家级一流本科专业建设点、山东省特色专业、山东省首批应用型人才培养特色名校建设重点建设专业、青岛市重点专业、山东省首批公费生招生专业，获山东省"教育服务新旧动能转换专业对接产业项目—农学专业群"项目立项资助，经费 3 600 万元。"智慧农业物联网教学平台"获得省教育专项基金资助。农学、种子科学与工程、烟草、植物科学与技术为省高水平应用型立项建设专业（群）。

三、教学总结

（一）教学依据

农学专业导论是该专业新生的第一门专业必修课，对后续专业课程的学习具有启蒙和引导作用。这门课程可引导学生四年本科学习的整体规划和学习目标，影响学生对农学专业的兴趣和学习动力，关系学生将来从事现代农业的信心和决心。

教学内容中要讲授我国现代农业发展的现状和趋势。通过观看视频，学生了解我国农业的发展历史及现代农业生产模式，让学生对我国农业发展有信心，增强职业自豪感，激发学生"一懂两爱"的"大国三农"情怀及从事农业的担当精神。

课堂教学中，教师要结合现代农业发展中存在的农技推广与现代农业发展不相适应、农业一二三产融合较低、农业产业效益不高等问题，引导同学思考在实现粮食安全的奋斗过程中，如何发挥聪明才智、甘于奉献、勇于创新，为我国农业发展贡献自己的力量。

（二）教学方法

本课程采取线上和线下相结合的教授方式，在思政内容融入教学过程中，主要采用以下方法和手段：

1. 讲解法

本课程涉及作物学，研究领域广泛，新发展、新成果不断涌现，在新学科不断融入的过程中形成了崭新的科学体系。以农学院四位主讲教授各自的研究领域为切入点，通过多视点、多角度、多维度、多层次讲解作物科学前沿的研究方向和技术手段，以点带面地展示作物学与分子生物学、分子遗传学、作物功能基因组学和生物信息学等学科研究领域的融合发展现状和未来走向，对各项最新成果的发现与应用、我国农业科研领域代表人物的突出贡献（袁隆平、李振声和李登海）、科学精神和家国情怀作重点讲解分析。

2. 启发式教学法

本课程是农学专业基础课，启发式教学法可以激发大一新生的学习热情和思辨能力，课堂教学设置可以使学生积极参与提问，引导学生主动思考问题、寻求解答。在讲授新时代农业农村新发展理念时，教师简要讲解习近平总书记在《生物多样性公约》第十五次缔约方大会领导人峰会上的主旨讲话，提高学生的理论认识水平，以共建"地球生命共同体"的生态文明重要思想为指导，引导学生理解人类农业活动的社会意义和生态影响。将新一代农科生的思想统一到"人与自然应和谐共生","把人类活动限制在生态环境能够承受的限度内，对山水林田湖草沙进行一体化保护和系统治理"的正确认识上来。

3. 情境浸润式教学法

粮食事关国运民生，粮食安全是国家安全的重要基础。谁来养活中国？面对这一世纪难题，100 年来中国共产党始终把解决人民吃饭问题作为治国安邦的首要任务，并创造了用全球 7% 的耕地养活占全球近 20% 的人口的奇迹，实现了人民由"吃不饱"到"吃得饱""吃得好"的历史性转变。特别是党的十八大以来，以习近平同志为核心的党中央坚持把粮食安全作为治国理政的头等大事，立足我国国情、粮情，提出了"确保谷物基本自给、口粮绝对安全"的新粮食安全观，走出了一条中国特色粮食安全之路。我国农业连年丰收，粮食储备充裕，完全有能力保障粮食和重要农产品供给，筑牢国家粮食安全防线。课堂教学中引导学生设身处地地思考在实现粮食安全的奋斗过程中，我国农业科技战线上的工作者如何做到发挥聪明才智（李振声）、甘于奉献（李登海）、勇于创新（袁隆平）。

4. 案例分析法

本课程中涉及众多作物科学的专业概念、试验操作和科学实践等，理论性较强。为了提高学生的学习主动性，使其更好地掌握专业知识，教师在授课过程中注重以社会热点为载体进行开放式讨论。以转基因食品的安全问题为例。习近平总书记在 2020 年 2 月 14 日召开的中央全面深化改革委员会第十二次会议上发表的重要讲话中指出，要从保护人民健康、保障国家安全、维护国家长治久安的高度，把生物安全纳入国家安全体系，系统规划国家生物安全风险防控和治理体系建设，全面提高国家生物安全治理能力。2020 年 10 月 17 日，十三届全国人大常委会第二十二次会议通过了《中华人民共和国生物安全法》，并于 2021 年 4 月 15 日开始施行。

（三）教学反思

1. 讲好中国故事

以我国现代农业发展脉络为主线，讲好中国现代农业发展中作物学领域的科学工作者如何以"爱农为农"的理想信念和让中国人民吃饱饭、吃好饭的愿景目标指导科研奋斗历程。培养学生紧扣时代脉搏、"学农为农"的专业热情，自觉成长为"知农爱农"的创新型人才。

2. 增强民族自信

以我国农业文化遗产中众多低碳循环的发展模式，如稻鱼共生、桑基鱼塘、稻作梯田、农林牧复合等为素材，通过现有的摄影图像资源，在课堂上真实再现这些农业文化遗产的历史语境与景观特色，使学生可以身临其境地感受大自然的神奇瑰丽之美，也能领略传统农业文化中人们的创造与智慧，从而激发学生的民族自豪感和民族自信心。

3. 乡村振兴，有你有我

以袁隆平、李振声、李登海等卓越的作物遗传育种学家和种业创新科技工作者的先进事迹和开拓创新精神为素材，以更多情景式教学方式帮助学生理解和体会这些科学家在面对众多科研难题时如何寻找科研思路、确定科研开展角度和切入点，如何创造条件做出突破性的工作，如何跟踪世界前沿提出创新理论、开展创新研究、取得创新成果。由此进一步引导学生确立以"四个面向"为指引的职业规划，坚定每一位新时代涉农高校农学专业本科生在乡村振兴和建设社会主义的农业农村现代化进程中奋勇争先的信念，交出自己满意、无愧时代的人生答卷。

智慧农业专业导论

一、基本情况

（一）教师简介

张恩盈，农学院副院长，副教授，山东省科技特派员。研究方向为玉米遗传育种与生物信息学等。从事本、专科生生物统计与试验设计、统计学原理和生物统计软件与应用等课程的教学工作。主编教材 2 部，参编教材 1 部。与学校农业传播中心历时 2 年摄制完成科教片《玉米籽粒形成的秘密》，获中国科教影视最高奖"科蕾杯"提名奖，2018 年获山东省科技进步奖二等奖，2019 年获神农中华农业科技奖三等奖，2022 年获山东省教研成果二等奖、全国农牧渔业丰收奖二等奖。发表研究性论文 70 余篇；主持参与省部级研究课题 20 余项，其中省级教研课题 7 项；作为主要参加人参与选育并通过审定（国审/省审）玉米新品种 11 个。

（二）课程简介

本课程是智慧农业专业的第一门专业课程，是响应现代农业发展需求开设的一门新课。随着现代信息技术在农业领域的广泛应用，以智慧农业为表现形态的农业智能革命已经到来。智慧农业是农业信息化发展从数字化到网络化再到智能化的高级阶段，对农业发展具有里程碑意义，已成为世界现代农业的发展趋势。

智慧农业导论课程紧扣时代主题，响应现代农业发展需求，讲授智慧农业基本涵义及作用、遥感技术、物联网和大数据等智慧农业关键技术，涉农产品质量追溯、农村电子商务、智能农业装备等现代农业信息化领域最新知识。本课程能够提高学生对智慧农业的认知水平，使其掌握并利用现代农业信息技术，推动农业现代化发展。

（三）授课方式

线上线下混合教学，线下教学为主。

二、教学设计

（一）专业名称

智慧农业专业。

（二）教学目标

通过本课程学习，学生应当了解智慧农业的背景、现状和发展趋势，掌握作物学、农业信息学和农业工程学基础理论知识，能够运用现代信息技术改造、提升和服务现代农业，增强将人工智能技术运用到现代化农业建设中的意识，培养人工智能和其他相关技术在智慧农业中创新运用的能力，能够胜任智慧农业及相关领域研究与开发、技术服务与推广、生产经营管理及农业行政管理等方面的工作。本课程引进现代智慧农业的理念，引领学生了解并掌握"智慧农业＋"的基本原理和方法，探讨培养专业学生解决生产实际问题的能力，有效提高学生的思维能力和学术素养。

1. 知识目标

了解智慧农业的基本涵义及作用、遥感技术、物联网和大数据等智慧农业关键技术，涉农产品质量追溯、农村电子商务、智能农业装备等最新知识，掌握智慧农业发展历史及其发展趋势。

2. 能力目标

具有将互联网、物联网、大数据、云计算、人工智能等现代信息技术与农业深度融合，实现农业信息感知、定量决策、智能控制、精准投入、个性化服务的全新的农业生产方式的能力。

3. 素质目标

培养高素质创新型复合人才，其应做到德智体美劳全面发展，理想信念坚定，具有良好的道德修养、健全的人格和高度的社会责任感，能服务国家和区域农业农村现代化发展战略需求，能将信息技术、生物技术、现代工程技术、现代经验管理知识与农学有机融合，具有良好的理学和人文素养、"三农"情怀、审辩思维和全球视野，以及较强的沟通交流能力、自主学习能力和实践创新创业能力，能胜任现代农业及相关领域的教学科研、产业规划、经营管理、技术服务等工作。

（三）案例设计

1. 导入：赵春江——"顶天立地"的人

赵春江院士是我国农业信息化领域的领军人物，他领导并参与研发的两个项目被称为"顶天立地"。所谓"顶天"，指的是精准农业示范研究，目标是要把一块大田里每一小块土地的最大生产潜力挖掘出来，这是目前国际农业研究的前沿项目；"立地"说的是农业专家系统，即农民常说的"电脑农业"，用电脑来指导农民种地，选什么品种、什么时候播种、施多少肥、浇多少水等问题通过电脑得知。这两项研究分别获得了2006和2007年度的国家科技进步二等奖。这位能够在"天""地"之间自由翱翔的科学家究竟具有什么特殊的本领呢？

随着新农科建设的快速发展，培养知农爱农、强农兴农创新型人才迫在眉睫。课程通过赵春江院士研究精准农业的案例，向学生传递一个认识：农业不是"面朝黄土背朝天"，农业可以做到"顶天立地"，从而激发学生知农爱农守初心、强农兴农担使命的热情。

从 20 世纪 90 年代中期开始，粮食安全问题越来越受到中央和地方各级政府的高度重视，在这种背景下，如何挖掘生产潜力？如何最大限度地提高农业生产水平？这成为农业科技发展的重要突破口，科学家们纷纷致力于寻找新的技术途径。出路在哪里？

2. 展开

（1）什么是智慧农业？

智慧农业就是将"互联网＋"、大数据、云计算、物联网、移动互联、音视频、3S、无线通信及专家智慧与知识运用到农业中，使传统农业更有"智慧"，让数据发挥价值，让决策更科学。

智慧农业不是简单的一根网线、一个 App，而是"互联网＋"、大数据、物联网技术等新兴产业技术与传统农业的深度结合。现代农业通过信息化手段解决农业产品在生产、销售、推广、溯源等环节中的相关问题，利用信息化技术增加农副产品的附加值，提高农业经济效益、社会效益和生态效益。

（2）农业发展趋势

"农业 1.0"阶段：这是农民自力更生、勤劳致富、单打独斗的时代。这一阶段为农业产业化奠定了基础，主要是追求产量高。

"农业 2.0"阶段：主要是在农副产品深加工企业或食品制造企业向产业上游延伸，或者农业生产企业向产业下游延伸，提供给市场的已经不是初级农产品，而是加工后的农副产品或者食品。因此，农业的 2.0 时代其实就是"一产＋二产"的主流时代，追求高产值。

"农业 3.0"阶段：依靠优美的乡村环境和可靠的农产品，利用农业景观资源和农业生产条件，提供新型农业经营形态。这一阶段开启了"一产＋三产"的主流时代，追求的是知名度高。

"农业 4.0"阶段：不是依靠某一系列农产品，而是一种让人向往的乡村生活方式，因此，农业 4.0 阶段追求的是共赢共享，打造一个广泛的农业生态圈。

（3）智慧农业专业的历史使命

随着现代信息技术在农业领域的广泛应用，以智慧农业为表现形态的农业智能革命已经到来。现代农业技术专业应紧跟时代步伐，突出智慧农业课程核心地位，提升智慧农业在专业中的引领作用，为社会培养掌握智慧农业知识与技能的实用性人才。智慧农业专业肩负着实施乡村振兴战略、推进生态文明、打造美丽中国，以及践行习近平总书记"两山"理念，落实习近平总书记"以立德树人为根本，以强农兴农为己任"回信精神的历史使命。同学们应该踏踏实实学好农学专业知识，不辱使命，勇于担当。

三、教学总结

（一）教学依据

智慧农业专业导论是该专业新生的第一门专业必修课，对学生了解专业和学习后续课程起到重要作用。

在教学内容中，智慧农业系统涉及许多高新技术，只有把高科技和农业结合起来，才能实现智慧农业。这些技术的应用可提高农场效率并使作物或牲畜生产周期自动化、智能化。越来越多的公司正致力于机器人创新，开发无人机、无人驾驶拖拉机、机器人收割机、自动浇水和播种机器人。从机器人、无人机到计算机视觉软件，各种新技术的进步彻底改变了现代农业。

（二）教学方法

本课程采取线上和线下相结合的教学方式，在思政内容融入教学过程中，主要采用以下方法和手段：

1. 项目案例驱动法

课前让学生自学"智慧农业"项目案例的背景及主要内容，给学生布置案例任务；课中交流讨论，让学生了解信息技术的发展历程及农业发展历程，最后由教师总结点评；课后学生整理案例总结报告。

2. 案例分析法

突破传统农业的理念束缚，建立智慧农业概念。结合课程学习和自己的认识与体验，设计一个解决农业问题的智慧农业系统非常有必要。智慧农业系统可大可小，小到具体某一环节、某一问题，大到智慧农业系统生态圈。教师设置相关课后综合习题，建议遵循"宁小勿大、宁具体勿抽象"的原则，目的是考查学生对课程的学习效果，包括对智慧农业的认识程度、对计算思维方法的掌握程度、对关键技术的了解程度，以及系统分析与设计能力。

3. 分组教学法

把学生分成若干个小组，每组的成员互相协作完成任务。

4. 讨论法

在教师的引导下，学生分组讨论并交流智慧农业系统的主要特点，每组随机选出代表陈述发言，最后进行学生点评、师生互评。

（三）教学反思

对大部分学生来说，一个好的专业有益于其一生。一般情况下，学生在选择专业的时候并不了解什么是智慧农业，大多是抱着对未知的好奇和一种莫名的冲动选择这个专业。专业导论课可以使学生对智慧农业专业的兴趣更为浓厚。

智慧农业在人们进入互联网时代才得以发展起来，不能仅就智慧农业系统本身来思考它的含义、作用和价值。应该运用互联网思维来审视、探讨和发展智慧农业，打造智慧农业系统生态圈，形成智慧农业价值链，使智慧农业发挥超强的作用和生命力，创造更大的价值。在课堂上，教师应该从不同的角度解析这门专业课程，用热情带领学生一起探索其中的乐趣，循序渐进，通过实际的案例流程、近距离的观摩学习和亲身经历实践加深学生印象，使学生更加深刻地认识到智慧农业这门课程。

种子科学与工程专业导论

一、基本情况

（一）教师简介

尹华燕，讲师，农学院种子科学系副主任。主要研究方向为小麦及其近缘植物重要基因发掘、种质创新和品种选育。主要从事本科生的种子生产学、种子检验学和研究生的高级植物育种理论与技术课程教学工作。主持国家自然科学基金青年项目1项，国家重点实验室开放课题2项；参与省部级项目3项、育成小麦新品种1个。先后在国内外期刊以第一作者或通讯作者发表学术论文10篇，其中SCI收录9篇。

（二）课程简介

本课程是种子科学与工程专业学生的第一门专业课程，是学生了解本专业发展脉络、知识体系的窗口课程，也是为农业生产服务的一门综合性基础应用课程。主要任务是让学生了解我国种业的发展现状、未来趋势和现实问题，了解种子特征、特性和生命活动规律，提高种子的再生产能力。课程目标是帮助大学生树立明确的理想目标和清晰的职业规划。培养同学们对种子科学与工程专业的认同感和自豪感。培养同学们对整个种业行业的宏观意识、系统思维和创新思维；培养综合性的现代化种业人才。

本课程在整个专业培养中处于统领地位，具有概括综合作用。课程对品种选育、种子生产加工和储藏、种子质量检验、种子市场营销、种子管理和种子产业化进行了综合性的讲授，讲解每一个研究方向在生产中的应用和位置。

（三）授课方式

线上线下混合教学。

二、教学设计

（一）专业名称

种子科学与工程专业。

（二）教学目标

1. 知识目标

了解种子科学与工程专业的内涵和研究内容，以及种子科学与工程专业在整个种业中的位置和作用；了解育种、种子生理等基础理论知识；了解种子生产、种子贮藏、种子加工、种子检验等技术应用知识；了解种子经营、种子管理与法律法规、种子产业化等管理知识；了解我校种子科学与工程专业的发展历程和专业定位。

2. 能力目标

学生通过学习能够初步具备植物育种、种子加工贮藏、种子质量检测、种子营销及其相关领域的基本技能。为进一步培养能在种子科学与工程相关专业从事教学与科研、技术推广与开发、生产经营与管理等方面的应用型高级人才打下基础。

3. 素质目标

通过本课程的教学，学生实现德智体美劳全面发展，具有高度社会责任感，具有全球视野和终身学习的能力；培养学生热爱科学、严谨求学、务实创新的精神，与时俱进的沟通能力、协作能力、适应能力和创新能力；培养学生热爱专业，作为种业从业人员的使命感和责任感；培养学生融入青农、热爱青农的归属感。

（三）案例设计

1. 导入

利用"问卷星"进行线上问卷调查，学生扫描二维码回答以下问题：你为什么选择种子科学与工程专业？你知道种子科学与工程专业将来可以从事哪些工作吗？你为什么选择青岛农业大学的种子科学与工程专业？你知道青岛农业大学种子科学与工程专业的学科定位吗？

五分钟后，现场分析这些问题的答案，大家一起来了解种子科学与工程专业是干什么的，能干什么，每个人能在青岛农业大学农学院学到什么。

2. 展开

2022年12月，习近平总书记出席中央农村工作会议并发表重要讲话，调强"全面推进乡村振兴、加快建设农业强国，是党中央着眼全面建成社会主义现代化强国作出的战略部署"，"保障粮食和重要农产品稳定安全供给始终是建设农业强国的头等大事。要实施新一轮千亿斤粮食产能提升行动，抓紧制定实施方案"。北京师范大学中国乡村振兴与发展研究中心主任张琦认为，"提高粮食综合生产能力是提升千亿斤粮食产能的关键，耕地和种子则是这一关键的两个要害"。种子是农业生产最基本的生产资料，只有生产出高质量的种子并用于农业生产，才能保证丰产丰收，而高质量种子生产取决于优良品种和先进的种子生产技术，因此，种子科学与工程专业承担着为全面推进乡村振兴、加快建设农业强国稳定输送种业人才的重要任务。

种子科学与工程专业以植物遗传育种为基础，研究各类作物种子生产、种子质量控制，以及提高种子商品性的种子加工包装贮藏等理论与技术；学生在掌握生物科学和植物遗传育种、耕作栽培学的基本知识和理论基础上，接受种子生产、贮藏加工、种子检验、经营管理、成本会计、国际商法等专业知识、技能的学习，具备植物育种、种子加工贮藏、种子质量检测、种子营销基本理论和基本技能，能在种子相关部门或单位从事教学与科研、技术与设计、推广与开发、经营与管理等工作。

青岛农业大学种子科学与工程专业于 2003 年设立，为山东省一流专业建设点、校级特色专业、山东省新旧动能专业群建设专业。2020 年起为山东省提前批次录取专业。该专业注重培养德智体美劳全面发展，掌握自然科学和人文社科基本理论知识，具有扎实的植物育种、种子生产、种子加工与贮藏、种子检验、种子营销等种子科学与工程领域的理论基础与实践技能，专业能力、适应能力和创新能力强、综合素质高的能胜任种子领域的育种与生产、加工与贮藏、检测与质量控制及管理与营销等工作的应用型人才。

该专业拥有"主要农作物种质创新与利用青岛市重点实验室"和"旱作技术山东省重点实验室"。拥有莱阳、胶州两个校内实习基地，建立了以"登海种业"为代表的 12 个校外实习基地，为学生锻炼成才搭建了高水平的实践平台。

3. 作业

课后同学们查阅相关资料，整理一篇以"现代种业从业人员的历史使命"为中心思想的小论文，字数 800～1 000 字，严格按照科技论文格式要求，参考文献不少于 10 篇。

三、教学总结

（一）教学依据

种子科学与工程专业导论是农学院种子科学与工程专业新生的第一门专业课，也是必修课，对学生后续专业课的学习具有启蒙和引导作用。课程的内容和导向直接决定着学生本科期间的整体规划和学习目标，直接影响学生对种子科学与工程专业的兴趣和学习动力，直接关系学生将来从事种业的信心和决心。

教学内容主要讲授我国种业发展的现状。种业作为我国战略性、核心性的基础产业，是农业健康发展的基础，一直以来受到国家的高度重视，政策对种业扶持力度很大。1999—2018 年，我国种业市场空间从 330 亿元增长至 1 200 亿元，年复合增长率为 7%。2018 年我国种子市值 1 201.67 亿元，保持世界第二大种子市场地位。种子市场规模保持缓慢增长趋势。行业整体种子企业数量呈现下降趋势，行业集中度有所提高。2000 年《中华人民共和国种子法》颁布后，我国种业及种子公司逐步走上了自主研发育种、集"育、繁、推"为一体的综合型企业道路。随着研发投入的不断增加，植物新品种保护权的申请、授权数量及通过审定的品种数量不断上升，种业企业自主研发能力提高。

我国种业发展仍然面临诸多困境，比如"育、繁、推"脱节，科技成果转化速度慢；种企科研投入少，种业创新难以突破；种企集中度有待进一步提高等。抛出问题，让学生思考，激发学生的责任心和担当精神。

（二）教学方法

本课程采取线上和线下相结合的授课方式，利用学生的好奇心，以问卷调查的形式与学生实时高效沟通，方便学生自由如实回答，还可以在课前充分掌握学生的背景知识和关心的热点，然后再结合问卷调查的结果，有针对性地讲授课程内容。

将时事热点及时引入课堂，引导学生关注政策导向，激发学生投身种业的决心。

（三）教学反思

课前问卷调查结果显示，仅有小部分同学了解种子科学与工程专业，知道种子科学与工程专业将来可以从事哪些工作。今后要加强对种子科学与工程专业的宣传力度，尤其要加大教育成果、优秀校友事迹的宣传，形象生动的事迹更能引起学生的关注。

烟草专业导论

一、基本情况

（一）教师简介

郭新梅，副教授，农学院作物遗传育种系副主任，主要从事玉米新种质的创制及玉米品质改良的相关研究。主持国家自然科学基金、国家重点研发项目子课题等课题 6 项，参与国家及省部级项目 20 余项。在国内外期刊发表论文 60 余篇，参译专著 1 部；申请（获得）国际、国内发明专利 15 件，获得实用新型专利 2 件、软件著作权 7 件；参与选育国家级、省级玉米新品种 8 个；获全国农牧渔业丰收奖二等奖 1 项，山东省农牧渔业丰收奖二等奖 1 项；主持、参与"生物统计学思政教学团队"项目等省级教研项目多项，发表教改论文 10 余篇；主、参编教材 3 部；主讲试验设计与统计方法、生物统计学等课程；获山东省教学成果奖（高等教育类）二等奖 1 项。

（二）课程简介

本课程是烟草专业学生的一门专业课，是了解本专业发展脉络、知识体系的窗口课程。主要任务是让学生了解烟草行业的发展现状、前沿和研究动态，知晓烟叶生产的新技术、新品种和新资源开发等相关领域的问题，明确个人在烟草行业发展过程中的任务、职责和担当。课程目标是帮助同学们树立明确的理想目标和清晰的职业规划；培养同学们对专业的认同感和自豪感；建立同学们对专业领域的宏观意识、系统思维和创新思维；增强同学们的社会责任感，坚定服务"三农"的时代使命。

本课程在整个专业培养中处于统领地位，具有概括综合作用。课程以实际生产为例，对烟草生产加工的新技术、新品种和新资源开发方案等进行综合性的讲授，讲解烟草优质高产生态栽培、优良品种繁育与种质创新、开发利用等核心研究方向在烟草产业发展中的应用和作用。

本课程是新生入学后的第一门专业课程。首先让学生了解本专业的行业发展和背景知识，其次让学生了解专业的发展历程，增强学生学习烟草专业的认同感和自豪感。通过课程讲授，学生能够明确四年期间的学习规划，以及今后的考研或就业方向。

（三）授课方式

线上线下混合教学。

二、教学设计

（一）专业名称

烟草专业。

（二）教学目标

1. 知识目标

了解烟草专业的内涵和研究内容，了解本专业学科的发展前沿和研究动态，了解本专业的发展历程和专业定位；知晓烟草的精准栽培、良种繁育、资源开发利用和生产经营管理等方面的典型案例，明确本专业在国家经济发展中的地位和作用。

2. 能力目标

具备多学科融会贯通、综合运用基础理论和专业知识，以及解决烟草生产过程中涉及的精准栽培、良种繁育、资源开发利用和经营管理等方面问题的综合思维能力；具有创新意识和国际视野，建立自我学习意识和自我完善能力；树立对专业领域的宏观意识、系统思维和创新思维。

3. 价值目标

增强学生对烟草专业的认同感和自豪感，树立家国情怀和良好的职业道德理念；增强学生对肩负乡村振兴、服务"三农"的时代使命和责任感，争做社会主义事业合格建设者和可靠接班人。

（三）案例设计

1. 导入

采用视频、图片等呈现方式，借助学习通软件，让学生回答"你为什么选择烟草专业？""你认为烟草专业主要学习哪些知识？""将来可以从事哪些工作？"等问题，利用学习通提取学生的词云，查看学生回答的高频词汇，初步了解学生对专业的认知。

十分钟后，现场分析这些问题的答案，带着这些疑问，大家一起了解烟草专业是干什么的，能干什么，青岛农业大学烟草专业的特点有什么。

2. 展开

（1）专业发展设置与人才培养

以时间为脉络，利用讲述与案例相结合的方式介绍专业的发展历程。2008年青岛农业大学设立烟草本科专业，坚持贯彻"科教结合协同育人"的精神，全面推进"农科教"协同育人的改革进程，以培养创新人才为目标，以提高学生科研实践能力为重点，以建立青岛农业大学和中国农业科学院烟草研究所协同机制为保障，努力实现高水平科学研究与高质量人才培养的相互支撑。双方在本科生、硕士生的培养，以及烟草栽培、抗病育种等方面开展了一系列教学和科研合作。在联合科技攻关、成果转化、社会服务和协同育人等方面取得了显著成效。

（2）介绍专业发展

通过视频影像和图片资料相结合的方式，介绍烟草产业和烟草专业的发展历程。

在我国高校中，河南农业大学、贵州大学、青岛农业大学等 8 所高校开设烟草专业。河南农业大学烟草学院是河南农业大学最具特色和优势的学院之一。烟草本科专业始建于 1975 年，开中国烟草高等教育之先河。云南农业大学烟草学院也是全国较早开始烟草教学、科研的单位之一。青岛农业大学农学院于 2005 年设立农学专业（烟草方向），2006 年与中国农业科学院烟草研究所签署协议，烟草专业大部分专业必修课、专业选修课及教学实习和毕业实习等均由烟草研究所承担。2008 年青岛农业大学正式设立烟草本科专业，2009 年青岛农业大学与中国农业科学院烟草研究所联合建立山东省研究生联合培养基地，共同培养硕士研究生。

（3）介绍专业培养目标和核心课程

本专业致力于培养德智体美劳全面发展，对国家和社会有较强的责任心，具有坚定的社会主义核心价值观、良好的身心、文化和专业素质，具有"三农"情怀的社会主义事业合格建设者和可靠接班人。培养了解本学科的发展前沿和研究动态，掌握自然科学和人文社科基本理论知识和本专业基础知识；具备烟草精准栽培、良种繁育、资源开发利用和经营管理等方面能力；从事与烟草产业有关的生产、研发、教学与管理等工作的创新型、应用型人才。

专业核心课程有植物学 A、基础化学实验 I、植物生理学 A、普通遗传学 E、烟草病理学、烟草昆虫学、烟草育种学、烟草栽培学、烟草品质与安全分析、烟草调制学、烟草贮藏与加工、烟叶分级。

主要实践性教学环节有植物学实习 B、土壤肥料学实习、烟草栽培学实习、烟草育种学实习、烟草调制学实习、烟草生产考察、创新创业实践、烟草专业科研训练与课程论文、烟草专业毕业实习（含劳动实践）、烟草专业毕业论文（设计）。

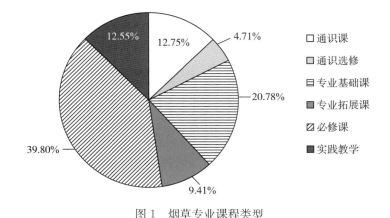

图 1　烟草专业课程类型

（4）介绍专业培养特色和优势

结合前期教学的典型案例，介绍专业培养特色和优势。专业培养特色主要包括：专业办学模式独特，构建了以我校为办学主体，以中国农科院烟草研究所为依托，联合国内烟草行业部分科研和生产单位的烟草专业产学研一体化教学模式。通识课、专业基础课及部分专业课由我校承担，部分专业课、专业拓展课及实践课由烟草所承担。学生第六学期到烟草所开展毕业实习，深入一线实践烟草从移栽、田间管理到收获和烘烤调制的全环节。课堂教学与田间操作并重、教师讲授与学生参与并重、传授知识与能力培养并重的理念贯穿专业培养全过程，真正做到"课程跟着时令走，课堂搬到田间去"。突出应用能力培养，实现特色办学、特色专业、服务产业。

图 2　学生实习实践过程

3. 课后思考与拓展

在本专业的学习过程，你最关注的是哪方面知识或能力？（请在学习通上提交）

你认为新时代农业科技工作者的使命是什么？如何从自身专业角度担负起这一使命？为了更好地担负起使命，大学四年要如何规划？请学生查阅资料，针对上述问题整理一篇小论文，题目自定，字数不少于 1 000 字，严格按照科技论文格式要求，参考文献不少于 10 篇。

三、教学总结

（一）教学依据

烟草专业导论是介绍烟草专业发展、现状、研究体系的一门整体性、概要性的专业入门必修课程，具有启蒙和引导作用。这门课主要介绍专业的内涵和特点、专业与社会经济及"三农"发展的关系、专业涉及的主要学科知识和课程体系以及专业人才培养模式和基本要求，帮助学生形成更系统的专业认识。课程直接影响学生本科阶段的整体规划和学习目标，直接影响学生对于烟草专业的兴趣和学习动力，直接关系学生将来从事专业相关工作的信心和决心。

在教学内容中，教师讲授国内外烟草行业现状、烟草行业主要研究内容、烟草专业发展脉络、专业设立背景、专业培养目标和核心课程以及专业培养特色和优势，突出与中国农科院烟草研究所共同办学的专业特色，让同学们认识到专业学习的重要性和意义，培养学生的"三农"情怀，引导学生以强农兴农为己任，增强学生服务农业农村现代化、服务乡村振兴的使命感和责任感。

（二）教学方法

本课程将线上和线下有机融合，线上调查学生们的专业选择原因及对本专业的基本认知，观看典型烟草行业专家和行业发展图片、视频资料，通过优秀科学家事迹，激发学生们学习榜样的积极性、端正专业学习态度。

线下授课在充分掌握同学们的背景知识和关心的热点的基础上，有针对性地讲授课程内容，通过播放往届同学们毕业实习的图片、视频，结合行业专家案例、行业发展正反案例充分调动学生们学习的积极性，使学生们深入思考烟草专业的发展前景和要求，明确学习目标，激励学生自觉把个人的理想追求融入国家和民族的事业中，以思政深化认知，以问题启发思维，实现知识、能力、素质的有机融合，提升了课堂的温度和深度。

（三）教学反思

实践是检验真理的唯一标准。结合典型案例介绍专业培养特色和优势，使学生更深刻认识到专业的显著优势，明确实践的重要性，在实践育人上狠下功夫，下大功夫，始终坚持"理论联系实际，教学结合生产"的专业培养方针，把实践劳动作为加强大学生思想政治教育的重要环节，切实提高同学们的实践能力。

烟草行业是中国国民经济的重要组成部分，是国有经济的重要力量。烟草行业也是一个特殊管制的行业，在行业发展和烟草企业发展中，既要追求效率和效益，还要追求规范性、稳定性。烟草专业是基于新时代国家烟草行业发展需求而创设的一个专业方向，属于小众但极其重要、富有特色的一个专业，在乡村振兴中具有独特优势，增强学生们对专业的认同感和使命感，培养学生尊法、守法、守序是十分必要的，培养有理想信念、有道德情操、有扎实学识、有仁爱之心的新时期大学生是思政育人的最终目标。

植物科学与技术专业导论

一、基本情况

（一）教师简介

邹晓霞，副教授，博士研究生，硕士生导师，农学院作物栽培与生态学系主任，国家花生产业技术体系岗位科学家。主要从事花生绿色高产高效栽培和农业领域碳达峰碳中和技术研究。主持国家自然科学基金、国家重点研发项目子课题、山东省自然科学基金和山东省农业重大应用技术创新项目子课题，参与国家及省部级项目10余项；在国内外期刊发表论文60余篇，主、参编著作6部；第一完成人授权发明专利9件、实用新型专利20余件、软件著作权5件；参与选育省级主要农作物新品种1个；获辽宁省科学技术进步二等奖1项，山东省科学技术进步奖三等奖1项；主持《农业气象学信息化多元教学及考核方法改革与探索》等教研项目6项；主讲农业气象学、农业灾害评估与防灾减灾等课程，其中农业气象学为山东省一流本科课程。

（二）课程简介

本课程是植物科学与技术专业（药用植物方向）学生的第一门专业课程，是学生了解本专业发展脉络、知识体系的窗口课程。主要任务是让学生了解植物科学与技术（药用植物方向）的发展现状、发展前沿和研究动态，知晓药用植物生产的新技术、新品种和新资源开发等相关领域的问题，了解个人在中药农业发展过程中的任务、职责和担当。课程目标是帮助同学们树立明确的理想目标和清晰的职业规划；培养同学们对专业的认同感和自豪感；建立同学们对专业领域的宏观意识、系统思维和创新思维；增强同学们的社会责任感，坚定乡村振兴、服务"三农"的时代使命。

本课程在整个专业培养中处于统领地位，具有概括综合作用。课程以实际生产为例，对药用植物生产的新技术、新品种和新资源开发方案等进行综合性的讲授，讲解药用植物优质高产生态栽培、药用资源植物优良品种繁育与种质创新、野生药用植物资源驯化开发利用等核心研究方向在中药农业发展及国家中医药振兴发展过程中的应用和作用。

本课程是植物科学与技术专业（药用植物方向）新生入学后的第一门专业课程。首先是让学生了解本专业的行业发展和背景知识；其次了解专业的发展历程，增强学生学习植物科学与技术专业（药用植物方向）的认同感和自豪感。教师讲授整个专业所学的课程和内容，让学生明确四年期间的学习规划及四年后的考研或就业方向。

（三）授课方式

线上线下混合教学。

二、教学设计

（一）专业名称

植物科学与技术专业（药用植物方向）。

（二）教学目标

1. 知识目标

了解植物科学与技术专业（药用植物方向）的内涵和研究内容，了解本专业学科的发展前沿和研究动态，了解本专业的发展历程和专业定位；知晓药用植物的科学栽培、良种繁育、资源开发利用和经营管理等方面的典型案例；明确专业在乡村振兴、国家中医药振兴发展中的地位和作用。

2. 能力目标

具备多学科融会贯通，综合运用基础理论和专业知识，解决药用植物生产过程中涉及的科学栽培、良种繁育、资源开发利用和经营管理等方面问题的综合思维能力；具有创新意识和国际视野，形成自我学习意识和自我完善能力；建立对专业领域的宏观意识、系统思维和创新思维。

3. 价值目标

增强学生对植物科学与技术专业（药用植物方向）的认同感和自豪感，树立家国情怀和良好的职业道德理念；增强学生对肩负乡村振兴、服务"三农"的时代使命和责任感。

（三）案例设计

1. 导入

采用头脑风暴和视觉呈现的教学方法，借助学习通软件，让学生回答"你为什么选择植物科学与技术专业（药用植物方向）？""你认为植物科学与技术专业（药用植物方向）主要学习哪些知识？""将来可以从事哪些工作？"等问题，利用学习通提取学生的词云，查看学生回答的高频词汇，以初步了解学生对专业的认知。

在线观看《2015年度感动中国人物——屠呦呦：春草鹿呦呦》视频资料，并结合专业特点在学习通提交不少于100字的观后感。

2. 专业介绍

（1）介绍专业的发展历程

以时间为脉络，利用讲授与案例相结合的方式介绍专业的发展历程。青岛农业大学植物科学与技术专业（药用植物方向）设立于2003年，综合了传统的农学、园艺和植保三大内容。2014年对专业人才培养方案进行调整，将药用植物作为本专业主要教学方向。

（2）介绍专业发展背景

通过视频影像和图片资料相结合的方式，介绍专业的发展背景。中药农业是现代中药产业的第一产业，国家出台了一系列政策和规划支撑中药发展。2015年工业和信息化部、国家中医药管理局等部门联合制定了《中药材保护和发展规划（2015—2020年）》。习近平总书记在致中国中医科学院成立60周年的贺信（2015年）中指出："中医药振兴发展迎来天时、地利、人和的大好时机。切实把中医药这一祖先留给我们的宝贵财富继承好、发展好、利用好，在建设健康中国、实现中国梦的伟大征程中谱写新的篇章。"《中医药发展战略规划纲要（2016—2030年）》中指出要"促进中药材种植业绿色发展"。2019年10月，中共中央、国务院发布《关于促进中医药传承创新发展的意见》，明确了中医药传承创新发展的目标方向、重点任务和具体举措。通过政策解读，学生认识到中药农业在国民健康、乡村振兴中的作用日益凸显，体会到国家对中药质量提升和产业高质量发展的重视。

中医药是我国医学的特色，也是中华民族优秀文化的重要组成部分，几千年来为中华民族的繁衍昌盛作出了不可磨灭的贡献，并对世界文明进步产生了积极影响。植物科学与技术专业对标中药产业发展源头——中药农业，创新专业培养模式，培养具有较强的创新能力、实践能力和适应能力，具备药用植物的科学栽培、良种繁育、资源开发利用和经营管理等方面能力，从事与药用植物有关的生产、研发、教学与管理等工作的创新型、应用型人才。

（3）介绍专业培养目标和核心课程

本专业致力于培养德智体美劳全面发展，对国家和社会有较强的责任心；具有坚定的社会主义核心价值观、良好的身心、文化和专业素质，具有"三农"情怀的社会主义事业合格建设者和可靠接班人。培养了解本学科的发展前沿和研究动态，掌握自然科学和人文社科基本理论知识和本专业基础知识；具备药用植物的科学栽培、良种繁育、资源开发利用和经营管理等方面能力；从事与药用植物有关的生产、研发、教学与管理等工作的创新型、应用型人才。

专业核心课程有植物学A、基础生物化学A、植物生理学A、普通遗传学E、植物保护学、植物化学、作物育种学B、药用植物资源学、药用植物栽培学。

主要实践性教学环节有植物学实习A、植物保护学实习、植物化学实习、药用植物资源学实习、药用植物栽培学实习、作物育种学B实习、秋季考察（中药栽培基地）、创新创业实践、植物科学与技术专业（药用植物方向）综合实习、植物科学与技术专业（药用植物方向）科研训练与课程论文、植物科学与技术专业（药用植物方向）毕业实习（含劳动实践）、植物科学与技术专业（药用植物方向）毕业论文（设计）。

（4）介绍专业培养特色和优势

结合前期教学的典型案例，介绍专业培养特色和优势。专业培养特色主要包括：一是突出中药农业发展需求，紧密结合国家中医药振兴发展过程中对中草药生产的需求，培养拥有药用植物优质、高产、生态栽培技术，药用资源植物优良品种繁育与种质创新，以及野生药用植物资源驯化、开发利用等能力的相关人才。二是兼顾

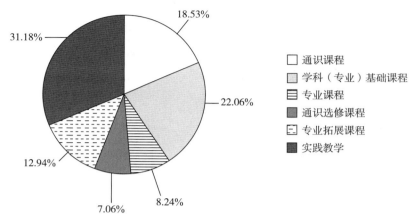

图 1　专业课程类型比例

复合型人才需求,培养具备药用植物绿色生产、科学研究、产品研发、技术推广、产业经营与管理等基础工作能力的人才。三是实施知识性学习、生产性实践、创新性研究均衡发展的人才培养途径,以实习实践课程为技能培养抓手,围绕药用植物科学栽培、良种繁育、资源开发利用和经营管理等方向,强化实习实践,将创新创业教育与专业教育相融合,培养知识、能力和素质协调发展,以及具有创新精神和实践能力的创新型、应用型人才。

图 2　学生实习实践过程

植物科学与技术专业导论

图3 学生专业创新活动——中草药植物展（2017）

图4 专业创新大赛——药用植物标本大赛

3. 总结

植物科学与技术专业（药用植物方向）大有可为，青岛农业大学历史底蕴深厚，学习氛围浓郁。希望同学们能够不负新时代重托，不负国家、社会和家庭期望，投身于中药农业的广阔天地，不负新时代赋予"三农"工作者的历史使命。

4. 课后思考与拓展

在本专业的学习过程，你最关注的是哪方面知识或能力？（请在学习通中提交）。

你认为新时代农业科技工作者的使命是什么？如何从自身专业角度担负起这一使命？为更好地担负起使命大学四年要如何规划？请同学们查阅资料，针对上述问题整理一篇小论文，题目自定，字数不少于1 000字，严格按照科技论文格式要求，参考文献不少于10篇。

三、教学总结

（一）教学依据

植物科学与技术专业导论是植物科学与技术专业（药用植物方向）的前导性课程，也是该专业学生的第一门专业课和必修课，对学生了解自己所学专业的背景、课程设置、毕业生能力和素质要求及未来工作去向起到引导性作用，帮助学生树立牢固的专业思想、确立学习目标和努力方向。这门课主要介绍植物科学与技术专业（药用植物方向）的培养理念与目标、主要学科知识、课程模块与课程体系、专业人才培养的基本要求以及专业与社会经济和"三农"发展的关系，帮助学生形成更系统的专业认识，清晰地获知和理解本专业的意义、价值、毕业后所要从事的专业工作。课程直接影响学生本科阶段的整体规划和学习目标，直接影响学生对专业（药用植物方向）学习的兴趣和动力，直接关系学生将来从事专业相关工作的信心和决心。

在教学内容中，教师主要讲授植物科学与技术专业（药用植物方向）发展脉络、专业设立背景、专业培养目标、核心课程、师资力量、办学条件以及专业培养特色和优势，并依托专业特色融入丰富的教学案例，如习近平总书记对中医药工作作出的重要指示、第一位获诺贝尔科学奖项的中国本土科学家屠呦呦的事迹等，让同学们在了解国家大政方针的基础上，认识到中医药发展已上升为国家战略、中医药事业已进入新的历史发展时期，明确中药农业是中医药的第一产业和乡村振兴的有效路径，深刻体会专业学习的重要性和意义，增强守正创新、促进中药农业创新发展的使命感和服务农业农村现代化与乡村全面振兴的责任感。

（二）教学方法

本课程将线上和线下教学有机融合。线上授课过程中，首先，通过问卷形式调查学生们专业选择的原因、对本专业的基本认知及关心的热点问题，为线下课程的讲解及内容设定提供依据；其次，通过观看国家对中医药发展的相关政策讲解、中医药在抗击新冠疫情中发挥的重要作用及典型科学家视频资料，让学生们认识到本专业在社会经济发展和人们生产生活中的重要性，正视个人专业选择的初心，激发专业学习的积极性、明确学习意义、端正学习态度、肩负专业使命、升华爱国情怀。

线下授课针对线上问卷调查的结果，有针对性地设置课程内容，并融入头脑风暴、案例教学、视频演示等多种授课方法，让学生应用线上所了解的知识，打开思路、大胆分析、畅所欲言，充分调动学生学习的积极性和课堂的参与度；同时通过讲授本专业优秀科学家和中药农业在乡村振兴中发挥的积极作用，以思政深化认知，以问题启发思维，让学生们在学习的同时厚植"心有大我，至诚报国"的精神。

（三）教学反思

基于课后的思考与拓展反馈，我们发现，80％以上的学生能较好地从本专业角度阐述如何担负起促进中药农业创新发展的使命；90％以上的学生对新时代植物科学与技术专业的发展需求及要做的工作有较清晰的认识；100％的同学对植物科学与技术专业学习内容有清晰的了解；100％的同学对大学阶段作出了较好的规划，明确了大学的学习目标。

植物科学与技术专业（药用植物方向）是一个相对年轻的专业，是基于新时代国家中药农业发展需求而创设的一个专业方向，属于小众但极其重要、富有特色的一个专业，在农业产业结构调整和乡村振兴中都具有独特优势。随着国家对中医药事业重视程度的不断提升，增强学生们对专业的认同感和自豪感是十分必要的，这就需要结合更多鲜活的案例，让学生们学而思、思而践、践而悟、悟而学，形成一个良性的学习循环，并厚植"大国三农"的情怀，激发服务"三农"的意愿，践行"兴农有我"的初心使命。

植物保护学科导论

一、基本情况

（一）教师简介

王彩霞，教授，山东省第十二届青年科技奖获得者、山东省植物病理学会理事、植物保护专业负责人。2012—2016 年在美国肯塔基大学植物病理学系从事植物抗病信号转导博士后研究。主要研究方向为果蔬病害综合防控技术、功能微生物开发与应用。主讲农业植物病理学、植物侵染性病害防治学等课程。主持国家自然科学基金、国家重点研发计划、山东省重大科技创新工程、山东省自然科学基金等科研项目；发表科研论文 100 余篇，其中 SCI 收录论文 62 篇；参编国家级、省部级规划教材等 6 部；参与制定行业和地方标准 4 项，授权国家发明专利 26 件；获省部级科技进步奖 6 项，省级教学成果奖 2 项。

（二）课程简介

本课程是植物保护本科专业的必修课。涉及植物保护学科的发展历史、研究理论及技术、研究前景等多方面科普知识。本课程在新生入学专业教育等课程的基础上，通过对植物保护学科导论的教学，使学生更加全面了解植物保护学科，更加热爱植物保护专业，培养学生知农爱农兴农情怀，为从事农业生产管理和科学研究奠定基础。

（三）授课方式

线下教学。

二、教学设计

（一）专业名称

植物保护专业。

（二）教学目标

1. 知识目标
学生通过学习能够掌握植物保护学科的基础知识、理论和基本研究技能。

2. 能力目标

学生通过学习主要有害生物和生理性病害案例，具备诊断常见植物病虫害和病虫害综合防控的能力。

3. 价值目标

教师通过对植物保护学发展简史、植物病虫害重大历史事件、病虫害化学防治出现的问题及农药安全相关法规和条例的教学，结合植物保护领域知名院士、专家学者育人案例等思政教育，激发学生对本学科的兴趣、认识植物病虫害的危害性。

（三）案例设计

1. 导入

2005 年 8 月 15 日，时任浙江省委书记的习近平同志在浙江安吉余村考察，首次提出了"绿水青山就是金山银山"的重要理念。这一重要理念的提出，为"有害生物综合治理（IPM）"概念的落实提供了坚实的保障。有害生物防治应坚持预防为主、综合治理、精准用药、科学管理的方针理念。应用农药来防治环境有害生物，要平衡经济、生态和社会效益的关系。

2. 展开

青岛农业大学植物保护专业的前身是 1958 年创建的植物保护系，1984 年恢复招收"果树保护专业"大专生，1993 年起招收"植物保护专业"本科生。2008 年植物保护专业被教育部列为国家第一批特色专业建设点，2012 年被列为山东省应用型人才培养特色名校建设重点建设专业之一，2014 年被国家（教育部、农业部、林业局）列为卓越农林人才教育培养计划改革试点项目（复合应用型），并获批为首批山东省应用型人才培养专业发展支持计划试点工作建设专业及首批山东省春季高考招考专业，2015 年被列为山东省专业分类拨款 A 类专业，2016 年获批为山东省高水平应用型立项建设自筹经费专业群建设项目，2018 年获批为山东省教育服务新旧动能转换专业对接产业项目，2020 年获批山东省一流专业建设点，2021 年获批为国家一流专业建设点。

植物保护专业下设植物保护和植物医学两个方向，2018 年植物医学方向开始招生。

植物保护专业形成了以学生为中心（OBE）理念下的"因材施教"分类培养模式，依托山东省粮食主产区及胶东半岛果蔬产业优势，培养"下得去、留得住"应用型人才和"继续考研深造"学术型人才。"植物医生"特色型人才培养在国内居于引领地位。本专业从"IPM"理念下复合应用型卓越农林人才培养改革，到"植物健康"理念下多学科交融植物医学专业研究实践，积极探索多元化植保人才培养新模式，为国家现代高效农业发展提供强有力的人才支持。

教学期间穿插"时代楷模"朱有勇院士的先进事迹。朱有勇是我国著名植物病理学家，为中国工程院院士、云南农业大学名誉校长、云南省科学技术协会主席、第十三届全国人大代表。先后获发明专利 20 余项，获国际、国家和省部级科技奖励 18 项，荣获"全国优秀共产党员""全国杰出专业技术人才""全国模范教师""全国教学名师"等荣誉称号。他是传承和弘扬社会主义核心价值观的优秀代表，是打赢脱贫攻坚战中涌现出的先进典型，是奋斗在脱贫攻坚主战场的"农民院士"。

三、教学总结

（一）教学依据

以学生为中心，立足于学生已有知识储备和经验积累进行教学。确定学生能够达到的目标，且随学习的进程形成梯度目标，循序渐进。在教学过程中，注重转变学生消极、被动的学习方式，提高学生自主学习能力。

（二）教学方法

1. 基于任务驱动的翻转课堂教学设计

通过学习通、微信群或 QQ 群等平台发布课前学习任务，使学生明确学习的目标和方向。借助教师上传至平台的 PPT 课件、参考文献等学习资料，在任务的层次递进过程中，学生逐渐掌握学习方法，进行小组合作探索，归纳和总结学习心得体会，将仍然存疑的问题反馈到交流群，教师课上针对难点内容进行讲授。课堂上，教师和学生进行互动、讨论，通过丰富多彩的课堂活动完成课前布置的学习任务，培养学生独立思考、合作探究和解决问题的能力。

2. 案例式教学和启发式教学相结合

让学生将自己导师或所在课题组的科研内容引入课堂，以此作为相关课程内容的典型案例，把最新信息和科研成果纳入学习内容；通过查阅相关资料，了解相关领域的最新研究进展，进行小组讨论并各自发表意见。教师应鼓励学生提出不同的见解；结合课程知识点，引导并启发学生对课程内容进行深入思考，提出进一步研究构想或现有问题的解决方案，培养学生的批判思维和创新意识。

（三）教学反思

第一，课程思政元素是课堂教学过程中对大学生开展思政教育不可或缺的资源。学生对专业的兴趣低下、关注度不足、自主学习能力差等现状对课程教学提出了严重挑战，教师通过挖掘和融入具有思政功能的素材和资料，将其与课程教学知识点相融合，引导学生深入思考和分析，可有效增加学生的参与度，激发学生的学习兴趣和求知欲，培养学生的专业素养。

第二，让学生了解学科发展动态，培养学生的创新思维和国际视野。利用我国科研工作者取得的重要成果，让学生了解我国农业科技的快速发展状况，培养学生的民族自豪感和专业自信心。

第三，大学生是国家建设和民族发展的宝贵人才资源。教师的职责不仅是课堂讲授专业知识，更应以立德树人为根本任务，将思政教育渗透到课程教学中，提高学生学农知农爱农的热情，增强学生为农强农兴农的责任感，培养学生树立正确的世界观、人生观和价值观。

园林专业导论

一、基本情况

（一）教师简介

郝青，副教授，园林系主任，山东省林业创新岗位专家，中国园艺学会牡丹芍药分会理事。主要从事牡丹育种与产业化应用研究，主持牡丹相关国家级和省部级课题6项，发表牡丹相关学术论文20多篇。指导多项国家级和省级大学生科技创新项目。

周春玲，副教授，园林与林学院副院长。主要从事园林植物生态与植物景观研究，以第一作者或通讯作者身份在核心期刊发表论文40余篇。作为副主编编写"十二五"和"十三五"规划教材3部。主持和参加国家自然科学基金、山东省自然基金项目多项。主持教学研究项目多项，主持园林植物应用设计国家级一流课程。

姜新强，副教授，园林与林学院院长助理。主持和参与各类科研项目14项，发表学术论文30余篇，SCI收录11篇。获山东省林业优秀青年科技工作者称号。主持省部级等教研项目多项，指导国家级大学生创新项目3项。

万雪丽，副教授。山东省林业保护发展智库专家委员会委员、山东省科技特派员。主要研究方向为园林植物种质资源与应用。主持国家自然科学基金项目2项，山东省高校科技计划项目1项，发表多篇学术论文。参加园林树木学国家级一流课程、花卉学省级一流课程。

（二）课程简介

园林专业导论课程是园林本科专业必修课。课程涉及园林的基本概念、基本内涵和最新发展动态等知识，风景园林学科特点、学科分类及国内开设风景园林高校的特点等相关内容。本课程通过对园林基本概念、学科构成、教学体系、不同领域相关研究进展方面的教学，使学生能够对园林专业有开阔的视野和思路，提高学生对园林专业的认识，为其将来从事涉及园林行业相关的工作和科学研究打下基础。

（三）授课方式

线下授课。

二、教学设计

（一）专业名称

园林专业。

（二）教学目标

1. 知识目标

了解园林专业基本概念等知识，了解园林学科构成体系和学科发展现状，了解园林专业不同课程类型和教学体系方法，让学生对园林专业有基本的认知。

2. 能力目标

培养学生围绕园林学科体系分析、解决园林行业中复杂问题的潜在能力，让学生具有学科发展宏观思考的能力。

3. 价值目标

激发学生对园林专业的兴趣，建立专业情感。培养学生具有前瞻性和竞争意识，以及建设美丽中国的责任感。

（三）案例设计

1. 导入

中国的"园林"一词最早出现在 1 800 多年前的魏晋时期，是"庭园"的古时称谓，属于造园中的一种类型。到了现代，"园林"广泛使用在学术和行业系统。1988 年《中国大百科全书》第一次明确将园林学与建筑学、城市规划学设为三个并驾齐驱的学科。

园林专业的发展历程如何？青岛农业大学的园林专业有什么特色？

2. 展开

（1）我国"园林"专业的建立

1958 年 12 月，中共八届六中全会提出要"实行大地园林化"。1964 年 1 月，林业部批示北京林学院将"城市及居民区绿化"专业改名为"园林"专业，"城市及居民区绿化"系改名为"园林"系，正式确立了园林专业的名称。

园林专业是我国普通高等学校的本科专业，属林学类专业，基本修业年限为四年，授予农学学士学位。1993 年"园林"专业正式出现在《普通高等学校本科专业目录》中。

（2）青农园林专业的发展历程

园林与林学院园林专业始于 1993 年设立的花卉专科专业，2000 年开设园林本科专业，同年获"园林植物与观赏园艺"二级学科硕士授权，2008 年获批省级特色专业建设点，2012 年获风景园林学一级学科硕士授权，2016 年获批山东省高水平应用型建设专业立项，2019 年获批山东省一流专业建设立项，2021 年作为山东省首个园林专业获批国家级一流专业建设点。

园林专业导论

2020 年学校与中国农科院蔬菜花卉所共建园林创新实验班，采用小班化教学，培养基础扎实、视野开阔，以园林植物应用和研究为主要方向的应用研究型人才。

讨论辨析：同学们对园林专业的理解是什么？

（3）青农园林专业的优势特色

园林专业依托学校农学、生态学优势，注重学科交叉，强化生态学理念，以建设美丽中国为宗旨，以"新农科"建设为标准，以"专业三级认证"为依据，以培养园林复合应用型人才为目标，以科学技术和人文艺术融合为基础，以园林植物和园林设计两大领域为核心，建设具有广泛影响力的一流园林专业。同时通过产教融合服务地方经济发展，培养为地方特色园林、美丽乡村建设服务，提升城市绿地生态功能与专业效果的高素质专业人才。

青岛农业大学园林专业是国家一流专业建设点，两门课程获国家一流课程，两门课程获省级一流课程，是山东省高水平应用型重点建设专业群立项核心建设专业。有风景园林专业硕士授权点。

课后思考：一个合格的园林人应该具备哪些方面的素养？你认为哪方面更重要？

三、教学总结

（一）教学依据

《高等学校课程思政建设指导纲要》指出，要结合学科专业建设特点，对课程思政教学体系进行有针对性的设计。农学类专业课程要在课程教学中引导学生树立和践行"绿水青山就是金山银山"的理念，要注重增强学生服务乡村全面振兴的使命感和责任感。

园林专业导论课程，主要是使学生了解园林本科专业内涵特点、专业与社会经济发展的关系、专业涉及的主要学科知识和课程体系、专业人才培养基本要求等，建立学生对园林专业的专业情感。课程通过介绍园林专业的发展历程，培养学生对园林行业的前瞻性和竞争意识、与时俱进的思想，以及保护绿水青山的责任感。

（二）教学方法

1. 问题导入法

简单介绍中国"园林"的出现及发展，提出问题——"园林专业的发展历程如何"，引导学生认识到园林行业、专业的发展与社会的发展密不可分，是顺应时代的产物。从学校的园林专业特色出发，引导学生从事园林专业的自豪感。

2. 讨论辨析法

教师讲授我国园林专业的建立及青农园林专业的发展历程，学生初步建立对本专业的印象。讨论辨析"你对园林专业的理解是什么"，以加深学生对园林专业的理解，建立学生对园林专业的专业情感。

3. 启发式教学法

教师进一步介绍青农园林专业的优势特色。同时布置课后思考题："作为一个合格的园林人，你应该具备哪些方面的素养?"启发学生在提升自身专业素养的过程中顺应社会发展，与时俱进，与行业共成长。

（三）教学反思

本节课是园林专业导论的第一堂课，也是学生接触园林专业的第一堂课，主要目的是激发学生从事园林专业的兴趣和热情。通过课初问题导入、课中教师讲授和讨论辨析、课后启发等方式，将园林专业的发展历程展现在学生面前；同时针对学生自身特点，结合教师自己的成长历程，映射专业发展的步伐，激发学生对专业的热爱，对"三农"的情怀。

城市林业专业导论

一、基本情况

（一）教师简介

周功克，博士，二级教授，博士生导师，林木遗传育种研究团队负责人。获评"享受国务院政府特殊津贴专家"、中国科学院"百人计划"、山东省"泰山学者"、江苏省"双创人才"、山东省中青年突出贡献专家、科技部"十一五"和"十二五"期间生物能源领域的主题专家等荣誉称号。在中国科学院青岛生物能源研究所、兰州大学、中国林业科学院亚热带林业研究所、西华师范大学、齐鲁师范学院等科研院所兼任研究员或教授。发表论文 120 余篇，申请专利 20 项，参编著作 5 部，获省部级自然科学奖 3 项。

李海防，博士，教授，硕士生导师。国家林业和草原局院校教材建设专家委员会林学组委员，山东省林业科技创新团队岗位专家，2019—2022 年山东省本科教育教学指导委员会林学与草学类专业教学指导委员会委员。主要从事城市林业及生态规划与设计研究，主讲景观生态学、旅游学等本科生课程和生态规划与设计等研究生课程。主持国家自然科学基金纵向课题和横向课题 30 余项，先后发表学术论文 90 余篇，主、参编专著 4 部。

孟鹏，博士，副教授。长期从事林业科研与教学工作，主要研究方向为城市林业、林木育种及植物生理生态特性研究，主讲课程有城市林业、树木栽植养护、种苗学、林木育种学等。曾入选省级百千万人才工程"百层次"人才，并获得市级五一劳动奖章、市级优秀专家等荣誉称号。主持国家自然科学基金面上项目、国家重点研发计划子课题、中央财政林业推广项目等科研项目 10 余项。发表论文 20 余篇。获省科技进步奖 2 项，省林业科学技术奖 8 项。

李明燕，博士，讲师。2018 年毕业于山东大学生态学专业。主要从事植物生理生态学、入侵生态学、植物功能性状等方向的研究。参与国家自然科学基金等项目 4 项，发表论文 10 余篇。主要讲授城市林业概论、城市生态学、草坪与地被植物、高级植物生理学专题等课程。

（二）课程简介

本课程是林学专业的基础课程。通过本课程的学习，学生能够初步了解城市林业的基本概念和内涵、城市林业环境、城市林业的功能与效益，初步掌握城市林业经营管理的基本理论与技术，激发学生学习城市林业的兴趣。

（三）授课方式

线上线下混合教学。

二、教学设计

（一）专业名称

林学专业。

（二）教学目标

1. 知识目标

通过本课程的学习，学生能够初步了解城市林业的基本概念和内涵、城市林业环境、城市林业的功能与效益。

2. 能力目标

使学生初步掌握城市林业经营管理的基本理论与技术。

3. 价值目标

激发学生学习城市林业的兴趣，增强学生对生态文明和"两山"理念的理解。

（三）案例设计

1. 导入

目前，世界人口不断增加，城市规模逐渐扩大，城市化进程加速，进一步促进了社会化大生产，也促进了人类现代化的进程。然而城市面临的生态环境胁迫的种类和程度与日俱增——资源日益匮乏、污染日益严重、热岛效应不断增多、生物多样性受到严重威胁、人们的精神生活受到冲击。那么解决以上问题的办法是什么？林业在其中能发挥什么作用？

2. 展开

注重"在上课前学完课程"的理念，让学生登录超星课程，在上课前进行充分的自主学习，了解城市林业的概念和发展历史。教师用超星平台关注每个同学的学习进度，对未达标的同学及时进行提醒。

课中教师主要带领学生一起理解知识点，侧重理论联系实际，启发学生主动根据某个知识点联系思政内容。为活跃课堂气氛，老师可带领学生在超星平台上做题，并根据习题进行相关知识点的讲解。

首先，以城市林业广义概念的引入，阐明城市林业是研究林木与城市环境（如小气候、土壤、地貌、水域、动植物、居民住宅区、工业区、各种污染等）之间的关系，合理配置、培育、管理森林、树木和植物，改善城市环境，繁荣城市经济，维护城市可持续发展的一门科学。

其次，讲授国外城市林业发展历史，重点介绍北美与欧洲城市的情况。目前美国有33所大学（包括加州大学伯克利分校、明尼苏达大学、科罗拉多州立大学、杜克大学、佛罗里达大学等）开设了城市林业相关课程，出版城市林业专著多本。

再次，讲授我国城市林业发展历史。2000 年北京林业大学开设了城市林业选修课。2004 年华南农业大学招收城市林业方向的本科生。青农于 2011 年开设了城市林业本科方向，并在长达 10 余年的教学实践中逐步完善与发展。目前城市林业已经成为青农林学专业的特色与方向，在服务区域生态环境建设与经济发展方面扮演着越来越重要的角色。

最后，讲述城市化过程中城市面临的生态环境问题，党的十八大以来出台的一系列法律法规和相关政策对缓解城市生态胁迫状况的作用，以及城市林业在此领域发挥的作用。

一是重金属元素的积聚污染治理。工业生产和人类活动产生的有毒元素和污染物质通过土壤污染、富集和植物吸收积累，最终危害人类。2018 年 8 月 31 日，《中华人民共和国土壤污染防治法》出台，对防治土壤污染、保障公众健康、推进生态文明建设具有重要意义。城市林业在防治土壤污染方面也会发挥重要作用，城市林业重点运用植物修复技术，强调利用植物去治理水体、土壤和底泥等介质中的污染。其中重金属植物修复的主要作用机制是利用植物对重金属的固定、挥发和吸收作用。

二是资源匮乏与环境污染治理。城市水体污染主要来源于工业废水和生活废水。水污染问题已经成为"世界性的灾难"，成为当前世界上最为紧迫的卫生危机之一，在人口急剧增长的发展中国家尤为严重。大气污染物主要是化石燃料燃烧排放到大气中的二氧化碳、氯氟烃、甲烷和一氧化氮等 40 多种气体，其中，二氧化碳排放量最多，导致气候明显变暖，出现了"温室效应"。2017 年我国重新修订了《中华人民共和国水污染防治法》。2019 年 6 月，出台了《中央生态环境保护督察工作规定》，实行生态环境保护督察制度，设立专职督察机构，对省、自治区、直辖市党委和政府、国务院有关部门及有关中央企业等组织开展生态环境保护督察，对各类环境污染问题进行了有效整改。城市林业在控制大气和水污染方面均能发挥重要作用；在消除或减轻气态型空气污染方面，主要是利用树体的黏附作用、吸收和累积作用及代谢转化作用；在防治水污染方面，重点利用城市湿地污水处理系统，发达的水生植物根系可为微型动植物提供良好的微生态环境，从而为有机污染物高效降解、迁移和转化提供条件。

三是固体废弃物污染治理。一些有机物垃圾无法自然分解，从而影响土壤通透性，破坏土质，影响植物生长，污染地下水。我国倡导垃圾分类，提出垃圾分类是一种新风尚。针对城市周边的垃圾山问题，可在垃圾山上栽植树木构建园林景观，将其改造为区域公园，既解决了垃圾山问题，又为城市居民提供了休憩场所。

四是城市热岛效应治理。城市内道路、广场及建筑物使用了砖石、水泥、沥青等建筑材料，其反射率小，吸热力强，再加之城市大气中二氧化碳超标，使城市气温高于郊区气温。2021 年全国两会期间，"碳达峰""碳中和"备受关注。为应对气候变化，我国提出"二氧化碳排放力争于 2030 年前达到峰值，努力争取 2060 年前实现碳中和"等庄严的目标承诺。政府工作报告将"做好碳达峰、碳中和工作"列为 2021 年重点任务之一；"十四五"规划也将加快推动绿色低碳发展列入其中。此外，扩大城市绿地面积也能有效降低热岛效应。

三、教学总结

（一）教学依据

本课程主要探讨森林与城市环境关系，在此基础上合理设计与营建城市森林。在这个过程中，我们要考虑全球变暖及温室效应会进一步带给城市什么。首先，热岛效应会日益增强，进而增加城市造林的难度。党的十八大以来，国家陆续出台了一系列政策措施，比如"双碳"理念的提出，对改善城市生态环境作出了重要的顶层设计。同时在其他防护林建设方面也取得了很大成就，形成了如"塞罕坝精神""大漠风流精神"等宝贵的精神财富。这些精神势必会对城市林业的构建产生深刻的影响，也必将成为课程思政的有益元素。这些元素总结起来就是长期坚持、艰苦奋斗、无私奉献等。人与自然是生命共同体的关系，今天我们比以往任何时候都希望城市的生物多样性能够增加，这也是城市森林生态系统构建的终极目标。国家在生物多样性保护方面已经并将继续作出巨大的贡献，这些伟大的实践及其背后的价值理念一直都是城市林业课程讲授中的思政元素。

（二）教学方法

采用启发式教学法。第一，以思政内容引入。注重把课程的知识点和一些思政内容相结合，将其作为课堂引入的一种手段。比如通过对《中华人民共和国土壤污染防治法》的介绍，引出城市土壤环境的特点，提出治理城市土壤污染的策略；通过倡导垃圾分类，明确固体废弃物的危害及分类利用的潜力，如一些生活垃圾能够转化为生物有机肥等。第二，以问题引入。比如通过展示一系列林业工作者从事林业活动的图片，让同学们判断它们是否属于城市林业范畴。

（三）教学反思

本课程作为一门导论课，重点是激发大一新生对本专业的兴趣。利用传统的 PPT 讲授方式难以拉近师生距离，学习效果不明显。应该提倡"脱稿式""你问我答式"的教授方式，以活跃学习气氛，引导学生产生对专业的热爱。

城市林业专业导论

环境生态工程专业导论

一、基本情况

（一）教师简介

徐良，副教授，资源与环境学院环境工程系副主任。主要研究方向为环境污染的植物修复、土壤/水体污染的生态协同修复、修复植物的资源化利用。主讲污染控制工程、污染控制工程实验、环境工程仪表设备等课程。主持和参与国家自然科学基金 2 项、山东省自然科学基金 2 项、山东省本科教学改革研究项目 1 项，教育部留学归国人员基金项目 1 项。发表 SCI 论文 15 篇。参编思政案例教材 1 部。

（二）课程简介

本课程是环境生态工程本科专业必修课，涉及生态学与环境学理论、生态恢复与环境修复技术等多方面的知识，生物能源、植物防灾与资源保育、重金属植物修复、大气污染的生物监测等相关内容。导论课作为大一新生入学后的必修课，是其第一次接触本专业学习内容、了解所学专业的一个窗口。通过对环境生态工程专业导论课程的学习，学生获得生态工程学方面的基础知识，并初步具备识别、分析和解决生态环境问题的能力，为其将来从事环境污染防治和退化生态系统恢复工作和科学研究打下基础。

（三）授课方式

线下授课。

二、教学设计

（一）专业名称

环境生态工程专业。

（二）教学目标

1. 知识目标

通过学习环境生态工程的概念特征、应用情况、专业教师的研究方向、培养方案等，学生对本专业的教学目的、专业定位、课程设置、培养方式、未来学习和研究发展方向有一个全面的认识。

2. 能力目标

培养学生的生态环境意识，让学生初步具有利用生态学和环境生态工程的理念分析、解决环境问题的能力；通过学习重金属植物修复、大气污染生物监测技术等相关知识，学生初步具有利用生态学思维和生态工程手段治理环境污染的能力。

3. 价值目标

通过课程思政等学习，学生能够了解国家政策，坚定保护生态环境的决心，具备生态思维和辩证思维，树立人与自然和谐共存的理念，具有促进生态文明建设的生态素养，树立投身国家生态文明建设的信心。

（三）案例设计

1. 导入

大一新生刚刚入学，对所选专业还比较陌生。导论课向学生讲述什么是环境生态工程、如何进行专业学习、毕业后去哪里发展，以及不同教师的研究方向和行业最新动态。在开篇——什么是环境生态工程中列举案例，让学生明白学习环境生态工程将来要做的工作是什么。在第二部分，结合国家政策和青农环境生态工程专业的定位，坚定学生学习本专业的信心。

2. 展开

为保护和开发城阳区的水流域生态资源，城阳区自 2019 年 10 月启动"五水绕城"生态环境提升项目，对爱民河、虹子河、小北曲河、南疃河、墨水河等 5 条河流共计 23.9 千米河道进行综合整治，从"治、用、保"各个环节入手，统筹考虑城市防洪、生态保护、环境提升、景观休闲等城市功能和居民休闲文化需求，融入中水回用、海绵城市、自然涵养等技术理念，通过控源截污、内源治理、净化、修复等处理方式，将流经城区的河道打造成防洪屏障、生态绿道、景观中轴、亲水长廊和产业动脉。此外，城阳"大五水"绕城整治工程已正式启动，将对墨水河、祥茂河、洪江河、桃源河、白沙河等进行治理。

图 1 "五水绕城"青岛农业大学南门外段

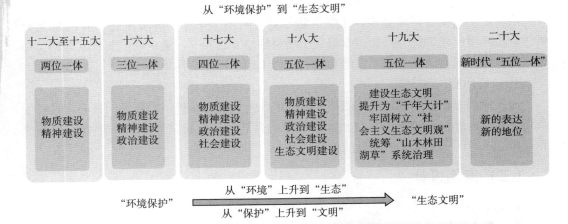

图 2　中国共产党全国代表大会对环境保护和生态文明建设的表述

　　推进美丽中国建设是现代化建设系统工程的重要组成部分，其本身是一个庞大的系统工程。党的十八大报告首次提出"建设美丽中国"，党的十九大报告再次强调"建设美丽中国"，党的二十大报告进一步阐述"推进美丽中国建设"。"美丽中国"明确了我国生态文明建设的目标，形成了生态文明建设的共同理想。党的十八大报告和党的十九大报告都十分重视生态文明制度建设。基于我国生态文明制度体系已经基本建立并不断完善的国情，党的二十大报告着重阐述了生态文明建设实践的四个重点领域。

　　党的十八大以来，我国总体上完成了从"黑色增长"向"浅绿色发展"的转型，但是目前尚未转向"深绿色发展"。我国实现了碳排放强度的递减，但尚未实现碳排放总量的递减。未来五年是"浅绿色发展"与"深绿色发展"并存、"绿色化"与"低碳化"并存的多重任务叠加时期，必须通过绿色科技革命、低碳能源革命实现生产方式和消费方式的绿色低碳转型。没有经济发展的绿色低碳转型，就不可能做到 2030 年前实现碳达峰、2060 年前实现碳中和的宏伟目标。加快推动绿色低碳转型是生态文明建设向纵深推进的重要标志。

　　2021 年 1 月 21 日，全国生态环境保护工作会议在北京召开。会议确定，2021 年要抓好八大重点任务，其中第四条是持续加强生态保护和修复。包括推动"2020 年后全球生物多样性框架"各项谈判进程，编制关于进一步加强生物多样性保护的指导意见，实施生物多样性保护重大工程；深化生态保护监管体系建设；持续推进生态文明示范建设。2022 年 1 月 7 日，生态环境部在北京召开 2022 年全国生态环境保护工作会议。会议强调，"十四五"时期，我国生态文明建设进入了以降碳为重点战略方向、推动减污降碳协同增效、促进经济社会发展全面绿色转型、实现生态环境质量改善由量变到质变的关键时期。

　　环境生态工程专业是 2012 年教育部本科专业目录中新增设的专业，隶属于工学门类中的环境科学与工程类。目前，我国招收环境生态工程专业的高等院校逐年增多，既有高水平的双一流大学，也有部分地方院校。青岛农业大学于 2013 年开始招收环境生态工程专业学生，是国内该专业最早招生的高等院校之一，也是山东省内该专业仅有的几所招生院校之一。2022 年获批为山东省一流专业建设点。

三、教学总结

（一）教学依据

本课程从厚植生态文明、坚定文化自信、提升责任担当等方面下功夫，将专业的显性教育与课程思政的隐性教育有机结合，润物细无声，构建课程思政教学，充分提升学生的综合能力、创新思维和身心素质。党的十八大把生态文明建设提升到新的重要高度，提出建设生态文明是中华民族永续发展的千年大计，是新时代中国特色社会主义发展方略的重要内容，是全面建设社会主义现代化强国的重大目标，是实现人类可持续发展的必由之路，是培养新世纪人才重要价值观和世界观的重要环节。课程依托中国特色社会主义的伟大实践成就，特别是身边的具体事件和工程；依托青年群体的关注点、对未来所从事专业的需求和希冀；依托本学科和专业的形成、发展，围绕厚植生态文明、培养职业素养、树立责任使命、坚定文化自信、提升家国情怀来挖掘思政素材。

（二）教学方法

1. 问题导入

提出问题，让学生讨论，师生交流，引发思考。如询问学生对环境生态工程的理解，让学生充分展开讨论，以发生在身边、可以见到的"五水绕城"工程带来的实际环境生态意义，让学生体会社会生态文明进步、国家实力担当、政府工作思维的转变、人与自然和谐共生的中国式生态文明理念。

2. 对比法

引导学生思考面对同样的环境问题，不同专业，如环境工程和环境科学专业应该如何做，环境生态工程专业又该如何做，对比采取不同工程和生态措施后的优缺点，展示本专业的特色，让学生在了解生态工程技术的同时感悟环境生态工程之于生态文明建设的重要意义。

比较从党的十二大到二十大，环境保护和生态文明建设的发展历程；引经据典，引导学生认识到我党对环境保护和生态文明建设的论述不断发展，达到了新高度，树起了新的历史坐标，为生态环境保护事业赋予了新的时代内涵。

（三）教学反思

本课程的思政教育在教学目标的确立、思政元素与知识点融合等方面取得了一定成效，初步实现了思政元素与专业教育较好融合。大部分学生认为其专业思维能力、分析解决问题的能力、环保职业素养、对专业的认识等有明显的提升。学生普遍比较喜欢常见实例分析的学习方式，认为这种方式不但提高了他们的实际认知，更使他们深刻感受到所学专业的价值，增强了专业自信和环保人的责任感。今后本课程应与时俱进，充分利用各种途径的信息，站在学生的角度思考，进一步挖掘、更新思政素材；避免思政教育生搬硬套，要做到思政元素与专业知识水乳交融，潜移默化。

土地资源管理专业导论

一、基本情况

（一）教师简介

张晓光，副教授。主要从事土地资源调查与评价、农业定量遥感反演、土壤地理等方面的科学研究与教学工作。主讲地理信息系统、遥感图像处理与应用、土地资源调查与评价等课程。主持国家自然科学基金、土壤与农业可持续发展国家重点实验室开放基金、教育部产学合作协同育人项目各1项，参与国家级、省部级科研课题12项。发表论文50余篇，SCI收录14篇。参编省部级规划教材2部，参与制定省部级、团体标准各1项，获得国际国内授权专利9项，国家软件著作权6项。分别获2021年"苍穹杯"全国大学生空间信息技术大赛和2021年易智瑞杯中国大学生GIS软件开发竞赛"优秀指导教师"称号。

（二）课程简介

本课程是土地资源管理本科专业的必修课，属于学科（专业）基础课程。该课程在大一上学期开设，涉及土地资源管理专业培养方案、专业知识结构、学科前沿等多方面的知识，还涉及土地资源管理专业发展、专业学习规划、毕业去向等相关内容。通过对本课程的学习，学生基本了解土地资源管理专业，熟悉在学期间课程安排，对后期专业学习有大致了解，为更好地规划大学阶段学业打下基础。

（三）授课方式

线下授课。

二、教学设计

（一）专业名称

土地资源管理专业。

（二）教学目标

1. 知识目标

了解土地资源管理专业发展历史、研究内容、课程知识结构、学科前沿、就业方向。

2. 能力目标

了解本学科的发展动态和专业知识结构，掌握查阅、搜集国内外相关科研动态、学科发展等资料的方法、途径，甄别有用信息，提炼文章精髓。

3. 价值目标

通过学习专业知识框架、学科巨大成就、优秀毕业校友事迹等资料，形成专业认同感，培养关注土地安全、保护土地资源、土地综合整治、绿色发展的理念和视野。

（三）案例设计

1. 导入

以询问学生为什么报考青农土地资源管理专业、对土地资源管理专业是否有了解等问题入手，引入目前与土地资源密切相关的热点问题和重大问题，激发学生对该专业的兴趣。

话题1：对于土地资源污染，如何治理、如何修复、如何评价？

话题2：对于国土争议，如何精准测量？怎样提高版图意识和国土安全意识？

话题3：对于房地产过热现象，如何开发、经营、营销房地产？如何拍卖土地？

话题4：对于卫星发射，如何利用卫星监测土地资源？

2. 展开

教师对上述问题稍加总结，提出土地资源管理专业主要的研究内容涵盖了上述几个方向，让学生意识到自己所学的专业与许多热点问题相关，培养学生对所学专业知识能解决重大问题的认知。

接下来向学生介绍该专业的发展历史。一方面从全国各高校的层面介绍该专业的发展情况，另一方面重点介绍青农该专业的发展历程。

（1）国内土地资源管理专业的发展

土地资源管理专业是与自然科学密切交叉融合的一门学科，它运用现代管理理论、经济管理理论和新的测量技术、信息技术，对土地资源现状进行调查和评估。

我国高校土地资源管理专业可以追溯到新中国成立初期，出于对农业土地的合理利用和对土地改革进行引导规划的需求，土地规划利用专业在一些农科院校兴起，这是我国现代土地资源管理专业的开端。

由于当时我国处在农业经济时代，因此土地资源管理专业主要研究农业土地利用这样学科性质单一的问题。改革开放后，有关土地利用的问题发展为城乡之间的用地矛盾、城镇建设用地规划和布局、耕地和基本农田保护等更具多样化的内容。1986年国家土地管理局成立，同一时期我国出台了《中华人民共和国土地管理法》，我国的现代土地管理事业由此进入了发展的快车道。土地资源管理专业也进入了快速发展时期，1988年中国人民大学率先成立了土地管理系，1992年南京农业大学成立了我国第一个土地管理学院，1995年浙江大学成立了东南土地管理学院。1998年教育部对全国普通高等院校本科专业目录作出调整，将土地规划与利用同土地管理合并为土地资源管理专业。

截至2018年，我国共有170余所高校开设了土地资源管理本科专业，主要分布于各个地方的农林类院校、师范类院校和综合性大学。

（2）青农土地资源管理专业发展

青农最早于 1993 年招收了第一届两年制土地管理专科学生，2007 年在农业资源与环境专业下设置了土地资源管理方向本科，2008 年正式招收土地资源管理本科生，2011 年开始招收土地资源管理方向的硕士研究生。

时至今日，资源与环境学院土地资源管理专业发展了土地信息技术、农业遥感、土地经济、土地利用规划、水土保持与国土综合整治、房地产评估等众多方向，并取得了重要成果。2021 年获批青岛市农业遥感应用工程研究中心。2022 年获批青岛市障碍土壤修复重点实验室、青岛市障碍土壤修复技术中心。

三、教学总结

（一）教学依据

土地资源管理专业属于公共管理学范畴。本专业通过介绍我国土地资源管理专业的发展历史，帮助学生了解土地资源管理专业和行业领域的国家战略、法律法规和相关政策，同时引导学生了解国情民情，增强对国家发展的情感认同，坚定中国特色社会主义道路自信、文化自信。

教师通过讲解我国土地资源管理专业的特点和各大高校的专业开设类型，引导学生深入社会实践、关注现实问题，提高个人的爱国、敬业修养。通过介绍优秀校友，培养学生探索未知、追求真理、勇攀科学高峰的责任感和使命感，激发学生科技报国的家国情怀和使命担当。通过介绍青农取得的部分成就，增强学生对学校专业的认同感和信心，加强生态文明教育，增强学生服务农业农村现代化、服务乡村全面振兴的使命感和责任感，培养知农爱农创新人才。

（二）教学方法

第一课以多媒体讲授为主，主要讲解土地资源管理专业的发展历史、专业培养方案。为了加强学生对专业的认知，还可以设置课堂讨论和交流，让学生讨论土地资源管理专业相关的热点问题，交流各自的看法，加强对专业的认同感，以更好地融入专业中。关于学院专业的发展部分，应提前制作多媒体视频向学生播放。引导学生通过了解学院专业发展取得的巨大成就，增强服务农业农村现代化、服务乡村全面振兴的使命感和责任感，培养知农爱农创新人才。

（三）教学反思

土地资源管理专业在青农的特点是技术管理。课程设计上侧重于地理信息技术、遥感技术、土地规划技术、土地评价等内容。

教师通过设置导论课程，引入相关的热点问题和重大问题，结合专业发展历程，很容易提起学生学习的兴趣。这有助于提升学生对学校及专业的认同，以及服务"三农"的情怀。

环境工程专业导论

一、基本情况

（一）教师简介

郑庆柱，副教授，环境工程系副主任，主要研究方向为水污染控制工程与膜分离技术。主讲水污染控制工程、膜技术及水处理应用等课程。主持和参与国家级、省部级、地市级科研项目 10 余项，发表学术论文 40 余篇，授权发明专利 11 项，实用新型专利 6 项。获得东营市科技进步二等奖 1 项。

张国栋，教授，硕士生导师，青岛农业大学农业固体废弃物高值利用创新团队负责人，环境工程系主任。主要从事农业固体废弃物资源化利用技术、土壤碳库固碳增汇机制、农村生态环境修复和保护的系统性策略等方面的研究。主持和参与国家级、省级项目 10 余项，获得专利 9 项，在环境领域高影响因子期刊上发表 SCI 收录论文 60 余篇。主讲环境学、农业固体废弃物资源化利用技术、清洁生产等课程，主持国家和省级教学改革项目 4 项，发表教研论文多篇。

（二）课程简介

本课程是环境工程本科专业必修课，涉及环境科学与工程专业的发展历史、环境工程专业主要学习内容和职业使命、人类面临的环境问题和可持续发展概念、环境污染与人体健康、大气等多介质污染与防治、环境监测与环境保护制度等相关内容。本课程是环境工程专业本科生入学后学习的第一门专业课程。通过该课程的学习，学生能够对环境工程专业知识构架产生一定的认识，激发学习兴趣；构建环境友好的价值观和伦理观、环境科学研究与思维技巧，建立局部和全球环境概念、树立环境行为准则，同时提高自身能力。

（三）授课方式

线下授课。

二、教学设计

（一）专业名称

环境工程专业。

（二）教学目标

1. 知识目标

通过学习环境工程专业发展史和本专业主要知识内容，学生能够对该专业的知识构架产生一定认识，激发对本专业的学习兴趣；通过学习环境问题和重点治理工程，学生能够获得关于选择专业限选课和确定专业方向的参考信息和技术支持。

2. 能力目标

通过对该课程的深入学习，学生初步具备对环境污染的成因、危害及处理工艺进行正确分析判断的能力，锻炼学生整体思维能力和独立分析解决问题能力，提高学生信息搜集、数据分析及归纳总结能力，培养学生团体合作、科学思维及分析应变能力。学生能够运用环境工程专业知识对复杂环境工程问题加以分析与解释。

3. 价值目标

该课程主要培养学生对环境工程技术领域的学习兴趣，使其深入理解并在工程实践、复杂工程问题解决方案实施过程中承担相应的责任。培养学生对环境友好的价值观和伦理观，让学生理解环境保护和可持续发展的理念和内涵，树立局部和全球环境概念、树立环境行为准则，牢固树立社会主义生态文明观，形成"绿水青山就是金山银山"的环保理念。

（三）案例设计

1. 导入

良好的生态环境既是最公平的公共产品，也是最普惠的民生福祉。党的十八大以来，以习近平同志为核心的党中央将生态文明建设放到治国理政的重要位置，以"绿水青山就是金山银山"理念为先导，推动我国生态环境保护发生历史性、转折性、全局性变化。

"两山论"的第二阶段是既要金山银山，也要保住绿水青山，这时候经济发展和资源匮乏、环境恶化之间的矛盾开始凸显出来。要解决"两山论"第二阶段的矛盾，就必须采取环境工程相关措施与技术，将污染物减量化、无害化和资源化。

2. 展开

环境工程专业是一门新兴的学科，20世纪六七十年代以来，根据化学、物理学、生物学、地学、医学等基本理论，人们运用卫生工程、给排水工程、化学工程、机械工程等技术原理和手段，解决了废气、废水、固体废弃物、噪声污染等问题，使单项治理技术有了较大的发展，这是环境工程学诞生的基础。

20世纪50年代末，中国提出了资源综合利用的观点。20世纪60年代中期，美国开始技术评价活动，并在1969年的《国家环境政策法》中规定了环境影响评价的制度。自此，对环境系统工程和环境污染综合防治的研究工作迅速发展起来，形成了环境工程这门新学科。

中国的环境工程学科在20世纪70年代中后期迅速发展起来，1977年清华大学在原有给水排水专业的基础上成立了我国第一个环境工程专业。截至2000年初，中国有

140 多所大学设立了环境工程专业。主要讲授水污染控制工程、大气污染控制工程、固体废弃物处理与处置和物理性污染控制工程四大主干专业课程。

2005 年 8 月，青农成立资源与环境学院，同年招收环境工程专业学生。培养方案经过四次调整，专业课分为污水处理和清洁生产两个模块。培养了一批优秀的环境工程毕业生，奋斗在环保事业的各个领域。

三、教学总结

（一）教学依据

专业课是课程思政建设的载体，我们要认真梳理专业课教学内容，结合课程特点、知识背景、思维方法和价值观念，深入挖掘课程思政元素，并将其有机融入课堂教学中，达到润物细无声的育人效果。

环境工程专业导论是环境工程专业新生接触的第一门专业课程，本次课为该课程的"开学第一课"。课上引入"绿水青山就是金山银山"的科学论断，重点讲述"两山论"的提出背景及发展历程，培养学生牢固树立社会主义生态文明观，提高学生的环境保护意识。青农优秀校友张清哲的励志故事可激发学生的学习兴趣，让学生树立职业理想，明确奋斗目标。

（二）教学方法

在新生入学第一堂课，教师引入社会主义生态文明观，讲述"绿水青山就是金山银山"的科学论断，深入阐述"两山论"的提出和发展历程，让学生深刻理解学习环境工程专业知识的重要性，引导学生树立环保意识，让课堂知识既有理论高度，又有具体知识内容。用本专业优秀毕业生的励志故事作为育人案例，给学生一种真实、亲近的感觉，可激发学生对环境工程专业的学习兴趣和自信，树立明确的学习目标。

（三）教学反思

大学生正处于世界观、价值观的形成阶段，在专业课中融入爱国主义、社会主义核心价值观等思政教育内容符合教育教学全程育人、全方位育人的要求。生态文明建设是中国特色社会主义事业的一部分，环境工程专业的学生毕业后将奋斗在环保工作第一线。

将专业课与思政课融合是学校实施"一心三环"思政育人模式的途径之一。其中，"一心"是以思政课为核心，课程思政为"一环"，第二课堂为"二环"，社会实践为"三环"，从而形成课堂、校园、社会的无缝对接，将社会主义核心价值观有效融入技术人才培养的全过程。引入"绿水青山就是金山银山"的科学论断，就是将专业课理论知识与社会主义核心价值观、爱国主义有机融为一体，符合习近平总书记提出的"各门课都要守好一段渠、种好责任田，使各类课程与思想政治理论课同向同行，形成协同效应"的要求，实现"知识传授"和"价值引领"有机统一，实现专业课程的育人功效。

马业科学专业导论

一、基本情况

（一）教师简介

李桢，副教授。主要从事马的饲养管理、繁育技术、马术运动教育研究。主讲马（动物）育种学、马科学基础、高级马科学等课程。主持和参与省级及以上纵向项目5项，横向课题2项。参与名校工程专业建设项目1项，参编全国规划教材2部。2015年以来，在国内外学术期刊上共发表各类论文20余篇，授权专利10余项。

（二）课程简介

本课程是面向马业科学专业大一新生开设的一门专业基础课，开设学期为入学后的第一学期。本课程为学生了解专业动向、专业课程学习的特点、专业学习规划等进行引导式的教学，如主要专业课程、学习方法、专业学习与职业前景规划、专业领域新发展、新理念及课程思政。本课程在专业人才培养中的价值主要体现在有助于提高学生对专业学习的兴趣，厘清专业学习过程中通识课程、专业基础课程与专业课程、实践实习课程学习之间的内在联系，并体会本专业内涵的博大精深，树立学好专业、服务社会、实现人生价值的远大理想。

（三）授课方式

线下授课。

二、教学设计

（一）专业名称

马业科学专业。

（二）教学目标

1. 知识目标

理解马业科学专业的课程体系、学习特点与学习方法、思政教育与个人发展、专业特色与优势、国内外马产业发展的人才需求特点、学习深造与职业动向、面临的挑战等。

2. 能力目标

能够开展专业自学。重点在马的繁殖、营养、遗传育种、现代马术、社会实践等方面，具备一定发现问题、分析问题、解决问题的能力。

3. 价值目标

专业学习态度与学习兴趣得到提高，政治立场坚定，身心健康，人格高尚。

（三）案例设计

1. 导入

首先导入马业科学专业的成立背景（青农为全国首个经教育部批准开设马业科学专业的高校）。然后介绍马业科学专业培养方案设计理念和培养目标（重点强调培养德智体美劳全面发展，对国家和社会有高度责任感，具备良好的科学文化素养的专业人才）。最后介绍马业科学专业的课程体系。

2. 展开

案例教学导入：优秀学生在校学习期间发表论文，毕业后进入国际名校、获得国际奖学金，有良好的职业发展等。提出问题：为什么这些同学能有如此优异的表现？与专业建设、个人与专业的融入密不可分。

专业背景：现代马产业链条较长，衍生产业较多。上游产业包括马匹繁育、杂交改良、马匹调驯等；中游产业包括马匹交易、马术运动、赛马运动、体育博彩及相关的器材制造加工、场馆设施建设等；下游产业包括马术培训教育、会议展览、休闲娱乐、广告传媒、餐饮住宿、文化演艺、体育旅游、商业商务等相关衍生产业。急需具有较高学历层次和专业水平的人才推动该产业高质量发展。

专业特色：青岛农业大学动物科技学院马业科学专业教育特色主要有马的休闲骑乘、马术、赛马、中华与世界马文化等，还有许多专属于马业科学领域的知识与技能，如马运动生理学、马修蹄管理、治疗性骑乘教学原理、马术赛事组织与管理、马房管理、马术运动与马场管理、马产业经济等。现代马产业涉及农业、动物生产、体育运动、竞技、休闲、历史文化、国际交流与外交等社会经济生活的多个层面。马业科学专业为满足社会需求，着力培养引领行业发展、教育、时尚，具有国际视野的高素质应用型人才。

未来发展：青农马业科学教育突出实践教学、国际化教育、校企合作，人才培养成效显著。毕业生可以在现代马产业的各个领域就业，也可以到相关企业、教学科研单位和其他事业单位工作。

思政教育：爱国，就是与党中央保持高度一致（新一代留学生为国奉献甚至献出生命的事迹）；叛国，为人不齿（依附于国外反华势力的一些人的卑劣行径）；强调专业学习的社会责任（盲干、瞎干、失误等教训案例与知识传播）。

三、教学总结

（一）教学依据

根据《高等学校课程思政建设指导纲要》关于七类课程门类的要求，结合课程内容进行细化。

绪论：主要介绍马业科学专业课程体系与培养目标、教学特色、职业发展与学术技能深造、国际交流等。目的是帮助学生提高对专业的认识，树立正确的学习方法与态度，为具有悠久历史的中国马文化自豪。

第一章，现代赛马运动：主要介绍赛马运动的起源与发展，以及纯血马繁育、国内赛马产业的发展与纯血马繁育面临的挑战。目的是帮助学生认识到国内外马产业及青农具有的优势与面临的挑战、机遇。激发学生努力学习，成为人才，报效国家。

马业科学专题：主要介绍马的物理康复疗法——正骨、按摩，以及马的毛色遗传、马的视力、马业科学专业名词术语等。目的是向学生介绍马业科学特殊专业领域的一些基本知识及马业名词术语的含义，帮助学生奠定一定的马业科学专业基础，培养学生的专业学习兴趣和自学能力。

（二）教学方法

第一，培养爱国情怀。著名动物遗传学家吴仲贤开创了我国的动物数量遗传学学科，其著作《统计遗传学》享誉国内外。著名马学科学家谢成侠教授所著《中国养马史》享誉国内外，对中国养马业发展以及马文化传承，起到了奠基性作用。

第二，培养文化自信。文化自信是一个国家、一个民族发展中基本、深沉、持久的力量。《相马经》《中国养马史》等马业著作的巨大影响力、每一个马品种，以及人与自然和谐共处的美好画卷都闪耀着中国先人们的劳动智慧。教师可引导学生一起讨论、展望中国马业，提升其文化素养。

第三，培养科学探索精神。教师向学生介绍我国发展现代马产业面临的挑战，让学生展开讨论，以科普的语言介绍国外先进的繁育理念，启发学生理解科学技术是第一生产力的深刻含义，鼓励学生攀登科学高峰，引导学生认清国内马产业在人才培育、产业发展方面与发达国家之间的差距，以及国内马产业发展的巨大潜力，发奋图强。

第四，培养科研素养。结合教师的亲身经历，让学生充分认识、体会到科研之路的挑战性与取得科研进展的成就感、荣誉感，逐步树立献身科研的远大理想。

（三）教学反思

本课程面向大一新生第一学期开设。经过导论课程的学习，绝大多数学生由入学之初的对马业科学专业的不了解甚至感觉迷茫，开始变得接受、认可，具体表现为在课程教学过程中就有学生要求教师推荐实习单位，咨询考研、出国留学深造、课外读物。授课教师认为专业导论课程应该贯穿整个第一学年，大一第一学期的教学性质为初步引导，第二学期学生基本适应了大学的学习、生活环境，导论课可以从本专业的核心课程方向出发，介绍专业科学研究的新技术、新理论。这样有利于一年级新生与专业教师一直不断地交流，坚定专业学习。

畜牧学科导论

一、基本情况

（一）教师简介

李文立，教授。主要研究方向为单胃动物的营养需要及调控、饲料营养价值评定、非常规饲料开发利用、环保型饲料添加剂研究与应用等。主要从事动物营养学、饲料学和高级动物营养学等课程的教学工作。主持或参与国家级和省部级科研项目 10 多项，获省部级科技进步一等奖 2 项，二等奖 4 项，授权国家发明专利 5 项。发表 SCI 及中文核心期刊论文 150 多篇，主编专著 2 部，编写国家级规划教材 5 部。

（二）课程简介

本课程是动物科学专业的必修课，在大一第一学期开设。主要围绕畜牧学科研究内容、研究现状与进展，畜牧生产产业现状及发展趋势，以及畜牧生产与国民经济发展和国计民生的密切关系进行讲解。使学生了解动物科学专业，把握动物科学专业在国民经济中的重要作用，以及本专业的就业前景和工作去向；使学生喜欢并热爱动物科学专业，厚植"三农"情怀，在此基础上了解大学四年主要学什么，应该怎么学，必须具备什么样的知识和素质。提高学生主动探索动物科学专业的积极性，让学生在理论与实践的联系中提高创新能力，提高分析问题和解决问题的能力，为后续课程的学习打下坚实基础。

（三）授课方式

线上线下混合教学，以线下教学为主。

二、教学设计

（一）专业名称

动物科学专业。

（二）教学目标

1. 知识目标

使学生了解动物科学专业和学科的研究内容、研究热点，了解本专业的就业现状、就业前景，以及相关产业的发展概况，进一步稳固专业思想，激发学好动物科学专业的主动性，为畜牧业的绿色发展和高质量发展贡献力量。

2. 能力目标

让学生加强对动物科学的基本概念、内在联系及规律的学习，提高学生主动探索动物科学专业的积极性，让学生在理论与实践的联系中提高创新能力，提高分析问题和解决问题的能力，学生在后续专业课程学习中能够从动物科学的角度进行正确的分析，达到理论与实践的和谐统一。

3. 价值目标

通过本课程的学习，学生能够了解肉、蛋、奶、皮、毛等畜禽产品的产量及品质与满足人们对美好生活的向往之间的密切关系，增强学生的专业优越感和责任感。热爱动物科学专业，牢固树立专业自信心，厚植"三农"情怀。

（三）案例设计

1. 导入

"民以食为天，猪粮安天下。"人民对美好生活的向往就是我们的奋斗目标。从肉、蛋、奶、毛、皮等畜禽产品改善人民生活的角度出发，阐述畜牧业生产在国民经济发展中的重要作用，进一步说明动物科学专业的重要性和学习内容；结合动物科学专业的发展历史和传统优势，阐明动物科学专业的培养流程，揭示国内外畜牧业和饲料工业生产现状、取得的重大成果和发展趋势，从而培养学生对动物科学专业的学习兴趣，厚植"三农"情怀，牢固树立专业自信心。

2. 展开

历史沿革：青农动物科学专业始建于1958年（原畜牧专业），2008年获批山东省普通高等学校品牌专业建设点，2009年获教育部第四批高等学校特色专业建设点，2010年设立动物科学（马科学）专业方向，2012年成为山东特色名校工程重点专业，2013年入选教育部"本科教学工程"地方高校第一批本科综合改革试点专业，2016年获批山东省高水平应用型立项建设专业群，2019年获批山东省一流专业，2021年获批国家一流专业建设点。

专业定位：根据国家对"新农科"建设的总要求，紧紧围绕乡村振兴和生态文明建设等国家重大战略需求，立足山东面向全国畜牧产业经济发展需要，以建设特色鲜明的一流专业和培养高素质的创新创业型人才为目标，积极推进专业内涵建设，促进课程体系、实践教学和协同育人改革，为乡村振兴和新旧动能转换提供强有力的人才支撑。

专业特色和优势：本专业创新了"3＋1"应用型人才培养模式，构建了"349"实验实践教学体系，形成了理论实践并重、多层次能力培养的办学特色，显著提高了学生的综合素质及实践技能；建立了产学研政共同参与的"三层次四体系三导师"实践教学体系，学生实践技能明显提升；构建了"访学生""创业班""创新班""校企同盟班"等灵活多样的校校、校企合作育人模式，创新协同育人机制；着眼学生未来发展，分类设计培养方案和课程体系，学术创新和生产创业模块兼顾学生兴趣志向，为学生学习成长提供多样化的平台。

三、教学总结

(一)教学依据

畜牧业发展事关居民的"肉盘子""奶罐子",推动畜牧业供给侧结构性改革、走高质量发展道路是"大食物观"的具体实践。畜牧发展,良种先行。种业是畜牧业发展的芯片,也是现代畜牧业竞争力的核心要素,提高畜禽种业水平是建设种业强国的关键一环。要深刻理解习近平总书记重要论述"中国人的饭碗任何时候都要牢牢端在自己手中,我们的饭碗应该主要装中国粮"的深刻内涵。

肉、蛋、奶等畜禽产品是改善人民生活的重要食物源。根据国内养殖业现状,教师应说明畜牧生产对生态环境保护的重要性,课堂教学中注意加强生态养殖、绿色养殖理念引入,引导学生热爱畜牧业,注重培养学生的"大国三农"情怀,引导学生以强农兴农为己任;增强学生服务农业农村现代化、服务乡村全面振兴的使命感和责任感,培养知农爱农型创新人才。

(二)教学方法

本课程教师主要由校内教授、行业专家和政府工作人员组成,做到产学政融合育人。

校内教授:由本院教授担任主讲教师。主要围绕动物科学专业的发展历史、专业特点和优势、学习方法、毕业去向等进行讲授;同时,对国内外饲料工业、畜禽种业和生产的发展现状及趋势进行讲授,使学生认识、了解并热爱动物科学专业,牢固树立专业自信心。

行业专家:由畜牧相关产业的知名校友担任主讲教师。主要围绕畜牧产业的发展现状和趋势、产业发展对人才的需要特点等进行讲授。一是使学生了解产业现状;二是使学生了解行业对人才的需求特点,明确学习目标;三是使学生以校友为榜样,激发学习动力,争取早日成才。

政府工作人员:由省市级畜牧管理部门的人员担任主讲教师。主要围绕产业相关政策、法律法规等进行讲解,使学生了解保护动物性食品安全、实现畜牧生产绿色发展和高质量发展的重大意义。

(三)教学反思

根据讨论课的反馈,通过课程学习,学生对动物科学专业更加了解,学习积极性和主动性提高,学习目标更加明确。

通过课程考核,学生对畜牧产业和饲料工业的发展现状更加了解,更加热爱动物科学专业,增加了专业自信心,厚植了"三农"情怀。

数字草业导论

一、基本情况

（一）教师简介

孙娟，博士，教授，草业学院副院长。研究方向为牧草栽培与草地生态。主讲数字草业导论、草地生态学等课程。主持国家自然科学基金、国家牧草产业技术体系等省部级以上科研项目 15 项。发表论文 100 余篇，参编著作 10 余部，参编地方标准 3 个，授权发明专利 4 件。获得国家审定的苜蓿引进品种 1 个；获省级科技进步二等奖 1 项，三等奖 1 项；获 2021 年度省级教学成果奖。

丛丽丽，博士，副教授。研究方向为草种质资源与育种。主讲文献检索与科技论文写作、牧草与草坪草育种与生物技术等课程。主持国家自然科学基金 1 项、省部级项目 2 项，参与 10 余项国家级和省部级课题，主持 3 项教研课题。发表论文 30 余篇，参编教材 3 部，授权发明专利 3 件。获全国草学类本科专业 2019 年青年教师讲课比赛三等奖，2023 年首届全国林草科学实验展演汇演二等奖。

（二）课程简介

本课程是草业科学本科专业必修课，授课对象为大一新生。课程主要内容包括草业科学专业的性质、专业的地位及作用、专业发展历史与现状、专业研究的主要范围和涉及的研究领域、专业培养目标、课程设置及相关要求、专业毕业生就业前景、专业最新发展趋势、专业前沿专题案例、数字草业进展等。课程旨在使大一新生初步了解草业科学专业的内涵和外延，建立专业认同感和专业自信，稳固专业思想，为学生更好地适应和开展后续的学习打好基础。

（三）授课方式

线上线下混合教学。

二、教学设计

（一）专业名称

草业科学专业。

（二）教学目标

1. 知识目标

了解草业科学专业的性质、地位及作用、发展历史与现状，熟悉专业研究的主要范围和涉及的研究领域、专业培养目标、课程设置及相关要求、专业毕业生就业前景及最新的发展趋势。

2. 能力目标

培养学生德智体美劳全面发展理念，具备与云计算、大数据、物联网、人工智能等信息技术密切相关的数字草业专业认知能力，掌握草业行业的前沿动态和发展趋势，具备新农科发展所需的适应能力和创新能力。

3. 价值目标

通过融入任继周院士的思政案例，培养学生的"三农"情怀，激发学生对草业科学专业的热爱，学习任继周院士踏实、努力和对草业事业执着追求的精神，并立足时代高度，传递专业情怀和爱国情怀，建立专业认同感和专业自信。

（三）案例设计

1. 导入

讲述草业科学专业发展历史时引入我国现代草原科学奠基人之一任继周院士的案例，通过任院士的生平事迹及专业学习和工作的经历，激发学生对草业科学专业的学习热情。

2. 展开

（1）草业科学专业在我国的发展历史

1958 年内蒙古农牧学院成立草原专业。随后甘肃农业大学和新疆八一农学院也成立草原专业。1972 年甘肃农业大学成立草原系。教育部公布的全国本科教育学科和专业名称中，草原专业为畜牧一级学科之下的二级专业。1992 年教育部调整全国本科专业名称，草原专业改称为草学专业。此后，各校的系名改为草学系或草业工程系，专业名称改为草学专业。1997 年教育部调整全国本科专业目录，在公布的专业目录第一稿中取消了草学专业，1998 年教育部公布的全国本科专业目录中，草学专业被保留并被升格为本科一级学科，学科名称为草业科学。学科之下只设草业科学专业一个专业。新的专业名称和学科级别，更完整、更全面和更科学地反映了专业的属性及在当前大农业范围内草业的地位。

互动：大家有没有人了解或听过这位任继周老先生？听取学生答案。

播放《吾家吾国》专访任继周的视频，让学生感受任院士的风采及其对草业科学专业深沉的热爱，以及他一生做好一件事的坚持。同时，引导学生学习任先生在质朴的物质世界里搭建满溢的精神内核。视频结束后，引导学生对任继周先生事迹进行总结和内涵延伸。

PPT 授课：目前，我国草业科学专业高等教育有专科、本科、硕士、博士和博士后五个完整的教育层次。全国现有十余所高校设有草业科学本科专业，主要分布在农业院校和部分综合性大学。由于各高校办学的基础不同，故在草业生态、草地资源与环境、草坪与园林设计、牧草栽培及草产品加工、牧草与草坪草种质资源及育种、草原与草坪保护、放牧家畜生态与管理、草原牧区发展、草原生态旅游、草地土壤微生物生态等领域各有侧重。随着国民经济的发展、社会对人才质量要求的提高，本专业培养方案的内涵也在发生变化，在厚基础、高素质、创新型的教育思想指导下，正在向草地农业和城市绿地建设等方向发展。

（2）草业科学专业在青农的发展历史及现状

PPT授课：青农的草业科学专业教育依托于本校草学一级学科和研究团队。2006年获批草业科学二级学科（隶属于畜牧学一级学科），2012年获批草学一级学科，2019年建立草业学院，同年申请草业科学专业，2020年9月第一次本科招生。目前青农为山东省唯一的草业科学本科专业培养单位。2020年青农根据培育目标、培育要求、培养方式、课程设置等制定了草业科学专业2020年版最新培育方案，以期培养数字草业人才，同时将选修课程进行模块化设置，充分发挥学生的学习兴趣爱好，以宽口径的育人特色为扩大就业面打下基础。

视频辅助：草业科学专业宣传视频节选。

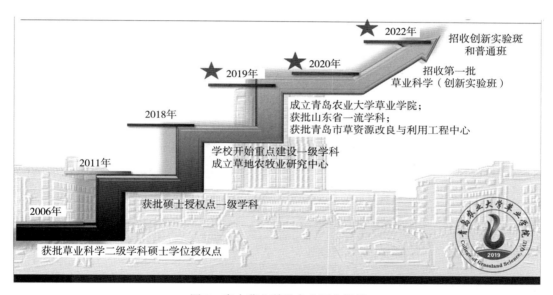

图1　青农草业科学专业历史沿革

三、教学总结

（一）教学依据

本课程是农学类草业科学专业基础课程。根据《高等学校课程思政建设指导纲要》，科学设计课程思政教学体系，根据草业科学专业的特色和优势，科学合理拓展专业基础课程的广度、深度，注重培养学生的"大国三农"情怀，建立专业认同感和专业自信，引导学生以强农兴农为己任，"懂农业、爱农村、爱农民"，树立把论文写在祖国大地上的意识和信念，增强学生以草业专业知识服务农业农村现代化、服务乡村全面振兴的使命感和责任感，培养知草爱草的创新人才。

（二）教学方法

为了让学生更好地融入课堂，提升课堂参与感，本课程以 PPT 讲授、互动式问答、人物案例讲解等教学方法为主，并通过视频辅助教学，让思政案例有机地与课堂内容融为一体，在开学第一课通过任继周院士的思政元素为学生树立鲜明的榜样引领作用。

（三）教学反思

数字草业导论课程为专业基础课，将任继周院士的思政元素融入开学第一课中，通过 PPT 讲授和视频的融入，让人物形象生动起来，使学生从开学初对草业科学专业的陌生、不了解状态变为对草业科学专业的好奇与熟悉。授课结束后，很多学生添加教师微信并表达了对草业科学专业的无限憧憬。在此过程中，也培养了学生踏实、坚韧的做事态度及"三农"情怀，提升了专业认同感和专业自信。

农机化专业导论

一、基本情况

（一）教师简介

刘艳芬，副教授，硕士生导师，机电工程学院农业工程系主任，农业机械化及其自动化专业负责人。主要从事农业机械及机械制图领域的教学与科研工作。研究方向为新型农机装备创新研发、保护性耕作装备与技术等。所讲课程获批省级精品课程，获山东省教学成果奖一等奖，担任 7 部教材的主编或副主编，指导学生获全国和省级竞赛一等奖、二等奖 10 余项。主持省部级及以上项目 4 项，研发新型装备 5 种，授权发明专利 6 项。发表高水平论文 20 余篇，SCI/EI 收录 7 篇。

（二）课程简介

本课程是为农业机械化及其自动化本科专业学生开设的一门专业基础课，设在第一学期，是一门关于所学专业整体性、概要性的入门课程。课程内容包括农机化专业的学科背景、发展现状、培养目标、课程体系、毕业要求、就业方向、研究内容、前沿技术等。通过对本课程的学习，学生能够了解本专业的内涵和特点、专业与社会经济发展的关系、专业涉及的主要学科知识和课程体系，以及专业人才培养的基本要求，从而形成更系统的专业认识，了解本专业内涵和发展趋势，更加明确自己的学习目标和方向，培养专业兴趣，激发学习动力，掌握专业学习方法，对其规划自身发展具有重要的导航作用。

（三）授课方式

线下授课。

二、教学设计

（一）专业名称

农业机械化及其自动化，农业机械化及其自动化（创新实验班）专业。

（二）教学目标

1. 知识目标

通过课程学习，学生能够了解农业机械化及其自动化专业的学科背景、专业定位、培养目标、课程体系、知识结构和毕业要求等，正确认识所学专业的内涵、特点、将来研究的内容，以及该专业领域的前沿技术和发展趋势。

2. 能力目标

学生通过学习了解本专业的知识体系构架、课程体系组成及各课程设置间的关系，培养综合思维、系统化分析和逻辑思维能力；通过了解该专业领域新技术的发展进步，以及典型人物事迹对社会发挥的作用和产生的影响，树立创新意识。

3. 价值目标

学生通过学习了解农机化专业对应的职业、行业及应遵循的职业道德和规范，培养工程素养和社会责任感，了解工程与自然、社会的和谐关系，树立可持续发展的理念。

（三）案例设计

1. 导入

2000年的世纪之交，美国工程院评出了20世纪20项最伟大的工程技术成就，其中农业机械排名第七位；中国工程院评出了20世纪我国重大工程技术成就，农作物增产技术排第四位。国务院印发的部署全面推进实施制造强国的《中国制造2025》战略文件中，农机装备与新一代信息技术产业、高档数控机床和机器人、航空航天装备、新材料等一起被列为十大重点突破领域。

2. 展开

农业机械对社会发展到底有多重要？毛泽东主席提出，"农业的根本出路在于机械化"，习近平总书记强调要"大力推进农业机械化、智能化，给农业现代化插上科技的翅膀"。我国正处于传统农业向现代农业转型时期，农业机械化的应用发挥着关键作用，农机的使用可大幅提高生产效率，比人工作业效率提高十几倍甚至几十倍，比如一台联合收割机的作业效率可以超过30个人的劳动作业量。加大农业机械的应用，不仅能提高作业效率，还有减轻农民劳动强度、实现精准种植、提高作物产量、抵御自然灾害的作用。我国农机工业在近20年取得了巨大的进步，2019年中国农机工业生产总值超过5000亿元，保持世界第一农机大国地位。在当前高科技社会背景下，农业机械正朝着智能化、信息化及生态环保的方向发展。目前的瓶颈是农机行业高端工程技术人才极为短缺，本专业同学未来四年要围绕农业机械化及其自动化专业系统学习，部分同学还要继续经历硕士和博士阶段深造，能够在该领域承担重任。

青农的农业机械化及其自动化专业始创于1969年，是青农建立最早、具有显著优势和特色的本科专业之一。2011年获批山东省高等学校特色专业，2014年获批山东省卓越工程师计划试点专业，2017年获批山东省应用型高水平重点专业，2019年获批国家级一流本科专业建设点。

目前，全国共有42所高校开设农业机械化及其自动化专业，山东省有4所院校设有该专业。截至目前，青农仅有的单项科研经费1000万元以上的六项科研专项全部出自本专业。在2017年度国家科学技术奖励大会上，由青农作为第一完成单位、机电工程学院院长尚书旗教授作为第一完成人主持完成的"花生机械化播种与收获关键技术及装备"项目获国家科技进步奖二等奖。教师团队荣获"全国黄大年式教师团队"，教师双师型比例高达 45% 以上。近五年来，在教师的指导下，农业机械化及其自动化专业学生共获奖励 126 项，其中国家级奖励 29 项，省级奖励 97 项，实现了国家一类比赛（"挑战杯"全国大学生课外学术科技作品竞赛"挑战杯"中国大学生创业计划竞赛）所有奖项的全覆盖。

三、教学总结

（一）教学依据

农业机械化及其自动化专业虽为工学类专业，但具有鲜明的农学类专业特点。既要在课程教学中把马克思主义立场观点方法的教育与科学精神的培养结合起来，提高学生正确认识问题、分析问题和解决问题的能力，注重强化学生工程伦理教育，培养学生精益求精的大国工匠精神，激发学生科技报国的家国情怀和使命担当，又要在课程教学中加强生态文明教育，引导学生树立和践行"绿水青山就是金山银山"的理念。要注重培养学生的"大国三农"情怀，引导学生以强农兴农为己任，"懂农业、爱农村、爱农民"，树立把论文写在祖国大地上的意识和信念，增强学生服务农业农村现代化、服务乡村全面振兴的使命感和责任感，培养知农爱农创新人才。

授课时，教师要向学生介绍典型农业机械的工作原理、主要结构和设计理念，培养学生形成严谨的工科思维，打好扎实的工科基础；同时讲授我国农业机械的发展历史，穿插进新中国成立初期农业从业人员艰苦奋斗、自力更生的拼搏精神和新时代农业从业人员锐意进取、开拓创新的新时代精神。向学生讲解我国农业资源短缺的现状和解决我国粮食安全的初心，让学生树立奉献"三农"、服务乡村振兴的决心。

（二）教学方法

1. 典型人物教学

讲授杰出农机专家，如尚书旗、王东伟和连政国的典型事例。讲授新中国发展过程中农机人的典型事例，例如以第三套人民币的一元纸币背景人物——梁军为典型，讲述我国自主生产东方红拖拉机的事迹。

2. 典型农业机械的国内外对比

介绍国外农业机械发展模式，介绍先进典型农业机械，使学生认识到我国农业机械与发达国家农业机械之间的差距，激发学生奋发向上的动力。美国、英国、加拿大等发达国家经历了 20 世纪 40—50 年代种植业基本机械化及 20 世纪 60—70 年代畜禽与水产养殖业基本机械化，20 世纪 90 年代后的种植业和养殖业已进入高度机械化、现代化阶段，正向大型、高速、低耗、自动化和智能化发展。

3. 农业机械发展史介绍

介绍新中国成立以来五大历史阶段的农业机械的特点，使学生认识到祖国发展的迅速，树立奉献农机事业的决心。这五大阶段分别为：现代农机工业体系构建阶段（1949—1979 年）、体制转换阶段（1980—1995 年）、市场导向阶段（1996—2003 年）、依法促进阶段（2004—2013 年）、新常态发展阶段（2014 年至今）。

（三）教学反思

专业学习：通过开学第一课的学习，学生能够清楚地认识到农业机械化及其自动化专业的主要内容和发展前景，了解到农机专业作为机电工程学院甚至青农王牌专业的必然性。学生通过本节课的学习，将为自己未来四年的大学学习指明方向，增强专业信心。

对专业及学校的情感：讲课过程中穿插本专业和青农的发展历史，使学生了解到老一辈青农农机人的奋斗历程，了解到专业和学校发展到今天的不易，增强对专业和学校的认同感。

"三农"情怀：本专业作为工科和农科相结合的专业，对培养学生的工匠精神和"三农"情怀都有积极的作用。讲课过程中涉及的我国农机发展历史、我国农业发展短板、农机人典型案例和国内外农机的差距，都在很大程度上提高了学生对"三农"的关注，引导学生认识国内外农机差距，增强了学生的使命感和责任感。

电气工程导论

一、基本情况

（一）教师简介

于艳，教授，机电工程学院专任教师，电气工程系主任，山东省高等学校青创人才引育计划"高端现代农业装备创新研发团队"负责人。研究方向为高端智能农业装备设计与集成。主讲电气工程导论、电磁场、电气工程新技术等课程。主持国家及省级课题7项，参与省级以上课题12项，发表学术论文20余篇，其中SCI/EI收录7篇。出版专著2部，作为副主编编写教材2部，合著教材1部，授权发明专利20余项。获国家级团队科研成果一等奖1项，省级科技成果奖1项，省级教学成果一等奖1项、二等奖2项。

（二）课程简介

本课程是电气工程类专业本科生的专业基础课，也是电气工程及其自动化专业学生的学习导航课。课程面向本专业的一年级学生，概述性地讲解电气工程领域各学科分支，包括电机电器及其控制、电力系统及其自动化、电力电子及电力传动、高电压与绝缘技术、电工理论及其新技术，以及电气工程领域的其他新兴方向。课程侧重整体系统性概述，而非细节的理论知识讲解，使学生尽早对本学科有一个全景式了解，开阔学生视野，启发学生把握个人专业学业的整体性、系统性、连贯性；同时，结合青农自身专业发展的历程，讲解本专业课程体系的具体设置，提高学生的专业认知度、认可度，促进学生后续专业学习的积极性、主动性，并为学生后续专业课、专业选修课的选择与学习，乃至职业生涯规划奠定基础。

（三）授课方式

线上线下混合教学。

二、教学设计

（一）专业名称

电气工程及其自动化专业。

（二）教学目标

1. 知识目标

通过课程学习，学生对电机电器、电力电子、电力系统及其自动化、高电压技术等基础知识有初步认知，了解电气工程新技术，熟悉电气工程领域相关发展趋势，为今后学好各门后续专业课程奠定一定的基础；对今后四年学习内容有全景式的了解，熟知电气工程大类人才培养思想，以及在大类人才培养平台基础上的"电气工程及其自动化"专业的人才培养方案的课程体系设置。

2. 能力目标

本课程注重启发学生系统性的工程思维，使学生对电气工程各分支学科的内容有初步认识，建立起电气工程的专业概念。在此基础上，培养学生具备可自我主动学习、不断明确自身专业发展方向和学习目标的能力，锻炼结合自身特点规划自己未来职业发展的能力。

3. 价值目标

培养学生专业学习兴趣，启发学生探索性思考，树立不畏困难、积极主动、坚持不懈、勇于创新的科学精神；培养学生多角度、全方位思考问题的整体性、系统性工程思维，树立职业自信和职业责任感。

（三）案例设计

1. 导入

"电气技术"是什么？是颠覆蒸汽时代的"主谋"，是引领人类一个时代到来的标签，是继电气时代之后以计算机技术、网络技术、信息技术、数字技术等为代表的智能时代到来的第一推手。21世纪已步入智能时代，那么电气时代过气了吗？电气技术已无用武之地了吗？不！在面向碳中和目标不断前行的进程中，我们需要电气工程技术与我们一起勇攀高峰；以创新推动行业转型升级过程中，我们仍将借助它不舍昼夜远距离传输，才能跨越江海，为各行业注入不竭的生机；未来我们仰望星空，让"绿色"发展闪耀新的希冀，创造这份殊荣时，仍然离不开它与我们并肩前行！肩负这份责任，实现这个美好梦想的是电气与自动化技术，更是电气工程人！

2. 展开

（1）"电气工程"的未来大有可为。"电气技术"是引领人类一个时代到来的"标签"，如今我们所处的时代已被新的"标签"替代，我们不免疑惑，电气时代是否已过气？电气技术是否已无用武之地？我们以电气工程中的电力系统及其自动化分支的智能电网发展为例，看看它是否已过气。

进入21世纪，电力工业已经经历了100多年的历史。在此期间，电力系统所服务的现代文明社会发生了翻天覆地的变化，各种新技术、新理论层出不穷，使人们生活的世界丰富多彩。21世纪，"智能"已不再是新兴词语，"智能电网"也已经成了业内的常用词，但我们的电网真的已经智能了吗？一般而言，新技术的出现总会让我们的生活更加舒适，让我们适应和改造世界的力量更强大，因此通常都会被人们积极地接纳和采用。然而当电力系统面对这些新生事物时，却表现出非常强烈的惰性。毫不夸张地说，电力工业可能是当今接受新技术最慢的行业之一。关于电力和电信行业，有一个很有名的对比："如果格雷厄姆·贝尔现在还活着，他肯定不认识手机；但托马斯·爱迪生如果能活到今天，他仍然能认出现在的电力系统。"有很多原因造成了这两个行业之间的巨大差异，但其中最突出的一个原因是，我们无法像替换电信基础设施那样快速而经济地更换大型电力基础设施。电力行业的资本更加密集。电力系统作为最复杂的人造系统之一，几乎涉及当今所有的学科。从最基本的数学、物理、化学，到最先进的 IT 技术、材料科学，乃至经济学和法学领域的最新成果，在电力工业界都大有用武之地。虽然电网在工程设计上是一个巨大的奇迹，甚至可以视作是人类最大的成就之一，但它仍然需要向现代化转型。一个真正现代化的智能电网不是对 20 世纪电力基础设施的"清零""再造"，而应该是充分将目前已有或正在开发中的清洁可靠且经济高效的新技术与 20 世纪电网相结合，使其保持可持续发展的生命力，服务于 21 世纪及更远的未来。

作为工科专业主体学科之一的电气工程学科，其同时也是最具基础性的学科。电气工程领域各学科分支包括电机电器及其控制、电力系统及其自动化、电力电子及电力传动、高电压与绝缘技术、电工理论及其新技术，以及电气工程领域的其他新兴方向。以上我们只从电气工程领域的电力行业分支阐述了其现状和未来发展的可喜愿景，可想而知，作为国家现代化转型发展的支柱性电气工程技术行业的整体，更是极富挑战并大有作为！

（2）青农电自化专业发展历史。青农电自化方向前身可追溯到青农前身莱阳农学院于 1993 年设立的"机电一体化"专业。经过莱阳农学院电气前辈的辛苦付出和多年奋斗，青农于 2002 年成功申报并获批了"电气工程及其自动化"本科专业，并于 2003 年开始招生。本专业作为校级品牌特色专业，结合地方区域发展人才需求，青农应用型人才培养定位，机电工程学院自身发展特色优势，与时俱进、不断发展，经过多年重点建设，现已形成了对接装备制造业（包括农业装备制造业）的电气控制等相关领域的发展特色。该专业及所在学院经过前期的不断积累，近十年来取得了快速发展。

图 1　青农电自化专业发展与建设历程

2013 年获批山东省主要农作物机械化生产装备协同创新中心，2014 年获批山东省种业生产装备工程研究中心，2016 年获批山东省高水平应用型专业群建设，2018 年获批山东省应用型人才培养特色名校重点建设专业，2020 年获批中俄智能农业装备创新中心，2021 年获批山东省一流专业建设点、山东省人工智能农机装备公共实训基地。

　　机电工程学院电气工程及其自动化专业经过几代电气人不懈努力，不论在专业建设、人才培养、科学研究、社会服务等日常职能工作上，还是在校园建设、保障校园安全稳定电力供应的配电变压器选型上，都发挥着重要作用。学高为师，身正为范，教书育人，上行下效。多年来经过可持续的改进与完善，青农电自化专业形成了自己的培养特色（充分融合"新工科"理念，理论培养"四结合"，实践锻炼"五步走"；具体实施"创新性"模式，以"赛"促"教"提升能力，以"老"带"新"注重传承），并凝练传承了"尚勤、尚朴、维新、继承"的专业发展理念与建设内涵。

 培养特色

充分融合"新工科"理念，理论培养"四结合"，实践锻炼"五步走"。

 总体培养"四结合"

强弱电结合　　强电为主　　电工与电子结合
软件与硬件结合　　元件与系统结合

电力手动控制技术、电力系统自动化技术等方向具有鲜明特色

系统观念强　　基础知识宽厚　　工程实践能力强　　创新能力突出

六大理念：
问产业需求建专业
问技术发展改内容
问学校主体推改革
问学生志趣变方法
问内外资源创条件
问国际前沿立标准

2017年6月9日，教育部全面启动、系统部署新工科建设。审议通过《新工科研究与实践项目指南》，提出新工科建设指导意见。
·明确目标要求
·更加注重理念引领
·更加注重结构优化
·更加注重模式创新
·更加注重质量保障
·更加注重分类发展
·形成一批示范成果

机电工程学院

培养特色

■ 基础实验"五步走"

电工电子测量与实验　　电力电子技术实验
厚"基"重"用"　　自动控制系统实验
电机与拖动实验　　单片机原理与应用实验

元件与线路工艺 ➡ 系统与集成应用

电工电子及其电机拖动　　单片机应用系统　　自动污水处理系统

机电工程学院

图 2　青农电自化专业培养特色

山东省是装备大省，工、农电气装备领域企业及产量均居全国前列，电气工程产业人才需求旺盛。青农电自化专业本科生最早毕业年份为 2007 年 6 月，至 2022 年已连续招生 20 级，毕业 16 届，每年毕业人数大约 160 人左右；截至 2022 年年底，该专业在校本科生 590 人。今天的青农电自化专业经过青农电气人的努力，专业培养的毕业生在山东省及全国电气工程行业有着良好的口碑和较大的影响力，以较强的适应力、担当力和突出的创新力，被社会所认可。

三、教学总结

（一）教学依据

电气工程导论是面向电气工程及其自动化专业一年级全体新生的第一门涉及专业领域的课程，对后续专业课的学习具有启蒙和引导作用。该课程的内容和导向直接决定学生本科四年的整体规划和学习目标，影响学生对本专业的兴趣和学习动力，并关系到学生将来从事电气工程行业的信心和决心。

本课程教学侧重本行业整体系统性概述，以电气工程行业近年来关注度高、技术发展迅速的"智能电网"的现状和未来发展为例进行概述性分析，使学生对本学科有一个全景式了解，开阔学生视野，增强学生对本专业学习的信心；同时结合青农专业发展的历程，提高学生的专业认知度、认可度，引导学生积极点燃自身"元宇宙"，促进后续专业学习的积极性、主动性。

本课程作为工学类专业课程，要注重强化对学生的工程伦理教育，所以在智能电网案例讲解中应注意潜移默化的多因素（技术、社会、经济、环境、法律法规等）工程伦理教育的渗透，培养学生面对复杂工程问题时注意多角度、多因素考虑问题；并以我国智能电网的发展现状、未来前景及老一辈青农电气工程人的无私奉献精神激发学生科技报国的家国情怀和使命担当。

（二）教学方法

本课程授课主要采取线上线下相结合方式。线下讲授采用启发式教学与多媒体 PPT 相结合的方式。课程导入部分以时代更迭诱导学生产生"电气时代"被"智能时代"碾压颠覆、电气技术已"过气"的表象，再以对未来愿景的展望，肯定地回答"电气工程广阔天地大有可为"引起学生好奇心，为学生种下疑问的种子，为后续以智能电网建设为例的展开式讲解埋下伏笔。同时，在智能电网前世今生及未来的展开式讲解中，从技术、社会、经济、环境等多角度切入，阐述对于一个复杂问题的研究，需要多学科交叉融合知识的全方面支撑、多重关系权衡的处理；以及人们对新事物的理解与观念上的"转型"，潜移默化中渗透工科的人文思想与工程伦理学教育理念。

（三）教学反思

本课程线下讲授前，提前以线上调查问卷的方式对学生展开电气工程学科领域相关内容的调研，包括本学科发展概况、电气工程及其自动化专业的课程内容、青农电自化专业的发展历史、选择本专业的原因、本专业毕业后从事哪方面的工作等。在课程结束后，再通过线上问卷的方式重新统计上述问题。对比分析发现，经过课程教学，95％以上的学生对电气工程学科及本专业涵盖的内容基本清楚，90％以上的学生对自己未来四年的学习有规划和初步的目标，95％以上的学生对本专业有较高的认可度，表现出较为浓厚的学习意愿和兴趣。

反思：关于青农电自化专业发展历史，由于历史久远、校园搬迁、体制改革、人员流动等原因，知名校友的典型案例不便挖掘，讲解时只能从面上泛泛讲解，对学生可能缺乏代入感和感染力，后续需要再注意挖掘和梳理。对于本专业学生毕业后从事的工作岗位只进行了问卷调查并未展开讲解，缺少预设问题的闭环反馈，后续可以课后线上作业的形式鼓励学生自行整理该主题资料，形成小论文上交，并于线上发布相关资料，供学生自行了解。

机械制造工程导论

一、基本情况

（一）教师简介

胡彩旗，教授，硕士生导师，机械设计制造及其自动化专业负责人。主要从事果园新型智能装备开发和新型流体压电驱动研究。主讲机械制造工程导论、机械制造技术基础、三维实体设计、几何量公差与检测等课程。获得省级教学成果奖 1 项，近年来指导学生参赛获得国家级奖项 10 余项，省级奖项 100 余项。主持国家自然科学基金项目 1 项，主持和参与省部级以上项目 10 项。在国内外期刊发表学术论文 50 余篇，其中 SCI 收录 12 篇，申报国家专利 50 余项，出版学术专著 2 部。

（二）课程简介

本课程是机械设计制造及其自动化专业本科生的基础必修课，面向本专业的一年级学生，概述性地讲解机械在国民经济中的作用，以及机械的功能、组成、技术性、经济性，机械生产过程、制造方法，机械在各经济领域的应用等内容。通过本课程的学习，学生能够对机械制造工程有较为完整、系统的认识，进而明确今后的学习目标和努力方向，为后续专业课程的学习打下基础。

（三）授课方式

线下授课。

二、教学设计

（一）专业名称

机械设计制造及其自动化专业。

（二）教学目标

1. 知识目标

通过学习不同领域机械制造生产效率、产能等经济指标，学生能够认识机械和机械制造在国家发展中的作用；通过学习机械领域生产组织过程和内容，学生能够认识机械制造工程的发展现状和发展趋势，培养专业自豪感。

2. 能力目标

对机械制造领域有较全面的了解，具备较好的专业能力，能较好地运用专业知识认识、分析、研究、解决复杂机械工程问题，能顺利开展机械产品的结构设计、制造、机电设备运行管理等工作，满足机械工程师的业务能力要求和素质要求，增强社会价值感。

3. 价值目标

机械工程在国民经济发展中具有重要作用，本课程通过思政育人、知识传授和价值引领相结合，培养学生的家国情怀、社会责任感和专业自豪感，引导学生形成较好的人文素养和较强的社会责任感，具有正确的世界观、人生观、价值观，能够在工程实践中理解并遵守职业道德和规范，履行职责。

（三）案例设计

1. 导入

机械工程及其自动化是以相关的自然科学和技术科学为理论基础，结合生产实践中的技术经验，研究和解决开发、设计、制造、安装、运用和修理各种机械中的全部理论和实际问题的应用学科。是国家经济建设和发展的基础、支柱和保障。机械是现代社会进行生产和服务的五大要素之一，并参与能量和材料的生产。

结合机械设计制造及其自动化专业特点，利用科技发展案例，将热爱祖国、拥护中国共产党领导等思政元素融入与学生的课堂交流中，激发学生热爱祖国的家国情怀，更好地建设我们的祖国。

2. 展开

青农机械设计制造及其自动化专业设置于 1990 年。学制四年，基本修业年限 3～8 年，授予工学学士学位，目前具有机械工程专业硕士学位授予权。自 2014 年开始，本专业与青岛港湾职业技术学院合作创办了机械设计制造及其自动化专业（"3＋2"对口贯通分段培养）；2015 年与校外企业合作创办机械设计制造及其自动化专业（智能制造与工业信息化方向），该合作专业 2019 年停止招生。

本专业建立以服务地方主导产业发展为主的学科专业结构，逐步形成了与山东省、半岛地区优势产业、装备制造业紧密关联、结构合理、特色鲜明的学科专业体系，为机械制造业培养能够胜任机械工程相关领域的产品设计与制造、技术开发、生产管理、智能农机制造、工业自动化制造装备、科学研究、教育教学等工作的应用型高级工程技术人才。

石器时代人类制造和使用的各种石斧、石锤和木质、皮质的简单工具是后来出现的机械的先驱。几千年前，人类已创制了用于谷物脱壳和粉碎的臼和磨，用于提水的桔槔和辘轳，装有轮子的车，航行于江河的船及桨、橹、舵等。所用的动力由人力发展到畜力、风力和水力，所用材料由天然的石、木、土、皮革等发展到人造材料。最早的人造材料是陶瓷。制造陶瓷器皿的陶车已是具有动力、传动和工作三个部分的完整机械。鼓风器对人类社会发展起了重要作用。强大的鼓风器使冶金炉获得足够高的炉温，人们得以从矿石中炼取金属。西周时期，中国就已有了冶铸用的鼓风器。

18 世纪后期，蒸汽机的应用从采矿业推广到纺织、面粉和冶金等行业。制作机械的主要材料逐渐从木材改为金属。机械制造工业开始形成，并逐渐成为重要产业。

机械工程从分散性的、主要依赖匠师个人才智和手艺的技艺发展成为有理论指导的、系统的和独立的工程技术。

随着蒸汽机的广泛使用，以及随之出现的轮船和机车等大型机械的发展，需要成形加工和切削加工的金属零件越来越多，所用金属材料由铜、铁发展到以钢为主。机械加工（包括铸造、锻压、焊接、热处理等技术及其设备，以及切削加工技术和机床、刀具、量具等）迅速发展，从而保证了发展生产所需的各种机械装备供应。同时，生产量的增大和精密加工技术的发展也促进了大量生产方法（零件互换性生产、专业分工和协作、流水加工线和流水装配线等）的进步。

18 世纪以前，机械匠师全凭个人经验、直觉和手艺进行机械制作，与科学几乎无关。直到 18—19 世纪才逐渐形成围绕机械工程的基础理论。动力机械最先与科学相结合，自 19 世纪后半叶已开始设计计算考虑材料的疲劳。随后断裂力学、实验应力分析、有限元法、数理统计、电子计算机等相继被用在设计计算中。

由于机械工程的知识总量已扩大到远非一个人所能全部掌握，一定的专业化是必不可少的。但是过度的专业化会造成知识过分分割，因此，从 20 世纪后期开始，机械工程又出现了综合的趋势。人们更多地关注基础理论，拓宽专业领域，合并分化过细的专业。

三、教学总结

（一）教学依据

根据《高等学校课程思政建设指导纲要》，工学类专业课程要注重强化学生工程伦理教育，培养学生精益求精的大国工匠精神，激发学生科技报国的家国情怀和使命担当。例如在讲到磨削精整加工时，先介绍大国工匠——宁允展高铁列车转向架"定位臂"研磨的事迹、胡双钱中国新一代大飞机首架样机全新零件打磨的事迹，引出磨削精整加工的重要性和必要性，以及从事这项工作的荣誉感和自豪感，然后再详细讲解磨削精整加工的原理、结构组成、特点和分类等知识点。

针对不同的章节内容设置与其相关的育人案例，把素质教育和知识技能培养训练相结合，建构思政育人目标、教学计划、教学方法和教学评价四位一体的教学机制。

（二）教学方法

确定学生为中心、产出为导向、持续改进的理念，提升课程的高阶性，突出课程的创新性，增加课程的挑战度。在教学内容中结合企业实践需求，融入创新元素，做到"教、学、做、赛"四维度、多层次、多渠道相融合的知识传递链条。在课堂上，教师引导，以学生为主体，实现培养知识与技能、工程素养与创新意识、实践过程与创新能力的目标。例如在机床基础知识章节讲解过程中，融入新型机床结构和功能介绍，激发学生创新意识，鼓励学生尝试新型机床设计和三维建模，以典型零件和产品为例，在课程讲授过程中，演示虚拟加工、虚拟装配和动静态干涉检查，并融合关键知识点，如夹具定位原理的讲解、工序简图的绘制等内容。

（三）教学反思

在教学过程中注重思政育人，知识传授和价值引领相结合。机械制造工程具有理论性和实践性较强、知识点和难点较多的特点，为了让学生从思想上重视和热爱这门课程，在课程教学过程中，教师应寻求知识传授和价值引领的关联性，把专业知识和思政内容联系起来，寻找思政"触点"，将"大国工匠精神"具体实例融入教学各个环节，在和风细雨、润物无声、潜移默化中立德树人、铸魂育人。在课程教学中把马克思主义立场观点方法的教育与科学精神的培养结合起来，提高学生正确认识问题、分析问题和解决问题的能力，激发学生科技报国的家国情怀和使命担当。

测控技术与仪器专业导论

一、基本情况

（一）教师简介

张惠莉，副教授，硕士生导师，测控工程系主任，测控技术与仪器专业负责人。主要研究方向为智能监测与控制技术及系统集成。主讲电路分析、传感器原理与应用、智能控制等课程。主持和参与各类教研课题 12 项，获山东省教学成果一等奖 1 项、二等奖 1 项。作为主编、副主编编写教材 4 部，指导大学生创新创业竞赛获省级以上奖励 9 项。主持省级科研项目 2 项，参加省级以上科研项目 10 余项。发表论文 12 篇，其中 SCI 收录 2 篇、EI 收录 1 篇。授权专利 10 余项。

（二）课程简介

本课程是学习测控技术与仪器专业的前引，是学科专业的总体介绍，是专业培养目标和教学计划的系统解释。本课程主要介绍测控技术的定义、应用及发展历史，测控技术的核心概念及测控仪器的基本概念，现代测控技术的最新发展，测控技术与仪器专业的历史沿革、专业定位、学科定位，测控专业的人才培养要求、知识体系和课程体系，专业的就业及考研方向。课程意在帮助刚进入大学的测控专业学生尽快了解专业背景，尽快掌握学习方法。同时，从学会学习、学会生活、学会合作、学会思考四个方面入手，锻炼学生各方面的能力，提高自身素质，争取早日成为建设祖国的栋梁之材。

（三）授课方式

线上线下混合教学。

二、教学设计

（一）专业名称

测控技术与仪器专业。

（二）教学目标

1. 知识目标

通过本课程学习，学生能够了解测控技术的定义、应用及发展历史，测量与控制的基本原理，现代测控技术的最新发展，测控技术与仪器专业的历史沿革、专业定位、学科定位，测控专业的知识体系和课程体系，测控技术与仪器专业的就业及考研方向；掌握测控技术的核心概念及测控仪器的基本概念。

2. 能力目标

通过本课程的学习，学生能够了解专业培养目标及人才培养要求，了解专业主要课程的目的、内容及该课程与其他课程的关系，学会合理的专业学习方法，能对自己的专业学习作规划，能获得独立决策的依据。

3. 价值目标

本课程主要引导、启发学生对专业的兴趣，了解专业价值及家国情怀，引领学生逐步深入专业领域、随时随地融入专业，并能够积极主动参加专业创新活动。

（三）案例设计

1. 导入

按照 2022 年教育部公布的《普通高等学校本科专业目录》规定，测控技术与仪器专业属于工学范畴的仪器类专业，本科毕业获得工学学士学位。青农测控技术与仪器专业于 2013 年设立并于 2014 年开始招生。

2. 展开

（1）专业设立及培养目标

基于农业机械化学科群发展，以农业工程为核心领域，辐射大工科群，2013 年青农建立测控技术与仪器专业。专业融合仪器科学与技术、机械工程、电子科学与技术、控制科学与技术等多个学科知识，涉及电路、电子技术、传感器、微机原理、控制工程、信号与测试系统、智能机械设计、测控电路、智能仪器设计等多门专业核心课程。专业面向国家战略性新兴产业，以学院省级一流专业群为基础，旨在培养能够在传感技术、测试技术、智能仪器、测控系统等相关领域内，从事科学研究、技术开发、工程设计、仪器制造、系统运行与维护、质量控制和生产管理等工作的应用型工程技术人才。

（2）专业培养特色

本专业以仪器仪表学科为基础，以多学科间的渗透和融合为专业发展的指导思想，以信息获取、分析、处理、显示和应用技术为主线，以农业工程应用为知识载体组织教学，突出工程实践能力和创新能力培养。在"厚基础、重应用、引工程、促创新"教育理念的指导下进行工程素养、工程知识、工程能力培养，建立基于 SEI 创新能力的培养机制，借助竞赛形式建立应用型创新人才培养机制，通过导师制等措施引导学生参与教师的科研工作，以达到培养和提高学生创新能力和科研能力的目的。

（3）实践平台

测控技术与仪器专业拥有本科教学实验室总面积超过 1 500 平方米，包括电工电子基础实验平台、应用实验平台、实训平台及创新平台、测控专业实验平台等共 15 个实验室，建有 10 个校外实习基地。从实验场地、人员培训等方面，为学生的应用能力、实践创新能力培养提供支撑。

（4）创业创新教育

结合专业特点，本专业构建了以通识教育课程平台、学科课程平台、专业课程平台三大平台为主体，以实践能力培养体系、创新创业能力培养体系两大支柱为两翼，以专业拓展课程和素质教育课程为个性发展，引导学生创新创业的"3-2-2"创新型人才培养体系。建立基于 SEI 的创新能力培养机制及大学生科研助理制度，实行创新与技能学分制，鼓励、引导学生参加课外科技创新竞赛、发明创造科研训练、社会实践等活动。专业 100％的学生参加了各类创新创业实践活动，超过 80％的学生加入创新实验室或创新创业团队；超过 50％的学生获得省级及以上大学生竞赛奖励。参与教师科研项目的人数超过 40％，90％的学生主持或参加大学生创新项目。

（5）测控技术与仪器概念说明

测控技术与仪器是指对信息进行采集、测量、存贮、传输、处理和控制的手段与设备，包含测量技术、控制技术及实现这些技术的仪器仪表和系统。

测控技术涉及电子学、光学、精密机械、计算机、信息与控制技术等多项技术，主要研究如何运用各种技术工具延伸人的信息获取、处理、控制和操纵的能力，使动态过程稳定准确，提高效率，降低能耗等。测控技术的核心是信息、控制与系统，尤其是高度复杂系统的信息获取和控制问题，具有很大的挑战性和潜在的经济效益。

案例说明：水箱液位自动控制系统。

系统结构如图 1 所示，为典型测控系统。由案例可知构成测控系统的基本单元及相应的仪表装置。

传感器：案例中"浮子"对应"测量仪表"；

控制器：案例中"控制器"对应"控制仪表"；

执行器：案例中"电动阀门"对应"自动装置"。

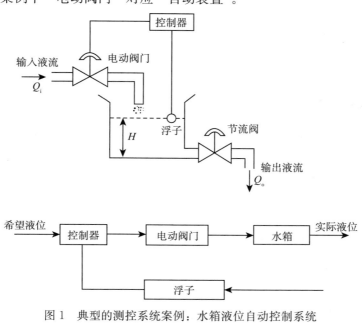

图 1 典型的测控系统案例：水箱液位自动控制系统

测控系统的通用结构框图如图 2 所示。测控技术与仪器专业学习内容将围绕这些仪表和系统展开。其核心是测量和控制技术。

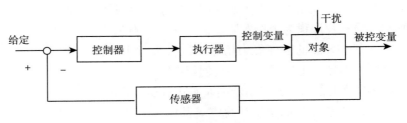

图 2 对应测控系统的通用框图

思考：身边的测控技术。同学们曾经使用的、正在应用的、生活中接触到的、通过各种媒体了解到的测控技术等。

调研：测控技术与仪器发展历史。

三、教学总结

（一）教学依据

本课程通俗易懂、深入浅出地介绍专业内容、知识体系和实际应用。

第一，根据工科专业特点，将专业介绍与实际应用结合，以通俗的方式介绍测控技术与仪器涉及的最基本的原理和核心概念。

第二，在课程教学中将马克思主义发展观与科学精神的培养结合起来，介绍专业培养目标及培养要求，培养学生专业责任感和使命感。

第三，工学类专业课程要注重强化学生工程伦理教育，培养学生精益求精的大国工匠精神，激发学生科技报国的家国情怀和使命担当。

第四，根据学科专业的特点，从课程所涉专业、行业、国家、国际、文化、历史等角度，增加课程的知识性、人文性，提升引领性、时代性和开放性。

（二）教学方法

采用线上线下结合、师生互动结合、讲授＋调研＋学生答辩结合等多种教学组织形式。

以通俗的方式介绍测控技术与仪器涉及的最基本的原理和核心概念，重点介绍主干学科、主干课程的内容。对于需要高深数理知识或专业理论才能描述的原理技术，仅简要介绍解决问题的思路，不介绍解决问题的具体方法。通过师生间的沟通和交流互动，使学生对测控技术有更加深入的认识。

（三）教学反思

第一，学生非常迫切了解专业，大部分学生在进入大学前对所学专业认知很少且存在较大误区，结合实际案例介绍专业，可以让大部分学生基本了解学科专业，对专业有初步的认识。

第二，结合近年来国家发展中专业技术的应用，尤其是"大国重器"之类具有民族自豪感与使命感的案例，更好地激发学生学习专业的动力，培养学生的家国情怀。

第三，结合学校专业发展和科研情况，以及往届学生实践培养成果，有效促进学生主动进入、融入专业，加入专业实验室。

第四，通过"调研＋交流"作业，学生对专业的认识及专业学习兴趣更加深入，促进学生提高主动思考、协作交流能力。

土木工程专业导论

一、基本情况

（一）教师简介

孟丹，副教授，硕士生导师。主要从事装配式建筑设计及建造技术、工程结构安全性评价等方面的研究工作。主讲土木工程概论、基础工程、土力学等课程。作为主要研究人员参与国家自然科学基金重点项目、国家高技术研究发展计划项目、国家自然科学基金项目、山东省自然科学基金重点项目等 10 余项。现承担横向科研项目 10 余项。出版中文、英文学术专著各 1 部，授权发明专利 6 项、实用新型专利 4 项、软件著作权 4 项。发表学术论文 40 余篇。获山东省高等学校人文社会科学奖二等奖 1 项。

（二）课程简介

本课程是大一学生必修的学科基础课程，是建立土木工程基本概念、基本内容、基本知识的专业基础课。其任务是引导学生适应大学生活，掌握学习方法，建立热爱土木工程的感情和对土木工程事业的责任心，为今后积极主动学习后续的力学课程和专业课程打下良好的思想基础。课程通过讲述土木工程专业的发展、土木工程材料、基础工程、建筑工程、交通土建工程、桥梁工程、港口、海洋工程、地下工程等知识，帮助学生认识土木工程的专业范畴，初步掌握解决问题的工程方法。先修课程有土木工程专业入学教育等，后续课程有力学等专业课程。

（三）授课方式

线上线下混合教学。

二、教学设计

（一）专业名称

土木工程专业。

（二）教学目标

1. 知识目标

通过对土木工程发展历史的了解，学生能够从学科概论的视角全面了解土木工程所涉及领域的内容和发展情况，初步了解专业基础知识，包括土木工程材料、建筑工程、基础工程、建筑工程、交通土建工程、桥梁工程、港口、海洋工程、地下工程等。

2. 能力目标

本课程通过概论讲授，培养学生认识土木工程的专业范畴，初步掌握解决问题的工程方法；培养学生的抽象、推理、分析和创新思维；让学生了解土木工程的综合性、社会性。

3. 价值目标

在课程学习过程中，通过分析和利用土木工程基本原理进行设计、施工及维护，培养学生具备清晰和有逻辑性的工科学科思维及解决问题的能力，初步树立专业思想，建立热爱土木工程的情感和对土木工程事业的责任心，培养行业标准意识、规范意识和质量意识，以及敬业务实精神和团队协作精神。

（三）案例设计

1. 导入

首先，通过观看网络视频——港珠澳大桥建造全过程，让学生直观了解港珠澳大桥的建造情况。

其次，简要讲解港珠澳大桥建造的意义。港珠澳大桥的建设创下多项世界之最，体现了一个国家逢山开路、遇水架桥的奋斗精神，展现了中国的综合国力、自主创新能力，体现了勇创世界一流的民族志气。港珠澳大桥这样的重大工程，既要高质量建设好，全力打造精品工程、样板工程、平安工程、廉洁工程，又要用好管好大桥，为粤港澳大湾区建设发挥重要作用。要坚持以人民为中心的发展思想，在一流桥梁、一流口岸基础上提供一流运营服务，将港珠澳大桥打造成为联结粤港澳三地的"民心桥"。要进一步简化审批流程、缩短通关时间，将港珠澳大桥打造成香港、澳门和内地协同创新、融合发展的纽带。要把工程建设关键技术转化为行业标准和规范，将港珠澳大桥打造成中国桥梁"走出去"的靓丽名片。

最后，通过问题引入本专业的发展历史，以及青农土木工程专业在国家经济社会发展中担负的历史使命。

2. 展开

青农土木工程专业始建于 1986 年，原为农村建筑专业。专业建设之初主要目的是服务于农村建设，研究和学习的内容主要涉及农业建筑，包括农业生产性建筑，如饲养场、粮仓、拖拉机站、粮食和饲料加工站等。在长期的办学实践中，土木工程专业形成了"矢志三农、勤奋求实，自强不息、追求卓越，培养高素质应用型人才"的办学特色。

随着经济社会的发展及教育部办学模式的更新，1995 年农村建筑专业转设为建筑工程专业，1999 年调整为土木工程专业。在这个过程中，土木工程专业一直隶属于机电工程学院（原名工程学院）。

2006 年学校将土木工程专业分离出来单独成立建筑工程学院，土木工程专业得到了突飞猛进的发展，在成长、发展的同时也培养了一大批土木工程专业人才。

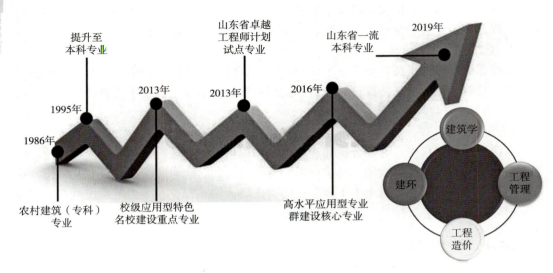

图1　青岛农业大学土木工程专业发展历程

优秀校友介绍：王振军——教育科研路上的逐梦者。

1997年9月，王振军成为莱阳农学院建筑工程专业的学生。大学期间他刻苦学习，毕业后，先后在西安建筑科技大学、长安大学攻读硕士和博士学位，到美国田纳西大学做访问学者。2007年7月就职于长安大学材料学院，先后晋升副教授、教授职称。

王振军现任长安大学材料学院副院长、学院党委委员、博士研究生导师，兼任全国墙体屋面及道路用建筑材料标准化技术委员会（SAC/TC285）委员、中国公路学会养护与管理分会第三届理事会理事、中国电子显微镜学会无机建筑材料测试与分析专业委员会委员、中国硅酸盐学会冶金渣专业委员会委员等职务。

他承担了国家重点研发计划课题、国家自然科学基金重点项目等科研项目，在国际高水平期刊及《中国公路学报》《硅酸盐学报》等行业期刊发表科研论文150余篇；授权国家发明专利50余项；编写行业规范和地方规范各1部；获陕西省科技进步奖一等奖等科技奖励8项。

王振军设计了碳纤维水泥基复合材料，提出了碳纤维掺量及冻融和高温条件对其吸波性能的影响规律，其成果在道路智能化感知、工业防静电、桥梁结构健康监测等工程领域得到应用。探明了沥青混凝土路面材料介电特性与材料组成和结构关系，研制出微波吸收沥青路面材料；确立了适用于微波除冰除雪、微波检测、微波加热施工的沥青混凝土路面系列新材料的制备工艺与方法，为"交通强国"战略贡献了自己的力量。

土木工程专业围绕农业院校的发展特点，立足行业和地方需求，培养了大批特色人才。毕业生在美丽乡村、特色民居、田园综合体、现代农业园区及智慧农业设施规划、设计和绿色建造技术等方面，为新型城镇化工程建设发展贡献了力量。

土木工程专业2016年被确定为青农校级高水平应用型建设专业群核心专业（专业群其他专业涵盖建筑环境与能源应用工程、工程管理、工程造价、建筑学），2019年被确定为山东省一流专业建设点。

工程教育专业认证背景简要介绍：

工程教育专业认证使我国的工程学位（学历）和工程师资格得到国际互认，使我国工程师可以越来越多地参与国际项目及跨国团队工作，扩大我国工程技术人员在国际市场上的就业机会并使其享受到公平的待遇。

工程教育专业认证要求学生明确掌握本专业的培养目标、毕业要求、课程体系。

三、教学总结

（一）教学依据

本课程的教学依据是《关于深化新时代学校思想政治理论课改革创新的若干意见》和《高等学校课程思政建设指导纲要》。

作为土木工程专业课程的前导课程，本课程是课程思政建设的良好载体，不仅能够充分融入课程思政元素，更有利于教师帮助学生梳理专业课教学内容，并及时与专业课程任课教师沟通，结合不同课程特点、思维方法和价值理念，深入挖掘课程思政元素，把马克思主义立场观点方法的教育与科学精神的培养在专业教学的全过程中有机融合，达到润物无声的育人效果。

（二）教学方法

本课程采用多种教学方法相结合的方式进行教学。具体方法如下：

1. 启发式教学

本课程授课过程灵活运用多媒体技术和互联网，通过港珠澳大桥建设全过程的视频展示引导学生了解我国土木工程领域的发展进程、已取得的成就和面临的国际挑战及发展趋势；通过启发式问题，如作为一名土木工程领域的从业者，如果我们个人参与了港珠澳大桥的建造，能充当什么样的角色？在重重困难面前，我们每个人是否能够直面困难完成自身担负的使命？如何通过专业知识的学习、能力的提升和素质的拓展让自己在遇到技术难题时通过团队协助克服困难、稳步推进工程建设？使学生理解从业者应承担的责任和具备的能力，培养学生正确的人生观、价值观和社会观，增强学生的专业归属感和责任感。

2. 线上辅助教学

课前通过微信、QQ 群或雨课堂推送每讲的预习任务（包括在线观看网络视频），课堂上鼓励学生提问、质疑和讨论，课下推送本讲教学重难点，激发学生主动学习的兴趣，培养学生独立思考、分析问题和解决问题的能力。

（三）教学反思

如何在课堂授课过程中吸引学生的注意力是最重要的问题之一。本次授课以导入案例引出青农土木工程专业的发展情况，教学效果良好，能够很好地吸引学生的注意力。

同时，一个不可忽视的现象是课堂上任何一个教学环节设置不当，就会让学生失去兴趣。因此，如何对每节课的 45 分钟进行有效的教学设计显得尤为重要。特别是课程中后期，更多的教学内容涉及专业知识，如果仅仅以罗列知识点的方式进行教学，学生的注意力很容易分散。教学环节设计中总结出以下经验：

第一，避免过度使用多媒体进行教学。每个相对独立的教学内容结束后，教师通过板书与学生一起进行知识点和重点内容总结，通过记笔记的方式提高学生写作、归纳、总结的能力。

第二，对每个学时的知识点进行优化设计。将每个学时按主要问题或知识点进行相对清晰的划分，让学生在完成每个知识点的学习后，有阶段性的成就感。

第三，对每个学时的授课内容进行层次划分，重点突出、明确，让学生在每次课的学习中都能抓住重点，有针对性地进行高效学习。

通过上述教学设计，学生在课堂上始终围绕教师讲授的知识点思考、学习和总结，避免注意力分散。

动物医学专业导论

一、基本情况

（一）教师简介

马清霞，副教授。主要从事重大动物疫病的诊断技术和综合防控技术研究。主讲兽医流行病学、动物保护和动物福利、动物医学专业导论等课程。主持和参与省级以上纵向课题 10 项、横向课题 2 项；参与制定国家标准 3 项；参与省级教学课程思政项目 1 项，参编省级规划教材 1 部。

（二）课程简介

本课程是动物医学专业学生的第一门专业课程，是其了解本专业发展脉络、知识体系的窗口课程。主要任务是让学生了解我国畜牧业的发展现状、未来趋势和现实问题；了解兽医在整个畜牧业发展过程中的任务、职责和担当。课程目标是帮助大学生树立明确的理想目标和清晰的职业规划。培养学生对动物医学专业的认同感和自豪感，对整个畜牧行业的宏观意识、系统思维和创新思维；培养综合性的现代化畜牧人才、应用型的创新型人才。

该课程在整个专业培养中处于统领地位，具有概括综合作用。课程以实际生产为例，对临床兽医、基础兽医和预防兽医都进行了综合性的讲述，讲解每一个研究方向在生产中的应用和位置。

该课程是新生入学后的第一门专业课程。通过学习，学生可了解本专业的行业发展、背景知识及专业发展历程，增强学习动物医学的认同感和自豪感；明确大学期间的学习规划，以及未来的考研或就业方向。

（三）授课方式

线上线下混合教学。

二、教学设计

（一）专业名称

动物医学专业。

（二）教学目标

1. 知识目标

了解动物医学专业的内涵和研究内容，以及动物医学专业在整个畜牧业中的位置和作用；了解青农动物医学专业的发展历程和专业定位。

2. 能力目标

具备对整个畜牧业发展中动物医学和动物科学领域的综合思维能力；具备系统分析和思辨能力。

3. 价值目标

培养学生热爱专业，以及作为兽医的神圣感、使命感和责任感；培养学生融入青农、热爱青农的归属感。

（三）案例设计

1. 导入

利用问卷星进行线上问卷调查，学生扫描二维码回答以下问题：你为什么选择动物医学专业？你知道动物医学专业将来可以从事哪些工作吗？动物医学专业就是培育兽医的吗？兽医将来能干什么？你为什么选择青农的动物医学专业？你知道青农动物医学专业的学科定位吗？

五分钟后，现场分析这些问题的答案，带着这些疑问，让学生了解动物医学专业是干什么的，能干什么，每个人能在青农动物医学院学到什么。

2. 展开

动物与人类共享一个地球，与人类相依相伴。与所有生命体一样，动物也会生病，70%的动物传染病可以传染给人类，对人类健康构成严重威胁。动物医学是医学的一个分支，也是我国农业科学、现代生命科学的重要组成部分。它是以生物学为基础，研究动物疾病的发生发展规律，对动物疾病进行诊断和防治，保障动物健康的综合性专业。动物医学专业通俗来说，就是培养兽医的专业。

在当代，动物医学专业承载着三个重大任务。

一是保障畜牧业健康发展和动物性食品安全。畜牧业在满足肉蛋奶消费、促进农民增收、维护生态安全等方面发挥了不可替代的重要作用。肉类和禽蛋产量连续多年稳居世界第一位，奶类产量居世界第三位。我国畜牧业养殖规模居世界首位，生猪出栏量占全世界的50%，家禽出栏量占全世界的35%，羊出栏量占全世界的14%，可以说我国已经是养殖业大国。

但是，我国养殖业的经济效益却处于世界平均水平以下。究其原因，主要是动物传染病造成大量的动物发病和死亡，导致养殖业成本增加。动物疫病每年直接经济损失在800亿元以上，间接经济损失超过3 000亿元。2018年我国首次暴发非洲猪瘟疫情，自2018年8月1日至2019年9月末，造成中国大陆约1万亿元的直接经济损失，导致生猪养殖产业遭受毁灭性打击，严重影响了畜牧业的健康发展。因此，保证动物健康、促进养殖业的高效发展是我们当前的首要任务。

随着养殖业的飞速发展，动物源性食品安全事件和公共卫生事件频发。动物源食品在给我们带来高质量蛋白质的同时，也可能给我们带来传染病和兽药残留，严重危害人体健康。因此，兽医在保障动物健康的同时，也要正确用药，科学防疫，确保动物源性食品的安全问题。

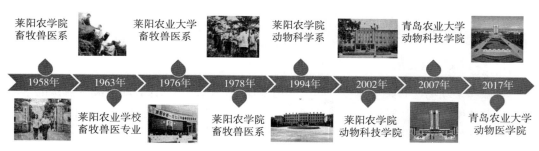

图1　青岛农业大学动物医学专业发展历程

二是通过控制人畜共患疫病在动物和人类之间跨种传播，保障公共卫生安全和人类健康。目前已证实有300多种动物传染病可以传染给人类。21世纪以来人畜共患传染病频发，如1993年美国的汉坦病毒肺综合征、1995年扎伊尔的埃博拉出血热、1997年中国的H5N1禽流感、2003年中国的SARS、2009年美国的甲型H1N1流感等，大多是由家畜、宠物和野生动物传染给人类的。我国现已证实的人畜共患病共有90种。作为兽医，我们在阻断疫病从动物传播到人群中有义不容辞的责任，当然也面临很大的挑战。

三是为伴侣动物和野生动物提供医疗救治和保护。伴侣动物也称宠物，是给人类带来快乐和健康的动物。对伴侣动物的救治和保护是兽医义不容辞的职责。而野生动物作为生态系统中重要的成员，也需要我们的医疗救治和保护。

动物医学专业肩负着保护动物健康和人类健康的双重使命，同学们应该踏踏实实学好兽医专业知识，不辱使命，勇于担当，担好这三大任务。

青农自1958年开设兽医本科专业（1998年更名为动物医学专业），历经多次学院的整合和院制改革，动物医学专业始终保持独立和延续。2011年动物医学专业被评为山东省特色专业，2013年被评为山东省应用型人才培养特色名校建设之重点建设专业，2015年获批山东省普通本科高校应用型人才培养专业发展支持计划，2016年获批山东省高水平应用型立项建设专业群。有13个标准本科教学实验室、1个省级虚拟仿真实验教学中心、2个显微互动实验室、2个无菌层流实验室、8个标本陈列室、1个菌种保藏室。有动物医院、实验动物中心、家畜家禽养殖场等校内外教学（科研）实践基地28个。

动物医学专业建有国家引才引智示范基地、山东省预防兽医学重点实验室等多个科技创新平台。与美国奥本大学、莫瑞州立大学、澳大利亚莫道克大学等国外知名院校开展合作。2022年获批中乌"5＋0"动物医学专业中外合作办学。

动物医学专业大有可为，青农历史底蕴深厚，学习氛围浓郁。希望同学们能够不负兽医工作者的使命与担当，守护动物健康，保障畜牧业绿色、健康、可持续发展。

思考题：兽医的神圣使命是守护动物的健康，保障畜牧业绿色、健康、可持续发展。这与人类健康有什么关系？

课后请同学们查阅相关资料，整理一篇以"现代兽医的神圣使命"为中心思想的小论文，字数800～1 000字，严格按照科技论文格式要求，参考文献不少于10篇。

三、教学总结

（一）教学依据

本课程是动物医学院全体新生的第一门专业课，也是必修课，对后续专业课的学习具有启蒙和引导作用。这门课的内容和导向直接决定学生本科的整体规划和学习目标，直接影响学生对动物医学专业的兴趣和学习动力，直接关系学生将来从事畜牧业的信心和决心。

教学内容讲授我国畜牧业发展的现状、家畜产量世界排名。教师通过播放视频，让学生了解我国现代化养殖场、屠宰场和畜产品加工厂的生产模式，对畜牧业有好感，增强职业自豪感。

结合当代畜牧业发展中存在的问题，如养殖量大、生产效益不高、动物传染病损失严重、食品安全和人畜共患病等重大公共卫生事件，抛出问题让学生思考，激发学生的责任和担当精神。

（二）教学方法

本次教学授课采取线上和线下相结合方式，利用学生的好奇心，以问卷调查的形式和学生实时高效沟通，方便学生自由如实回答，而且在课前可以充分掌握学生的背景知识和关心的热点。然后再结合问卷调查的结果，有针对性地讲授课程内容。

列举学生关心的食品安全事件和公共卫生事件，通过分析这些重要事件，激发学生投身动物疫病防控、守护同一健康的事业的决心。

（三）教学反思

在课程结束前，教师通过问卷发现，85％的学生对动物医学专业的研究内容基本清楚，95％的学生对兽医要做的工作非常清楚，100％的学生对自己未来的学习有规划和目标。关于动物医学专业在学校的发展，由于历史久远、体制改革等问题，教师授课过程中主线不清晰，需要在课后认真梳理一下，以动物医学院的发展历程为主线，讲授动物医学专业的发展。

食品质量与安全专业导论

一、基本情况

（一）教师简介

郭丽萍，教授，硕士生导师，食品质量与安全系主任，食品质量与安全专业负责人，组织青岛农业大学食品质量与安全专业通过中国工程教育专业认证。山东省科技特派员。主要从事果蔬加工、食品营养品质改善、功能成分富集及功能食品创制等方面的研究。主讲食品营养学、公共营养学、风味化学等课程。主持、参与国家级和省级项目 20 余项。发表学术论文 80 余篇，其中第一作者或通讯作者 SCI 收录 19 篇，EI 收录 3 篇。授权发明专利 7 项，参与制定国家团体标准 2 项，省团体标准 2 项，行业标准 1 项。参编（包括担任副主编）教材 7 部；指导国家级大学生创新项目 4 项，省级项目 5 项。

（二）课程简介

本课程是食品质量与安全本科专业第一门专业必修课。主要任务是让学生了解本专业的发展脉络和知识体系，了解我国食品质量与安全的发展现状和未来趋势。帮助学生树立明确的学习目标和清晰的职业规划；培养学生对食品质量与安全行业的宏观意识和系统思维；培养应用型的食品质量与安全工程师。

课程主要内容包括食品质量与安全专业的性质、地位及作用、专业发展历史与现状、专业研究的主要范围和涉及的研究领域、专业培养目标、课程设置及相关要求、专业毕业生就业前景及最新发展趋势、专业前沿专题案例、食品质量与安全进展等。通过本课程的学习，学生对专业教育体系有初步认识，了解并掌握相关专业基本概念，同时理解理论知识与社会实践相结合的方法论的重要性；建立专业认同感和专业自信，稳固专业思想，为更好地适应和开展后续学习打好基础。

（三）授课方式

线上线下混合教学。

二、教学设计

（一）专业名称

食品质量与安全专业。

（二）教学目标

1. 知识目标

了解食品质量与安全专业的性质、地位及作用、专业发展历史与现状，掌握专业研究的主要范围和涉及的研究领域、专业培养目标、课程设置及相关要求、专业毕业生就业前景及最新的发展趋势和专业前沿。

2. 能力目标

德智体美劳全面发展，了解食品质量与安全领域的发展动态和问题，掌握食品质量与安全领域的基础知识、基本理论和基本技能，具有创新意识、创业精神和工程实践能力。

3. 价值目标

锻炼清晰的逻辑思维能力；提高沟通能力，培养团队精神和合作意识；培养良好的学习态度和学习习惯；培养爱国精神、工匠精神、实事求是的科学态度和良好的职业道德；建立专业认同感和专业自信。

（三）案例设计

1. 导入

利用学习通进行问卷调查，问题包括：你为什么选择食品质量与安全专业？本专业毕业后能从事哪些工作？你毕业后想干什么？你为什么选择青农的食品质量与安全专业？我们专业在全国有什么优势？

5～8 分钟后根据这些问题的答案进行分析，带着疑问，引导学生来了解食品质量与安全专业是干什么的，能干什么，在这里能学到什么。

2. 展开

民以食为天，食以安为先。食品安全问题一直是全社会广大民众关注的焦点，食品安全不仅直接关系着国计民生及人民的身体健康，同时还影响着企业的生存发展及社会的稳定。全世界食品安全问题时有发生，如英国的疯牛病、比利时的二噁英、我国的三聚氰胺事件等，严重损害了消费者的利益，挫伤了消费者的信心，导致食品安全问题更加突出。

现在，食品安全较以往有了很大提高，随着经济的发展，市场对营养健康食品的需求不断增加，不仅要保证食品的安全，还要加强食品的营养健康属性，这些都是本专业需要解决的问题。

食品质量与安全专业是以食品科学、化学、仪器分析、管理学等为基础，面向国家食品安全战略、健康中国战略，研究食品的营养、安全与健康之间的关系，以及食品营养的保障和食品安全卫生质量管理的学科，是连接食品与预防医学的重要桥梁。通过对食品生产、加工的管理和控制，保证食品的营养品质和卫生质量，促进人体健康，在生命科学和食品科学的各个领域中发挥越来越重要的作用。

食品质量与安全专业肩负着保护食品安全和人类健康的重大使命，同学们应该踏踏实实学好专业知识，不辱使命，勇于担当，为我国食品安全和人民健康保驾护航。

青农食品科学与工程学科始建于 20 世纪 70 年代末，1993 年组建食品科学系，2003 年建立食品质量与安全专业，是我国首批建立该专业的院校之一。

食品质量与安全专业在 2009—2013 年与英国阿伯泰邓迪大学合作办学。2013 年获批山东省特色专业建设点，2016 年获批山东省高水平应用型建设专业（群），2018 年获批山东省新旧动能转换专业（群）对接产业建设项目，2019 年获批青岛市在青高校服务地方产业重点建设学科（专业）项目，2019 年获批山东省一流本科专业建设点，2020 年获批国家级一流本科专业建设点，并与中国农业科学院农产品加工所合办创新实验班，2022 年通过工程教育认证，是青农第二个通过工程教育认证的专业。

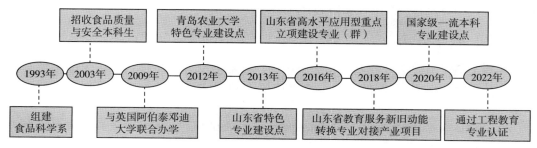

图 1　青岛农业大学食品质量与安全专业发展历程

专业现有山东省食品质量安全控制工程技术研究中心、山东省肉类食品质量控制工程技术研究中心、国家玉米加工技术研发专业中心、国家花生加工技术研发专业分中心、山东省新旧动能转换行业公共实训基地、山东省食品工程技术实训中心等多个省（部）市级教学科研与创新实践平台，有校外教学科研实践基地 20 多个。

学院有 7 个功能实验室，分别是食品营养与安全实验室、食品微生物与发酵工程实验室、农产品加工实验室、畜产品加工实验室、食品工程实验室、农产品加工与安全实验教学中心和食品工程训练中心。学院有 7 条食品中试生产线，同时建有虚拟仿真实验室、公共科研平台，用于本专业教学和科研活动。

本专业近五年专业就业率均在 95％以上，其中 40％以上的毕业生在国内外就读研究生。毕业生就业去向主要为食药行政监管部门、出入境检验检疫、中国海关等食品相关企事业单位、科研院所等，能够胜任进出口检验检疫、市场监督管理、食品分析检测、品质控制、产品开发、科学研究等方面工作。

3. 思考题

让学生查找资料，以食品人的责任和担当或食品质量与安全的发展方向为题，撰写 800～1 000 字的小论文，严格按照科技论文格式要求，参考文献不少于 10 篇。

三、教学总结

（一）教学依据

根据《高等学校课程思政建设指导纲要》关于七类课程门类要求，结合课程内容进行细化。

食品质量与安全专业导论是本专业的第一门专业课也是必修课，对后续专业课的学习具有启蒙和引导作用。这门课的内容和导向直接影响学生大学的整体规划和学习目标，以及学生对食品质量与安全专业的学习兴趣和学习动力，直接关系学生将来从事食品行业的信心和决心。

教师在教学中讲授我国食品质量与安全发展的现状、在世界上的地位，以及山东省食品产业发展的重要性，让学生了解我国现代化食品企业的生产模式和管理模式，以及食品质量监管模式，提高学生对食品行业的好感，增强学生的专业自信心和专业自豪感，引导学生以强农兴农为己任，树立把论文写在祖国大地上的意识和信念，增强学生以专业知识服务乡村振兴的使命感和责任感。

（二）教学方法

将食品质量与安全专业发展和健康中国、食品安全、乡村振兴等国家战略结合起来，采用 FBL 教学、案例教学、小组讨论等多种形式的教学方法，提高学生的学习兴趣。

通过讨论相关热点话题，进行师生互动、生生互动，提高学生学习专业知识的兴趣，促进学生思考。

充分利用学习通的各种功能，如投票、主题讨论、签到、问卷、抢答、选人、分组任务等，既可以让教学更生动形象，还可以提高学生的情感共鸣，实现教与学的互动。

邀请优秀校友、食品行业企业家等为学生作专题报告，帮助学生树立学习目标和方向，增强使命感，激发大家的学习兴趣和投身食品事业的决心。

（三）教学反思

通过学习，许多学生表示自己了解到了专业的发展历史和专业内涵，清楚了专业的发展方向和未来就业前景，建立了一定的专业自信，愿意为我国食品行业的健康发展贡献自己的力量，也对大学的学习生活有着无限憧憬。但通过交流发现，大部分学生还没有四年的学习规划和目标。

在后续教学过程中，需要更好地引导学生的专业学习，同时争取建立食品质量与安全专业优秀毕业生资源库，给新生更多的鼓励，帮助大家建立学习目标；同时也培养学生踏实、坚韧的做事态度及家国情怀和责任担当。

粮食工程专业导论

一、基本情况

（一）教师简介

李曼，教授，青岛农业大学粮食工程系主任，近年来主要从事粮油制品品质调控研究。近 5 年主持国家自然科学基金面上项目、国家自然科学基金青年基金、中国科协青年人才托举工程计划、山东省中青年科学家科研奖励基金等科研项目 11 项。研究成果获山东省技术发明奖二等奖等省部级奖励 5 项。获山东省省级教学成果奖一等奖 1 项、二等奖 1 项。在国内外期刊上发表学术论文 90 余篇，其中 SCI 论文 83 篇，ESI 高被引论文 4 篇；以第一或通讯作者发表 SCI 论文 33 篇。授权发明专利 16 项（含美国发明专利 1 项），成功转让 1 项。参编中文著作 2 部、爱斯维尔英文著作 1 部。入选中国科协青年人才托举工程、山东省高校青创科技支持计划；获中国粮油学会第三届青年科技奖；入选斯坦福大学发布的 2022 年度全球前 2% 顶尖科学家榜单。

（二）课程简介

本课程是粮食工程专业学生的第一门专业课程，是了解本专业发展脉络、知识体系的窗口课程。学生通过本课程了解粮食工程专业的基本情况、发展水平和趋势，了解职业发展方向，树立正确的专业思想、责任感及担当。该课程在整个专业培养中具有统领作用。主要目的是让学生了解本专业的行业发展和背景知识，能够正确描述粮油行业国内外的发展趋势和研究热点，建立对专业的认同感和自豪感，明确四年的学习规划，并形成初步的职业规划。

（三）授课方式

线上线下混合教学。

二、教学设计

（一）专业名称

粮食工程专业。

（二）教学目标

1. 知识目标

了解粮食工程专业的性质、在国民经济中的地位与作用、专业发展历史与现状，掌握专业研究的主要范围和涉及的研究领域、专业培养目标、课程设置及相关要求、毕业生就业前景及最新的发展趋势和专业前沿。

2. 能力目标

培养洞察国家政策、紧跟国家战略的基本素质，掌握粮食工程领域的基础知识、基本理论和基本技能，具有创新意识、创业精神和工程实践能力。

3. 价值目标

能够客观地描述我国的基本国情，有志于服务粮食安全、健康中国等国家重大战略，树立正确的粮食安全和责任观念，有明确的理想目标和清晰的职业规划，了解作为粮食工程领域青年从业者的责任与担当，并从中获得认同感和自豪感。

（三）案例设计

1. 导入

提出问题：

目前大家对粮食工程专业有哪些了解？你认为我们主要学什么，将来毕业后能做什么？为什么选择粮食工程专业？

大家理想的工作是什么样的？目前有没有目标和职业规划？

大家对青岛农业大学食品学院和食品学科有哪些了解？

现场记录并分析学生的回答，带着这些疑问一起来了解青农粮食工程专业。

2. 展开

粮食工程专业的总体目标是培养具有高度的社会责任感和良好的职业道德，系统掌握粮食工程的基本理论、知识和实践技能，具有创新精神，能从事粮食工程设计、粮油食品技术研发、生产管理、分析检测与质量安全控制、粮油企业管理与运营等工作，能够服务于国家粮食安全和全民营养健康重大战略的应用型高级专门人才。美国前国务卿基辛格曾经说过，控制了粮食，就控制了整个人类。这句话并不夸张，因为粮食产业是一个民生产业，也是我国国民经济的重要支柱产业。粮油食品从传统的家庭厨房和小作坊式的生产模式发展到现代化工厂，需要解决很多科学问题，需要粮食工程从业人员不断地努力。全球粮食危机不断深化，大家经常能够看到"推进优质粮食工程""保障粮食安全，端牢国人饭碗""健康中国"等国家政策及号召，可见粮食工程专业的重要性。

青农粮食工程专业所属的学院是食品科学与工程学院，依托的一级学科是食品科学与工程学科，致力于培养优秀的工程师、质检人员、管理人员和科研人员等。青农的食品科学与工程学科从 2019 年起进入世界一流学科，在山东省内仅次于中国海洋大学，居山东省省属高校第一位。山东省是我国粮食生产、流通和加工转化的大省，粮食工程专业与山东省重点支持的现代农业相对应，青农为山东省唯一开设粮食工程专业的高校，该专业建于 2010 年，2011 年开始招收本科生，2012 年获批山东省特色名校重点建设专业群专业，2015 年获批山东省"3＋2"贯通培养试点专业，2016 年获批山东省高水平应用型建设立项专业群专业，2018 年获批山东省教育服务新旧动能转换专业对接产业项目建设专业，2020 年入选山东省一流本科专业建设点。

中国自古人多地少，"吃饭"是个大问题。粮食不仅是维持人类社会赖以生存的物质基础，也是确保国家安全的一种战略资源。

2016 年中共中央、国务院印发并实施了《"健康中国 2030"规划纲要》，提出了全民营养与健康的重大战略。民以食为天，饮食的营养与健康是这一国家战略的重要组成部分，而粮油食品作为人类的重要食品，必将成为促进国民饮食健康的主要内容。作为粮食工程从业者，我们肩负的责任重大，这关系到我国人民的饮食营养、健康与安全。在当今社会，人们对粮食制品的要求已经从吃得饱转变为吃得安全、吃得健康。我国是粮食生产大国，也是粮油生产加工及消费大国，近年来我国粮食行业发展迅猛，粮油工业在许多领域已经接近或达到国际先进水平。在这种发展趋势的引导下，对粮食专业化人才的需求必将扩大。目前全国有 1 773 个粮油企业成为国家级或省部级、市级产业化龙头企业，规模以下粮食、油脂加工企业上万家，这些企业需要大量的复合应用型粮油加工方面的高级人才。此外，各省、市国家粮食储备库、粮食局存在人才严重短缺现象，需要大量粮食工程专业人才。而与之相对应的是，目前全国开设粮食工程本科专业的院校共计 16 所，每年毕业生仅数百人，供不应求，因此该专业学生具有广阔的就业前景。据《财富》杂志统计，世界 500 强企业中，食品企业约有 20 家，绝大多数为粮油加工相关企业。

3. 思考题

请大家查找资料，以食品人的责任和担当或粮油工程领域的发展方向为题，撰写800～1 000 字的见解和感想，严格按照科技论文格式要求，近五年参考文献不少于 8 篇。

三、教学总结

（一）教学依据

粮食工程专业导论是本专业新生的第一门专业课也是必修课，对后续专业课的学习具有启蒙和引导作用。这门课的内容和导向，直接决定学生本科四年的整体规划和学习目标，直接影响学生对粮食工程专业的兴趣和学习动力，直接关系学生将来从事粮油行业的信心和决心。

民以食为天，食以粮为本。在教学中，教师通过讲授我国粮油行业的基础地位及发展的现状，让学生了解我国现代化粮油企业的生产模式、管理模式和质量监管模式，增强学生对粮油行业的好感及专业自信和专业自豪感；通过讲述粮食安全、健康中国等国家战略，引导学生以强农兴农、服务国家战略为己任，增强学生以专业知识服务国家战略的使命感和责任感。

（二）教学方法

采用以问题为中心的启发式、互动式、案例式教学，结合专题讲座、专题讨论、专

粮食工程专业导论

题调研，企业行业专家讲座等形式开展教学。在教学过程中注重启发学生对问题的思考，引导学生掌握正确的学习方法和学习思路。

（三）教学反思

通过学习，学生了解了专业的发展历史和专业内涵，清楚了专业的发展方向和未来就业前景，建立了一定的专业自信，愿意为我国粮食行业的健康发展贡献自己的力量，也对大学的学习生活有着无限憧憬。

在后续教学过程中，需要更好地引导学生的专业学习，争取融合更多粮食工程专业优秀毕业生及企业专家资料，给新生更多的鼓励，帮助大家坚定学习目标；同时培养学生踏实、坚韧的做事态度。

食品科学与工程专业导论

一、基本情况

（一）教师简介

李鹏，副教授，食品科学与工程系主任。主持和参与省级教学研究项目 4 项、教育部产学协同育人项目 2 项、校级教学研究项目 6 项。主编、参编教材 4 部，发表教学研究论文 10 余篇，获省级教学成果奖 3 项。主讲食品科学与工程专业导论、肉品工艺学、畜产品工艺学、食品科学与工程专业综合实习等课程。

（二）课程简介

本课程是食品学科专业基础平台的必修课，是专业认识和引导性课程，也是大一新生入学后接触的第一门专业课程。该课程主要阐述食品科学与工程的涵义、内容、特点与分类，并对食品科学的科学基础和食品工程的工程基础展开介绍，使学生对食品科学与工程专业将要学习的内容有大致的了解，并产生学习兴趣。让学生正确认识进入大学后将要学习的专业，进而热爱自己的专业。通过将知识点与思政教育结合，启发学生对家国情怀、职业道德、行业规范、社会责任的深刻认知和高度认同。

（三）授课方式

线上线下混合教学。

二、教学设计

（一）专业名称

食品科学与工程专业。

（二）教学目标

1. 知识目标

通过本课程的学习，学生可了解食品科学与工程专业的内涵和研究内容，以及食品科学与工程专业在整个食品产业中的位置和作用；了解青农食品学科和食品科学与工程专业的发展历程和专业定位。

2. 能力目标

引导学生建立主动学习和掌握食品科学与工程专业的基本知识和技能的能力；培养掌握学生对整个食品产业发展进行系统分析、思辨和解决复杂食品工程问题的能力。

3. 价值目标

通过导论课程快速让学生正确认识进入大学后将要学习的专业，进而热爱自己的专业。通过将知识点与思政教育结合，培养德、智、体、美、劳全面发展，对国家和社会有高度责任感，具有良好的人文科学素养和身体素质，具有知行合一、矢志"三农"精神的社会主义事业合格建设者和可靠接班人。

（三）案例设计

1. 导入

通过交流互动，让学生回答以下问题：你对食品科学与工程专业有哪些了解或存在什么疑惑？通过学习将来想从事什么工作？你通过什么方式了解和选择了青岛农业大学食品科学与工程专业？你所了解的当前食品领域的热点话题有哪些？让学生知道传统食品科学与工程学科（专业）的地位和重要性。在此基础上，向学生介绍未来食品的发展方向及树立大食物观的重大意义。

2. 展开

进入 21 世纪，人类遇到了气候变异、环境恶化、病毒肆虐等许多前所未有的挑战。许多学者对人类文明的未来和未来条件下的食品供应感到担忧，广大消费者对工业化食品对健康的影响越来越关切。在此背景下，未来食品作为一个笼统的概念被广泛提及，成为诸多媒体关注的焦点。然而，到底什么是未来食品？未来食品对于当代食品科学工作者究竟意味着什么？人们对此缺乏理性分析和讨论。

虽然对于什么是未来食品目前还没有达成共识，也很难预测未来食品的生产加工需要解决哪些重大的科学或技术问题，但是未来食品至少具有以下两个显著特征：一是未来食品必须要满足消费者对更高生活品质的需求；二是未来食品必将有更高的科技含量，包括食品的原料来源、成分和结构设计、加工与生产、流通和销售、饮食与消费等各个方面，都需要食品科学理论与技术的支撑。大食物观契合了当下及未来食品发展的趋势。同学们应该充分认识到大食物观广阔的外延和深刻的内涵。

第一，大食物观对于提高国家粮食安全保障能力和国民营养健康水平有着重要的战略意义。以大食物观为指导，我们要在保护好生态环境的前提下，宜粮则粮、宜经则经、宜牧则牧、宜渔则渔、宜林则林，形成同市场需求相适应、同资源环境承载力相匹配的现代农业生产结构和区域布局。要向森林要食物，向江河湖海要食物，向设施农业要食物；同时要发展生物科技、生物产业，向植物、动物、微生物要热量、要蛋白质。

第二，践行大食物观是推动乡村振兴的重要途径和关键手段之一。随着我国城乡居民收入水平的不断提高，人们对农产品的消费选择也发生了结构性的变化：主食吃得少了，肉蛋奶消费量上去了；有机粗粮、特产水果、山珍海味等日益成为餐桌上的"常客"。因此，实施乡村振兴战略的关键措施就是以大食物观为指导，把广阔乡村中的优质农产品挖掘出来，把富有乡村特色的产业做强做优，为乡村全面振兴提供强大的产业支撑，同时满足人民对美好生活的向往。

第三，大食物观是助力"健康中国"建设的重要基础。用大食物观指导食物生产、扩大食物来源，将显著增加我国居民食物的多样性，为人民健康水平不断提升提供重要的物质基础。

树立大食物观，必须依靠科技支撑，但是目前相关科学研究还有待进一步加强，相关技术储备也相对不足。因此，我国迫切需要加强与大食物观相关的科学研究。食品科学作为一门独立学科，取得了多方面的成就，为现代食品工业的发展提供了有力的理论与技术支撑。然而，在过去的很长一段时间里，我国食品科学研究都处于落后跟跑的地位。在现代食品科学快速发展的年代，在百年未遇的世界变局之际，如何让我国的食品工业和食品科学研究走在国际前沿，是当代食品科学工作者面临的重大课题。

青岛农业大学食品科学与工程学科始建于 20 世纪 70 年代末，在服务与推动国家食品工业发展中不断成长，先后获批为山东省特色专业建设点、国家级特色专业建设点、山东省应用型人才培养特色名校重点建设专业、山东省卓越工程师教育培养计划项目试点专业、山东省高水平应用型建设立项专业、山东省新旧动能转换对接产业重点建设专业等项目。食品科学与工程专业于 2019 年获批首批"双万计划"国家级一流本科专业建设点；2021 年顺利通过国家工程教育专业认证，目前为青农唯一通过工程教育专业认证的专业。

在此基础上向学生强调本专业培养的学生要能够了解食品行业发展动态和问题，掌握食品科学与工程基础知识、基本理论和基本技能，具有创新意识和实践能力，同时对国家和社会具有高度责任感，具有良好的人文科学素养和身体素质，具有知行合一、矢志"三农"精神的社会主义事业合格建设者和可靠接班人。

三、教学总结

（一）教学依据

该课程作为食品科学与工程专业的第一门专业课，是开启专业课程学习的第一课，对后续专业课的学习具有启蒙和引导作用。通过讲授专业内容，让学生了解创新食品产业的战略地位、发展食品产业的时代背景、中国食品产业的发展现状、中国食品产业的创新发展等方面知识，了解我国食品行业的前沿探索与创新发展情况。教育学生要通过食品产业科技创新建设具有中国特色的现代食品产业体系。要以国民的营养健康需求为核心，全面服务于国家重大战略和区域经济社会发展，助力食品产业发展的新业态和新格局。

（二）教学方法

通过线上观看相关视频、线下授课和邀请企业行业专家讲座的方式，向学生讲授国内外食品产业发展历史、现状和趋势。紧密结合当下及未来食品行业的发展趋势，对接国家重大战略等。比如，如何将大食物观融入学校思政课教学，并取得良好的教学效果？

首先，要通过现实生活中的具体事例来印证大食物观为人民生活带来的福祉。人民生活水平不断提高，餐桌上的食物品种更多、来源也更广泛，人们越来越向往舌尖上的幸福，这种实实在在的直观感受更能引发学生的深入思考，让学生充分认识到饮食的营养化和多元化得益于大食物观的深度实践。

其次，抓住大食物观融入思政课教学的内容载体。大食物观的实现基础是绿色可持续的生态环境，教师可以从生态文明建设战略的高度，增强学生建设美丽中国的意识，引导学生自觉做大自然的建设者和守护者。

最后，引用习近平总书记在党的二十大报告中的话："当代中国青年生逢其时，施展才干的舞台无比广阔，实现梦想的前景无比光明。"在此基础上与学生就学业职业规划、科学研究、学术诚信等方面进行互动。

（三）教学反思

本课程的思政教学目标是要求学生充分了解国内外食品领域的研究现状，根据自己的理解选择相关内容撰写课程论文，使学生可以深入参与课程学习，开展项目式研究，在理论知识学习和项目实践中掌握分析问题、解决问题的方法和能力，使学生由原先的被动学习转变为主动接受和积极参与，在此过程中激发学生的学习兴趣和动力，培养积极向上的学习目标和人生态度，潜移默化地影响学生的人生观和价值观，促使学生建立为国家民族而学习和努力的高远目标。

通过该课程的学习，我们发现学生均意识到自己的学习将来可以推动祖国食品科技事业的前进，都感到很振奋，充分调动了学习热情和内驱力。因此利用好这门导论课，可以坚定学生的专业荣誉感和民族自信心，激发学生的学习激情，使学生增强学习食品相关知识的兴趣，明确今后投身食品领域的努力方向。

电子商务专业导论

一、基本情况

（一）教师简介

丁慧平，副教授，青岛农业大学经济管理学院（合作社学院）国贸与电商系主任，硕士生导师。研究方向为电子商务服务外包、跨境电子商务，平台模式创新。主持山东省软科学项目 3 项，山东省文化和旅游厅项目 2 项，教育部产学合作协同育人项目 1 项。参与国家自然科学基金 1 项、国家社会科学基金 2 项，山东省社会科学基金、山东省高等学校人文社会科学研究等近 10 个项目。在《预测》《华东经济管理》《系统工程》等一级期刊发表学术论文 20 余篇；出版专著 2 部，参编电子商务专业领域国家级教材 3 部。获山东省高等学校优秀科研成果三等奖 1 项。主讲电子商务运营管理、跨境电商理论与实务。

（二）课程简介

本课程是电子商务专业必修课，目的是让电子商务专业新生对专业有总体的了解，内容涉及青岛农业大学电子商务专业发展历程、学科建设、创新模式、学生就业前景、专业发展规划与培养目标。深入分析了我校电子商务专业课程设置，学生需要掌握的技能；详细阐释我校电子商务专业在创新创业教育的特色，引导学生通过参与大学生科研创新及翻译竞赛提高自身的素质水平；解读互联网经济模式的发展情况及其对电子商务专业学习和职业成长带来的影响；强调了数学和外语等基础学科的重要性，并引导学生提高数据分析与运用能力以及拓展国际视野。

（三）授课方式

线下授课。

二、教学设计

（一）专业名称

电子商务专业。

（二）教学目标

1. 知识目标

使学生理解政治环境变化对电子商务发展的深刻影响。将时事热点与专业知识点有机融合起来分析、解释理论知识，使学生更直观更容易理解相关理论内容，同时引导学生主动关注并正确看待当前时局，培养其透过现象看本质的辩证思维，激发爱国热情。

2. 能力目标

使学生分析建立产业链生态圈，形成可持续发展理念；培养学生正确的竞争理念，形成合作共赢的发展理念；培养学生求真务实的创新精神。

3. 价值目标

培养学生人际沟通和团队协作能力，勇于创新、艰苦卓绝的精神，引导学生养成严谨、诚信、务实的工作作风，形成勇于奋斗、不怕失败、敢于尝试、积极乐观的人生态度。

（三）案例设计

1. 导入

通过新闻事件让学生了解电商的重要性。2020 年 4 月 20 日，习近平总书记在陕西柞水县小岭镇金米村考察时指出，电商作为新业态，既可以推销农副产品、帮助群众脱贫致富、又可以推动乡村振兴，是大有可为的。

课前向学生提出三个问题，让学生带着问题来思考本节课目标知识点中隐含的思政元素。

问题 1：我国电商发展情况？

问题 2：农产品电商发展如何？是否了解中央 1 号文件对农产品电商的阐述？

问题 3：农产品电商和消费品电商有什么区别？

2. 展开

青岛农业大学电子商务专业自 2004 年设立，经过十几年的专业建设，已发展成为青农的特色热门专业，分布在全国各地的毕业生为传统企业互联网转型、农村电子商务振兴、外贸电商的快速发展作出了巨大贡献。电子商务专业也是建设新文科、新农科和"十四五"规划学科专业的大背景下发展数字经济人才培养的基石。因此，加快发展电子商务专业对于促进青农高水平新文科建设、科研成果转化、扶助地方经济数字化转型具有重要意义。

为什么要发展电子商务专业？

第一，发展电子商务专业是服务国家发展战略性新兴产业、实施乡村振兴战略的需要。

第二，发展电子商务专业有助于青农形成特色优势，承担着强化学校特色、助力地方经济发展的使命。

电子商务专业在青农是 B 类专业，一直以来是学校重点支持与发展的专业，经过近 15 年的发展，电子商务专业教学团队在电商发展及模式不断变化、教学软件及平台投入不足的情况下，克服发展瓶颈，积极借助校外企业及平台资源，探索以赛促教、深度服务社会，为山东半岛的互联网转型、我国农村电子商务发展培养了大量专业化应用型人才。

三、教学总结

（一）教学依据

通过课前案例演讲，引导学生对案例进行分析，运用案例教学、课堂讨论、问题牵引等部分翻转课堂的教学方法，在讲授电子商务专业学习方法的同时，融入做事的道理，并结合全媒体资讯，实现电商导论课与形势政策学习的有机结合，有助于提高学生分析问题和解决问题的能力；通过设计有趣的专业调研项目，厚植学生的家国情怀，增强了学生的使命感和责任感。

（二）教学方法

围绕农产品电子商务发展的趋势、农村电商如何助力乡村振兴、农产品加快发展农村电商的关键问题三个方面，采用案例分析、课堂讨论等方式，将"三农"政策、电子商务助农、精准扶贫等思政元素巧妙渗透到讲解过程中，引导学生从自身的生活经验出发，分析家乡的农产品有什么，以及如何通过电子商务渠道销售等问题。引入案例教学，引导学生从熟悉的生鲜电商的发展情况入手进行汇报，从而培养学生的团队协作精神和创新意识；构建以学生为主体的课堂；通过播放相关短视频，引导学生了解电子商务在农产品销售和乡村振兴中的巨大作用。使学生通过学习树立起热爱家乡的观念，强化新入学的大学生对电子商务专业的浓厚学习兴趣，从而激发学生毕业后返乡进行电商创业的意愿，提升学生的社会责任感。

（三）教学反思

引导学生从供给侧分析家乡现有的电子商务发展情况，同时尝试给出农产品数字化的解决方案。通过详细而专业的调研，强化学生深入了解"三农"的意识和情怀，进一步激发学生的学习意愿，以及提高运用所学知识解决问题的能力，并组织学生以团队的形式完成任务。旨在通过团队中个体与个体的互相影响和共情，进一步强化思政教学效果。

会计学专业导论

一、基本情况

（一）教师简介

李视友，副教授，会计外包专业负责人，财务与会计研究所副主任。主要研究方向为注册会计师审计、农村财务会计。主编《基础会计学》《基础会计实训教程》《审计学》《审计原理与实务》等教材 6 部。先后在《中国农业会计》《财会研究》《财会通讯》《财会月刊》《商业会计》《农村经济》《当代农村财经》《中国注册会计师》《国际商务财会》等专业期刊发表论文 50 余篇。主持及参加教育部、山东省社科规划等各类科研、教研课题 10 余项。主讲审计学、基础会计学、财务会计学等专业课程。

（二）课程简介

本课程是会计学科的一门导入课程，是对会计学本科新生开展的专业学业指导，旨在使学生了解大学应掌握的知识和应具备的能力，培养良好的专业兴趣，并了解如何进行职业规划，成为专业突出、德才兼备的高素质应用型会计专门人才。本课程是会计学专业学生学习后续专业课程的一门必修专业基础课，可为后续相关课程的学习打下良好的基础。

（三）授课方式

线下授课。

二、教学设计

（一）专业名称

会计学专业。

（二）教学目标

1. 知识目标

通过学习，学生能够了解会计的发展历程，理解会计、财务管理和审计之间的联系与区别，弄清人工智能与会计的关系。了解大学四年将要学习哪些课程、获得哪些能力、达到什么样的目标，更加明确大学的学习要求。课程还要介绍国内与国外相关会计职业证书的性质、报考条件、考试科目等相关知识，帮助学生提前规划各类证书的报考。掌握会计职业规范体系的主要内容，了解会计学科整体发展情况，初步形成专业认同和未来职业规划与设计，为后续专业课程的学习做好铺垫。

2. 能力目标

首先，通过教学，培养学生的知识获取能力，使学生能够运用科学的方法，通过课堂、文献、网络等渠道获取知识，善于运用各种资源学习，构建自己的知识体系，养成良好的学习习惯。其次，通过课堂讨论、课程论文等形式，提高学生的语言表达和写作能力。最后，培养学生的职业规划能力。

3. 价值目标

学生能够具有良好的道德修养和社会责任感、积极向上的人生理想、符合社会进步要求的价值观和爱国主义崇高情感。掌握会计专门知识和技能，坚持职业操守和道德规范，具有事业心、责任感和严谨的工作态度，以及遵纪守法、诚实守信和勇于奉献的精神。具有较高的审美情趣、文化品位、人文素养，以及较强的人际交往能力。能够正确认识自然规律和社会发展规律，正确处理人与自然和谐发展关系和社会人际关系。

（三）案例设计

1. 导入

这是一门什么课？会计学专业导论是会计学专业学生学习会计学科知识的导入课程，是学习后续专业课程的一门必修学科基础课。

为什么要学习这门课？会计学专业导论课程的开设，旨在帮助学生了解会计学科整体情况，初步形成专业认同和对未来的职业规划与设计，为后续专业课程的学习做好铺垫。

这门课程要讲什么内容？本课程主要内容包括会计学专业介绍、会计学专业培养方案、会计职业资格考试介绍、会计职业规范和未来职业规划。

2. 展开

通过对青农会计学专业发展历程等的讲解，培养学生热爱本专业、热爱学校的情怀。

会计学专业是青农的校级特色专业之一，其办学特色主要体现在：开办时间较早、专业报考热门、师资结构合理、教研成果丰硕、实验条件完善、地理位置优越和就业前景较好。

会计学专业是经济管理学院的优势专业，在省内外有一定影响力。会计学专业的前身是 1991 年开设的涉外会计专业。1995 年增设会计学（师范）本科专业，同年开始招收第一届本科生。1999 年本科专业目录调整后改为会计学专业，并于 2004 年在农业经济与管理硕士点下开始招收会计与财务方向的学术硕士研究生。2013 年与英谷公司联合办学，开始招收会计学（金融与财务外包）专业。2014 年新增会计学春季招生专业。2021 年成功申办会计学专业硕士点。

经过 30 多年的发展，会计学专业办学条件不断完善，教学、科研水平不断提高，近 10 年来承担山东省社会科学规划办、山东省教育厅、山东省重点研发计划（软科学）、青岛市社科规划等相关教学、科研项目 40 余项，获得省、市级科研奖励 18 项、教学团队在各类专业期刊发表相关学术论文 80 余篇。

目前青农会计学专业已经获批省级一流课程建设一门，为培养应用型会计专业人才积累了丰富的教育经验。该专业拥有较为完善的实践实验教学设施与条件，建有多个实践教学基地。近年来，为各类组织培训财务、会计、审计等方面的专业人员 2 000 余人次，取得了良好的社会效益。

三、教学总结

（一）教学依据

根据 2020 年教育部印发的《高等学校课程思政建设指导纲要》的要求，会计学专业导论课程教学要坚持以马克思主义为指导，加快构建中国特色会计学学科体系、学术体系、话语体系。要帮助学生了解会计学专业和行业领域的法律法规和相关政策，引导学生深入社会实践、关注现实问题，培育学生经世济民、诚信服务、德法兼修的职业素养。

（二）教学方法

课程思政建设要在课堂教学中真正落地落实，融入课堂教学建设的全过程。首先，要抓好课堂教学管理，在课堂教学管理规定中全面融入课程思政建设要求，在课程目标设计、教学大纲修订、教材编审选用、教案课件编写等各方面落实到位。其次，要综合运用第一课堂和第二课堂，特别是深入挖掘第二课堂的思政教育元素，将"读万卷书"与"行万里路"相结合，深入开展多种形式的社会实践、志愿服务、实习实训活动，拓展课程思政建设方法和途径。再次，要在教育教学方法上不断改革创新，以学生的学习成效为目标，深入开展以学生为中心的教学方式和学业评价方式改革，激发学生的学习兴趣，引导学生深入思考，实现思想启迪和价值引领。

本课程主要采用线下讲授的教学形式，同时，要求学生通过线上查阅资料，了解会计学专业课程体系，掌握获取知识的方法和途径；了解会计学专业学科竞赛的种类和特点，理解学科竞赛对学习的重要性；了解提高实践能力的途径；了解会计类的各种资格考试。

（三）教学反思

当代大学生是在互联网环境中成长起来的一代，课程思政教学要积极适应学生学习方式的转变，积极推进现代信息技术在课堂中的应用，创新课堂教学模式。本课程第二章以大学新生角色转换的问题为线索，介绍大学与中学在学习方式、生活环境、管理方式等方面的区别，同时还讲到了如何适应从中学生到大学生的角色转变。通过本课程的学习，大学新生要尽快认识自我，适应新生活，从当前自己的情况出发，做好适应新环境、迎接新挑战、解决新问题的准备。

建设高水平人才培养体系，必须将思想政治工作贯通其中，必须抓好课程思政建设，解决好专业教育和思政教育"两张皮"问题。要牢固确立人才培养的中心地位，围绕构建高水平人才培养体系，不断完善课程思政工作体系、教学体系和内容体系。

物流管理专业导论

一、基本情况

（一）教师简介

周海霞，副教授，管理学博士，主持和参与省部级教研项目 4 项，发表教研论文 10 余篇。主持山东省社会科学规划、山东省社科联等课题 10 项，发表 SCI、EI、CSSCI、中文核心等各类论文 20 余篇，成果获山东省高校社科优秀成果奖等 3 项。

（二）课程简介

本课程是物流管理专业的第一门专业基础课程，主要向学生介绍物流管理领域的前沿和热点问题、物流管理发展历史及其在各个时期的重要意义，重点了解物流管理理论、智慧物流、冷链物流、供应链管理、仓储与配送等领域的前沿知识和我国物流管理的基本发展现状、物流文化特色及价值意义。培养学生从管理、经济、法律法规、职业规范等多角度探寻解决物流问题的方法，从学科概论的视角了解物流管理的综合性、社会性及其在技术、经济与管理方面的统一性，引入思政育人元素培养学生的爱国精神、团队合作精神、遵纪守法精神，使其建立为祖国建设服务而学习的思想和感情。

（三）授课方式

线下授课。

二、教学设计

（一）专业名称

物流管理专业。

（二）教学目标

1. 知识目标

掌握物流管理的基本概念；了解物流领域最前沿的理论、技术和管理方法；了解我国目前物流领域的发展现状和特征。

2. 能力目标

培养学生独立思考、发现问题、解决问题的能力；掌握物流管理相关技术。

3. 素质目标

培养学生的创新、思辨、沟通、协作能力；使学生具有家国情怀，具备社会责任。

（三）案例设计

本教学节段采用 PBL（Problem - Based Learning）教学形式。课前，着重了解什么是北斗卫星导航系统，为什么要自主设计北斗；课中，深入理解并掌握北斗卫星导航系统的结构和工作原理；课后，布置作业，加强学生对先进物流信息技术的理解。

1. 课前

布置课前预习任务，学生根据预习清单自主通过线上形式进行课程学习。

2. 课中

（1）知识导入：通过引入"十四五"规划相关内容，带领学生以问答的方式从国家安全、爱岗敬业角度剖析科技创新、信息技术对于物流的重要性，从而引入对于北斗卫星导航定位系统的学习探究，激发学生的爱国热情。

（2）知识点梳理：阐述北斗卫星导航定位系统的结构、发展历程等。

（3）翻转课堂：采用 PBL 教学模式进行。课堂上布置任务"设计物流配送车辆北斗管理方案"，要求此方案集车辆实时监控、路径优化、北斗卫星定位、指挥调度、车温监控等多项任务处理于一体。以此提升学生的科技创新意识。

3. 课后

根据课堂所学内容，布置课后作业和讨论题目，巩固所学知识。

三、教学总结

（一）教学依据

《高等学校课程思政建设指导纲要》指出，全面推进课程思政建设，就是要寓价值观引导于知识传授和能力培养中，帮助学生塑造正确的世界观、人生观、价值观，这是人才培养的应有之义，更是必备内容。对专业教育课程的课程思政教学体系做出了明确规定，要根据不同学科专业的特色和优势，深入研究不同专业的育人目标，深度挖掘提炼专业知识体系中蕴含的思想价值和精神内涵，科学合理拓展专业课程的广度、深度，从课程所涉专业、行业、文化、历史等角度，增加课程的知识性、人文性，提升引领性、时代性和开放性。本课程通过在物流前沿各个知识点中不断融入家国情怀、社会责任等思政主题，增强学生的"三农"情怀和民族自豪感。

（二）教学方法

本课程将 PBL 和课堂研讨引入教学组织环节，设计了以学生为中心的"课前＋课中＋课后"三段式教学方法。课前，基于授课主题，教师在线上发布自主学习项目任务单。课中，学生以小组为单位，通过研讨环节进行翻转课堂的探究活动，通过头脑风暴、成果展示等方式参与课堂活动。课后，布置复习任务，通过线上和线下两种方式进行沟通互动、协作答疑，巩固和拓展所学知识，提高学生的综合能力。课堂内容融入思政元素，实现课堂思政。

（三）教学反思

通过课程思政教学，学生能充分感受到物流之于国计民生的重要性。本课程实现了课程知识传授、个人能力提升、家国情怀培植的有机结合，教学过程中以思政目标为牵引，基于课程特点，结合我国物流前沿技术，通过分析思政目标与教学内容之间的耦合关系，来挖掘育人元素，达到了课程思政润物无声的效果。

农林经济管理专业导论

一、基本情况

（一）教师简介

郭海红，教授，农林经济管理系主任，硕士生导师，青岛农业大学拔尖人才。长期致力于农业绿色低碳高质量发展、新型城镇化、粮食安全相关研究，主持和参与国家社会科学基金、山东省社会科学规划基金、山东省重点研发计划（软科学项目）等国家级和省部级项目20余项。在《数量经济技术经济研究》等CSSCI权威期刊以第一作者发表学术论文30余篇；出版专著1部；出版省部级规划教材4部，研究成果获青岛市社会科学优秀成果奖2项。

陈莉，副教授，农林经济管理系副主任，硕士生导师，首批山东省哲学社会科学青年人才团队骨干成员，国家级一流本科课程农业经济学授课团队核心成员。主要从事农业产业经营和农村发展管理方面的研究。主持和核心参与国家级、省部级、地厅级科研课题20项，教研课题16项；出版专著3部；参编国家级和省部级规划教材3部；以第一作者发表论文近30篇，学术成果获省、市奖励3次；主持和核心参与撰写资政报告10份，获得省部级领导批示6份。主讲农业经济学、农村发展概论、农村社会学等专业核心课程。

（二）课程简介

本课程是农林经济管理专业本科学生在大学阶段学习的第一门直接与本专业有关的课程。通过本课程的学习，学生可全面、系统地了解本专业的发展历史、发展现状、发展前沿、课程设置、学习内容等情况；了解本校本专业各研究领域，能较好地针对大学学习设立各项目标；激发学生学习内生动力，为专业课程的学习和自身职业发展规划打下初步基础。

（三）授课方式

线下教学。

二、教学设计

（一）专业名称

农林经济管理专业。

（二）教学目标

1. 知识目标

使学生了解农林经济管理专业性质及其在国际与国内的发展历史、现状与前沿动态，熟悉青岛农业大学农林经济管理专业建设与发展的历史与现状。

2. 能力目标

掌握农林经济管理专业的人才培养目标、专业特色、培养要求与课程设置，掌握农林经济管理专业人才就业形势，了解青农农林经济管理专业的主要研究方向与成果。能够制定清晰的大学阶段学习目标与任务，明确自身职业发展规划。

3. 价值目标

培养学生大国三农情怀，具备基本的经世济民和爱国敬业意识与素养，引导学生在更开阔的视野中，树立人类命运共同体意识。

（三）案例设计

1. 导入

党的二十大报告指出，中国共产党的中心任务是以中国式现代化全面推进中华民族伟大复兴。全面建设社会主义现代化国家，最艰巨最繁重的任务仍然在农村。我们要坚持农业农村优先发展，加快建设农业强国，确保粮食安全，以扎实推动产业、人才、文化、生态、组织振兴来实现乡村全面振兴。从事"三农"问题研究和涉农企业管理是国家目前优先发展的领域，其关注的内容关系到国计民生，为广大有志青年施展才华提供了广阔的平台。

2. 展开

青农农林经济管理专业设立于 1984 年，1994 年开始招收本科生，2003 年设立农林经济管理硕士点，2011 年拥有农林经济管理一级学科硕士授予点，2021 年获批山东省一流本科专业建设点，2022 年获批国家级一流本科专业建设点。目前，本专业有较强的特色优势。建有多个实训基地，科学团队中有多名省级农业产业体系岗位专家。

本专业主要培养具有一定国际视野、创新精神与创新创业能力，能在各级政府涉农部门、涉农企事业单位和相关教学研究机构等从事管理与研究工作的高素质专门人才。学生具有广阔的就业前景，契合未来中国大力发展农业农村和乡村振兴战略的大背景。中央一直重视"三农"问题，本专业响应国家乡村振兴战略，依托国家一流本科专业建设点这一平台，借助学校文科唯一一级学科硕士授权点的优势，立足于服务区域经济和乡村振兴，以国际化都市型现代农业和城乡融合发展需求为导向，重点培养对中国农情与农村发展有深入了解，具备农林经济管理专业理论知识和实践能力，具备较强创新能力、经营管理能力和独立解决农业农村发展相关问题能力的应用型、复合型高素质专门人才。同时，这些能在涉农产业领域和乡村发展中任职的优秀人才，也将具备在农林经济管理领域进一步深造的潜力，同时具备在一般行业中担任经济管理工作者的能力。

农林经济管理学科是文理渗透、经管交叉，面向"三农"、服务城乡的理论性与现实性相结合的学科。根据农林经济管理本科专业国家标准要求，结合社会对应用型、复合型人才的需求特点，制定专业人才培养的"3-2-2"模式，以"通识课—学科基础—专业基础"为主体，以实践教学体系与创新创业体系为支柱，以专业拓展与素质拓展为目标，建立理论课程、生产性实践、研究性实践三足鼎立的人才培养模式，重点强化对学生的实践能力和创新能力培养。

三、教学总结

（一）教学依据

根据《高等学校课程思政建设指导纲要》的要求，立足新时代农业农村发展的现状和乡村振兴国家战略全面实施的背景，基于农业经济管理类专业的学理基础与人才成长规律，按照立德树人、三全育人的要求，把农林经济管理专业和农村区域发展专业建设成为以人才培养为己任的课程思政示范专业，最终培养具有大国三农情怀和德、智、体、美、劳全面发展的社会主义建设者和接班人。

本课程通过专业教育和思政教育的融合引导，充分发挥导论课教师在教育环节中的价值引导、情感传递和道德示范作用，使学生深刻理解并明晰农林经济管理行业的职业精神和职业规范，树立职业理想，增强职业信念和职业责任感，增进专业学习的兴趣，促进职业追求规划践行。

（二）教学方法

采用多元思政教学方法。注重专题式的传统讲授，拓展学生的知识面和关注的视野与视角；注重导学思政法，通过授课教师的身先示范和情感传递、鲜活的专业人物经历分享，以及对课堂中呈现的思政元素做及时点评与总结，对学生对思政元素的践行起到示范和引领作用。根据实际需要为学生选择体裁新颖、内容贴切、紧跟热点的视频影音资料并按需、定向传播，学生可以随时随地观看、评论并与教师互动，实现"思政教育永远在线在场"的全时化教育；注重参与互动研讨式教学法，给学生更多的交流探讨机会，使其在课堂上发出声音；将课程相关的思政元素引进翻转课堂，以课堂小组为单元开展社会经济问题讨论，让学生成为课程思政教学的重要主体；激发学生对相关思政元素的思考、表达，让学生在讨论、质疑、辩论的过程中，以互动总结的方式增强对思政元素的理解和吸收，从而不断提升课程思政育人的针对性和实效性。

（三）教学反思

在课程开始前和结束后，以匿名的方式，基于课程嵌入的思政元素，对学生专业认知和价值情怀进行全面调研。通过前测和后测的对比数据，教师总结学生对专业学习、学校发展态度情感及"三农"情怀培育情况。同时对比较好的思政培养嵌入案例进行总结反馈。

针对课程设立的思政元素，进行过程性和终结性课程思政元素效果追踪，对学生在学习中表现出来的情感、态度、价值观的变化等进行关注和评价。以电子档案袋为信息载体，明确评估细则，实现与课程同步进行的动态效果评估。针对不同的思政元素，设立多样的评价方法，如问卷评价、行为评价、观察评价等，以充分衡量学生在知识层面、能力层面和行为素养层面的思政元素反馈。

财务管理专业导论

一、基本情况

(一) 教师简介

杨焕玲，副教授，山东省高端会计人才（学术类）。主要研究方向为税收理论与实务、财务与会计。主持参与科研教研项目 30 余项，发表学术论文 50 余篇，获各类奖项 20 余项。主讲财务管理专业导论、税法、税收筹划、财务分析等本科课程。

许秀梅，教授。研究方向为创新管理、价值管理、公司治理。在国内外核心期刊发表论文 100 余篇，出版学术专著 2 部，主持并参与国家级、省部级等课题 50 余项，荣获各类奖励 20 余项。主讲财务分析、财务管理专业导论、成本会计等课程。

(二) 课程简介

本课程是财务管理专业的一门专业基础课，是为大一新生开设的专业入门课程，主要涉及财务管理的基本原理、概念及方法指导，系统讲授资本理论、价值观念、货币时间价值、投资、筹资、风险等基本概念、课程培养方案、大学生学习规划等多方面的入门知识。通过对课程的学习，学生可获得对财务管理基本理论、概念体系的初步知识，学会辨别资本、财务、价值、风险、不确定性等，树立科学的财务观念；同时获得科学规划课程学习方案的能力，为后续从事财务管理工作和科学研究打下基础。

(三) 授课方式

线下授课。

二、教学设计

(一) 专业名称

财务管理专业。

(二) 教学目标

1. 知识目标

了解财务管理专业课程体系及每学期开设的课程内容，了解财务管理的产生、发展、内涵、目标与职能，掌握资本、价值、风险等基本理念，熟悉常见的财务媒介、资本市场、企业财务机构及岗位设置。

2. 能力目标

熟悉企业财务活动的运行规律、财务机构及岗位的科学设置；能够运用财务管理基本理念做出科学的财务决策，具备对财务管理活动进行分析、归纳的逻辑思维能力，以及运用适当工具对企业的财务活动做出准确评价的能力。

3. 价值目标

培养学生掌握有利于企业可持续发展的财务目标、财务观念；树立正确的财务价值观、理财观，能够科学理财，健康用财，能够权衡收益与风险；理解文化、知识、技术在财务管理中的重要性；明确职业道德标准，增强为全社会利益相关者服务的意识。

（三）案例设计

1. 导入

同学们已接受过入学专业教育，请问哪位同学可以回答一下对财务管理专业的基本认识？你认为财务管理具体是做什么的？对于财务管理专业学生来讲，应该具备哪些基本能力？你是如何规划大学四年和未来职业生涯的？

2. 展开

1998年，青农财务管理专业从会计专业中分离出来，成为一个独立专业。学校依托自身会计学专业基础，于1999年开始筹建财务管理专业，2001年招收第一届本科生，突出培养具有国际视野、满足外向型经济发展需要，立足山东、辐射全国，助力区域经济高质量发展的财务管理人才，熟悉农业农村环境和农业生产特点、具有"三农"情怀和财务素质的乡村振兴人才。

2014年，根据山东省规划要求，青农开始招收春季高考财务管理专业本科生，定为财务管理（C）专业。

2020年，财务管理专业适用新的专业人才培养方案，在符合教学质量国家标准的基础上，紧跟数智时代财务转型及对财务人员的能力要求，按照"3-2-2"专业人才培养模式，进一步优化专业课程体系，旨在培养德、智、体、美、劳全面发展，对国家和社会具有高度责任感，了解财务管理领域发展动态和问题，掌握系统的经济学、管理学及财务管理相关学科的理论知识，具有会计核算、财务分析与管理决策、财务建模与数据挖掘、创新创业等能力，具备良好的科学文化素养、国际视野、创新精神和职业道德，具备知行合一、矢志"三农"精神的社会主义事业合格建设者和可靠接班人，以及能够在各类企事业单位、行政部门从事财务管理及其相关工作的应用型、复合型人才。

2020年，财务管理专业联合会计学专业，在资源整合的基础上，积极申报会计硕士学位点，并通过教育部公示，于2023年招收第一届会计专业硕士。

2022年，财务管理专业获批山东省一流本科专业建设点，专业建设取得了一定成果。财务管理学课程获评山东省一流本科课程、山东省课程思政示范课程，专业课程思政育人效果进一步提升。

三、教学总结

（一）教学依据

《高等学校课程思政建设指导纲要》对专业课程思政教学体系做出明确规定，要深入梳理专业课教学内容，结合不同课程特点、思维方法和价值理念，深入挖掘课程思政元素，有机融入课程教学，达到润物无声的育人效果。按照管理学专业课程思政建设要求，要在课程教学中坚持以马克思主义为指导，加快构建中国特色哲学社会科学学科体系、学术体系、话语体系；帮助学生了解相关专业和行业领域的国家战略、法律法规和相关政策，引导学生深入社会实践、关注现实问题，培育学生经世济民、诚信服务、德法兼修的职业素养。

本课程引入财务案例引导并启发学生加强对财务管理专业的了解和热爱，提升学生对价值、风险、收益等基本财务理念的认知，使其树立正确的世界观、人生观与价值观，培养诚信为本的优良品德，勇于担当，以积极的学习态度努力夯实专业知识、提升专业技能，以所学所知助力国家建设和发展。

（二）教学方法

课程讲授采用基于成果导向的"案例导入＋项目分析"的教学方法，引入众多案例或财务小故事启发学生思考，培养学生的基本财务理念，创新思维方式，善于分析问题、发现问题和解决问题的能力。将时间价值、风险理念融入课程教学，更易于学生接受和理解，为将来专业课程的进一步学习打下良好的基础。通过课程内容与思政元素的有机结合，融入诚信、责任担当等元素，鼓励学生牢记时代发展使命，做有志青年，扎实学好专业，为国家建设和发展贡献自己的力量。

（三）教学反思

财务管理专业导论作为学生早期接触的专业课程之一，其讲授内容与效果将对学生的专业认知、学习和发展产生重大的影响。因此，优化课程教学设计，遵从问题导向原则，培养学生对专业的了解、熟悉进而到热爱，循序渐进地将财务管理专业的基本理念与基本理论内容进行专题讲授。同时，积极引入思政视频资料、财务专家讲座等方式引导学生树立正确的价值观和世界观。此外，坚持创新育人方式，对接虚拟教研室、思政育人案例库建设等相关项目内容，进一步深入挖掘充实课程思政资源，创新教学方式方法，提高课程教学育人效果，更好地发挥专业课程思政育人的作用，为国家培养合格的社会主义建设者和可靠接班人。

生物科学专业导论

一、基本情况

（一）教师简介

易晓华，副教授。生命科学学院生化与分子生物学系主任，生物科学专业负责人。主持地厅级教研项目1项，发表教研论文8篇。获全国高校植物生产类实验微课教学比赛二等奖，山东省植物生产类实验微课比赛二等奖和优秀设计奖，连续五年获得"山东省大学生生物化学实验技能大赛"优秀指导教师等奖励。主讲生物化学、生化研究技术、基础生物化学、基础生化实验等课程。

（二）课程简介

本课程面向生物科学专业新生开设。课程通过对生物科学专业人才培养方案的解读和分析，使学生了解本专业的培养目标、毕业要求、课程设置、理论体系、研究热点、历史沿革、考研就业等相关方面的信息，了解生物科学在人类社会生存与发展过程中的重要性，激发学生对生物科学专业学习的兴趣和热情，使本专业学生能够对未来就业与再深造有较为深刻的认识，为学生未来大学四年的学习及目标制定提供思路。

（三）授课方式

线下授课。

二、教学设计

（一）专业名称

生物科学专业。

（二）教学目标

1. 知识目标

通过学习，学生能够把握生物科学专业的培养目标、课程设置、理论体系、研究热点、专业特色及考研就业等相关情况，明确未来大学四年的学习规划和理想目标；能理解、掌握生命科学基本概念、基本知识和生命活动的基本规律；了解生命科学的基本研究方法和思维模式；了解生命科学发展的全貌和新动态，以及现代生命科学与其他学科交叉融合的必然趋势。

2. 能力目标

通过学习，学生能理解并初步运用生物学原理、观点、思维方式去认识一些生命现象和过程，提高对生物科学领域的兴趣，增强系统思维能力、辩证分析问题的能力，对专业的背景和前景有初步的认识，最终能够独立自主地选择自己的科研和就业方向。

3. 价值目标

通过学习，学生的自然观、生命观逐渐树立，热爱生命、珍惜生命的热忱被唤醒；世界观、人生观和价值观逐渐完善，社会责任感逐渐增强，综合素质逐步提高；能够明确自己的学习目标和学习方向，能够应对生命科学迅速发展带来的挑战。

（三）案例设计

1. 导入

从生物科学专业生科（创新班）2013级刘卫秀同学的优秀事迹介绍，引出生物科学专业的历史沿革、培养目标、课程设置、专业特色及考研就业等专业培养方案内容，让新生感受朋辈榜样力量的指引，激发新生向榜样学习的内生动力，从而将培养方案的具体内容内化于心，外化于行，建立学习的目标感和积极向上的价值追求。

2. 展开

从优秀学生案例，倒叙生物科学专业的历史沿革。

青农生物科学专业创建于2010年，在实行大类招生期间，学院对刚进入大学校园的新生进行创新教育宣传，面向全校本科生公布创新实验班的招生条件，学生自愿提出申请，根据大学一年级的综合成绩和面试结果，采用双向选择的方式择优录取。对创新班学生的管理采取动态管理机制。

经过多年的建设，生物科学（创新班）专业已成为青农、山东省的重点建设专业，2010年被评为省级特色专业，2013年被评为首批山东省应用型人才培养特色名校工程重点建设专业，2019年被评为山东省一流本科建设专业。以本专业为依托，先后获得生物化学与分子生物学等8个二级学科硕士学位授权点和1个生物学一级学科硕士学位授权点；建有生物化学与分子生物学山东省重点学科、山东省应用真菌重点实验室、山东省高校植物生物技术重点实验室、山东食用菌菌种场和省级生物实验教学示范中心，设有植物、遗传和农业应用真菌3个省级研究室，以及生物技术、植物基因工程和药用真菌研究所3个校级研究所。

学院一贯重视本科教学工作，建院以来，始终坚持以培养具有深厚的基础、广博的学识、良好的技能、合作品质、勤奋敬业和勇于创新的德、智、体全面发展的新型人才为中心的教育理念，改善办学条件，规范教学管理，使教学质量和教学水平得到了较大提升。学院积极改革管理模式，自2003年3月起实施本科生导师制，在考取的硕士研究生中，70%以上的学生被全国重点院校和科研院校录取。

生物科学专业培养方案，经历了2014年、2017年、2020年三次修订，根据教育部对生物类专业的要求及本校实际，青农以素质教育为基础，以能力建设为核心，构建了以通用基础模块＋基础知识模块＋核心能力模块三个模块为主体，以实验实践教学体系和创新创业教育体系为支柱，以专业拓展课程、素质教育课程支持个性化发展的"3-2-2"人才培养体系。专业课突出"三大"专业核心能力，即分子生物学及其实验技术，细胞生物学、发育生物学及其实验技术，基因与蛋白质组学、生物信息学及其数据分析，并围绕这三大核心能力设立了相应的支撑课程。选修课设有专业选修课和公共选修课。为了因材施教、突出个性化培养，专业选修课按照功能设置了基础研究模块和应用基础研究模块，围绕这两个模块增设了相应的新课程，整合了原选修课；公共选修课结合社会和行业需求增设新课程，加强对学生产品营销能力、经营管理能力、人文素质等的培养。对课程体系中相关课程之间的重复内容进行整合和优化，避免重复，统筹合理规划并形成有机整体。

三、教学总结

（一）教学依据

根据《高等学校课程思政建设指导纲要》要求，落实立德树人根本任务，将价值塑造、知识传授和能力培养三者融为一体，寓价值观引导于知识传授和能力培养中，帮助学生塑造正确的世界观、人生观、价值观。让学生通过学习，掌握生命及其发展规律，了解生物科学在人类社会生存与发展过程中的重要性，激发学生对生物科学专业学习的兴趣和热情，丰富学识，增长见识，塑造品格，努力成为德、智、体、美、劳全面发展的社会主义建设者和接班人。

深研生物科学专业的育人目标，在课程教学中把马克思主义立场观点方法的教育与科学精神的培养结合起来，注重学生系统思维、辩证思维的培养，提高学生正确认识问题、分析问题和解决问题的能力。注重科学思维方法的训练和科学伦理的教育，培养学生探索未知、追求真理、勇攀科学高峰的责任感和使命感。

（二）教学方法

以学生为中心，采用"对分课堂"（PAD课堂）教学方法。

对分课堂分为讲授、内化吸收、讨论三个环节。

1. 讲授环节

教师精讲留白，做引导性、框架性的讲授，讲解课程学习目标、章节内容的逻辑结构，与其他内容的关联和关系，在整个学科中的地位等，讲知识框架、重点难点，不覆盖细节。告诉学生学什么、为何学和如何学。

2. 内化吸收环节

在讲授和讨论两个环节之间，学生有至少一天的时间，独立阅读材料、完成作业，以最适合自己的方式方法对知识进行品味、消化，进行个性化的内化吸收。

3. 讨论环节

学生四人一组，针对教师讲授内容和自己内化学习阶段的结果，分享自己的体会、收获和困惑，互相答疑、互相启发，把共性的问题记录下来，撰写"亮考帮"作业（"亮"指学生在学习中获益最多的部分；"考"指学生用自己已经掌握的知识考验其他人;"帮"指学生列出自己不理解的部分寻求帮助)。小组讨论后,教师组织全班讨论,对小组讨论中的疑难问题进行解答,最后做章节总结。

(三)教学反思

反思如何实现"以学生为中心",如何实现"教是为了不教"的目的。

针对讲授环节,要讲好"学什么"的问题。要做到"精"和"透",需在知识内容的理解、总结归纳上下功夫,讲出知识点内在的联系和本质,又要在语言表达上下功夫,以学生能听得懂的语言讲述抽象难理解的知识内容。

针对内化环节,要讲好"为何学"的问题。要点出内容的意义与价值,包括"有用性"(如为其他内容铺垫基础、现实生活需要等)和"营养性"(如主动学习、勤奋学习态度的形成,学农、知农、爱农、服务"三农"、报效国家的情感培养)。

针对讨论环节,要讲好"如何学"的问题。为学生提供方法、技巧与策略,让学生能更为有效地完成课后学习,学会逐步反思和优化自己的学习过程。

中国语言文学专业导论

一、基本情况

（一）教师简介

蔡连卫，副教授，硕士生导师，人文社会科学学院副院长。主要从事中国古代文学的教学与研究工作。获教育部第二届中华经典诵写讲大赛之"迦陵杯·诗教中国"诗词讲解大赛大学组一等奖。曾获山东省优秀学士学位论文指导教师等荣誉称号和奖励。在《山西大学学报》《明清小说研究》等 CSSCI 刊物发表论文 20 余篇，并为《新华文摘》等摘录或转引。主持参与各级各类课题 10 余项，科研成果获地厅级及以上科研奖励五项。主持和参与课程思政教研课题多项，发表课程思政教研论文 2 篇。

（二）课程简介

本课程是汉语言文学专业本科学生的第一门专业课程，是学生了解本专业发展脉络、知识体系的窗口课程。在整个专业培养中，本课程处于统领地位。

本课程的主要任务是让学生了解中国语言文学学科的历史与现状，以及其在中华优秀传统文化传承中的地位和作用等基本问题，了解汉语言文学专业主要的学习内容、学习方法，以及中国语言文学一级学科下 8 个二级学科的设置，增强学生对本专业的认同感和自豪感，为学生系统了解本学科、深入学好本专业打好坚实基础，使学生了解四年后的考研或就业方向，提升学生对中华优秀传统文化传承的责任感和担当意识。

（三）授课方式

线上线下混合教学。

二、教学设计

（一）专业名称

汉语言文学专业。

（二）教学目标

1. 知识目标

通过学习中国语言文学专业的国家质量标准及学科的历史与现状，学生能够获得对汉语言文学专业概况的基本认知，了解本专业在整个中华优秀传统文化传承中的地位和作用，以及青农该学科的发展历程和专业定位。

2. 能力目标

通过了解中国语言文学专业的学习内容、学习方法，学生能够树立正确的学习态度，具备正确评价本专业和学好本专业的能力，具备从中华优秀传统文化传承高度来认识本专业的思维能力，以及对语言文学现象进行系统分析和深入思辨的能力。

3. 价值目标

通过了解中国语言文学专业的学习内容及二级学科设置，让学生理解汉语言文学专业的重要价值，培养学生作为汉语言文学专业学生的归属感和幸福感，使学生具备更强的民族自豪感、爱国情操，以及自觉传承中华优秀传统文化的意识。

（三）案例设计

1. 导入

美国前总统尼克松在《1999 不战而胜》中说，"当有一天中国的青年人已经不再相信他们老祖宗的教导和他们的传统文化，我们美国人就不战而胜了。"1936 年在浙江大学开学典礼上，竺可桢校长说："诸位在校，有两个问题应该自己问问，第一，到浙大来做什么？第二，将来毕业后做什么样的人？"同学们从尼克松的这段话感受到了什么？大家到青农来做什么、将来毕业后要做什么样的人？请同学们思考这两个问题，然后大家带着这些问题来了解中国语言文学学科和青农的汉语言文学专业。

2. 展开

（1）中国语言文学学科和专业

中国语言文学类本科专业植根于中华优秀传统文化，是以中华母语及母语文学为基本内涵、具有深厚人文底蕴的基础学科，与历史、哲学、艺术等人文学科关系密切。中国语言文学类本科专业包括汉语言文学、汉语言、汉语国际教育、中国少数民族语言文学、古典文献学。该专业经历了长期办学实践，内涵明确，构成合理，基础知识体系完整，人才培养机制健全，既有体现学科特色的培养目标，又有不同方向的侧重。在我国现行高等教育体系中，中国语言文学类本科专业肩负着萃取、传承和发展中华优秀传统文化的重任，在培养学生全面发展、适应社会进步需要方面具有不可替代的重要作用。一言以蔽之，中文学科传统深厚、路向开阔。

（2）中国语言文学与中华优秀传统文化传承

回到前面提到的尼克松那段话，大家从西方的态度看到了什么？请几位同学做分享（互动 2 分钟）。

正如几位同学所说，这段话让我们从西方的态度反观到了中国传统文化的重要性，反观到了中国的青年人与中华优秀传统文化的重要关系。在这样一个视角下，再来看习近平总书记的几段讲话就很容易理解了：

"我很不赞成把古代经典诗词和散文从课本中去掉，'去中国化'是很悲哀的。应该把这些经典嵌在学生脑子里，成为中华民族文化的基因。""中华优秀传统文化是中华民族的精神命脉……也是我们在世界文化激荡中站稳脚跟的坚实根基。要结合新的时代条件传承和弘扬中华优秀传统文化，传承和弘扬中华美学精神。""青年兴则国家兴，青年强则国家强。青年一代有理想、有本领、有担当，国家就有前途，民族就有希望。""传承中华优秀传统文化……不断提升国家文化软实力和中华文化影响力。"

中国语言文学是中华优秀传统文化的重要组成部分，而中华优秀传统文化又是中华民族的精神命脉。因此，青年一代学好中国语言文学，能够更好地传承、弘扬中华优秀传统文化，赓续中华民族精神命脉，向世界讲好中国故事，提升国家文化软实力和中华文化影响力。

(3) 青农的汉语言文学专业

青农自 2005 年开始招收汉语言文学本科生。该专业现有中国语言文学学科专任教师 24 人，教师主持国家级、省部级课题 10 余项，发表学术论文 200 余篇、出版专著 10 余部，获地厅级及以上级科研成果奖励 20 余项，获国家级教学比赛一等奖 1 项。汉语言文学专业技能大赛被 10 余家社会媒体报道 30 余次，是学院和学校的特色文化品牌。毕业生主要就业方向是党政机关、事业单位、新闻媒体、出版机构等。

汉语言文学专业大有可为，青农学习氛围浓厚，希望同学们能够不负中华优秀传统文化传承的使命与担当，让自己的梦想在青农起航。

三、教学总结

（一）教学依据

中国语言文学专业导论是汉语言文学专业本科生的第一门专业课，也是必修课，对所有专业课具有引导作用。这门课的内容和导向，直接影响学生本科四年的学习态度、学习目标和职业生涯规划，直接影响学生专业学习的兴趣动力，直接关系学生将来从事中华优秀传统文化传承相关工作的信心和决心。

在教学过程中，教师通过讲授中国语言文学学科概述，让学生深入了解中国语言文学学科的历史与现状，增强学生的专业自豪感；通过讲授为什么要学习中国语言文学学科，让学生从国家社会层面理解开设这一学科的深刻意义，增强民族自豪感和责任担当，从个人发展层面理解汉语言文学专业对个人安身立命及实现人生价值的意义；通过讲授如何学习中国语言文学学科，让学生树立甘于寂寞、努力奋斗、乐于学习、快乐生活的理念。

（二）教学方法

本次教学主要采用启发式和案例式教学。

首先利用尼克松在《1999 不战而胜》中的观点，启发学生思考青年和中国传统文化的关系；再通过竺可桢在浙江大学开学典礼上的两个问题，启发学生思考到青农来做什么、毕业后要成为什么样的人。而后有针对性地讲解中国语言文学学科和专业及其与中华优秀传统文化传承的关系等内容，让学生能够深入思考专业学习和个人发展与中华优秀传统文化传承的联系。

具体授课中，通过列举吴良镛院士接到江宁织造博物馆设计任务时"白首相见江南"的感慨、青农开学典礼上的校长讲话、生活中的语言文学现象等正反面例子，让学生直观感受到中国语言文学的魅力，激发学生学好汉语言文学专业、做好中华优秀传统文化传承的信心和决心。

（三）教学反思

在内容讲授完毕后、课程结束前，教师在学习通发布针对本节课内容的问卷调查。调查发现，100％的学生对汉语言文学专业学习内容有了清楚的了解，85％的学生对自己四年的学习与未来的职业发展有了比较明确的目标和规划，80％的学生希望在深入学习中找到自己喜欢又适合自己的二级学科专业进一步深造。

由于汉语言文学专业在青农的办学历史较短，在师资力量、教学成果、科研平台、知名校友等方面的积累还很有限，这就需要教师继续梳理学科专业的特色和优势。同时，因为中国语言文学类本科专业植根于中华优秀传统文化，所以教师注重培养学生的优秀传统文化传承弘扬意识，但是对培养学生的"三农"情怀强调不够，需要进一步改进。

公共事业管理专业导论

一、基本情况

(一) 教师简介

魏宁宁，讲师。主要从事城乡空间治理和土地资源可持续利用研究，在农户盐碱耕地保护行为驱动机理及盐碱地综合治理多元主体互动机制方面具有丰富的实践经验。主持和参与省级及以上纵向项目 5 项、横向课题 8 项。参与省级教育教学研究课题 1 项，参编教材 1 部。入选 CSSCI、中文核心期刊论文 12 篇。主要从事公共事业管理概论、城市公用事业管理理论与实践的教学工作。

(二) 课程简介

本课程是公共事业管理专业的核心课程，主要从理论上阐述公共事业和公共事业管理的基本范畴、公共事业管理的体制和管理方法等，强调公共管理理论在公共事业领域的应用。通过本课程的学习，学生可熟悉公共事业管理活动、制度、体制及其运行机制，并通过对公共事业管理活动的本质与现象、主体与客体、观念与技术、内容与形式、制度与过程、历史与未来的学习，掌握公共事业管理的规律性。本课程注重培养学生的创造性思维，提升学生对公共事业管理专业的学习兴趣。

(三) 授课方式

线上线下混合教学。

二、教学设计

(一) 专业名称

公共事业管理专业。

(二) 教学目标

1. 知识目标

学生牢固地掌握公共事业和公共事业管理的基本概念，把握公共事业管理的基本特点、基本规律和原则，了解公共事业管理的体制、过程及发展趋势，较全面地认识和掌握公共事业管理的一般方法和技术，并对公共事业管理各级单位有初步的认识和了解。

2. 能力目标

了解公共事业管理的基本原理，是形成正确的公共事业管理理念，认识和掌握公共事业管理的基本方法，并能够运用专业理论知识来认识问题、解决问题，培养学生对公共事业管理专业的兴趣，为公共事业管理专业其他课程学习奠定基础。

3. 价值目标

具有正确的世界观、人生观、价值观，践行社会主义核心价值观；具备公共意识、公共精神、公共责任，具有创新精神、创业意识和创新创业能力；具备良好的人文素养和科学素养，具有务实的工作作风；具备健康的体魄和良好的心理素质。

（三）案例设计

1. 导入

本课程的理论较为抽象，需要案例的支撑。网购农产品是每位学生都亲身经历过的购物体验，从学生们所见、所闻和所感出发，设计农产品电商导入案例，更易于被学生理解和接受。

位于甘陕川三省交界处的甘肃省陇南市成县，素有"陇上江南""陇右粮仓"之称，作为传统农业县，成县从 2013 年开始，走在了电商潮流前沿。成县的农产品电商道路，肇始于核桃。2013 年，时任县委书记李祥注册新浪微博，发文推介成县核桃。一周时间，该微博访问量超过 50 多万，成县和成县核桃"爆火"。自此，成县的电商"大戏"正式启幕。2022 年，成县核桃产量达 3.69 万吨，产值 4.43 亿元。核桃产业已成为当地种植规模最大、受益人口最多的优势特色产业。核桃成为成县发展电商的硬"核"产业、动力"引擎"。

在成县农产品电商发展过程中，政府公共部门实时转换角色定位。在"野蛮生长"时期，政府当"保姆"，促成了成县电商大发展局面。市场力量培育起来后，政府由"保姆"变为"服务员"，让企业成为主角。作为未来的公共事业管理领域的从业人员，学生们要牢固树立"为人民服务"意识，脚踏实地做为民利民的好事实事。

2. 展开

青农公共事业管理专业设立于 2000 年，在办学过程中，公共事业管理专业立足山东，面向全国，瞄准公共部门、社会组织和企业对管理人才的需求，培养了 2000 余名合格的应用型管理人才。

立足新时代国家治理现代化亟须公共事业管理专业人才，乡村振兴需要适应乡村社会的公共事业管理专业人才的需求，通过课程学习，学生将了解公共管理领域发展动态和热点问题，掌握现代公共管理理论、技术和方法，能综合运用涉及本学科的管理、经济、社会等方面的专业知识和技能，具备公共意识、公共精神、公共责任，具有创新精神、创业意识和创新创业能力，成为知农爱农的社会主义事业合格建设者和可靠接班人。

（1）专业特色

2000 年，青农公共事业管理本科专业开始招生，2004 年、2008 年、2012 年、2016 年、2018 年、2020 年多次优化人才培养方案。2016 年顺利通过教育部本科教学审核评估。

公共事业是那些面向全社会，以满足社会公共需要为基本目标，直接或间接为国民经济和社会生活提供服务或创造条件，并且不以营利为主要目的的社会活动。因此，公共事业管理专业核心课程包括：管理学原理 A（公共管理学）、政治学原理、法学概论（公共事业管理法律制度）、公共事业管理概论、公共经济学、公共政策分析 A、公共组织财务管理、城市公用事业管理理论与实践、非政府组织管理、公共工程项目管理等。同时突出农业高校的特色，以青农服务"三农"的办学传统为导向，立足山东农业农村经济社会发展和乡村振兴对公共管理人才的需求，瞄准实现"爱农知农为农"公共管理人才培养目标，在课程教学和社会实践中特设"涉农"专题，以强化学生服务"三农"的意识与责任感。

（2）师资队伍

近年来，公共事业管理专业在师资队伍建设、科学研究、教育培训和社会服务等方面上取得了比较显著的成绩。形成了以教授为学科带头人、以副教授和博士为主体、有较高学术水平、年龄结构较为合理的教学梯队。现有专任教师 16 人，其中，教授 2 人，副教授 4 人，讲师 10 人；拥有博士学位 11 人，拥有硕士学位 5 人；40 岁以下 5 人，40～50 岁 7 人，50 岁以上 4 人；青岛市乡村振兴智库首席专家 1 人，获青岛市三八红旗手 1 人。团队成员先后主持国家社科基金项目 2 项、山东省社科规划项目 12 项、山东省教改项目 3 项、地厅级项目 20 多项。出版学术专著 10 部，发表 SCI、CSSCI、北大核心等期刊论文 60 多篇，获地厅级社科成果奖 16 次。

（3）实践教学平台

公共事业管理专业初步构筑了"学校—政府—社会组织—社区—专业技能大赛"实习实践平台。在校内建有公共政策模拟分析实验室和乡村治理仿真模拟实验室 2 处，在政府、非政府组织、社区建有黄河三角洲农业高新技术产业示范区实践基地、青岛市 12349 公共服务中心实习基地、青岛市城阳区社会福利中心实践基地、青岛市城阳区西田社区居委会实习基地等实习实践基地 13 处。培育了"模拟听证会""公共管理案例分析大赛"等一批特色鲜明、影响广泛的专业技能实训品牌。

三、教学总结

（一）教学依据

"公共事业"和"公共事业管理"的概念包含公共事业主体、客体、目标等内容，结合农产品电商对相关内容进行一一剖析，并在剖析中融入责任意识、敬业意识、服务意识、奉献精神、诚信意识等相关思政元素，做到不强行灌输，而是通过适当引导学生自觉领悟，将思政元素从外化向内化转变；在对公共事业进行理解时，通过对公共职能、公共问题、公共利益、公共权利、公共秩序等的分析，使学生对促进农产品电商发展的政府责任有更加全面深刻的认识。

公共事业的特征包括公共性、非营利性、专业性和基础性等，通过引入农产品电商发展的政府责任可以很好地阐释公共性和非营利性这一公共事业管理的特征。

（二）教学方法

"课程思政"的基本思路是：从公共事业感受出发，通过角色模拟使学生触碰公共事业管理，并在分析研究的基础上升华认识，实现思政目标。教学方法为角色模拟、案例法等。

1. 课前：资料收集

通过学习通收集相关理论材料，提醒学生提前预习，并布置作业"基层政府促进农产品电商发展的典型案例"，建议学生先去搜集相关资料，可以不用形成书面文件。在此过程中，每个学生收集的农产品电商案例区域是不同的，接触的材料是大量的，最终选择的案例是他们愿意接受并认可的，这提升了思政元素融入的可能性。

2. 课中：网络课堂的沟通

首先明确公共事业管理与公共管理、行政管理的关系。从现有作业收集情况来看，学生对几者的关系认知并不完全清楚，需要率先明确公共事业管理的概念及其在学科体系中的定位才能进行后续内容的开展。

3. 课后：作业互批

课后作业打破以往由老师批改的方式，采取学生互批互评作业的方式。学生通过互批互评作业，能及时发现问题并改正，能相互取长补短，能形成自我评价的能力，能激发学习热情，养成自主学习、合作探究的良好习惯，从而提升学习效果，是落实以学生为学习主体的一个重要举措。

（三）教学反思

公共事业管理专业学生未来的职业发展定位是社会公共部门的工作人员，他们需要对大量的公共事务进行处理，思政元素的介入与他们未来的工作内容相契合。通过对农产品电商发展的描述，使学生意识到社会公共部门为人民谋福祉的光荣使命，从而树立为人民服务的理念，在未来的公共事务管理中以人为本，增强服务意识，做好人民的公仆。通过对农产品电商案例的分析开阔学生的思路，培养学生因地制宜地解决地区发展实际问题的能力，在未来的工作岗位上能够针对不同地区、不同情况、不同条件，设想各具特色的发展模式。学生通过角色模拟，站在未来公共事务管理者的角度思考乡村振兴和农业农村现代化中的政府责任，逐渐树立公共意识、责任意识、敬业意识，形成较高水平的政治素养、科学素养和人文素养。

材料化学专业导论

一、基本情况

（一）教师简介

牛永盛，副教授，研究生导师，主要研究方向为二氧化碳的固定与利用、农用高分子材料的设计合成与应用。发表 SCI 收录学术论文 30 余篇，主持国家自然科学基金 1 项，山东省自然科学基金 3 项；发表教改论文 15 篇，其中核心期刊收录 4 篇，主持省一流本科课程、省本科教学改革研究项目各 1 项。任山东联盟开放课程主持人。指导学生参加中国大学生高分子材料创新创业大赛、山东省高分子实用技术大赛，获国家级三等奖 5 项，省二等奖、三等奖各 1 项。主讲高分子化学与物理、农用高分子材料、材料化学实验等理论。

（二）课程简介

本课程是材料化学专业学生的第一门专业课程，是学生了解本专业发展脉络、知识体系的窗口课程。主要任务是让学生了解国内外新材料的发展趋势，识别新材料种类，掌握新材料合成、检测的基本途径和方法。本课程重点培养学生开发新材料的意识、独立自主的学习方法及批判性思维；坚持"授人以渔"的原则，让学生通过参与课堂 PPT 汇报、小论文写作、课程辩论等课堂活动，针对身边新材料及相关热点展开讨论，培养学生对新材料的研发能力，坚定学生投身于农用新材料事业，服务国家的理想信念。同时培养学生对复杂科学问题的分析能力和团队协作能力。为学生将来从事本专业的技术研发、性能检测及管理等工作奠定基础。

（三）授课方式

线下授课。

二、教学设计

（一）专业名称

材料化学专业。

（二）教学目标

1. 知识目标

了解本专业人才培养的目标、定位及对人才的具体要求；了解材料化学专业研究的内容、就业方向、课程设置及其之间的联系与区别。

2. 能力目标

观察实际问题，并运用材料化学相关知识进行初步分析问题的能力；团队之间讨论、沟通、交流、合作能力；获取知识并进行自主学习的能力。

3. 价值目标

锻炼清晰的逻辑思维能力；提高沟通技能，培养团队精神和合作意识；养成良好的学习态度和学习习惯；培养学生的爱国精神、工匠精神、实事求是的科学态度和职业素养。

（三）案例设计

1. 导入

在我国北方，进入秋季后温度快速下降，特别是冬季土壤逐渐冻结，有五到六个月无法进行大田蔬菜种植。为什么我们能在冬天吃到新鲜的瓜果蔬菜，国家还能对外提供越来越多的蔬菜，这是谁的功劳呢？这都得益于大棚种植。大棚是用塑料制作的，塑料就是一种材料。人们穿的衣服、住的房子、使用的交通工具的生产建造都离不开材料。这就涉及材料化学专业领域的内容。

2. 展开

材料化学专业是化学与材料科学等多学科交叉领域中十分活跃的专业，是 21 世纪国家重点支持的重要交叉学科。材料化学专业旨在从化学角度研究材料结构、制备、组成、性能、表征和应用之间关系的基本规律。材料化学不仅是材料科学的分支之一，更是化学科学的重要组成部分，属于基础学科。材料化学的研究范围涉及所有材料领域，其主要职责是研究新型材料在制备、生产、应用和废弃等过程中化学性质的变化，且涵盖各类应用材料的化学性能及与化学有关的应用基础理论和研究方法。材料化学学科在生物医药、信息技术、环境和新能源、结构材料、绿色建筑、节能减排等领域都具有良好发展前景。相对其他学科来说，是一个既古老又年轻的学科。

1978 年，浙江大学率先成立了材料科学与工程系。1988 年，清华大学材料科学与工程系设立了材料化学专业。1992 年 3 月，国家首次颁布材料化学专业的基本培养规格和教学基本要求，对促进材料化学高等教育的发展起到了巨大的推动作用。

青农的材料化学专业创建于 2004 年，2005 年首届招生两个班，2011 年在化学工程与技术一级硕士点设置材料科学二级学科方向，2012 年被列为山东省名校工程重点建设专业群建设专业，2016 年被列为山东省高水平应用型立项建设专业群建设专业，2021 年被列为山东省一流专业建设点。

在学校办学思想的指引下和长期的办学实践中，结合学校的农科特色和优势，该专业强化以化肥农药控释材料、可降解农膜新材料、新型农药和农药残留检测传感材料等实践需求为导向，理论与实践深入融合，突出材料化学在农业、食品、环保等领域的应用，彰显农化新材料特色。

我国是一个农业大国，农业是国民经济的基础。国家将"三农"问题放在首位，中央1号文件连续20年聚焦"三农"。2007年中央1号文件专门提出要加快发展适合不同土壤、不同作物特点的专用肥缓控释肥，2013年中央1号文件提出启动低毒低残留农药和高效缓释肥料使用补助试点，2014年中央1号文件继续锁定八项"三农"工作，继续支持高效肥料的使用。四大农资中与本专业相关的占三个，材料化学专业知识在农业生产中具有"举足轻重"地位。同学们要更好学习专业知识，勇于担当历史责任，为祖国建设贡献力量。

思考题：材料化学专业的特色是化肥农药控释材料、可降解农膜新材料、新型农药和农药残留检测传感材料。课后同学们查阅相关资料整理一篇关于材料化学专业未来发展方向的小论文，800~1 000字，严格按照科技论文撰写要求，参考文献不少于10篇。

三、教学总结

（一）教学依据

专业课程是课程思政建设的基本载体。要深入梳理专业课教学内容，结合不同课程特点、思维方法和价值理念，深入挖掘课程思政元素，有机融入课程教学，达到润物无声的育人效果。

理学类专业课程要在课程教学中把马克思主义立场观点方法的教育与科学精神的培养结合起来，提高学生正确认识问题、分析问题和解决问题的能力。理学类专业课程要注重科学思维方法的训练和科学伦理的教育，培养学生探索未知、追求真理、勇攀科学高峰的责任感和使命感。本次课程思政引入缓控释肥/缓控释农药、地膜等教学要素，积极响应国家碳达峰、碳中和战略，为推动中国农用新材料绿色可持续发展，培养有责任感和使命感的专业人才。

（二）教学方法

本次教学由国家碳达峰、碳中和战略出发，引入农业生产资料，重点突出缓控释肥/缓控释农药、地膜的国家需求。以启发式、案例式教学授人以"渔"，让学生掌握学习方法。通过案例分析，启发学生对问题的思考，并使用正确的学习方法去理解和掌握本节课程的各个知识点，达到"事半功倍"的效果。

（三）教学反思

立德树人是高等教育的根本任务，作为一线教师，始终要把课程思政工作摆在更加重要的位置，丰富育人载体，创新育人方式，构建长效机制，写好课程思政新篇章。思政元素融入课程内容，丰富了课程的内容供给；思政元素的选取贴近学生，有助于引发学生产生情感共鸣；有效教学设计遵循由易到难、由低阶到高阶的渐进过程，符合学生的认知规律，大大调动了学生课堂参与度；案例式教学、生生互评、师生互评充分体现了以学生为中心、从产出为导向、持续改进教学方法的教学理念，大大激发了学生挑战难度的热情，学生在技能运用上有明显提升，学生的思想认识进一步深化，课程思政教学效果显著。

制药工程专业导论

一、基本情况

（一）教师简介

王辉，工学博士，副教授，制药工程专业负责人。先后主持省级教学研究项目 2 项，教育部产学合作协同育人项目 2 项，校级教学研究项目 10 余项。主编教材 4 部，发表教学研究论文 10 余篇，获省、校级教学成果奖 7 项。主讲制药工程专业导论、有机化学 A、制药生产实习等课程。

（二）课程简介

本课程为专业必修课，主要介绍制药工程专业的培养目标、毕业要求、课程设置、主干学科及课程、专业方向，国内外制药工程专业的基本情况及药剂学研究、药物化学及天然产物化学研究、药物分析研究、中药现代化生产关键技术、新药研究新进展等，使学生了解我国制药工业的发展现状，树立正确的专业观念，为后续课程学习奠定基础。专业导论课程在大一入学第一学期开设，对于学生了解专业动态、获取专业知识、结合专业方向规划大学生活、培养专业兴趣具有不可替代的重要作用。

（三）授课方式

线上线下混合教学。

二、教学设计

（一）专业名称

制药工程专业。

（二）教学目标

1. 知识目标

学习制药工程专业的培养目标、毕业要求和课程体系，了解国内外制药工业现状及发展前景。

2. 能力目标

培养学生自主学习和终身学习的能力。

3. 价值目标

通过导论课的教学，激发学生学习专业课程的热情，立志成为一名合格的制药工程师，为人类健康事业而奋斗。

（三）案例设计

1. 导入

在选择制药工程这个专业之前，大家对制药专业有多少了解？有些同学可能会有疑问：毕业后，我们能做什么？

青农制药工程 2002 级学生刘金玲现在是高级工程师，就职于海利尔药业集团股份有限公司，担任研发中心制剂所四室主任，先后获得青岛市优秀共产党员、全国热爱企业优秀员工，青岛市五一劳动奖章、青岛工匠等荣誉。

2. 展开

1997 年，合肥工业大学与安徽中医学院联合创办了五年制制药工程专业，实行在两个学校分别学习的制度。这是我国建设的第一个制药工程专业。

表 1　青农制药工程专业历年招生班级及人数

年级	班数	所属学院	人数
2001～2005 级	4 个班	原植保学院	共 21 届，27 个班，约 1 700 人
2006～2007 级	2 个班		
2008～2009 级	2 个班	化药学院大类招生（制药工程）	
2010 级	3 个班		
2011～2012 级	2 个班		
2013 级	3 个班		
2014 级	4 个班	化药学院独立招生	
2015 级	2 个班		
2016～2017 级	3 个班		
2018～2021 级	2 个班		

1998 年，制药工程专业首次出现在本科专业目录中。青农于 1999 年申请开设制药工程专业，2001 年开始招生。先后为社会培养了 1 700 多名制药工程人才（表 1）。

经过十余年的发展，2014 年制药工程专业获批青岛农业大学校级特色专业。2017 年获批山东省高水平应用型专业群建设项目。建设期间，借助经费支持，专业教学仪器设备和师资得到极大加强，教学质量得到大幅提升。2019 年制药工程专业获批山东省一流本科专业建设点。同年，制药工程专业作为化学与药学院（简称"化药学院"）第一个工科专业，试点申请工程教育认证，2022 年认证获得受理。

三、教学总结

（一）教学依据

作为制药工程专业的第一门专业课，专业导论对后续专业课的学习具有启蒙和引导作用。专业导论既是总结概括，也是制药工程专业的精华和总纲。通过了解专业学习内容，学生可以明确自己未来作为制药工程师的使命和担当。学生需要通过专业课程的学习，将工程伦理融入日常工作，努力争做精益求精的大国工匠，进而为祖国现代化建设贡献自己的力量。从长远来看，教学过程中更要把马克思主义立场观点方法的教育与科学精神的培养结合起来，进而提高学生正确认识问题、分析问题和解决问题的能力。

（二）教学方法

案例教学结合导师制。

刚入校门，大部分学生对专业的了解仅限于字面意思，对未来的发展方向更是一头雾水。

为了激发学生对专业的兴趣，采用案例式教学，选择制药毕业生为案例，有名有姓，有图有真相，让学生正确认识到专业的发展潜力。

导师制的执行，让学生感受到来自专业导师的温暖，在导师的陪伴和教导下，未来发展，没有后顾之忧。

（三）教学反思

通过课堂内容的讲解，学生了解了专业的历史，知晓了制药工程与临床医学和药学专业的区别，更加坚定自己的选择，许多学生纷纷表示，要努力成为一名合格甚至优秀的制药工程师，为中国制药行业的发展贡献自己的力量。

反思：案例的选择范围不够广，后期可以建立制药工程优秀毕业生资源库，尤其是坚守制药一线，几十年如一日勤奋工作的毕业生典型，给在校学生更多激励，进而培养学生的家国情怀和责任担当。

应用化学专业导论

一、基本情况

（一）教师简介

王修中，教授。主要研究方向为光谱分析、纳米生物分析与分子识别。主持农业农村部行业标准 1 项，山东省自然科学基金 2 项，在国内外核心期刊上发表论文 50 余篇，其中有 28 篇被 SCI 收录。获得省教育厅科研奖励 3 项，青岛市自然科学三等奖 1 项。主编农业部"十三五"规划教材《仪器分析》。指导学生获得优秀本科毕业论文 4 人次，获得国家级大创立项 2 项，省级立项 3 项；指导本科生获得全国大学生生命科学大赛一等奖 1 项，全国大学生化学实验创新大赛华北区二等奖 1 项。主讲近代分析测试技术研究生课程，应用化学前沿、应用化学导论、仪器分析等本科生课程。

（二）课程简介

本专业是应用化学专业本科生的一门入学教育课，也是必修课。主要介绍青农应用化学专业的办学历史、发展历程、专业的培养目标、培养要求、课程设置、主干学科、专业培养方向，以及国内外化学化工行业的基本情况、学科前沿、发展现状，使学生对本专业的知识结构、专业方向有明确的认识，树立正确的专业观念，对学生今后的公共基础课、专业基础课及专业课的学习有一定的指导作用。

（三）授课方式

以线下授课为主，以专题讲座形式开展。

二、教学设计

（一）专业名称

应用化学专业。

（二）教学目标

1. 知识目标

熟悉应用化学的研究内容、方法与任务；掌握应用化学专业的培养目标、课程体系及相互关系；了解应用化学学科历史、现状、热点及其在当代社会经济和科技发展中的地位和作用。

2. 能力目标

该门课程推动了知名教授与新生的直接交流，通过引入故事性较强的讨论主题，培养学生提出问题、分析问题和解决问题的能力。该课程注重探索和研究的教学过程，以提高学生的创新素质为核心，开阔学生的视野，培养学生的创新意识、批判和探索精神。

3. 价值目标

使学生能够尽快适应大学学习环境，确立自己的人生目标与发展方向，增强学生对学校和专业的认同感。理解化学过程在可持续发展和环境保护中的重要意义，培养学生的社会责任感；理解化学工业从业人员应具有的职业素养、道德操守与规范。

（三）案例设计

1. 导入

以我国著名科学家的研究成果如青蒿素的发现、胰岛素全合成、人工合成淀粉等为例，激发学生的学习兴趣，通过分析案例背后的故事，得出在这些重大的科学成果背后化学都起到了至关重要作用的结论。通过案例讲解，鼓励学生树立科研报国的理想，以培养学生求真务实的科学精神和勇于创新的意识与能力为目标设计思政教学方案，达到全方位育人的目的。

2. 展开

青农应用化学专业设置于2002年，2003年开始招生，学制四年。2011年获评山东省特色专业，2012年获批山东省首批特色名校工程重点建设专业。2014年起，应用化学专业调整为授予工学学位并获批。2016年专业获批山东省高水平应用型重点立项建设群核心专业，2019年获批山东省一流专业建设点，2020年获批国家级一流专业建设点。

本专业围绕国家和地方经济对化学学科人才的需求，贯彻乡村振兴战略和服务"三农"使命，努力建设国家一流特色专业。发挥青农在农学、生命科学和食品科学的优势，将化学理论与应用实践有机结合，借鉴新工科与行业企业协同育人理念，培养具有高度社会责任感、一定国际视野和创新能力，立志为农业安全与可持续发展提供化学方案的高素质应用型人才。

应用化学是现代化学与其他学科领域的交叉、渗透和融合，是介于化学与化学工艺之间的一个应用理科专业，重点培养理工结合的化学应用人才。与化学专业相比，要求学生掌握更多的应用性、实践性知识，能够运用所学知识解决实际问题。农林高校的应用化学专业背靠强大的农、林、牧、渔等应用型学科，具有良好的应用与实践背景，具备发展应用化学专业的有力依托。为了推动应用化学的学科建设，我们要推动本学科整体学术水平和科研水平的提高，创造良好的科研环境和人才培养条件，实行资源共享、信息共享，联合培养"厚基础、宽专业、高层次、高质量、复合型、重德育"的高层次人才，实行联合攻关，切实解决企业生产实际中的技术难题，加快科研成果的产业化，以取得良好的社会效益和经济效益。同时在专业建设上也可以与诸多学科结合，与更多高校、科研院所进行合作，一起开设研究项目，使校与校之间，研究部门与学校之间互为补充、相互促进。

三、教学总结

（一）教学依据

该课程严格落实立德树人根本任务，将价值塑造、知识传授和能力培养三者融为一体。全面推进课程思政建设，寓价值观引导于知识传授和能力培养中，帮助学生塑造正确的世界观、人生观、价值观。将思想政治工作贯通其中，抓好课程思政建设，解决专业教育和思政教育"两张皮"问题。

应用化学导论课程以青蒿素的发现、胰岛素全合成、人工合成淀粉等重大科学成果为例，自然融入思政内容，紧紧围绕坚定学生理想信念，以爱党、爱国、爱社会主义为主线，围绕政治认同、家国情怀、文化素养、宪法法治意识、道德修养等重点课程思政内容，进行中国特色社会主义和中国梦教育、社会主义核心价值观教育、法治教育、劳动教育、心理健康教育、中华优秀传统文化教育。

（二）教学方法

1. 讲授法

教师通过简明、生动的口头语言向学生传授知识、开阔学生视野。主要通过 PPT 对专题内容进行叙述、描绘、解释，引导学生认识和了解应用化学专业及其课程体系、相关知识等问题。

2. 讨论法

在讲课过程中，教师针对某个知识点抛出问题，让学生以小组为单位，围绕中心问题，各抒己见，通过讨论获得或巩固知识。通过这种方式培养学生的合作精神，激发学生的学习兴趣。

3. 直观演示法

任课教师在课堂上通过 PPT 展示实验室各种实验器材、仪器设备或使用实物进行示范性实验，让学生通过观察获得感性认识，一般和讲授法结合使用。

4. 自主学习法

为了充分拓宽学生的视野，培养学生的学习习惯和自主学习能力，提升学生的综合素质，任课教师给学生布置课后思考题。对于与化学过程相关的实际生产问题，让学生利用网络资源以自主学习的方式寻找答案，提出解决问题的措施，然后讨论、评价。

（三）教学反思

专业认同对于大学生的学习生涯和未来职业发展都有着十分重要的意义，学生的自身条件、专业就业前景、学校环境、社会舆论及家庭环境等因素都对大学生专业认同有着重要影响。本课程主要教育大学生应从自身情况出发，积极融入专业学习与实践，提高专业认同度。

　　随着我国高等教育进入大众化阶段，人们关注的焦点已经由"能不能上大学"转变为"上什么样的大学""学什么样的专业"。在现代社会，专业划分的精细度越来越高，而按专业培养是我国高等教育的主要模式，专业即意味着就业的大致方向，就业率高的专业毫无疑问是报考的热门。然而，在目前的大学录取制度下，有相当一部分学生由于志愿填报不当或者分数限制而进入他们不喜欢或冷门的专业，这就不可避免地会出现个人志向与所学专业冲突的情况。因此，专业导论课一个重要的功能就是通过该门课程的学习，学生能知道四年大学时光需要学习哪些课程，将来毕业了能做什么等关键问题。要让学生明白学校的特色，熟悉本专业的发展历程及学生就业或继续深造时都有哪些优势，进而建立爱校、爱专业的思想。

功能材料专业导论

一、基本情况

（一）教师简介

魏红涛，副教授。主要研究方向为功能材料的制备及性能研究、共价有机框架材料（COF）的设计、合成及性能。参与国家自然科学基金 2 项和山东省及青岛市自然科学基金 4 项。在国内外核心期刊上发表 SCI 论文 20 篇。主讲生物材料学、材料表面与界面化学、环境化学与监测、功能材料专业英语、高分子材料改性、有机化学等。

（二）课程简介

本课程为功能材料专业大一新生的必修课程。有助于学生了解本专业的特点、专业与国计民生、社会经济发展的关系，以及功能材料专业涉及的主要学科知识和课程体系、专业人才培养基本要求等，使学生建立对功能材料专业及学科领域较为系统的专业认识，了解专业发展趋势。

教师对专业的发展过程、发展前景进行介绍，对专业价值进行讲解，为学生专业课的学习做好铺垫，同时也引导学生建立专业思维，培养学生的专业兴趣。

（三）授课方式

线下授课。

二、教学设计

（一）专业名称

功能材料专业。

（二）教学目标

1. 知识目标

以启发和引导的方式与学生互动，利用多媒体课件，以课堂讨论的方式进行教学，使学生了解各类具有可通过光、电、磁、热、化学、生化等作用后具备特定功能的材料的特点和应用领域，了解新能源新材料和生物医用材料两个培养方向的学习内容、教学资源、研究平台及对人才培养的目标，为日后的课程学习打下良好基础。

2. 能力目标

学生通过对材料的发展史、功能材料的发展及其在各个领域的应用和发展前景的了解，能够建立对功能材料专业的系统认识；通过对专业培养方案及课程体系的了解，可以掌握功能材料领域的研究方法、工程技术，能够建立获取知识并进行自主学习的能力。

3. 价值目标

通过剖析培养方案，分析"3＋2＋2"人才培养体系及前置课程和后续课程的脉络，使学生明确学习目标和任务；通过对典型功能材料的研究简史，以及学院不同课题组、研究团队的介绍，培养学生的团队精神和合作意识，提高沟通能力；通过对大学生活规划的介绍，培养学生良好的学习态度和学习习惯。

（三）案例设计

1. 导入

由代表性的功能材料作为高技术领域和国防建设的重要基础材料，在改造与提升我国基础工业和传统产业中发挥的作用，引入功能材料与我国资源、环境及社会的可持续发展的密切关系。特别是通过对半导体、芯片等信息技术领域"卡脖子"的元器件的介绍，我国功能材料及其应用技术正面临新的突破，如超导材料、微电子材料、光子材料、信息材料、能源转换及储能材料、生态环境材料、生物医用材料及材料的分子、原子设计等正处于日新月异的发展中，强调发展功能材料技术在国家强化经济及军事优势中的重要意义。

2. 展开

青岛农业大学功能材料专业于 2011 年开始招生，是山东省内开设该专业最早的高校，学制 3～4 年，授予工学学士学位。当时专业名称为生物功能材料专业，招生两届，每届两个行政班。2012 年教育部公布了新的专业设置目录，原"生物功能材料专业"并入"功能材料专业"。从 2013 年开始，青农"生物功能材料专业"以"功能材料专业"在全国招生。

从 2011 年至今，经过 12 年发展，青农功能材料专业坚持以专业特色为核心，以培养适应新兴产业发展需求的高素质人才为目标，在办学理念、办学条件、培养方案的制定、课程设置、课程建设、人才培养规格和教师引进等方面取得了一定的成绩。作为一个设立较晚的专业，其不断整合师资力量，以专业建设为导向，力争把功能材料专业建设成为山东省内具有一定影响力的特色鲜明的专业，为山东省乃至全国功能材料行业发展培养更多有用的人才。

青农功能材料专业立足于服务山东省地方经济发展，培养满足时代发展需求的应用型专业人才，围绕山东省未来经济社会发展的战略定位对高技能人才的要求，加强专业基础能力建设，不断深化教学改革，调整优化专业结构和人才培养方案，提高人才培养质量和办学效益，增强学校为区域经济社会发展服务的能力，推动学校教育事业的可持续健康发展。

三、教学总结

（一）教学依据

课程教学把马克思主义立场观点方法的教育与科学精神的培养结合起来，提高学生正确认识问题、分析问题和解决问题的能力。注重强化学生工程伦理教育，培养学生精益求精的大国工匠精神，激发学生科技报国的家国情怀和使命担当。

教学内容：超导材料的发展经历了由单元素到合金、化合物的发展历程，1911年荷兰物理学家昂尼斯（Onnes）首次在水银中发现了零电阻效应，目前在常压下已经有28种单元素可出现超导，然而多数元素超导材料转变温度比较低，属于第一类超导体，临界磁场很低，其超导状态很容易受磁场影响而遭受破坏，因此很难实用化，技术上实用价值不高。

与元素超导体相比，超导合金材料具有塑性好、易于大量生产、成本低等优点。其中 MgB_2 是一种明星材料，转变温度可达39开，接近麦克米兰极限。随后氧化物超导体的出现极大地提高了超导体的转变温度，当前有两大氧化物超导体（铜基超导体和铁基超导体），目前最高超导转变温度可达133开。

思政切入点：在氧化物超导体的发展过程中，涌现出一大批优秀的科研工作者，其中中国科学院物理所的赵忠贤院士是一个典型代表。他一直从事低温物理与超导电性研究，1983年开始研究氧化物超导体BPB系统及重费米子超导性，1986年底在 Ba - La - Cu - O 系统研究中注意到杂质的影响，并于1987年参与发现了液氮温区超导体。1987年2月他的团队独立发现了液氮温度超导体，并首先向世界上公布了其化学成分 Ba - Y - Cu - O，这个研究成果推动了很多国家的超导研究。2013年赵忠贤院士因"40开以上铁基高温超导体的发现及若干基本物理性质研究"荣获国家自然科学奖一等奖。当前我国科学家在超导领域的研究具有举足轻重的地位，受到国际同行的广泛关注与赞誉。

（二）教学方法

本课程采用主题探讨式教学。根据不同类别功能材料的性能和应用，确定探讨主题。

主题一：超导材料的发展和应用。以赵忠贤院士为例，弘扬以爱国主义为核心的民族精神和以改革创新为核心的时代精神有机统一的中国精神。

主题二：金属材料、半导体材料、绝缘材料在各自领域的重要作用，突出目前我国半导体产业面临的"卡脖子"问题。从材料的升级需求、国家层面出台的激励政策、企业方面投入的大量资金及人力支持出发，强化学生危机意识，为半导体事业尽己所能。

主题三：新能源材料的发展与新能源汽车，以及我国在新能源方面的弯道超车。阐明"中国梦"的本质，是国家富强、民族振兴和人民幸福，是实现中华民族伟大复兴；同时强调大国担当，在生态文明建设及碳中和、碳达峰等方面，国家付出的努力。

主题四：生物医用材料与医疗器械，以及生物医用材料在人类健康中的应用。生物医用材料是用来对生物体进行诊断、治疗、修复或替换其病损组织、器官或增进其功能的材料。通过外形、力学性能、质量等介绍，使学生明确材料类基础课及专业课设置的意义，树立未来为保障人类健康作贡献的理想。

（三）教学反思

当今高新技术的发展与传统材料产业结构升级对功能材料提出了新要求，未来也面临更多的挑战，这既是挑战，也是机遇，为学生提供了发展的大舞台。学生通过对功能材料学科、专业的详细了解，增强了使命感，坚定了投身于科研事业的决心，但也面临了较大的压力，学生对数学、物理、化学和材料学的知识都要深入学习，从前置课程和后续课程的设置上，使学生坚定了信心，对专业的发展充满期待。

学生也了解到学校办学的优势，了解到可降解高分子、生物质等在农药、化肥等缓控释方面的应用，对以农业立国的大国发展充满信心，坚定了"矢志三农、报效祖国"的情怀。

药 学 专 业 导 论

一、基本情况

（一）教师简介

张保华，副教授，药学专业负责人。研究方向为环境友好药物制剂研发及应用。先后主持山东省自然科学基金、山东省重大创新工程项目、山东省中小企业提升工程项目等省部级项目 4 项，参与国家级和省部级科研项目 8 项。发表相关论文 40 余篇，授权专利 6 项，获青岛市科技进步一等奖 1 项，山东省高校科研成果三等奖 1 项。主持并参与省级教研课题 2 项，参编教材 3 部，发表教学研究论文 5 篇。主讲药学专业导论、药剂学、农药制剂学、药学专业综合实验、生产实习等课程。

（二）课程简介

本课程是为药学本科专业开设的一门药学启蒙和学习向导必修课，将药学专业教育引入低年级教学。课程在系统介绍药学专业培养目标和特色的基础上，以药物的发现与开发、生产、流通、使用为线索，主要介绍药学及主要学科的基本概念、研究范畴、研究前沿和发展趋势。为学生提供药物相关学科的全景图式介绍，使学生在进入专业学习之前对药学有概念性的了解，激发学生对药学的热情和兴趣，引导学生开展研究式学习，培养药学专业学生的专业意识、职业使命感和科学素养。

（三）授课方式

线下授课。

二、教学设计

（一）专业名称

药学专业。

（二）教学目标

1. 知识目标

明确药学专业的培养目标、毕业要求和课程体系，了解药学发展史、我国药学的发展现状及趋势，明确学习任务，了解药学分支学科的发展历史、基本概况、学科范畴、发展趋势，以及各门课程的区别和联系。

2. 能力目标

以提高学生创新素质为核心，培养学生提出问题、分析问题和解决问题的能力，开阔学生的视野，培养学生在药物研发中的创新意识和探索精神。

3. 价值目标

激发学生学习药学科学的兴趣，培养学生良好的药学素养，明确药学工作者的职责和使命，塑造正确的世界观、人生观和价值观。

（三）案例设计

1. 导入

以"价值成就未来"为引导，提出问题：你想象中的药学专业是什么样的？你期望的药学专业是什么样的？让学生思考并回答这两个问题，从而了解新生对药学专业的认识。为下一步系统介绍青农药学专业设置、发展和特色等内容做好铺垫。通过解读药学专业的人才培养目标，让学生首先明确学习药学专业毕业后要成为什么样的人才。进而结合国内著名药物专家、诺贝尔生理学或医学奖获得者屠呦呦的先进事迹，以及青农在农药学领域取得重大成果的孟昭礼教授的科研历程，鼓励学生投身于祖国药学事业，以弘扬科研报国的情怀为使命，以培养学生求真务实的科学精神和勇于创新的意识与能力为目标，达到全方位育人的目的。

2. 展开

青农药学专业从 2005 年开始招生，为四年制本科专业，授予理学学士学位。2016年获批山东省高水平应用型重点立项建设群建设专业。专业依托农用生物制药创制技术国家地方联合工程实验室、山东省农业仿生应用工程技术研究中心、青岛市农用生物制药工程研究中心及农药学省级重点学科，建立了制药工程、农药学、应用化学硕士点、药物生产示范教学中心、药物中试生产车间等高水平研发、实验、实践教学科研平台。

青农药学专业为山东省高水平应用型立项建设专业群建设专业，结合国家海洋战略和山东半岛海洋资源优势，形成了以天然药物和海洋药物研发为特色和"厚基础、重实践、强能力、促成才"的人才培养体系。并以产、学、研、赛结合的育人模式加强学生理论与实践结合能力，提高学生科研素质与个性化学习互促水平，使学生具有良好的社会主义道德素养、多元化的自然科学知识结构、扎实的药学专业学科理论知识和实践技能，具备良好的科研创新意识、团队合作精神。

三、教学总结

（一）教学依据

药学导论课在药学专业在整个专业培养和课程体系设置中有至关重要的作用，是专业思政教育的第一课。教师需要在教学中积极引导学生在了解专业内涵的基础上，树立正确的世界观、人生观、价值观。专业与思政教育的有效融合需要授课教师在讲授过程、课后答疑等各个环节中认真落实立德树人根本任务，将价值塑造、知识传授和能力培养融为一体，解决专业教育与思政教育"两张皮"的问题。药学专业导论第一课以提问形式引导学生思考和回答药学的相关问题，进而明确药学的内涵，学习药学专业的任务、责任和担当。通过讲解祖国医药事业领域杰出人物的突出贡献，结合青农在药物研发领域取得的重大成果，让学生具备学校认同感、专业归属感和投身祖国医药事业的使命感。

（二）教学方法

1. 课堂讲授法

药学导论课设置八个专题，分别安排药学主干课任课教师对专题内容进行叙述、描绘、解释，引导学生认识和了解药学专业及课程体系、主干课程的发展前沿等内容。

2. 课堂讨论交流

教师或专业领域专家在讲课过程中，针对某个知识点，抛出问题，让学生以小组为单位，围绕中心问题，各抒己见，通过讨论获得知识或巩固知识。

3. 课后案例分析评价

为了充分拓宽学生的视野，培养学生的学习习惯和自主学习能力，提升学生的综合素质，任课教师给学生布置案例作业，让学生利用网络资源自主学习，分析案例，积极思考，提出措施和思路，再由学生互评或由授课老师进行评价。

（三）教学反思

专业导论课是新生入学上的第一门与本专业相关的课程，本门课程对增强学生专业认同感、对指引学生进行大学学习生涯和未来职业规划都有重要的意义，因此从内容设置到课堂教学都需要科学合理的设计，将课程思政教育融入整个教学环境中。通过向学生介绍学校的发展历史、取得的辉煌成果，以及青农是全国唯一一个在本科设置药学专业的农业院校，青农的药学专业是以医药为基础、以农药和兽药为特色的特殊药学，就业和深造面更广阔，从而让学生引以为荣，坚定努力奋斗的决心。

绘画专业（中国画方向）导论

一、基本情况

（一）教师简介

郭韵华，副教授。2013 年获得第三届山东省美术与设计基本功大赛三等奖，多幅作品获得地厅级奖励。近年来，发表中文核心及以上级别文章 2 篇，发表 CSSCI 作品 3 期。主持地厅级课题 1 项，参与多项。获批国家实用新型专利 2 项，国家级软件著作权专利 5 项。出版专著 2 部。主讲线描、写意山水画、写意花鸟画、主题中国画创作等课程。

（二）课程简介

本课程是绘画专业（中国画方向）必修课，涉及中国画理论、中国画鉴赏等多方面的知识内容。本课程通过对中国画基础理论教学，使学生获得传统中国画基础知识和中国画鉴赏基本能力，为之后的中国画课程学习研究和中国画鉴赏打下基础。

（三）授课方式

线下为主，线上教学为辅。

二、教学设计

（一）专业名称

绘画专业（中国画方向）。

（二）教学目标

1. 知识目标

了解中国画领域发展动态和问题，掌握中国画相关的基本知识，具有中国画创作、创新能力，具备良好的思想道德素质，能够在文化、艺术培训机构等企事业单位从事书画创作、教育和研究工作。

2. 能力目标

具备良好的综合素质，对国家和社会有高度责任感，具备优秀的思想政治修养与道德品质，信念坚定，具有家国情怀和国际视野。具备较系统的书画理论知识和良好的中国传统文化素养、书画艺术修养。具备较强的书画造型能力、创作实践能力，创新能力。

3. 价值目标

本专业立足农业院校特色，结合乡村振兴战略与自身发展目标，重点培养学生扎实的绘画造型能力，使其具备良好的中国传统文化素养和书画艺术修养、聚焦"三农"主题开展美术创作的能力。

（三）案例设计

1. 导入

利用多媒体教学手段展示两幅画：一幅中国传统绘画，一幅西方传统油画。现场测试，请学生利用已学的专业知识，分析这两幅画各自的特点。通过测试，一方面调查学生的专业素养水平，另一方面调查学生对中国绘画的了解程度。

五分钟后，现场分析学生的反馈结果，请学生进一步思考中西方的艺术差异。通过多媒体图片展示，分两条线进行讨论：一是中西方绘画的差异→中西方文字演变的差异→中西方戏剧差异→中西方建筑的差异等；二是中西方绘画的差异→中西方绘画材料的差异→中西方绘画表现内容的差异→中西方绘画表现技法的差异等。最终由两条线的讨论得出结论，这种艺术上的差异，其根源在于文化背景不同。通过这种比较，让学生更加清楚地认识到中国绘画的本质特征。

2. 展开

中国画，简称"国画"。国画是我国的传统绘画形式，是用毛笔蘸水、墨、彩作画于绢或纸上。工具和材料有毛笔、墨、国画颜料、宣纸、绢等，题材可分人物、山水、花鸟。国画在古代无确定名称，一般称之为丹青，在世界美术领域中自成体系。中国画在内容和艺术创作上体现了古人对自然、社会、政治、哲学、宗教、道德等方面的认识，是"四艺"之一。

青农艺术学院的绘画专业设立于 2005 年，2006 年正式招生，2013 年分设为插图、中国画与鉴赏两个专业方向，2020 年中国画与鉴赏方向更名为中国画方向，并增设书画教育方向。艺术学院目前是山东省高等院校绘画专业唯一有插图方向和书画教育方向的院校，其中插图专业方向尤其强调动手能力和创新思维能力的培养，同时重视学生人文素养的培育，属于人文含量极高的应用型专业。

绘画专业（中国画方向）课程体系设计原则：重基础——着重提高学生审美能力；精专业——强调专业知识和动手能力；强化创新能力的培养。主要通过"1（基础课 1年）＋2（专业课 2 年）＋1（创作课 1 年）"模式来实现。

中国画的分类方式多种多样。根据题材可分为人物画、山水画、花鸟画三种。按技法可分为工笔画、写意画、重彩画、水墨画、白描画、没骨画、壁画，其中写意画又分为小写意画和大写意画。根据表现形式可分为中堂、册页、长卷、扇面等。

按照发展历史来看，国画可溯源于春秋战国时期，2 000 多年前战国时期楚国的两幅帛画，以其生动的气韵、简洁的笔墨、流畅的线条、传神的意境表达，确立了中国绘画艺术以线条造型的民族风格形式。东汉及魏晋南北朝时期，佛像画和道教画逐渐成为美学主流。唐代以来，人物画逐渐成为绘画主题。宋代精于山水画与花鸟画。元代山水画进一步成为写意主题，分化为北派青绿山水和南派水墨山水两大类型。明代绘画开启了文人画时代。清代中国画发展繁荣，出现了以扬州八怪为代表的一大批杰出画家。近代国画和现代国画继承了中国画传统，产生了经典画作。

三、教学总结

（一）教学依据

随着国内的消费升级，人们的精神文化需求不断提升，文化产业提供的丰富多彩的文化产品和服务使传统中国画艺术在新时代下更加蓬勃地发展起来。具有传统审美特征的中国画艺术，与现代展示进行了更多融合，载体更加丰富，体现出更高的商业价值，渗入到社会的多个领域。

中国画专业方向立足于中国绘画蓬勃发展的时代，绘画与平面设计、计算机美术相融合，学生在中国书画教育培训就业前景广阔。课程强调对学生动手能力、创新思维能力、人文素养的培养。

（二）教学方法

以多媒体教学为主，配合实物展示及课堂示范，以便学生更好地理解和欣赏中国画的独特美感。此外，设有在线交流板块，微信群、专业交流群等，以加强师生互动，优化教学效果。

（三）教学反思

一是创新、重构、优化。坚持强化专业的原则，在课程中整合专业课程的特点，着力介绍专业核心课程特点，重视和提升学生对专业知识、专业技巧的兴趣爱好，为之后的学习打下良好的认知基础。

二是"三农"主题作品的欣赏融入课堂。为更好地完成人才培养任务，结合"知行合一、矢志三农"的教育目标，注重介绍中国传统艺术作品，特别介绍与"三农"相关的艺术作品。着力进行人才培养模式"大改革"，构建"课程学习""研究性实践""创作性实践"三途并重、均衡发展的"三足鼎立"式创新应用型人才培养模式，将"三农"主题作品的介绍与审美教学纳入课程实训中，在后续课程中进一步强化和践行创新应用型人才培养理念。

环境设计专业导论

一、基本情况

（一）教师简介

于丽伟，教授，硕士生导师，环境设计系主任，现代设计产业学院副院长。全国专业学位水平评估论文质量评价专家、全国研究生教育评估监测专家库专家、全国艺术统考评卷专家、《青岛农业大学学报（社科版）》编委。主要研究方向为室内设计、陈设搭配、展示设计、数字化景观设计及和美乡村建设等。主讲室内设计原理、居住空间设计、餐饮与办公空间设计、室内模型设计等课程。主持和参与省部级、地厅级课题 11项，荣获奖励 7 项，出版著作、教材 5 部，发表 SCI 及核心论文 10 余篇。

（二）课程简介

本课程是环境设计专业学生的专业入门课程，在整个培养方案中起到引领和导航的作用。主要涉及室内设计与建筑设计、室内设计发展现状与趋势、设计的概念及分类、设计原则与方法、设计程序与组织管理等相关知识。通过对本课程的学习，学生能掌握室内设计的基础知识和应用能力，熟悉并掌握室内设计的空间布局和方法。课程主要任务是树立学生正确的艺术观和创作观，引导学生自觉传承中华优秀传统文化，弘扬中华美育精神，全面提高学生的审美和人文素养，增强文化自信，为其他专业课程的学习打好理论基础。

（三）授课方式

线上线下混合教学。

二、教学设计

（一）专业名称

环境设计专业。

（二）教学目标

培养德、智、体、美、劳全面发展，对国家和社会具有高度责任感，了解环境设计领域发展动态和问题，掌握系统的环境设计理论、方法、思维和实践技能等相关知识，具备环境设计综合素质的社会主义事业建设者和接班人，能够在环境设计及相关领域从事设计、研究和管理工作的应用型、创新型高级人才。

1. 知识目标

了解室内设计及相关学科、行业的前沿理论、发展动态和趋势；理解设计的基本含义、领域与分类、设计原则、设计方法、设计程序、设计的组织与管理等，培养学生扎实的专业认知能力和综合思辨能力。

2. 能力目标

通过对本课程的学习，学生增强对专业、行业的了解，提升设计理论素养，并获得相应的学习能力、应用能力、协作能力和创造能力，能够掌握专业、行业的发展动态和趋势、掌握设计的基本含义、领域与分类。

3. 价值目标

通过本课程的学习，学生能够明确定位目标和服务社会的理想，提升道德修养、文化素养，培养审美素养和"三农"情怀，坚定文化自信，弘扬中华传统文化，做有担当、有理想的时代新人。

（三）案例设计

1. 导入

通过学习通、腾讯问卷等小程序对学生提出问题：你知道青农艺术学院的学科发展定位和特色是什么吗？你认为环境设计专业是做什么的？为什么要学习设计导论这门课？课堂通过讨论、发言，调动学生的积极性、参与度，引入课程知识点。使学生明白自己要干什么，能干什么。

2. 展开

（1）介绍学科专业发展背景。环境设计专业前身为艺术设计专业，创办于2002年，2013年更名为环境设计专业，下设室内设计和景观设计两个专业方向，每个方向开设一个班级。

（2）介绍学院为学生提供的平台。本专业为学生在大学四年提供至少三次实习机会，通常在第二学期开展设计基础实习课程，在第五、六学期开展采风与调研和业务实践课程，在第七学期开展综合实习考察和项目调研分析，有效地丰富了学生视野，为其打开了设计和创作思路。为适应新时代环境艺术设计对人才的要求，学院加大了对实验室、实践教学、毕业实习的经费投入。建有美术馆、材料实验室、项目设计工作室、高配计算机实验室，更好地为师生设计创作提供了硬件支持。所有实验室全部开放，能够100％满足课堂实验教学和大学生创新项目的需要。此外，在峨庄、青岛市规划设计研究院、上海丰赫霖商贸有限公司、青岛华维文化创意有限公司、青岛中瀚国际建筑设计有限公司、青岛中景设计咨询股份有限公司、广州山水比德设计有限公司（青岛）等地建立了实习基地。

本专业注重创新创业教育，围绕应用型人才培养目标，积极探索课程理论教学、实验教学、实习实践与创新创业教育有机结合的人才培养模式，成效显著。将创新实践学分纳入人才培养计划，进行学分管理。先后与即墨区金口镇、西海岸新区宝山镇等十几个乡镇达成合作意向，与青岛市规划设计研究院、多家青岛设计公司签署合作协议，组织师生开展社会服务，参与社会实践项目，实现了"产、学、研"三位一体的育人模式。鼓励学生通过项目参加相关设计大赛，部分学生还建立了工作室，进行创业实践。学院积极组织学生参加大学生创新项目的申请，提高学生的自主学习、自主探索及动手实践能力，同时培养学生良好的科研意识。

定期开展专家讲座和企业组织的大赛等系列活动，邀请行业内高级人才和专家来校与师生交流互动，既为企业提供了接触优秀学生的平台，也为学生提供了解企业、紧跟行业潮流的平台。

（3）学生在校学习课程和毕业去向。 大学期间室内设计方向代表性课程主要包括：人体工程学、室内设计原理、环境设计概论、建筑制图与透视、室内陈设设计、家具与室内软装设计、装饰材料与施工工艺、数字化环境与展示空间设计、生态化与人居环境设计、民居改造与民宿设计、餐饮与商业办公空间设计、设计与施工管理等。此外，学生还要学习视觉传达专业部分课程，如 PS 技术与版式设计。景观设计方向代表性课程主要包括：景观设计初步、景观表现技法、景观植物造景、景观设计史、开放空间景观设计、居住区景观设计、滨水景观设计、公园景观设计、景观材料与工艺、城市美学、园林建筑设计、城市绿地系统规划与设计等。

环境艺术设计专业与社会需求响应率高，在就业率和后期发展方面优势明显。毕业生主要进入企事业单位、教育机构、设计单位、景观工程公司、房地产开发公司等，从事教育、设计、施工、管理等工作。

课后思考题：通过查找资料，了解室内、建筑及景观设计结合的优秀案例。如何将室内、建筑和景观设计三者有机结合与应用？设计与艺术的区别和联系是什么？当代大学生如何做好国家文化建设的传播者？以 3～5 人为一组，查找资料，确定主题（可以为设计案例分析亦可为著名设计师成果研究），撰写调研报告，1 000～2 000 字，突出对设计的理解。

三、教学总结

（一）教学依据

根据《高等学校课程思政建设指导纲要》中全面推进课程思政建设是落实立德树人根本任务的战略举措，全面推进课程思政建设。本门课是学生入学后的一门非常重要的专业导论课，在课程教学中主要引导学生立足时代、扎根人民、深入生活，树立正确的艺术观和创作观，培养使命感和责任心，积极弘扬中华美育精神，引导学生自觉传承中华优秀传统文化，全面提高学生的审美和人文素养，坚定文化自信。这关系到学生大学四年的学习信心和理想信念的培育。

本课程通过抛出问题、参与问题、明确问题等环节，循循善诱，让学生坚定学习信心，明确学习目标，提高艺术素养，引导学生"扣好专业第一粒扣子"，为以后的专业学习奠定良好基础。

（二）教学方法

本课程依托学院特色和定位，引导学生确立设计主题，理解教学目的。课程设计的基础知识采用"课堂讲解＋腾讯会议＋实例分析"相结合的方法，线上线下辅助进行。设计方案的确立采用翻转课堂，通过"讲标"的方式使每位学生呈现个人创意，展示创作目的、意义及表现手法等。通过构建以"专业课＋思政课程"融合发展新模式，努力在专业课程教学中巧妙融入思政元素，实现多学科共融、多主体共建、多资源共享，积极推进环境设计专业教育教学改革创新。

（三）教学反思

根据教学设计，调查问卷结果显示 88％的学生明确了专业特色，了解了专业内容；超过 95％的学生对学习专业有信心；100％的学生对日后考研和工作有谋划。课程引导学生从中华优秀文化中汲取知识，培养学习兴趣，提升设计技能，为社会区域发展提供艺术助力。

根据课程内容，教学设计主要围绕学生的课前认知能力、课堂接受能力、课后调研能力，给予学生更多参与和实践机会。本门课程是学生学习专业知识的入门课，在讲授重点、难点时学生接受程度可能会有差异，应配合案例提高学生的学习和理解能力。提升学生的艺术修养和文化素养，培养学生树立职业目标和人生理想。

英 语 专 业 导 论

一、基本情况

（一）教师简介

徐玉凤，外国语学院英语系主任，副教授。主要从事文学理论和翻译研究。主持和参与省部级及以上项目 6 项、横向课题多项。获山东省高校优秀科研成果三等奖 3 项，青岛市社会科学优秀成果二等奖 2 项。发表 CSSCI、中文核心等学术论文 30 余篇，撰写学术专著 1 部，参与翻译专著 1 部，参编教材 1 部。获青岛农业大学"卓越教学奖"和"最美教师"称号。

（二）课程简介

本课程是英语专业本科阶段的必修课，是开设在一年级上学期的学科（专业）基础课。该课程以《英语专业人才培养方案》为依据，向学生介绍英语学科的历史、发展和前景，本校英语专业的历史、发展和前景，英语专业的人才培养目标、课程设置，英语课程的学习方法和各年级的学习侧重点。通过解析不同模块的课程设置，帮助学生充分了解英语专业的课程体系，明确学习方向，制定切实可行的大学学习规划和学习目标。本课程从"大学之学""学业规划""展望未来""脚踏实地"四个版块展开讲授，旨在帮助学生做好四年英语专业学习准备。该课程是极其重要的一门专业基础课，对英语专业学生整个大学期间的学习意义重大、不可或缺。

（三）授课方式

线下授课。

二、教学设计

（一）专业名称

英语专业。

（二）教学目标

1. 知识目标

深入了解本校英语专业的培养方案、专业历史和专业发展历程；了解英语专业的学习目标，为四年大学的专业学习做好准备；了解英语专业的培养特色和就业方向。

2. 能力目标

提高学生自律能力；培养学生学以致用、将学习方法应用于实际学习的能力；培养学生制定合理、实际的专业学习规划和目标的能力。

3. 价值目标

帮助学生树立正确的世界观、人生观、价值观，端正学习态度；培养学生爱专业、爱学校的情怀；培养全面发展的新时代大学生。

（三）案例设计

1. 导入

在大学的志愿选择里有数百所学校，千万个专业，感谢大家选择了青岛农业大学，选择了外国语学院，选择了英语专业。来到这里，这里就是你温暖的家，愿英语给予你奋起的力量和前进的勇气。请全力以赴从这里奔向更光明的未来。

下面带大家一起了解青岛农业大学外国语学院的英语专业。

2. 展开

1994 年青农设立了外贸英语专业三年制专科；2000 年设立英语本科专业，学制四年；2014 年设立农业专门用途英语二级硕士点；2022 年获批翻译硕士专业授权点。其中，2001—2015 年，英语专业每年招收四个班，2016 年以来每年招收六个班，包括英语专业四个班和校企合作英语专业（跨境电子商务方向）两个班。

英语专业目前为山东省一流专业建设点。英语专业学生在国家级、省级英语演讲、辩论、写作、阅读、翻译等专业技能竞赛中获奖 100 余人次（图 1）；为在青岛举办的各种国际会议、赛事、会展提供语言志愿服务，累计服务时长逾 3 000 小时。

英语专业的培养目标：培养具有良好的综合素质、扎实的英语语言基本功、丰富的英语专业知识与较强英语语言运用能力，能够胜任外事、商务、教育、国际传播等领域的高素质复合型、应用型、创新型高级外语人才。

英语专业的主干课程：综合英语、高级英语、英语阅读、英语视听说、英语写作、英语演讲与辩论 A、跨文化交际 A、英美文学、语言学导论、英汉/汉英笔译、英汉/汉英口译等。

英语专业的就业方向：从事英语教学、翻译、外事、经贸、商务、管理等相关工作。

英语专业采取"英语＋"培养模式，在夯实英语基本功的同时，培养语言与文化专业人才、国贸与商务专业人才、农业与翻译专业人才及其他应用型、复合型人才。

学校与苏塞克斯大学、西苏格兰大学等学校合作，每年开设英国、美国、加拿大、澳大利亚等国家的短期交流项目。

三、教学总结

（一）教学依据

根据英语专业的特色和优势，结合本专业的育人目标，授课过程中深度挖掘、提炼

图 1 青岛农业大学英语专业部分学生获奖情况

专业知识体系中蕴含的思想价值和精神内涵，科学合理地拓展本课程的广度、深度，从本课程所涉的专业、文化、历史等角度，增加课程的知识性和人文性，提升课程的引领性、时代性和开放性。

教学设计从"为什么学"入手，确定学生的学习目标，教育引导学生爱专业、爱学校、爱祖国。创新课堂的教学模式，引入优秀毕业生的例子，激发学生学习兴趣。

（二）教学方法

本课程旨在帮助学生提起学习兴趣，燃起学习斗志。教师通过案例导入法吸引学生了解青农英语专业的历史、发展、就业方向、主干课程和专业特色等。

本部分教学注重图文并茂的教学方法，在讲解英语专业情况的过程中，注重提高学生对英语专业的兴趣，让学生对英语专业的学习充满希望。

（三）教学反思

第一，讲授内容反思。授课内容为青农英语专业的历史、发展和专业特色，授课过程中教师介绍了英语专业的招生历史、取得的成绩、专业培养目标和培养特色。课后学生反映通过课程学习明确了未来的发展目标。通过反思和学生反馈，本次课授课内容还应该更凝练、更有条理，对未来的就业方向进行更多的讲解。

第二，授课方法反思。教师在授课过程中引用了很多个例，意在通过榜样的力量激发学生的学习热情。学生反馈，通过个例学习，他们更加坚定了前进的目标。通过反思，本次课的讲授过程中还应该增加与学生的互动交流。

第三，教学效果反思。本课程教学效果良好，课程调研中，学生们反映通过本次课的学习让初入大学的他们对英语专业有了深刻的了解，对他们制定大学四年的学习计划以及毕业后的职业规划有很大帮助。

通过教学反思，本次课基本实现了教学目标，今后会密切结合学生反馈把英语专业导论课教学开展得更加精彩、更有引领性。

日 语 专 业 导 论

一、基本情况

（一）教师简介

万礼，副教授，博士研究生，日语系主任。主持省部级、地厅级等课题 10 余项；发表论文 20 余篇，其中，在国内核心、权威学术期刊发表论文 3 篇，在国外权威期刊发表论文 3 篇；参编教材、参与翻译多部著作。多次指导学生参加"中华杯日语演讲大赛""中国人作文大赛""人民中国杯日语国际翻译大赛"等竞赛并获奖。

（二）课程简介

本课程主要从日语专业的设置目的、培养目标、教学内容、就业形势以及该领域前沿研究动态等诸多方面为新生解惑，介绍日语专业学什么、怎么学、学好之后做什么等。通过课程学习，学生能够尽快熟悉并融入本专业的学习；系统地认知日语专业；掌握一定的日语学习方法；科学制定学习计划以及未来职业规划。

（三）授课方式

线下授课。

二、教学设计

（一）专业名称

日语专业。

（二）教学目标

1. 知识目标

使学生掌握日语语言文学等的基本理论以及日语专业相关知识；掌握日本地理、历史、社会、文化、政治、经济等知识，了解中日文化差异，并掌握一定的跨文化交际理论和基本方法；掌握国际贸易的基础知识和流程运作，具备一定的商务知识；具备农业科学基础知识，掌握科技日语翻译的理论知识与实践技巧。

2. 能力目标

使学生具备日语语言综合运用能力，一定的文献检索、资料查阅及现代信息技术应用的能力，运用专业知识发现、分析、解决问题的创造性思维能力和科学研究能力，运用所学相关知识和技能进行创新创业的能力。

3. 价值目标

使学生具备良好的思想道德品质、较强的法制观念和诚信意识，具有爱国情怀和国际视野，具备一定的文化、文学艺术素养、现代人际交往意识和团队精神。

（三）案例设计

1. 导入

2020 年中国新冠肺炎疫情较为严重之时，日本汉语水平考试事务所捐赠给湖北 20 000 个口罩和一批红外体温计，物资外包装的标签上写着八个字"山川异域，风月同天"（图 1）。

图 1　日本汉语水平考试事务所捐赠物资的标签
图片来源：中央纪委国家监委网站。

提问：请同学们对中国古汉字文化进行思考，想一想中日文化同源以及古汉字文化在中日两国交流中对日本的影响。

（中国和日本同属汉字文化圈，简短的古诗词就足以传递强大的力量，在灾难这一人类的共同大敌面前，中日两国古诗词的交流与互助可以培养学生对古汉字文化的分析和判断能力，促进学生了解中日文化同源以及古汉字文化在中日两国交流中对日本的影响，让学生重新对中国古汉字文化进行思考，对古汉字文化进行认知。）

2. 课堂设计

（1）《伊吕波歌》的学习

いろはにほへど　ちりぬるを
われかよたれそ　つねならむ
うゐのおくやま　けふこえて
あさきゆめみし　ゑひもせす

首先，教师领读，学生跟读，再指名学生朗读。

其次，对《伊吕波歌》进行讲解：因为以"いろは"开始，所以称为《伊吕波歌》（いろは歌），包括了当时全部的 47 个假名，且每个假名只出现一次。

再次，对《伊吕波歌》的现代文翻译进行解释：花虽香，终会谢，世上有谁能常在？凡尘山，今日越，俗梦已醒亦散。

最后讲解《伊吕波歌》的特点：其具有独特的思想和旋律，很快被日本群众所接纳，当时连小孩也会哼唱这首歌。

（2）中国汉字文化对日本的影响

首先，《伊吕波歌》为例，讨论中国汉字如何传到日本？

以《伊吕波歌》为载体进行日语"假名"教学，同时补充历史文化知识。日本古代只有语言没有文字，在形成自己的文字之前，日本使用的主要记录文字为汉字。在长期使用的过程中，日本人在中国汉字的基础上创造出假名文字。日语文字由假名、汉字、罗马字等组成，其中使用频率最多的文字就是假名。大约一千年前，日本人是使用《伊吕波歌》来学习假名文字，虽然《伊吕波歌》传唱之后不久日语五十音图就问世了，但这首歌到现在依然广为人知，绝大多数日本人都知道《伊吕波歌》，被日本专家认定为日本最早的识字歌，称为"日语50音"之母。

假名是汉字传入日本后，日本人利用汉字创造的日本文字，分为平假名和片假名两种书写方式。平假名由汉字草体演变而成，书写时弯弯曲曲，字迹潦草，常用来表示日语中的固有词汇及语法助词。片假名由汉字楷书的偏旁部首演变而成，书写时横平竖直，字迹工整，主要用来标记外来语。

在这部分讲解中，教师会拓展讲解中国文字及中华文化对日本的影响，即日本最初没有自己的文字，其是在中国的汉字逐渐传入日本后才产生的。公元前1世纪，中国文字就传到了日本，唐代时日本还专门派学者（遣唐使）来中国学习，不仅学习文字，还学习中国的官制，中国的选举制度等，让学生深刻认识中华文化之博大精深，这是令国人引以为傲的。我们应该更好地弘扬中华文化，坚定文化自信。

随后，教师对于导入部分的回答进行归纳总结，让学生了解中国古汉字对周边国家的影响力。汉字作为中国古人伟大的发明创造，有着4 000多年的历史，是世界上最古老的文字之一，也是联合国指定的六种工作语言之一。目前世界上汉字使用最多的国家为中国和日本，日本除汉字之外还使用假名文字，其来源于中国古代汉字，是名副其实的传承中国汉字文明的重要产物，也是中日两国人民文化交流的纽带。在教授专业知识的同时，引领学生建立对本国文化的自豪感。

（3）总结与课后思考

日本汉学家内藤湖南先生曾说过："日本文化是豆浆，中国文化就是使它凝结成豆腐的盐卤。"没有汉字就没有日本的假名文字，中国的古代文化对日本的影响非常深远。每个中国人都需要认识到伟大的汉字文化是中华民族千年文明的结晶，是世界优秀民族文化的代表，它对外界的影响力还需要年轻一代去传承、推进，使千年文明连绵不绝传承下去。

课后思考：从日常生活中，找出日本人对于中国汉字文化的受容。

三、教学总结

（一）教学依据

本节教学设计依据《高等学校课程思政建设指导纲要》"推进习近平新时代中国特色社会主义思想进教材进课堂进头脑""培育和践行社会主义核心价值观"和"加强中华优秀传统文化教育"等课程思政建设目标要求和内容重点。在深入贯彻习近平总书记"讲好中国故事，传播好中国声音"的要求下，引导学生了解中日文化同源以及古汉字文化在中日两国交流中对日本的巨大影响，让学生重新思考、认知中国古汉字文化。深刻认识到汉字文化是中华民族千年文明的结晶，是世界优秀民族文化的代表，它对外界的影响力要靠年轻一代去传承、推进，使千年文明连绵不绝传承下去。

（二）教学方法

首先，在导入环节，通过提问式导入法启发学生思考，使学生了解中日文化同源以及古汉字文化在中日两国交流中对日本的巨大影响，让学生重新对中国古汉字文化进行思考，对古汉字文化进行认知。通过音像导入法展示新冠肺炎疫情防控期间中日民众之间通过汉诗互相帮助，互相交流的图片。使学生对中日两国的交流以及中日文化同源有直接客观的认识。

其次，在展开环节，通过引申法将思政元素融入讲义的各段落中，每个段落一个主题，所有主题按由易到难的原则排列，引导学生步步深入。运用启发法，通过《伊吕波歌》的朗读和讲解，激起学生的求知欲。

最后，运用联系法，引导学生通过对《伊吕波歌》的学习，能够举一反三，联系生活实际，理解日本人对中国汉字文化的受容。

（三）教学反思

教师在日语入门教学的过程中应当从单纯"教"的固定观念中走出来，穿插一些吸引学生眼球的优秀案例达到"育"人效果。在《伊吕波歌》的教学中导入中国古汉字文化的传承，学生通过课程内容的学习，既能巩固专业知识，又能了解中国汉字文化对日本假名的重大影响，使原本枯燥的假名教学内容延伸到中日两国文化交流、日本文学史等方面，给日语学习者今后的学习打下了坚实的基础。

教师要时刻关注时代的变化，以学生为中心，从"育"人的角度出发把课程思政巧妙地融合在日语教学中，使课堂内容更加丰富，形式更加多样化，启发学生传承优秀文化、激发学生的爱国主义情怀。如在课堂上导入具有中国汉字文化背景的《伊吕波歌》等，使学生在学习专业基础知识的同时感受到中华民族智慧的结晶——汉字的文化传递，引导学生从中日文化的比较中坚定民族文化自信。

动画专业导论

一、基本情况

（一）教师简介

方潇，讲师。主要从事影视动画理论与艺术传播学研究，在传统文化数字创意转化方面具有丰富的经验。主讲动画导论、动画概念设计 A、影视色彩等课程。主持地厅级科研项目 6 项，发表学术论文 15 篇，参与编写教材 1 部，参与智慧树在线课程建设 1 门。曾获第五届全国数字创意教学技能大赛国赛二等奖，被评为米兰设计周高校设计学科师生优秀作品展优秀指导教师。

（二）课程简介

本课程是动画本科生的一门专业必修课，基础性强、具有广泛的实用性，是学生学习动画专业知识的入门课程。本课程由浅入深地从动画的基本概念、基本原理和基本规律入手，从不同角度和不同层面，全面、系统地讲述动画艺术的本土特性、思维方式、创作规律、实用功能和学科体系，介绍动画市场、就业方向及如何学习动画专业，使学生树立正确的动画艺术基本观念、创作思想，提高学生的艺术素养和鉴赏能力，为今后深入学习动画专业知识、树立职业理想打下坚实的基础。

（三）授课方式

线下授课。

二、教学设计

（一）专业名称

动画专业。

（二）教学目标

1. 知识目标

描述动画的基本形态、艺术特征和审美特性；明晰本校动画专业的发展历史，对专业培养方案有清楚的认知；能够阐述动画的创作方法和制作流程；掌握动画制作的基本知识，学习动画专业的基本方法。

2. 能力目标

能够列举出十部以上国内外尤其是中国经典动画影片并且简要分析其特点；能够描述当今国内外动画市场发展现状；能够结合个人情况制订切实可行的专业学习计划，对未来职业生涯形成一定的规划；学会利用青农图书馆等学习资源。

3. 价值目标

对学习动画专业产生浓厚兴趣，能评价自身可承担的动画领域职位；主动探索动画专业知识与社会发展需求的结合点，保持动画"初心"，成就动画"梦想"，以积极乐观的心态面对专业学习和未来生活挑战；培养学生对职业的认同感和对优秀校友的关注度，养成严谨的职业道德及精益求精的工匠精神。

（三）案例设计

1. 导入

情境导入：（出示图片）广西花山岩画、云南沧源岩画——动画意识的形成和动画现象的产生，并不只是现代才具有的，它在人类文明中古老而久远。（出示视频）青岛AR元宇宙跨年光影秀——2022年元旦期间，青岛电视塔AR元宇宙跨年光影秀，成为现象级传播事件，本专业2018届毕业生参与该项目。

揭示内容：让虚幻世界中的活动画面以可见的现实画面呈现在观众眼前，是几千年来人们孜孜以求的梦想，现在也成为每一位动画专业同学的梦想，教师通过对青农动画专业的介绍，带领学生踏入动画大门，开启寻梦之旅。

2. 展开

专业定位：动画专业培养德、智、体、美、劳全面发展，掌握影视与动画创作的基础知识与基本理论，接受动画设计、影视动画制作、影视动画编导的系统训练，具有较强的动画设计、动画编导、动画创作的基本功和操作能力，专业素质高，能够从事影视动画、影视特效、游戏设计和动画片编导及计算机图形制作等工作，适应社会多元化发展需求的应用型动画行业人才。

特色优势：青农动画专业于2004年设立，2005年开始招生。在产学研协同方面，基于"基础实验室＋专业实验室＋动画梦工厂"，培养"厚基础、精专业、重应用、能创新"的动画人才。在课程建设、课程体系、教材建设、教学方法与手段、实践教学体系等诸多方面强化应用型人才培养的目标。现拥有山东省唯一的国家级动漫工程研究中心——国家地方联合动漫工程研究中心，青岛数码动漫研究院也设在该中心，有11个专业实验室，构建了动画原创、设计、技术研发、成果发布等一系列完备的实验实践教学平台。

图1 《C9回家》海报

代表作品：《C9回家》由青岛农业大学、青岛数码动漫研究院、国家地方联合动漫工程研究中心、青岛新旋律传媒有限公司联合制作（图1），从

2011 年到 2018 年，整个创制历时七年，其中剧本编写和人物原图设计就用了三年时间。

作为"产、学、研、用"相结合培养应用型"艺术工程师"教育教学模式探索的成果之一，该片创作期间先后有 1 000 余名在校学生参加到创作实践中。学院以该项目创作为基础，培养了大批学生的创作能力与动手能力。2014 年制作团队应邀加入中国动画电影代表团，参加了戛纳国际电影节，本片获得了各国片商好评并成功签约印度、土耳其、阿联酋、埃及等 35 个国家的预授权。

课堂讨论：毕业后，你想去的城市是哪里？查询该城市在动画行业的相关政策，谈谈自己的职业理想。

三、教学总结

（一）教学依据

本教学设计依据《高等学校课程思政建设指导纲要》对艺术学类专业课程提出的要求，通过专业发展引导学生"立足时代、扎根人民、深入生活，树立正确的艺术观和创作观"；坚持"以美育人、以美化人"，结合非物质文化遗产广西花山岩画和云南沧源岩画，阐述动画在人类文明中古老而久远的历史，树立传承人类梦想、学习动画的理想；引导学生关注"三农"问题，结合专业特长助农、兴农；融入校友在本专业领域为青岛市打造"元宇宙"作出的贡献，潜移默化地引导学生自觉传承和弘扬中华优秀传统文化，全面提高学生的审美和人文素养，增强文化自信。

（二）教学方法

本课程采用理论与实践相结合的教学方法。

第一，讲授法。提供多媒体教育资源，使用多媒体课件及电化教学手段，结合图片、文字、视频等资料向学生生动、形象地传授动画专业基础知识、青农动画专业历史发展、师生代表作品、专业办学特色、人才培养目标等内容，重点讲述校友参与打造青岛"元宇宙"光影秀品牌的事迹，树立学生的文化自信、专业自信。

第二，讨论法。结合学习通平台线上发布话题实施互动，线下采用师生对话的课堂教学方式，引导学生谈谈自己对动画专业有何认识，围绕各个城市（家乡或者毕业想去的城市）调研国内动画市场发展现状，说明自己有何具体的职业发展规划，以及通过怎样的途径能够达到相关预期目标。

（三）教学反思

本教学注重树立学生的专业自信、文化自信，培养学生的创新思维能力和爱农助农精神。

首先，在课程导入部分采取"情境导入"的方式，通过展示非物质文化遗产广西花山岩画和云南沧源岩画，传达人类自古以来对动画画面的追求，激发学生的学习兴趣，增强专业学习使命感。通过校友在本专业领域的事迹介绍，树立学生的学习信心，让课程思政"润物细无声"。

其次，在课堂讲授中结合多媒体课件展示青农动画专业发展历史，让学生对本专业的过去、现状和未来形成一定的认识。在课堂讨论中引导学生从现在开始树立明确的学习目标，畅想未来要成为什么样的人，阐述具体实现途径，帮助学生规划专业学习和大学生涯，通过调研就业目标城市的行业情况，让学生感受自己已经融入专业中。

结合本课程两轮的教学情况，大部分学生对专业学习有了较为明确的认知，并且认真规划大学学习生涯，树立了职业发展目标。通过校友事迹和代表作分析，学生产生了对学校和专业的认同感，增加了归属感。在学生的小组访谈中，教师发现学生能主动思考如何结合专业特长服务"三农"，深切感受到学生心中渐渐产生了"三农"情怀。

传播学专业导论

一、基本情况

（一）教师简介

高欣峰，教育学博士，副教授，硕士生导师。研究方向为农业传播、数字素养、"互联网＋教育"。主要承担传播学专业导论、网络与新媒体等课程，曾获山东省教学成果特等奖，发表 CSSCI 及中文核心等期刊论文 30 余篇，主持、参与多项省部级以上课题。

（二）课程简介

本课程是新生入学后的第一门专业基础课程，是大学四年学习及未来职业发展的"一张导游图"，也是"一条串珠的线"。导论课将其他专业课程连在一起，让学生了解课程之间的联系，让学生见树木又见森林，引导学生快速进入该学习领域。此课程旨在帮助大一新生快速且全面地了解传播学专业性质、激发专业学习兴趣与动力、掌握专业学习方法、规划学习计划与未来发展，为后续开设的专业课学习打下基础。

同时，该课程还向学生介绍学院的发展历程，传播学专业创办的背景、师资、实验实训条件、特色与优势等内容，增强学生的归属感。

（三）授课方式

线上线下混合教学，其中线上学习利用超星学习平台。

二、教学设计

（一）专业名称

传播学专业。

（二）教学目标

1. 知识目标

让学生对国内外传播学的起源、发展历程、现状和趋势有清晰的认识。明确传播学专业"是什么""为什么""学什么""怎么学"和"做什么"等相关学科基础问题。

2. 能力目标

通过课程学习，大一新生顺利完成从高中生到大学生的转变，对传播学专业与传媒行业更加了解，专业学习兴趣与动力显著增强，初步掌握本专业的学习方法，并学会查找和使用本专业的学习资源，对未来四年学习计划与未来职业发展有明确的规划。

3. 价值目标

培养具有家国情怀与国际视野、适应媒介深度融合与行业创新发展、讲好中国故事传播中国声音的高素质、全媒化、复合型、专家型新闻传播后备人才。

（三）案例设计

1. 导入

采用问题导入。

第一个问题：请同学们说一下自己了解的传播学。引出传播学是什么的话题，介绍传播学在我国高等教育中的历史地位。

第二个问题：同学们对青农传播学有哪些了解？当初为何选择本专业。引出对青农传播学专业起源、发展、特色与优势等主题的介绍。

2. 展开

（1）什么是传播学

学理阐述：传播学是研究人类一切传播行为和传播过程发生、发展的规律及传播与人和社会关系的学问，是研究社会信息系统及其运行规律的科学。传播学研究传播过程，即传者、媒介、受者、传播内容、传播效果。研究重点是人与人之间的信息传播过程、手段、媒介，传递速度与效度，目的与控制，包括如何凭借传播的作用建立一定的关系。

专业坐标：国务院学位委员会和教育部颁布的学科门类共有 14 个（截至 2022 年），其中第 5 个为文学（05），文学门类下有三个一级学科，其中包含新闻传播学（0503），新闻传播学学科下又包含 10 个专业，其中传播学专业为第 4 个，代码为 050304。

培养目标：青农传播学专业旨在培养立足社会、行业与区域发展需求，培养德、智、体、美、劳全面发展，具有良好的道德修养、深厚的人文底蕴，对国家和社会有高度责任感，坚持正确的政治立场和方向，掌握新闻传播学科的基础理论知识、政策法规和全媒体传播技能，具有国际视野和较强的创新能力，同时兼具一定"涉农"素养的社会主义事业合格建设者和可靠接班人，以及能够在新闻媒体、政府机构、科研院所、文化传媒公司等企事业单位从事传媒工作的应用型、复合型、创新型人才。

（2）青农传播学专业的创立与发展

省内最早：我国第一批招生传播学专业本科的学校为复旦大学、中国人民大学、中国农业大学，于 2001 年开始招生。青农传播学专业本科于 2003 年开始招生，为全省第一个。

办学特色：传播学专业也是动漫与传媒学院的第一个本科专业。教学团队为山东省省级优秀教学团队，设有农业传播学山东省省级实验室，打造了特色鲜明的"农业传媒工程师"办学品牌，形成了别具一格的农业传播人才培育模式，培养了大批农业传播类人才服务于乡村振兴战略。

历史渊源：青农动漫与传媒学院的发展历史可追溯到 1983 年学校设置的电教室

（插入传播学之父施拉姆访华的故事），2003 年成立传播学院，2012 年学科调整后更名为动漫与传媒学院。学院拥有 20 多年的科技传播、动画制作、传播学研究、艺术创作和影视创作等教学经验。

专业实力：自 1983 年至今，动漫与传媒学院共创作农业科教片 565 部，其中 23 部获省部级奖项，246 部由科学出版社等出版，CCTV－7 播出 520 多部，多次获得国家广播电视总局等机构的突出贡献奖。学校建有规模较大、内容较为丰富的农业科技信息影像资源库。获省级及以上教学成果奖 8 项，其中国家级教学成果二等奖 2 项，省级教学成果特等奖 1 项，省级教学成果一等奖 3 项，省级教学成果二等奖 2 项；获影视创作奖 34 项，其中部级政府奖 16 项。

发展现状：目前学院设有传播学、广播电视编导、动画、广告、数字媒体艺术 5 个专业。2022 年学院下设传播系，有传播学与广告学两个专业。

三、教学总结

（一）教学依据

通过本课程学习，大一新生对如何利用所学专业服务行业、地区及家乡的发展有了准确定位，对讲好中国故事、弘扬家国情怀有了更深刻的理解。本课程做到了思政教育与专业教育深度融合、润物无声。

（二）教学方法

本课程将拓展"教室＋基地＋网络""教师＋校友＋专家"的立体化、全员育人模式，完善"课堂授课＋实地考察＋讲座沙龙"相结合的多元化教学模式。充分利用网络与社会资源，激发学生的学习兴趣，从而更好地参与课程教学活动，引导学生认识并热爱传播学专业，认真规划四年的大学学习与未来发展，以期做到思政教育与专业学习深度融合、润物无声。以问题为导向，引导学生在课上开展小组讨论，充分调动学生的主观能动性，使其主动思考并寻找解决问题的方法与途径。

（三）教学反思

学生对传播学专业有了较为宏观的了解，对学校、学院和专业的发展历程也有了较为全面的认识。在课堂教学中，学生是学习的主体，以问题为导向引导学生进行交流讨论，能更好地激发学生去探究解决问题的热情。通过营造更加宽松愉悦的课堂氛围，引导学生将个人见解和想法更好地表达出来，并及时表达出肯定与赞许。本次课程中学生经过讨论形成了很多新思考。课堂中"三农"情怀还能更加柔性地融入教学活动中，在潜移默化中培养学生服务于国家乡村振兴战略的意识。

广播电视编导专业导论

一、基本情况

（一）教师简介

逄格炜，青农动漫与传媒学院副教授，硕士研究生导师。承担电视策划、影视评论方法、影视艺术概论、影视文学创作等课程的教学。曾主持 2020 年度山东省专业学位研究生教学案例库建设项目"农业影视创作与传播案例库建设"。在《新闻界》《中国广播电视学刊》《电影文学》《电影评介》等刊物发表论文 70 多篇及电影文学剧本 5 部，出版专著《农业影视创作与传播》（第一作者），担任教材《影视导演新编》副主编，参编教材《农业传播学》《电视艺术概论》。

（二）课程简介

本课程是对广播电视编导专业课程的一个导引，也是对这个专业所包含课程内容的总体概括。重点是让本专业学生在入学之初就明白"为什么学""学什么""如何学"这个专业。通过对广播电视编导专业情况的介绍，让学生了解本专业大学四年学什么、怎么学；通过对广播电视编导专业发展状况的分析，让学生明确今后的主攻方向，树立远大的职业理想；通过展示广播电视编导专业大学生的成果、校友风采，激发学生的学习兴趣。

（三）授课方式

线下授课。

二、教学设计

（一）专业名称

广播电视编导专业。

（二）教学目标

1. 知识目标

对广播电视编导专业有全面的了解，包括专业定位、教育教学内容、就业前景、发展方向等。对广播电视节目制作有基本了解，包括编剧、导演、表演、摄影摄像、剪辑、后期、策划、制片等。对广播电视理论研究有基本了解，包括广播电视历史、广播电视理论、广播电视评论及广播电视理论史、广播电视评论史学等。

2. 能力目标

引导学生从事广播电视节目制作和广播电视研究，初步培养学生相应的兴趣爱好。

3. 价值目标

向学生介绍广播电视编导专业的精华，让学生看到广播电视编导专业大有可为，从而培养学生对本专业的热爱。向学生介绍广播电视编导专业成就，让学生看到为取得这些成就我们这个专业、学院、学校、党和政府付出了怎样的努力，从而增加对本专业、学院、学校、党和政府的衷心拥护。

（三）案例设计

1. 导入

同学们进入本学院学习广播电视编导专业，首先要了解它的历史。

本学院于2003年成立，当时只有一个专业，即传播学专业。第二年开办了广播电视编导专业，这也是胶东半岛第一个广播电视编导专业。

2. 展开

本专业的发展经历了几个时期。

2004—2009年，初创期。本专业师生创作的农业科教片在CCTV-7等媒体播出565部，获得教育部、农业部等部门奖励9项。本专业依托农业科教片的创作优势，侧重于培养农业科教片创作人才。这一时期，本专业毕业生大量进入电视台、影视制作机构从事科教片、农业节目创作。2008年本专业由普通类招生变为艺术类招生。为我们招收有艺术专长的学生、进行更具针对性的人才培养提供了条件。

2010—2016年，探索期。在传统优势的基础上，本专业经过多方论证，提出培养从事影视节目策划和创作的"艺术工程师"。经过一段时间的努力，学生参赛获奖率、考研率大大提高，学生在考公、考编、就业、参军、支边等方面多点开花。学校支持教师外出深造，一些青年教师纷纷外出读博，提高学历层次。2014年"影视传媒类应用型人才培养模式创新与实践"获得山东省省级教学成果二等奖。

2017—2019年，特色发展期。这一时期，党和国家对"三农"的重视程度有了很大的提升，各种政策都向"三农"领域倾斜。本专业顺势加快人才培养升级，提出"农业传媒工程师"的培养理念和目标。在广播电视编导专业人才培养过程中，我们突出了农业特色。这一时期，一大批毕业生投身于精准扶贫、乡村振兴战略中。2018年"多主体协同的'农业传媒工程师'培养模式创新与实践"获得山东省省级教学成果特等奖。

2020年至今，一流专业建设期。本专业获批2019年山东省一流专业建设点，进入发展快车道。在强有力的政策、资金等支持下，本专业的建设从师资队伍到实验平台、从实训平台到实习基地迅速展开，在很短的时间内有了明显提升。2021年本专业与动画专业、数字媒体专业及艺术学院影视美术方面力量联合申报的戏剧与影视艺术专硕获批，为本专业学生深造增添了新的便利途径。

3. 收尾

我们的成就：培养了人才，推出了成果，获批一流专业，获批硕士点等。

我们的经验：不忘初心，砥砺前行；坚持科学发展观；坚持立德树人。

三、教学总结

（一）教学依据

本专业教学课程内容安排的依据如下表1。

表1　课程教学依据

课程内容	教学依据
广播电视编导专业入学教育	在介绍本学院、本专业发展成就的过程中总结成功经验，"立足时代、扎根人民、深入生活"，引导学生向这几个方面努力
广播电视编导专业人才培养方案解析	介绍2020年版人才培养方案的制定过程，包括初衷、方法，增强文化自信
向学术研究进军	在向学生介绍广播电视学术版图、研究方法的过程中坚持以美育人、以美化人，全面提升学生的审美和人文素养
向实践能力进军	在介绍广播电视节目制作过程中引导学生树立正确的艺术观和创作观，如坚持人民美学
向新媒体进军	在探索广播电视发展出路过程中积极弘扬中华美育精神，引导学生自觉传承和弘扬中华优秀传统文化

（二）教学方法

1. 课堂讲授法

在"广播电视编导专业入学教育"一讲中，教师主要使用课堂讲授法。在学生入学之初，教师通过介绍，使学生对本学院、专业的发展历程有基本了解。通过教师的课堂教授，学生能看到学院、专业一路走来的成功经验。在"向学术研究进军"一讲中，教师也主要使用课堂讲授法。学术研究虽然枯燥乏味，但是也蕴含着美。教师要通过个人的学术研究经验，让学生感受到其中的美，从而提升学生的审美和人文素养。

2. 沙盘推演法

在"广播电视编导专业人才培养方案解析"一讲中，教师提前制作沙盘，从广播电视人才的社会需求推演到我们应该培养什么样的人才，进而推演到我们的人才培养目标、课程设置等。

3. 实训法

在"向实践能力进军"一讲中，教师带领学生走出课堂，走上社会，走到人民中间去，就要将创作的内容进行广泛的社会调研，创作出有人民性、有生活气息的作品。

4. 创新实验法

广播电视节目也需要创新，本专业大学生作为未来的广播电视人应该身体力行。在

"向新媒体进军"一讲中，教师要鼓励学生大胆创新，设计、制作一些新的电视节目。在创新过程中，引导学生注重对中华优秀传统文化资源的挖掘。

（三）教学反思

1. 学生对专业学习的态度情感

学生对专业学习的态度情感变化很明显。课程之前，学生对本专业知之不多；课程之后，学生对这个专业有了全面的了解。课程之前，学生对这个专业的爱好是感性的；课程之后，学生对这个专业的热爱多了很多理性。

2. 学生对学校发展的态度情感

学生对学校发展的态度情感有了一定变化。课程之前，学生对学校的发展不了解；课程之后，学生增进了对学校的了解。课程之前，一些学生对学校是有隔膜的；课程之后，他们与学校拉近了感情，发自内心地认同这所学校，为学校取得的成就感到自豪，并乐意将学校介绍给家人、亲戚、朋友。

3. 学生的"三农"情怀

青农是一所农业特色鲜明的院校，其专业设置很自然地受到学校农业特色的影响。在讲课过程中教师经常会提到农业的例子，老师会带领学生深入农村，了解农村情况。在这个过程中，学生对"三农"增进了了解，培养了"三农"情怀。

计 算 机 导 论

一、基本情况

(一) 教师简介

赵磊，计算机科学与技术系主任，教工第三党支部书记，副教授。研究方向为模式识别，主讲云计算与虚拟化技术、面向对象程序设计等课程。省委组织部"名师送教"师资库专家，省农业科技特派员。主持或参与省级以上课题 8 项，地厅级课题 2 项，发表学术论文 20 余篇，其中 SCI/EI 期刊检索 10 篇。担任 1 部教材的副主编，合著教材 1 部，获国家发明专利 6 项。获省级学术成果奖三等奖 1 项、省级优秀教学成果奖一等奖 1 项、省级优秀教育教学案例一等奖 1 项，获教育部青年教师课件大赛二等奖 1 项、省青年教师课件大赛一等奖 1 项、省高校思政课短视频大赛二等奖 1 项。

(二) 课程简介

本课程是计算机专业的基础课，在介绍计算机基础知识的同时，从专业特点出发引导学生通过程序设计活动理解计算机的工作原理，掌握计算机科学的基本概念，了解计算机科学的各个领域，熟悉信息化社会所必需的计算机基本知识和基本操作技能，让学生重点从概念上而非数学模型上理解计算机科学。

通过本课程的教学，培养学生掌握计算机的硬件基础知识、软件基础知识、网络基础知识及计算机安全基本常识，初步建立对计算机学科的本质认识，激发学生的专业兴趣，培养学生的计算机基本操作能力、信息检索和利用能力，为学习后续计算机课程奠定基础。

(三) 授课方式

线下授课。

二、教学设计

(一) 专业名称

计算机科学与技术专业。

（二）教学目标

1. 知识目标

通过课程教学，使学生基本掌握计算机的软硬件基础知识、数据库基础知识、网络基础知识、计算机安全基本常识、计算机从业人员职业道德、行业法律法规、隐私保护技术，防范计算机犯罪，掌握软件版权保护等。

2. 能力目标

通过课程学习，学生能够具备利用计算机思维解决生活和工作中的问题的能力，能列举说明计算机的应用，能够运用计算机常用的一些基本操作，具备对计算机科学复杂工程问题求解的能力。

3. 素质目标

培养学生多角度全方位思考问题及不畏困难、勇于创新的精神；加强实践训练，培养学生严谨认真、精益求精、坚持不懈和勇于探索的科学精神，并不断树立职业自信和职业责任感。

（三）案例设计

1. 导入

提出问题：你了解计算机科学与技术专业吗？这个专业的学生毕业后能从事哪方面的工作？这个专业都学习哪些专业课程？青农计算机科学与技术专业有哪些特色？

展开介绍：当今信息产业已成为国民经济的支柱产业，而计算机技术是信息产业的核心技术，加之物联网、云计算、大数据、人工智能、区块链等新兴的、与计算机科学和技术密切相关技术的出现，社会迫切需要有一定创新创业能力，在计算系统研究、开发、部署与应用等相关领域具有就业竞争力的高素质专门技术人才。

2. 展开

计算机科学与技术是现代社会快速发展的重要基础，也是人类加快技术创新和促进产业升级的核心力量。如今计算机科学与技术已经渗透到人们的工作、生活、学习等方方面面，对个人乃至整个社会的影响越来越显著。

近年来随着我国加大对计算机科学与技术的研发及应用，越来越多的领域开始受其影响并得到了突飞猛进的发展。计算机科学与技术已经成为我国经济发展的重要力量，成为推动技术创新、产业进步的重要基础。越来越多的产业、行业、领域都增加了对计算机的应用，使其渗透到社会的方方面面。例如纳米电子技术，让计算机的体积越来越小、运行速度越来越快、处理能力越来越强大。它是一种革命性的技术，有效地推动了计算机科学与技术的升级换代，给人们的生活带来便利性的同时也提高了人们的工作效率。

当前计算机科学与技术正朝着专业性的方向不断发展，大数据、云计算、人工智能等多种先进的技术依靠计算机技术的进步而获得了发展，在促进整个社会进步和经济发展方面发挥着越来越重要的作用，并且也在改变人们的生活方式、转变人们的生活理念上产生了关键影响。近年来随着我国计算机科学与技术的快速发展，越来越多的行业都受益于此而得到了飞速发展。与此同时，在计算机科学技术的专业性不断提升的同时，其综合性也在逐渐显现。计算机科学技术未来将囊括更多的内容，联系更加广泛的其他技术类型，从而形成一个联系越来越密切、内容越来越丰富的整体生态。

计算机科学与技术的不断发展离不开创新这一重要因素，而且未来创新将会越发促进计算机科学技术的不断升级和换代。越来越先进的计算机科学与技术将对人们的生活乃至社会的发展产生越来越突出的作用。计算机科学与技术的发展和进步，应当满足时代的需求并引领时代继续向前，在不断创新的过程中继续发展，以推动整个社会的进步并为之提供源源不断的力量。

计算机科学技术未来将会与众多其他行业和领域进行更为深度的融合，从而在加快自身创新及其他众多产业升级过程中发挥重要作用。例如，计算机科学与技术在农业上的应用将会对数字和智能化农业的发展产生重要的促进作用，对现代化农业的发展迈向新的时代发挥重要的积极影响。再如计算机科学技术与工业的融合，能够使智能化、一体化生产的应用范围越来越广泛，加快我国工业的技术变革和进步，促使现代化工业成为中国的"发展标杆"。而其与金融的融合，会让数字货币、区块链等新型生态能够得到进一步的突破和发展，对人们的工作和生活及整个社会的进步和发展产生重要作用。

青农计算机科学与技术专业成立于2001年。2012年被评为山东省应用型人才培养特色名校建设专业，2019年获批山东省一流本科专业建设点。

思考题：计算机科学与技术在现代农业中的应用较为普遍，探究计算机科学与技术在新型农业中的模拟技术及相关科技的传播，对计算机科学与技术在现代化农业中的发展将起到关键作用，请同学们课下查阅资料，整理一篇以《计算机科学与技术在农业发展中的应用》为题的小论文，字数1 000字左右，按照科技论文的格式撰写，参考文献不少于10篇，其中英文论文不少于2篇。

三、教学总结

（一）教学依据

《高等学校课程思政建设指导纲要》指出，工学类专业课程，要注重强化学生工程伦理教育，培养学生精益求精的大国工匠精神，激发学生科技报国的家国情怀和使命担当。

专业课程是课程思政建设的基本载体。要深入梳理专业课教学内容，结合不同课程特点、思维方法和价值理念，深入挖掘课程思政元素，有机融入课程教学，达到润物无声的育人效果。

要在课程教学中把马克思主义立场观点方法的教育与科学精神的培养结合起来，提高学生正确认识问题、分析问题和解决问题的能力。理学类专业课程，要注重科学思维方法的训练和科学伦理的教育，培养学生探索未知、追求真理、勇攀科学高峰的责任感和使命感。

（二）教学方法

教学过程中分别采用问题引导式教学、需求引导式教学、直观演示法教学、讨论式教学、讲授式教学、案例式教学等教学方法。

第一，讲解计算机科学与技术专业的历史沿革（问题引导式教学），让学生思考计算机给人类生活、工作带来了哪些影响。

第二，讲解计算机科学与技术专业人才对其他行业的影响（问题引导式教学），让学生查找熟悉的计算机专业人才的经典案例。

第三，讲解计算机科学与技术发展方向（讨论式教学），让学生尝试自己理解计算机科学与技术专业与其他专业之间的关系，特别是在"三农"领域的应用。

第四，讲解计算机科学与技术专业实习、实践（直观演示法教学），展示专业实习基地情况，包括学生实习感受、实习总结、实习基地评价等。

第五，讲解计算机科学与技术专业对社会的价值（讨论式教学），学生分组讨论计算机人才的价值及对生活的影响。

（三）教学反思

通过问卷调查的形式，调研学生对专业的了解情况。调查数据发现 90% 以上的同学通过开学第一课可以较为清晰地了解计算机科学与技术专业的整体情况，85% 的学生对自己以后的工作有了大致的目标，98% 的学生对大学生活有了规划和目标。

在青农创建"强特色"高水平大学建设目标下，我们将计算机导论课程的专业知识、价值引领与知农爱农相结合，有效解决目前思政教育与专业课程教育"两张皮"问题，积极促进高校专业课程教育与思想政治教育工作同向同行，实现专业传授和核心价值观引领有机统一，构建高等教育"大思政"工作格局。

计算机导论

电子信息工程专业导论

一、基本情况

（一）教师简介

李琳，讲师。主要从事信号处理、非线性滤波、计算智能和优化算法及其应用等方面的研究。为本科生主讲计算机网络、单片机原理与应用、MATLAB基础与工程数学、机器人与人工智能导论等课程。在相关领域共发表SCI/EI检索论文17篇，其中以第一作者/通讯作者身份发表的论文有10篇；授权国内发明专利1项、美国专利1项；软件著作权登记5项；主持并完成广东省教育厅青年创新人才项目1项，参与国家自然科学基金项目2项。指导学生获得山东省高校智能机器人创意竞赛三等奖。

（二）课程简介

本课程是电子信息工程专业学生的第一门专业课程，是本专业的概述性、导航性课程。主要任务是让学生了解电子信息技术在我国工业生产、军事、电力等领域的地位和作用，以及电子信息的发展史和现状、学科前沿发展的方向；了解本专业主干课程的主要内容、性质和在学科中的地位。课程目标是引导学生树立正确的专业学习目标和职业规划。培养学生的大国工匠精神，以及研究和创新能力。培养能在电子信息产业工程领域具有竞争力的创新型人才。

该课程在整个专业培养中具有先导引领作用。课程涉及电子信息工程专业包含的多方面知识，以及本专业方向、专业领域的基本概念和技术发展动向等相关内容。

该课程是本科生入学后的第一门专业课程。通过本课程的教学首先让学生了解本专业的基本知识和热点领域，然后了解专业的发展及其应用，增强学生学习电子信息工程的兴趣和信心；通过讲授整个电子信息工程专业的课程和内容，让学生做好专业技能培养和学习计划，以及四年后的毕业规划。

（三）授课方式

线上线下混合教学。

二、教学设计

（一）专业名称

电子信息工程专业。

（二）教学目标

1. 知识目标

让学生初步了解电子信息工程专业产生的背景、培养目标、培养要求、特色、发展历程、发展趋势、主要课程设置特点、主要教学内容、就业前景等。

2. 能力目标

让学生能够讲述电子信息工程发展史，综合分析电子信息科学技术内涵与外延，初步形成对电子信息技术学科的系统认知培养批判性思维能力。使学生在电子信息方面提升兴趣和信息素养，重视实践能力的锻炼与提升。

3. 价值目标

激发学生的学习热情和对电子信息工程专业的职业憧憬，树立正确的治理道德观念和科学伦理观念，以学习电子信息科学技术专业而自豪，并产生科技报国的学习信念；具备创新能力和创新思维，培养攻坚克难的责任感和使命感。培养学生融入青农、热爱青农的归属感。

（三）案例设计

1. 导入

组织学生对以下问题进行分组探讨：你为什么选择电子信息工程专业？你知道电子信息工程专业具体有哪些方面的应用吗？电子信息工程专业就是培养工程师的吗？你知道哪些电子信息工程专业发展的热点？你为什么选择青农的电子信息工程专业？你知道青农电子信息工程专业的培养目标吗？

十分钟后，每组指派一位学生代表阐述本组讨论结果，通过对这些答案的分析，引导学生进入本门课程，一起来了解电子信息工程专业"学什么""能做什么"，每个人又能在青农理学与信息科学学院学到什么。

2. 展开

电子信息工程专业来自军事应用。最初是马可尼发明了无线电报，使这门学科有了萌芽。随后第一次世界大战和第二次世界大战爆发，电子对抗与侦测逐渐成为战争中不可缺少的重要手段。雷达研究与应用在战争需求中飞速发展起来。雷达是复杂的无线电路系统，由于雷达的出现，通信领域得到了空前发展。无线电通信技术发展来自雷达。事实上电子信息工程就是为研究雷达创立的学科，即无线电技术。和它最接近的专业是通信工程专业。如今雷达已经发展成为高度复杂的电子系统，把雷达拆解可以窥见电子信息工程的所有研究方向。

电子信息工程是电子工程与广义信息工程相结合形成的专门技术。我国的电子信息工程专业是教育部于 1998 年确立的电子与信息类较宽口径的专业。党的十六大会议明确指出：要优先发展信息化产业，将先进的电子信息技术运用到社会经济的发展中去。这一重大举措在一定程度上促使电子信息工程开始融入我国各行各业中。进入 21 世纪以来，我国积极向西方国家学习先进技术和经验，在很大程度上促进了我国电子信息工程的进步和发展。

目前，我国电子信息产业已成为我国第一大支柱产业，超过日本位居世界第二。2012 年我国电子信息产业销售收入突破 10 万亿元大关，达到 11.0 万亿元，增幅超过 15%。制造业实现收入 84 619 亿元，同比增长 13%，高于同期工业平均水平 2.1%。软件实现收入 25 022 亿元，比上年增长 28.5%。手机、计算机和彩电产量占全球出货量的比重均超过 50%，稳固占据世界第一的位置。

未来我国电子信息工程专业的发展趋势应是着重于核心技术的研发和相关技术知识产权的保护。结合近年来我国高新技术企业频繁遭受美国政府打压问题，我们更应深刻意识到核心技术研发和保护的重要性。以中国国产通信公司华为为例，在 5G 通信技术的研发和应用上，华为无疑走在了世界的最前方，甚至具备了同英特尔、高通等科技巨头抢夺市场的能力，然而华为在取得重大成就的同时，同样也引起了美国的注意。美国自 2018 年起正式宣布对华为公司实行制裁，2019 年谷歌停止向华为手机提供 GMS 服务，2020 年台积电正式宣布停止对华为供货。华为的遭遇让我们深刻地意识到核心技术研发和掌握的重要性。由于历史原因，中国在第一、二次工业革命甚至第三次工业革命时期远远落后于发达国家，所以在即将到来的第四次工业革命阶段，在电子信息工程领域，国家必将加大对相关人才的培养和核心技术的掌握与保护。

为适应高等农业院校复合型人才培养需求，青农电子信息工程专业立足农业信息化、农业电气化与自动化应用背景，突出农业特色，把培养能为现代化农业服务的电子信息工程专业技术队伍作为重要目标。

青农电子信息工程专业隶属于理学与信息科学学院，该专业从 2004 年开始招生，目前建有"山东省智慧海洋牧场工程技术协同创新中心""青岛市农业大数据与智能工程研究中心"等科研平台，与企业合作共建"机器人与人工智能实验室"等多个联合实验室，建有计算机学科平台和农业物联网、大数据区块链、人工智能等多个研究中心。

电子信息工程专业近三年教师主持省部、地厅级课题经费多项，已鉴定验收课题 6 项，评为国际先进水平 2 项。申请各种专利 26 项，发表教学及科技论文 85 篇，被 EI 和一级学报收录 20 篇。组织学生参加全国及省市电子大赛多次获奖，在 2012 年"博创·恩智浦"杯全国嵌入式物联网设计大赛中获总决赛本科组二等奖。智能机器人创作团队在"未来伙伴杯"中国智能机器人大赛暨 WER 世界教育机器人国际邀请赛上，获得了机器人灭火和智能机器人管家两项比赛的一等奖。

电子信息工程专业必然是中国未来发展的十大重点产业之一，青农在培养模式、校企结合等方面形成了自己鲜明的专业特色，校风优良，培养的学生勇于担当、善于学习、敢于超越，成为电子信息领域的高素质应用型创新人才。

3. 作业

芯片产业是我国的一块短板。2018 年 4 月，美国的一纸禁令让我国人民对中国芯片进行了热烈讨论，美国通过芯片封杀中兴的事件，让我们体会到没有"中国芯"的痛楚和无奈。课后同学们查阅相关资料并思考，当代大学生应如何积极投身到"科技报国"的队伍中去，下节课将对此进行讨论。

三、教学总结

（一）教学依据

电子信息工程专业导论是电子信息工程本科生入学第一门专业课程，兼具思政课程和专业课程的性质，旨在奠定学生的专业基础，使其开拓视野、树立正确的价值观念。大学一年级学生对专业课程的理解可以说是一张白纸，所以这门课的内容设置理论性不应过强，应有一定趣味性，使学生对专业知识的学习有一过渡适应阶段。

教学内容讲授我国电子信息产业规模已超过日本位居世界第二，且该产业已经成为我国第一大支柱产业。通过播放视频，让学生了解我国现代电子信息技术的发展历程及前沿动态，在引导学生建立历史自信、文化自信的同时增强其对专业的自豪感。

通过引入电子产品的设计与制作过程演示，使学生认识到无论是焊接工艺、电子元器件检测，还是仪器仪表的应用和检测，无不需要一丝不苟、精益求精的工匠精神。在实验过程中坚决保证数据的可靠性，以培养学生严谨求实、精益求精的工匠精神。

（二）教学方法

本次教学采取线上和线下相结合的方式，利用学生的好奇心，让学生之间自由组队，完成开放性作业和分组讨论，充分发挥团队精神。引导学生主动探究获得知识。课堂上尝试以教师授课为主、结合小组研讨的师生互动模式进行教学，促进师生交流，从而激发学生的创造性、自主性和学习潜力。

列举学生关心的专业热点问题，如"中兴事件""华为事件"等，通过分析这些事件背后的原因，激发学生投身我国科学技术发展事业的热情。

（三）教学反思

通过课堂教学，学生对电子信息工程专业有了整体认识，了解了其发展历史和专业特色，从而对本专业后续课程学习产生兴趣。

课程结束前，教师通过"学习通"进行课堂内容掌握情况问卷调查，发现大部分学生通过该课程对电子信息工程专业的基本内容和未来就业发展方向有了清楚的了解，并且对自己四年的学习有了规划和目标，从而产生了专业学习的热情。

反思：由于电子信息工程专业应用性较强，在讲课过程中可能对在学校交叉学科融合方面的具体应用和成果没有汇总清楚，需要在课后充分调查青农电子信息专业在农业方面的应用成果，形成案例集，从而让学生更直观地了解其发展。

数据科学与大数据技术专业导论

一、基本情况

（一）教师简介

修宗湖，副教授，数据科学系主任。为本科生主讲高等数学（理工类）等课程。主要从事椭圆型偏微分方程、随机微分方程等方面的研究，发表 SCI 期刊论文 20 多篇，其中以第一作者/通讯作者身份发表的有 10 余篇；主持国家自然科学基金纵向课题 1 项，参与国家自然科学基金、省基金 4 项。指导学生参加全国大学生数学建模竞赛、全国大学生数学竞赛获得国家级和省级奖励 20 多项。

（二）课程简介

本课程是数据科学与大数据技术专业的一门学科专业基础课程。主要综合介绍大数据的基本理论和基本方法，包括大数据概述、大数据安全、大数据思维、大数据伦理、数据共享、数据采集与预处理、数据存储与管理、数据处理与分析、数据可视化和大数据应用等。通过课程学习，学生能够加深专业认知，增强专业自信，做好未来规划。

（三）授课方式

线下授课。

二、教学设计

（一）专业名称

数据科学与大数据技术专业。

（二）教学目标

1. 知识目标

了解大数据专业知识体系，形成对大数据专业的整体认知。了解大数据概念，熟悉大数据应用，培养大数据思维，养成数据安全意识。

2. 能力目标

熟悉大数据各个环节的相关技术，为后续深入学习相关大数据技术奠定基础；激发学生基于大数据的创新创业热情。

3. 价值目标

加强学生对大数据资源的重要性认识，理解大数据的社会价值。了解大数据在各行业的重要应用，加强学生的专业认同，提高学生"三农"认知，培养学生爱校情怀。同时，也让学生了解大数据可能存在的风险，加强学生大数据安全意识。

（三）案例设计

1. 导入

大数据作为继云计算、物联网之后 IT 行业的又一颠覆性技术，备受人们关注。大数据无处不在，包括金融、汽车、零售、餐饮、电信、能源、政务、医疗、体育、娱乐等在内的社会各行各业，都融入了大数据的印迹，其对人类的社会生产和生活产生了重大而深远的影响。对于一个国家而言，能否紧紧抓住大数据发展机遇，快速形成核心技术和应用并参与新一轮的全球化竞争，将直接决定未来若干年世界范围内各国科技力量博弈的格局。大数据专业人才培养是新一轮科技较量的基础，高等院校承担着大数据人才培养的重任。目前，国内高校开设的大数据专业主要包括本科院校设立的数据科学与大数据技术专业和高职院校设立的大数据技术与应用专业。截至 2020 年，全国有超过700 所高校设立了大数据专业。该专业致力于培养符合国家战略及大数据产业发展需求，具备较好的数据素养和数理基础、扎实的编程基础及大数据基础知识与技能，熟练掌握大数据采集、预处理、存储、处理、分析、应用技术，能够运用大数据思维、模型和工具解决实际问题的高级复合型人才。大数据专业知识体系涵盖计算机、数学、统计学等多个学科领域，结合了诸多领域的理论和技术，包括应用数学、统计学、模式识别、机器学习、人工智能、深度学习、数据可视化、数据挖掘、数据仓库、分布式计算、云计算、系统架构设计等。如此复杂的专业知识体系，很容易让学生的学习"迷失方向"，给其造成学习上的困惑。大数据专业导论课是一门为学生"统揽全局、指明方向"的重要课程，通过这门课程的学习，学生可以对自己所学专业建立一个全局的认知，包括专业培养目标、毕业生就业岗位、专业知识体系、专业课程体系、大数据知识体系等。

2. 展开

随着信息技术和人类生产生活的交汇融合，全球数据呈现爆发增长、海量集聚的特点。无论是国家、企业还是社会公众，都越来越认识到数据的价值。因此，近年来，各地纷纷成立大数据发展局，企业纷纷推动数据资产治理，大数据辐射的行业也从传统的电信、金融逐渐扩展到工业、医疗、教育等。我国大数据究竟发展得如何？未来我国大数据发展还有哪些机遇和挑战？

（1）大数据产业发展

大数据理念深入人心，"用数据说话"已经成为人们的共识，数据也成了堪比石油、黄金、钻石的战略资源。近年来，我国大数据产业政策日渐完善，技术、应用和产业都取得了非常明显的进展。

在政策方面，我国从中央到地方的大数据政策体系基本完善，目前已经进入落地实施阶段。自 2014 年"大数据"这一词被写入政府工作报告以来，我国大数据发展的政策环境掀开了全新的篇章。国务院《促进大数据发展行动纲要》对政务数据共享开放、产业发展和安全三方面做了总体部署。《政务信息资源共享管理暂行办法》《大数据产业发展规划（2016—2020年）》等文件也已出台。党的十九大报告中提出"推动大数据与实体经济深度融合"，"十三五"规划中提出"实施国家大数据战略"。卫健、农业、环保、检察、税务等部门还出台了领域大数据发展的具体政策。截至2019年初，所有省级行政区都发布了大数据相关的发展规划，十几个省市设立了大数据管理局，8个国家大数据综合试验区、11个国家工程实验室启动建设。大数据的政策体系已经基本搭建完成。

在技术方面，我国大数据技术发展属于"全球第一梯队"，但国产核心技术能力严重不足。我国独有的大体量应用场景和多类型实践模式促进了大数据领域技术创新速度和能力提升。在技术全面性上，我国平台类、管理类、应用类技术均有大面积落地案例和研究；在应用规模方面，我国已经完成大数据领域的最大集群公开能力测试，达到了万台节点；在效率能力方面，我国大数据产品在国际大数据技术能力竞争平台上也取得了好成绩；在知识产权方面，2018年我国大数据领域专利公开量约占全球的40%，位居世界第二。但我国大数据技术大部分为基于国外开源产品的二次改造，核心技术能力亟待加强。例如，目前国内主流大数据平台技术中，自研比例不超过10%。

在应用方面，大数据的行业应用更加广泛，正加速渗透到经济社会的方方面面。随着大数据工具的门槛降低及企业数据意识的不断提升，越来越多的行业开始尝到大数据带来的"甜头"。无论是新增企业数量、融资规模还是应用热度，与大数据结合紧密的行业正在从传统的电信业、金融业扩展到政务、健康医疗、工业、交通物流、能源行业、教育文化等，行业应用"脱虚向实"趋势明显，与实体经济的融合更加深入。

（2）大数据产业三大困局

虽然我国大数据总体发展形势良好，也面临难得的发展机遇，但仍然存在一些困难和问题。

第一，涉及核心技术的产业发展薄弱，未能有效提升我国核心技术竞争力。核心技术的影响力在大数据产业极为重要。由于大数据企业在完成产品开发后可以近乎零成本无限制地复制，因此拥有核心技术的大企业很容易将技术优势转化为市场优势，即凭借具体的信息产品赢得海量用户，获得垄断地位。当前，从大数据技术与产品的供给侧来看，我国虽然在局部技术领域实现了单点突破，但大数据领域系统性、平台级核心技术方面的创新仍不多见。大数据处理工具都是"他山之石"，大部分企业用的都是国外的数据采集、数据处理、数据分析、数据可视化技术，自主核心技术突破还有待时日。尤其是开源产品的技术标准方面，我国的影响力亟待提升。

第二，数据孤岛和壁垒降低了大数据产业资源配置效率。大数据产业发展必须实现数据信息的自由流动和共享，如果数据不开放、不共享，就不能实现数据整合，数据价值也会大大降低。无论是政府数据、互联网数据还是其他数据，其拥有者往往不愿对数据进行开放流通。受制于前期信息基础设施建设，目前我国政府数据还存在诸多"数据孤岛"和"数据烟囱"，数据价值难以发挥。

第三，数据安全管理薄弱增加了大数据产业的发展风险。大数据技术为经济社会发展带来创新活力的同时，也使数据安全、个人信息保护乃至大数据平台安全等面临新威胁与新风险。海量多源数据在大数据平台汇聚，来自多个用户的数据可能存储在同一个数据池中，并分别被不同用户使用，极易引发数据泄露风险。利用大数据技术对海量数据进行挖掘分析，所得结果可能包含涉及国家经济社会等各方面的敏感信息，需要对分析结果的共享和披露加强安全管理。

三、教学总结

（一）教学依据

通过对知识点来源和发展历程的挖掘，讲述行业发展历程，引导学生建立历史自信、文化自信。通过介绍我国大数据发展现状和趋势、在世界整体发展中所处地位，引导学生建立制度自信、道路自信。通过密切追踪行业或专业热点，将专业知识与热点事件结合，激发学生的学习内生动力，培养学生的社会责任感与家国情怀。通过网络黑客和数据安全教育，培养学生的职业操守，增强学生的社会责任感。

（二）教学方法

本课程涉及的内容与学生生活密切相关，教师在教学过程中主要利用以下 2 种方法。

1. 实例教学法

大数据与现代生活密切相关，我们身边有很多事物涉及大数据相关应用问题。例如，教师以家庭摄像头和智能门铃引出网络安全；以电视、空调、指纹锁等引入物联网及大数据的产生；通过网络购物、在线门诊挂号、12306 购票等应用介绍大数据的海量规模及数据分析和处理等内容；以比特币为例介绍数据挖掘与数据算法应用。

2. 启发式教学

教师以数据安全引导、启发学生对网络黑客的讨论，就如何保护隐私和安全提出自己的见解和方法；通过介绍大数据的发展趋势，让学生思考个人将来的发展方向和职业选择。

（三）教学反思

根据教学设计，本课程培养学生的信息收集能力，让学生学会查阅文献，能根据问题撰写适当的调研报告，并对自己的将来有基本的规划。

通过课堂教学，使学生对数据科学与大数据技术专业有整体的认识，了解专业的发展现状和未来趋势，提升专业认知，增强专业信心，激发学习兴趣，培养社会责任感。

青农作为农业院校，其大数据专业要与农学特色相结合，通过介绍农业大数据的收集、分析、处理、开发应用，培养学生的"三农"情怀，加深学生对学校农业科学发展的理解，为"三农"工作发展奠定基础。

数据科学与大数据技术专业导论

海洋资源与环境专业导论

一、基本情况

（一）教师简介

陈伟，教授。中组部万人计划领军人才，山东省泰山学者海外特聘专家，泰山产业领军人才。主要从事海洋藻类的生物固碳、资源利用以及藻类环境毒理学研究。主讲《海洋资源与环境专业导论》《藻类资源与环境》。主持和参与省部级及以上纵向项目10余项，发表 SCI 论文 40 余篇，参与编写中英文著作 3 部，获得授权专利 30 余项。指导学生团队参加"挑战杯"等一类创新创业赛事，获国家级二等奖 1 项、省部级奖励 10 余项。

（二）课程简介

本课程是海洋资源与环境本科专业必修课，主要讲授海洋资源与环境专业的专业性质、基本知识结构、发展方向、前沿知识等内容。通过对课程的学习，学生可了解本专业的主要学科知识、课程体系、培养方式、专业人才培养基本要求，并了解当前国际上本专业的发展趋势，包括海洋资源开发、管理现状、海洋生态环境监测保护进展等，激发学生的专业热情，使学生树立专业自信心。专业导论课在大一第一学期开设，对学生了解专业动态、获取专业知识、结合专业方向规划大学生活、培养专业兴趣具有不可替代的作用。

（三）授课方式

线下授课。

二、教学设计

（一）专业名称

海洋资源与环境专业。

（二）教学目标

1. 知识目标

了解海洋资源与环境专业的性质、地位、作用、发展历史与现状，掌握专业研究的主要范围和涉及的领域、专业培养目标、课程设置及相关要求、专业毕业生就业前景，以及最新的发展趋势和专业前沿。

2. 能力目标

使学生树立德、智、体、美、劳全面发展理念，培养学生对现代海洋生物资源开发、管理技术，以及海洋资源可持续利用和海洋生态环境保护的认知能力，掌握海洋资源与环境行业的前沿动态和发展趋势，具备新农科发展所需的适应能力和创新能力。

3. 价值目标

通过融入思政案例，培养学生朴素的"三农"情怀，激发学生对海洋资源与环境专业的热爱，并立足时代高度，传递专业情怀和爱国情怀。建立专业认同感和专业自信。

（三）案例设计

1. 导入

讲述海洋资源可持续利用和海洋生态环境保护内容，引入张偲院士，通过介绍张院士的生平事迹及专业学习和工作经历，激发学生对专业的学习热情。

2. 展开

（1）海洋资源与环境专业背景介绍

进入 21 世纪，人类面临着五大危机，包括人口膨胀、粮食短缺、能源限制、资源枯竭和环境污染。有限的陆地空间已不足以保障人类解决这些危机，而广阔的海洋为我们提供了新的发展空间，对海洋进行开发利用是我们应对这些危机的最佳选项。

海洋一直以来都是人类的资源宝库，拥有丰富的生物资源、大量的矿产资源、清洁能源和广阔的空间资源。自 2001 年来，我国海洋经济规模快速增长，十年间翻了一番，2019 年已超过 8.9 万亿元，占国内生产总值的 9.0%。海洋油气、海洋渔业和海洋医药等产业与我们的生活息息相关，是国民经济的重要支撑。

资源开发和经济发展使海洋污染日益加剧，海洋环境保护压力空前。人类活动造成的陆源污染、海洋倾废、海洋工程建设、船舶污染、海上事故、核电站污染等严重破坏了海洋生态平衡，引发了多次海洋自然灾害。我国近海近年发生了多起典型海洋污染事件，赤潮和石油泄漏等造成了巨大的经济损失和生态破坏。近 20 年来，胶州湾多次发生赤潮，保护海洋环境刻不容缓。

互动：同学们是否了解或听过张偲院士？张偲投身海洋事业近 40 年，已在广东努力耕耘 30 多年。他孜孜以求，将自己的科学热情倾注在南海海洋研究上。他所专注的海洋微生物领域，关乎海洋生物资源的国家权益保障、创新药物的资源安全、生态环境安全与健康修复等国家重大科技战略。张偲始终活跃在科研第一线，不断涌现新思想，提出"海洋透镜"新理念，体现出执着和创新精神。

我国是一个陆海兼备的国家，由北向南，有渤海、黄海、东海、南海四大海域，大陆海岸线长达 1.8 万千米，位居世界第四。然而，目前我国的海洋意识相对淡薄，已出版的地图和教科书中多突出 960 多万平方千米的领土，常忽略了总面积达 300 万平方千米的广袤领海。现阶段我国仍存在海洋经济布局不合理、海洋科技创新力不足等突出问题。

大国欲崛起，海洋意识必须觉醒。从党的十六大到十九大，我国海洋资源开发和环境保护的步伐逐渐加快。党的十九大正式提出了海洋强国战略，涉及海洋资源开发、海洋经济发展、海洋科技创新、海洋生态文明和海洋权益维护等多方面内容，坚持陆海统筹，加快建设海洋强国。青农积极响应国家号召，开设并重点发展了海洋资源与环境专业。

（2）青农海洋资源与环境专业发展史及现状

本专业源于1993年青农成立的海珍品养殖专业，2011年首次招生。经多年发展，本专业已形成了"与社会联系密切，实践和科研教学完善，创新创业教育体系丰富"的专业特色。2018年学院水产学被列为山东省一流学科，本专业迎来了重点建设机遇。2021年获批山东省一流本科专业建设点（图1）。

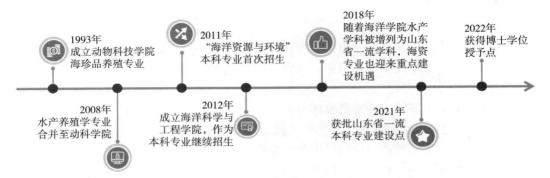

图1　青岛农业大学海洋资源与环境专业发展历程

本专业课程实行"三早""三多"实践教学，其中特色的"蓝鲸导航工程"是海洋学院的人才培养方式，为每个本科生配备校内校外双导师。另外，学院十分注重人文关怀和学生的全面发展，定期举办丰富多彩的文娱活动、实验技能竞赛、体育比赛和公益社区服务。

本专业必修课占总课程学分的63％，选修课占比19％，实践教学占比18％。通过理论学习和实践培养，学生将掌握海洋科学、生物科学和环境科学等方面的专业知识，具备国际化视野，树立正确的海洋观，为将来从事海洋资源开发利用与环境保护等工作打下坚实的基础。本专业毕业生可在海洋、水产、环保等相关政府部门、高等院校、科研院所和企业单位工作。

思考题：海洋资源与环境专业主要从事哪方面的研究？你认为课程体系中哪门课程很重要，为什么？

三、教学总结

（一）教学依据

作为海洋资源与环境专业的第一门专业课，专业导论是开启本专业课程学习的第一课，对后续专业课的学习具有启蒙和引导作用。专业导论课的课程思政建设要深入梳理专业课教学内容，体现专业设置的必要性，让学生明确毕业后的使命和担当。

本课程为理学专业课程，要在教学中把马克思主义立场观点方法教育与科学精神培养结合起来，提高学生正确认识问题、分析问题和解决问题的能力。注重科学思维方法的训练和科学伦理的教育，培养学生探索未知、追求真理、勇攀科学高峰的责任感和使命感。

本次课程思政引入张偲院士的海洋资源与开发、海洋生态环境保护工作，积极响应国家海洋强国战略，使学生树立海洋资源可持续利用和海洋生态环境保护的观念。

（二）教学方法

本次课程以专业背景介绍为出发点，重点突出海洋资源开发与管理和海洋生态保护的重要性，以及专业开设的必要性。以 PPT 讲授、互动式问答、人物案例式的教学方法为主，辅以相应教学资料，让思政案例有机地与课堂内容融为一体，通过张偲院士的思政元素为学生树立鲜明的榜样，加强学生的专业认同感。

（三）教学反思

海洋资源与环境专业导论第一课通过 PPT 讲授、案例将张偲院士的思政元素融入其中，能够加强学生对海洋资源与环境的专业认知，明确专业的发展方向和未来的前进目标，提升学生的专业认同感和自信心。在此过程中，培养学生踏实、坚韧的做事态度，让学生认识到开发海洋、保护海洋的重要性，同时提升爱国情怀，明确今后为国家海洋强国战略贡献自己的一份力量。

反思：加强课程内容与思政元素的融合，要做到润物细无声；加强课程思政案例深度，不要浮于表面；拓展案例库，以知识点教学为载体，深入挖掘思政育人功能，将知识传授与价值引领相结合，把价值观培育融入课程教学中。

水生动物医学专业导论

一、基本情况

（一）教师简介

傅强，博士，副教授，硕士生导师，海洋科学与工程学院水生动物医学系主任。山东省青创人才引育计划"水产病害免疫防控研究创新团队"带头人，山东省优秀研究生导学团队"比较免疫学与水产病害防控团队"核心成员。主要从事鱼类免疫与病害防控及养殖育种技术研究。主持国家自然科学基金、山东省重点研发计划、山东省自然科学基金等研究任务共 6 项。发表学术论文 72 篇，其中 SCI 收录 70 篇，中文核心期刊论文 2 篇，以第一或通讯作者身份发表 SCI 学术论文 23 篇，参与撰写英文论著 *Bioinformatics in Aquaculture*。承担本科生和研究生的水生动物医学专业导论、分子生物学和专业英语等课程教学。主持、参与研究生精品课程（案例库）及思政课题 5 项。

（二）课程简介

本课程是水生动物医学本科专业必修课，授课对象为大一新生。课程内容主要包括三个方面：首先，对青农、海洋科学与工程学院及水生动物医学专业进行介绍，包括学校、学院和专业的发展历史，现有条件及水平，帮助大一新生尽快了解本学院和专业；其次，以专业培养方案为主体，介绍本专业培养目标、毕业要求、课程设置、主干学科及课程、专业方向、专业毕业生就业前景及发展趋势等；最后，通过专业前沿专题讲座和案例的开展，全方位地帮助大一新生初步了解水产学科的内涵和外延，建立专业认同感和专业自信，稳固专业思想，为学生更好地适应和开展后期的学习打好基础。

（三）授课方式

以线下授课为主，部分前沿报告通过线上辅助教学。

二、教学设计

（一）专业名称

水生动物医学专业。

（二）教学目标

1. 知识目标

掌握水生动物医学专业的性质、地位和作用，了解专业发展历史与现状，掌握专业研究的主要范围和涉及的研究领域、专业培养目标、课程设置及相关要求，了解专业毕业生就业前景及最新的发展趋势和专业前沿。

2. 能力目标

培养学生德、智、体、美、劳全面发展理念，增强学生对水生动物病原、病理、药理、病害诊断及防控、检疫等方面的专业认知能力，掌握水产学科尤其是水生动物医学发展的前沿动态和发展趋势，具备新农科发展所需的适应能力和创新能力；培养学生的批判性思维和创新能力。

3. 价值目标

帮助学生树立专业认同感及专业自信，树立服务海洋强国、海洋强省战略的意识；通过融入本专业人才的成长经历，培养学生朴素的"三农"情怀，激发学生对水生动物医学专业的热爱，学习师长们踏实、努力的工作和学习态度。

（三）案例设计

1. 导入

欢迎各位同学加入水生动物医学专业的大家庭。首先问大家一个问题，在你们心目中，从事水产类专业是不是等同于养鱼养虾？你认为水产专业是干什么的？不瞒你们说，当年我填报高考志愿的时候，虽然清楚地了解中国海洋大学的水产是全国排名第一，但我的 6 个平行志愿里有生物大类、药学等，也并未选择水产类的相关专业。因为和很多人一样，我当时就觉得水产类专业就应该是去池塘里、海里挽着裤腿子和袖子养鱼养虾，是一个又累又土的工作。但有句话叫"路遥知马力，日久见人心"，这句话也可以应用到对于专业的理解。经过多年的亲身学习和科研经历我才发现，水产其实是一个非常有趣、有前途的行业。

2. 展开

（1）水产学科的魅力

水产学科如何有趣呢？首先，水产类专业能带你探索神奇的水生世界。下面介绍四种水生生物。

第一种是海参，海参属于经济和营养价值都比较高的海珍品。在浩瀚的大海中，海参实在渺小得微不足道，然而不可思议的是，在弱肉强食的海洋世界中，这个小生灵竟生生不息了几亿年！它的生命能量远远超过强大的恐龙以及世界很多强大的生物，它也是大海中的营养宝库，长寿之神。海参在遇到天敌或是生活环境不好的情况时，就会将内脏一股脑从排泄孔喷出，让其在水中飘动，吸引天敌，同时自身借助排脏的反冲力迅速逃离，保护自己。不过没有内脏的海参不会死掉，经过 30～50 天，又会生长出新的内脏。海参还有很强的再生力。若将其切成 2～3 段，带有部分泄殖腔的片段能再生成一个完整的整体。这种能力也为海参在遇到天敌时提供了一种保命的方法。在天敌吞食海参时，它能自行分身数段，待平安度过劫数后数日，各段就会自然地各自生成一个完整的海参。在天敌吞食海参一半时，落入海底的另一半也会在一段时间后再生成一个整体。这种神奇的再生修复功能，一直是中外医学界和生物学家深感迷惑和积极研究的课题。

第二个是比目鱼，顾名思义，比目鱼就是两只眼睛长在一侧的鱼。大家都知道，大部分鱼类的眼睛是对称分布在鱼头部两侧的，那比目鱼的眼睛是否天生就长在了一侧呢？这其实是比目鱼为了适应底栖生活方式而进化演变而成的有趣现象。

第三个是海马，海马不同于地球上任何其他动物，只有雄性海马会怀孕产子，雌海马把卵子产到雄海马体内，由海马爸爸完成孵化。要注意，海马也是鱼类，卵生，并非哺乳动物的胎生。

第四个是肺鱼，我们知道一般的鱼类通过鳃获取氧气，但是肺鱼，在水里可以通过鳃获取氧气，在没有水的环境里也可以生存很久，这是由于它的辅助呼吸器官执行了类似于哺乳动物肺的功能。海马、肺鱼等很多水生生物均处在物种进化过程中很重要的位置，引得科学家们广泛研究，用来探索生物进化的奥秘。

其次，除了有趣，水生生物提供的优质蛋白可以满足你的味蕾。（先带着大家看看这些是什么美味）从事了水产行业以来，我们每每走访合作企业，一定会有最正宗的海鲜河鲜等待我们品尝。比如去烟台国信东方海洋三文鱼养殖车间，每次都能吃到现杀的最新鲜的三文鱼刺身，去滨州参加对虾节，总能吃到最大最新鲜的对虾；当年在美国我们研究的是鲇鱼，每次做完实验取完样品，都能带着鲜美的鲇鱼回家与家人朋友分享，所以从事水产行业对于吃货来说，真的是一件很幸福的事情。

最后，水产专业还能带你领略无与伦比的美丽。五彩斑斓的珊瑚和观赏鱼，充满灵气的海洋生物，这些大多数人只能去海底世界之类的展览馆去观赏，而这对于我们水产类专业的学生来说，都是日常操作，每天照顾美丽的珊瑚和热带鱼，实习的时候作为这些可爱的海洋生灵的饲养员，近距离与他们接触。海洋生灵的可爱，我们触手可及。

此外，水产类专业还能带你在科学研究的海洋里遨游，去发现海洋里的秘密，去揭示这个世界未知的精彩。

（2）我国水产产业介绍

我国是农业大国，从古至今，水产养殖业都是我国农业不可或缺的重要组成部分。早在公元前 11 世纪，就有甲骨文记载"贞其雨，在圃渔"。公元前 5 世纪，范蠡编著的世界上最早的养鱼著作《养鱼经》问世，书中详细描述了养鱼的池塘条件和人工养殖、放养等方法。随着人民生活水平的提高和科学技术的发展，水产产业再次焕发新春，成为绿色朝阳产业（图 1）。

然而，随着水产养殖业的发展，高密度的集约化养殖导致养殖疾病频发。据统计，每年因病害造成的水产养殖经济损失超过百亿元，病害问题已经成为制约我国水产养殖业发展的重大瓶颈（图 2）。养殖生物发病是由养殖水体环境、动物机体和病原体三个因素决定的，正常情况下三者处于一种动态平衡的状态，一旦平衡被打破，养殖生物便会发病。就病因而言，基本可划分为两类，一类是病原性疾病（病毒、细菌、寄生虫、真菌），另一类是非病原性疾病（环境因素）。青农海洋科学与工程学院水生动物医学专业针对水产养殖过程开展了疾病防控一系列工作：首先，从疾病诊断入手，分离并鉴定致病源；其

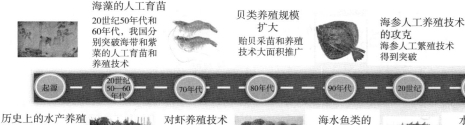

海藻的人工育苗
20世纪50年代和60年代，我国分别突破海带和紫菜的人工育苗和养殖技术

贝类养殖规模扩大
贻贝采苗和养殖技术大面积推广

海参人工养殖技术的攻克
海参人工繁殖技术得到突破

起源 — 20世纪50—60年代 — 70年代 — 80年代 — 90年代 — 20世纪 — 现状

历史上的水产养殖
甲骨文记载"贞其雨，在圃渔"春秋时期范蠡编著《养鱼经》

对虾养殖技术的突破
实现了虾蟹工厂化育苗

海水鱼类的养殖变革
海水鱼类人工繁殖技术突破、养殖生产方式变革

水产养殖业体系的完善
养殖物种多样化、养殖生产方式多元化

图 1　我国水产养殖业发展简史

次，结合病原微生物学及病理生理学解析病原致病机理；然后，研发疫苗、微生态制剂、抗菌肽等系列防控产品；最后，综合运用多种技术以有效防控疾病的发生发展。

➤ 每年因疾病造成直接经济损失均超过百亿元

➤ 病原性因素与非病原性因素诱发疾病

➤ 疾病诊断，致病机理解析，防控产品研发，疾病综合防控

疾病导致鱼虾蟹大量死亡

图 2　疾病严重制约水产养殖业发展

（3）青农水生动物医学专业介绍

　　海洋科学与工程学院于 2012 年成立，2018 年搬至蓝色硅谷校区，2018 年获批建设山东省一流学科水产学科。2018 年设立山东省唯一的水生动物医学专业。2020 年水产学科获批山东省高水平特色学科；2021 年，经国务院学位委员会审议获批博士学位授权点。水生动物医学专业立足海洋强国战略要求，培养德、智、体、美、劳全面发展，具有扎实水生动物医学专业理论和实践能力，具有开阔的国际视野和较强的创新能力，具备水生动物原理、病理、药理，病害诊断及防控、检疫等方面的基本理论、专业知识和技能，能够胜任现代水生动物疾病防控及相关领域的教学、科研、公共管理和技术开发等工作的高素质复合型专业人才（图 3）。

3. 思考题

　　学院水产学科在最近几年发展十分迅速：2018 年获批"十三五"山东省一流学科，

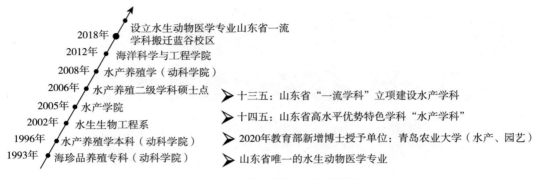

图 3 水生动物医学专业发展历程

2020 年获批 "十四五" 山东省高水平特色优势学科，2021 年获批博士点。让学生查阅相关资料，写一篇水生动物医学专业未来发展方向的小论文，字数不少于 1 500 字，严格按照科技论文格式要求，参考文献不少于 15 篇。

三、教学总结

（一）教学依据

本课程是农学类水生动物医学专业基础课程。根据《高等学校课程思政建设指导纲要》，科学设计课程思政教学体系，根据水生动物医学专业的特色和优势，科学合理拓展专业基础课程的广度、深度和温度，注重培养学生的 "大国三农" 情怀和服务海洋强国战略的意识，建立专业认同感和专业自信。引导学生以强农兴农为己任，树立把论文写在祖国大地上的意识和信念。增强学生以水生动物医学专业知识服务农业农村现代化、服务乡村全面振兴的使命感和责任感。

（二）教学方法

通过问题式导入引发学生对本专业的思考和兴趣。为了让学生更好地融入课堂，提升课堂参与感，本节课以 PPT 讲授、互动式问答、人物案例式的教学方法为主，并通过视频辅助教学，让思政案例有机地与课堂内容融为一体。考查方式是让学生通过论文形式对自己感兴趣的方向进行思考，升华教学效果。

（三）教学反思

本课程为专业基础课，通过问题导入、PPT 讲授、互动式问答、人物案例式等教学方式，让思政案例有机地与课堂内容融为一体，激发了学生的 "大国三农" 情怀和服务 "海洋强国" 战略的意识。未来授课考虑在两方面进行提升：一方面，让学生通过前期的学习采用翻转课堂形式，以自身为主体主动完成对本专业的了解和认识过程；另一方面，邀请学院院长等专家为学生作专题讲座，激发学生向榜样学习的力量。

课程思政教学设计 立德树人 强农兴农

190

水族科学与技术专业导论

一、基本情况

（一）教师简介

王峰，青岛农业大学海洋科学与工程学院水产养殖系副主任，副教授，主要从事鱼类繁养殖及休闲渔业的研究。主讲鱼类学、观赏水族繁养殖学、游钓渔业学等课程。主持和参与省级以上纵向研究项目 5 项、横向课题 3 项。参编"十三五"规划教材 3 部，主持省级一流课程一门，省级线上线下示范课程一门。发表研究论文 20 余篇，获得授权发明专利 10 余项。

（二）课程简介

本课程是水族科学与技术专业的第一门专业课程，是学生了解本专业发展脉络、知识体系的窗口课程。主要任务是让学生了解我国水族休闲产业的发展现状、未来趋势和现实问题；了解水族科学技术专业在整个休闲渔业发展过程中的任务、职责和担当。

课程目标是帮助大学生树立明确的理想目标，建立清晰的职业规划。培养学生对专业的认同感和使命感，对整个休闲渔业行业的宏观意识、系统思维和创新思维；培养综合性和应用型的现代化复合型人才。

该课程在整个专业培养中具有统领和概括综合作用。围绕产业需求和应用，对水族科学、水族工程、游钓渔业、渔业文化进行综合性讲述，讲解每一个研究方向在产业中的应用和发展。

（三）授课方式

线上线下混合教学。

二、教学设计

（一）专业名称

水族科学与技术专业。

（二）教学目标

1. 知识目标

通过对水族休闲产业发展现状及发展规律的学习，学生能够掌握水族产业发展的一般规律，了解休闲渔业产业的产业地位；掌握水族产业的发展方向和学科支撑，了解水族细分领域和水族科技发展之间的关系；能围绕水族科学、水族工程和游钓渔业制定相应的发展策略。

2. 能力目标

具备产业调研和产业分析能力，熟悉和了解产业发展方向与学科技术支撑之间的关系；理解水族生物与环境之间的相互关系，掌握水族生物生态学的基本概念和常用的研究方法，能自行设计一些常规的生态学小实验。

3. 价值目标

形成重原则、守规矩、踏实认真、敢于担当、自强不息的思想品质，具备创新精神，能够发散思维，初步具有多学科知识综合应用思路和能力；加强生态文明教育，引导学生树立和践行绿水青山就是金山银山的理念；培养学生的爱国主义信念、"大国三农"情怀，引导学生以强农兴农为己任，"懂农业、爱农村、爱农民"，树立把论文写在祖国大地上的意识和信念，增强学生服务农业农村现代化、服务乡村全面振兴的使命感和责任感，培养知农爱农创新人才。

（三）案例设计

1. 导入

讲到中国的休闲渔业，不得不提到一种鱼类——锦鲤。首先请学生回答他们对锦鲤的了解，引导学生对其产生兴趣。提到这种鱼，就要讲到一段历史，从而把青农毕业生蒋世波的一段创业历史讲出来，用情景重现的方式为学生讲述蒋世波的大学时代和创业之路，引起学生共鸣。

问题1：为什么锦鲤养殖会迅速发展成为一个庞大的产业？这时期中国的经济处于什么发展阶段？

问题2：蒋世波为什么会成功？他抓住了什么有利时机？科学技术在推动休闲渔业产业发展中起到什么作用？

2. 展开

（1）我国休闲渔业发展

休闲渔业是利用各种形式的渔业资源（渔村资源、渔业生产资源、渔具渔法、渔业产品、渔业自然生物、渔业自然环境及人文资源等），通过资源优化配置，将渔业与休闲娱乐、观赏旅游、生态建设、文化传承、科学普及和餐饮美食等有机结合，向社会提供满足人们休闲需求的产品和服务，实现一二三产业融合的一种新型渔业产业形态。

休闲渔业活动自古有之，但作为我国现代渔业的一种产业形态，其从无到有、从小到大也只是经历了约40年的时间，大致可以划分为三个时期：萌芽起步期、快速发展期和提升规范期。

萌芽起步期：20 世纪 70 年代，发达国家和地区因海洋生物资源衰退和过度捕捞，海洋渔业生产效益日益下降，为寻找新的增长点，其开始鼓励和引导渔民走多元化经营之路，大力发展休闲渔业。

快速发展期：2011 年 6 月，农业部发布《全国渔业发展第十二个五年规划（2011—2015 年）》，首次把休闲渔业列入渔业发展规划，并明确将其列为我国现代渔业的五大产业之一，其产业地位发生了明显变化。

提升规范期：2016 年 5 月，农业部《关于加快推进渔业转方式调结构的指导意见》指出："大力发展休闲渔业……制定完善休闲渔业管理办法和标准，深入开展休闲渔业示范基地创建活动。"同年 10 月，农业部召开全国休闲渔业现场会，该会议是首次以休闲渔业为主题的全国性会议，会议部署进一步推进休闲渔业发展和规范管理。2017 年农业部首次组织实施了休闲渔业品牌培育的"四个一"工程，并首次在全国范围内开展结构化、量化监测。2017 年全国休闲渔业产值实现 708.42 亿元，休闲渔业接待游客 2.20 亿人次。

（2）山东省休闲渔业发展

山东省休闲渔业产业发展迅速，五批全国休闲渔业示范基地评选共创建全国休闲渔业示范基地 589 家，目前有效期内的示范基地共 325 家，其中山东省有 42 家，位居各省份首位。2014 年 9 月 14 日，山东省聊城市高唐县承办"2014 中国（高唐）海豚杯锦鲤大赛"，来自全国 10 多个省份的 60 多个国内顶尖锦鲤养殖场参赛。高唐县有锦鲤养殖面积 3 000 余亩，工厂化养殖 20 万平方米，年繁育锦鲤鱼苗 7 000 万尾，年产值 1.2 亿元。高唐县已被山东省渔业协会授予"山东锦鲤第一县"。

山东省休闲渔业产业有其独特的资源基础和产业模式特点，尤其是山东省蓝色半岛经济区获批并投入建设以来，以海岸、海岛为主题的海岛型休闲渔业的发展更是被提到日程上来。2013 年，山东省休闲垂钓协会成立，2015 年，莱州市海钓产业协会成立，标志着山东省休闲垂钓业进入了快速发展阶段。2014 年 12 月 31 日，山东省颁布关于推进"海上粮仓"建设的实施意见，明确提出要大力拓展涉海休闲渔业产业，发布了《山东省"海上粮仓"建设规划（2015—2020 年）》。

（3）青农水族科学与技术专业发展历程和定位

2014 年青农水族科学与技术专业应国家和山东省对水族及休闲渔业领域专业人才的迫切需求组建，为山东省唯一的水族类专业，同年招收本科生。2016 年获批山东省特色名校重点建设专业群，2018 年获批山东省一流学科建设支撑专业。

山东省是海洋人才、科技和产业大省，青农水族科学与技术专业与山东省蓝色半岛经济区建设相对应，该专业秉承可持续发展理念，服务海洋强国战略，培养对国家和社会有高度责任感，掌握生物科学与环境科学基本理论知识，具备水族生物遗传育种与繁殖、水环境处理与控制和涉水风景园林规划与设计等技能，能从事相关领域教学、科研、管理和技术开发的具有国际视野的应用复合型人才。

三、教学总结

(一) 教学依据

水族科学与技术专业导论是水族专业学生的第一门专业课也是必修课，对后续专业课的学习具有启蒙和引导作用。这门课的内容和导向直接决定学生本科四年的整体规划和学习目标，直接影响学生对水族科学与技术专业的兴趣和学习动力，关系学生将来从事水族休闲产业的信心和决心。

在教学内容中，教师应讲授我国休闲渔业产业发展的现状及科学技术在产业发展中的巨大作用，使学生了解产业发展中存在的问题，并能够意识到产业发展存在重大技术提升需求，蕴含重大产业发展机遇。抛出问题，引导学生思考，激发学生围绕产业发展创新创业的责任心和使命感。

(二) 教学方法

总结与教学设计匹配的恰当方法，包括具体的教学方式或教学思路，方法总结要有针对性。

本课程授课采用线上和线下结合的方式。先用情景在线的方式讲述蒋世波锦鲤创业史，激发学生的好奇心和认同感。然后用案例分析法引导学生思考锦鲤产业在中国欣欣向荣发展的根本原因，继而引导学生了解中国休闲渔业产业发展的历史，以及国家在产业发展过程中起到的作用。讲述山东省休闲渔业产业发展现状，并引导学生了解科学技术在产业发展中的重要作用。最后视频连线蒋世波，让蒋世波从第一视角为大家介绍自己的锦鲤养殖场现状，以及围绕锦鲤产业创业一路走来的心得体会。

(三) 教学反思

根据教学设计或者前测、后测的对比，反思学生对专业学习、学校发展的态度情感及"三农"情怀等。

要求学生在课后及时总结反思，结合课程中提出的思考题，通过网络和学术数据库查找答案，并将之融入自己今后的专业学习中。鼓励学生多读书，多分析，深入理解中国农业农村的发展策略和政策，将之与自己今后的专业课学习融汇起来，同时关注和把握现代生物科学的新理论和技术突破，成为具有宽阔的技术视野、较高的生态素养并可以应用前沿科技的高水平产业人才。鼓励学生树立"大国三农"情怀，引导学生以强农兴农为己任，树立把论文写在祖国大地上的意识和信念，增强学生服务农业农村现代化、服务乡村全面振兴的使命感和责任感。

水产养殖学专业导论

一、基本情况

（一）教师简介

王国栋，水产养殖系主任，水产养殖学专业负责人，副教授，硕士研究生导师，山东省现代农业产业技术体系岗位专家。主要承担鱼类增养殖学、水产养殖学专业导论、底栖动物学等专业课程。研究方向为水产健康养殖生态学。发表学术论文 30 余篇，授权专利 10 余项；先后主持广东省自然科学基金、广东省科技计划、山东省重点研发计划、山东省海洋与渔业厅软课题、山东省重大科技创新工程等项目。指导学生参加大学生创新创业大赛获省级铜奖。

（二）课程简介

本课程是面对水产养殖学专业开设的一门专业课，是从大农业角度介绍水产养殖业的基本地位、原理和手段的科学理论体系，亦是从水生生物学角度将水生生物学各分支学科的原理应用于水产养殖的系统工程理论体系。课程主要包括鱼类、甲壳类、贝类、藻类等四方面内容。介绍水产养殖和增殖的理论与技术，水生生物的苗种繁育、成体养殖。为了适应水产养殖快速发展的现状，侧重于养殖理论的介绍。

本课程是面向一年级本科新生开设的专业导论课，内容包括水产学科前沿、行业发展方向、职业发展规划、专业知识结构等，旨在加强创新创业教育与专业教育的渗透融合，挖掘专业课程中的创新创业元素。

（三）授课方式

线上线下混合教学。

二、教学设计

（一）专业名称

水产养殖学专业。

（二）教学目标

1. 知识目标

通过课程的学习，了解主要水产经济动物鱼虾贝藻参的增养殖业简史，新中国成立之后我国水产业取得的成就、我国水产业的特点，目前存在的主要问题及发展趋势。

2. 能力目标

了解养殖生物与环境的关系；了解我国水产养殖的现状；培养学生发现问题、解决问题的能力。

3. 素质目标

提高学生的专业素质、对我国水产养殖状况的总体概括能力，培养学生热爱专业、热爱学校的情怀。

（三）案例设计

中国海洋大学董双林教授多年从事养殖生态学和养殖技术研究与应用，建设了滩涂高效健康养殖技术集成与示范，解决了盐碱地水产养殖技术；构建了"深蓝1号"等深远海养殖网箱，推动了我国深远海养殖产业的长足发展，获得国家科技进步二等奖。通过这个事例告诉学生，无论多大年龄，都要不断进取，向着理想奋斗。

"对虾之父"王克行多年从事对虾育种、繁育、养殖学研究，建立了整套对虾养殖产业技术体系，对我国对虾养殖产业具有重大贡献。在王克行的努力下，我国突破了对虾的引种、育苗、养殖一系列难题，最终实现了对虾的产业化大发展，实现农民增收。通过这个事例告诉学生，要向专家学习刻苦努力、不放弃的精神，在机遇面前不要等待，而要争取和把握，年轻时具有奋斗不怕吃苦的精神和毅力，终会取得成功（图1）。

图1　中国对虾

"大菱鲆之父"雷霁霖院士将大菱鲆从英国引入，并成功繁育，形成了我国北方名优鱼类的重大产业链，实现了渔民增收，创造就业，带动了一系列产业的快速发展。通过这个事例告诉学生，不仅要把握机遇，还要勇于寻找机遇，才能取得成功（图2）。

图 2　大菱鲆

三、教学总结

（一）教学依据

作为水产养殖学专业的第一门专业课，专业导论是开启专业课程学习的第一课。根据《高等学校课程思政建设指导纲要》，科学设计课程思政教学体系，根据水产养殖学专业的特色和优势，科学合理拓展专业基础课程的广度、深度和温度，注重培养学生的"大国三农"情怀，使其建立专业认同感和专业自信，秉承可持续发展理念。培养德、智、体、美、劳全面发展，对国家和社会有高度责任感，掌握水产科学、水生生物学和生态学相关理论知识，具备水产生物增养殖、疾病诊断与防控、营养和水质调控等方面技能的社会主义事业合格建设者和可靠接班人，以及能从事相关领域科研、教学、公共管理和技术开发等工作的高素质复合型人才。

（二）教学方法

首先，课程以问题导向的方式，从"水产养殖是什么""将来能干什么""我们有什么"三个问题出发，引起学生的兴趣。教师介绍水产养殖是关系国计民生的重要大事（事关国家粮食安全问题），有着辉煌而悠久的历史（战国时期的范蠡、新中国成立后的诸多首创），我国在此方面取得了举世瞩目的成就（水产养殖大国，30 年来世界第一），使学生对水产养殖学这个"冷门"专业有客观的、深刻的认知。其次，介绍毕业之后可以从事哪些领域的工作，坚定学生努力学习专业知识将来服务"三农"、强大祖国的信心。最后，介绍学院水产养殖学专业位列国家级一流专业、获批博士点等进展，以及学院和专业的软硬件条件，为学生从事本专业的学习保驾护航。

（三）教学反思

本课程授课对象是水产养殖学专业的本科生，这是他们进入大学以来的第一门专业

水产养殖学专业导论

课。经过几年的授课发现，学生对课程设置和授课方式非常认可，转专业的比例逐年降低，2022 年还有反向转专业的情况。授课结束后，很多学生添加老师微信并表达了对水产养殖学专业的无限憧憬。在此过程中，也培养了学生踏实、坚韧的做事态度及真诚朴素的"三农"情怀，提升了学生的专业认同感和爱国情怀。

图书在版编目（CIP）数据

课程思政教学设计：立德树人 强农兴农 . 校史篇 /
田义轲，张玉梅主编 . —北京：中国农业出版社，
2023.12
ISBN 978-7-109-31620-1

Ⅰ . ①课… Ⅱ . ①田… ②张… Ⅲ . ①思想政治教育
－教学设计－高等学校 Ⅳ . ①G641

中国国家版本馆 CIP 数据核字（2024）第 010788 号

中国农业出版社出版
地址：北京市朝阳区麦子店街 18 号楼
邮编：100125
责任编辑：张 丽 邓琳琳 胡晓纯
版式设计：王 晨 责任校对：吴丽婷
印刷：北京印刷一厂
版次：2023 年 12 月第 1 版
印次：2023 年 12 月北京第 1 次印刷
发行：新华书店北京发行所
开本：787mm×1092mm 1/16
总印张：24.75
总字数：570 千字
总定价：158.00 元

课程思政教学设计

立德树人 强农兴农：校友篇

田义轲　　张玉梅　　主编

中国农业出版社

北　京

校友篇

XIAOYOUPIAN

主　编：田义轲　张玉梅
副主编：董玉河　刘丽红　赵玉婷
编　委（以姓氏笔画为序）：
　　　　于　宁　王政军　田义轲　刘丽红
　　　　刘妍玲　李香玉　张玉梅　赵玉婷
　　　　董玉河　蔡　斌

序

2019 年 9 月，习近平总书记给全国涉农高校的书记校长和专家代表的回信中明确指出："中国现代化离不开农业农村现代化，农业农村现代化关键在科技、在人才。"2022 年 10 月，党的二十大报告明确提出，全面推进乡村振兴。2023 年，中央 1 号文件《中共中央 国务院关于做好 2023 年全面推进乡村振兴重点工作的意见》擘画了党和国家"三农"工作的方向和蓝图。

2020 年 5 月，教育部印发的《高等学校课程思政建设指导纲要》指出，全面推进课程思政建设是落实立德树人根本任务的战略举措，课程思政建设是全面提高人才培养质量的重要任务。农学类课程要注重培养大学生的"三农"情怀，引导学生以强农兴农为己任，培养知农爱农创新人才。农业院校立足办学特色，满足社会关切，服务国家粮食安全等重大战略需求是教育教学的使命。高校是学习教育的主阵地，课堂教学既要按照教学大纲的统一要求完成教学内容的传授，又要结合学校的培养目标和学生的专业实际体现校本特色，更要服务于培养中国特色社会主义建设者和接班人这一重大历史使命。

青岛农业大学始建于 1951 年，历经莱阳农业学校（1951—1958、1963—1976）、莱阳农学院（1958—1963、1978—2007）、莱阳农业大学（1976—1978），2007 年 3 月经教育部批准更名为青岛农业大学。在长期办学实践中，学校铸就了"厚德、博学、笃行、致远"的校训和"勤奋、严谨、求实、创新"的校风，形成了"矢志三农、勤奋求实，自强不息、追求卓越，培养高素质应用型人才"的办学特色。青岛农业大学贯彻落实习近平总书记回信精神，把习近平总书记关于"三农"工作的重要论述和党的"三农"政策融入课程教学内容中，引导学生立志成为"一懂两爱"（懂农业、爱农村、爱农民）的乡村振兴骨干力量。

70 年弦歌不辍，70 年砥砺奋进，青岛农业大学牢牢把握时代脉络，不断见证、亲历时代变迁，积极回应国家和社会发展需要。学校植物学与动物学、农业科学、化学学科、工程学科、环境与生态学学科位居基本科学指标数据库（ESI）全球排名前 1%。水产学科和农业工程学科为山东省高水平学科（培育学科），水产学科、植物学与动物学（含草学）为山东省一流学科。学校坚持围绕国家和地方重大战略需求设立研究课题，面向生产实际开展基础和应用研究。1978 年以来，学校累计获得省部级以上科技成果奖励 238 项，其中国家级科技奖励 14 项、省部级成果一等奖 37 项，获奖数量和层次在山东省省属高校中位居前列。20 世纪 70—90 年代，学校连续首创全国北方小麦、夏玉米、旱地小麦大面积亩*产超千斤**栽培理论与技术，夏花生大面积超 800 斤栽培理论与技术，为确保国家粮食安全、实现粮食和油料作物增产、促进畜牧业发展作出了重大贡献。

为深刻领悟新时代农业院校的重要责任和历史使命，课程思政设计更加贴近学生实际，取得良好的育人效果，我们编写了《课程思政教学设计 立德树人 强农兴农：校史篇 校友篇》。其中，《校史篇》以青岛农业大学部分专业导论课程为线索，讲述青岛农业大学及其各专业的发展历程，培养学生的主人翁精神、树立强农有我的自豪感和自信心。以专业导论第一次课的内容进行课程思政教学设计，突出展示重点学科和优势学科的发展过程。明确各类学科在提高农业生产能力、提升农民生活质量、保持社会稳定、推进乡村振兴方面的重要作用。结合青岛农业大学发展历史，着重强调关键学科和核心领域的发展，从中体会和领悟我国涉农院校的发展变迁与国家需求、人民期待之间的关系，更加明确树立强农兴农责任的紧迫感，更加明确培育知农爱农新型人才的时代使命。《校友篇》选取青岛农业大学部分杰出校友投身"三农"、助力乡村振兴的贡献和事迹，将校友"三农"贡献和情怀信仰融入各类课程教育教学中，展现青岛农业大学课程思政教学创新和改革的有益探索，强化高校立德树人根本任务，培养知农爱农的应用创新型新农科人才。本书结合青岛农业大学课程思政的具体案例，向读者一一展开教学设计、教学活动、教学内容。一方面，总结青岛农业大学课程思政的经验，为继续推进课程思政建设打下良好基础；另一方面，希望和广大高校交流课程思政教学经验，相互学习，相互促进，共同为培育时代新人而努力，谱写新时代农业学校发展绚丽华章。

郭善利

2023 年 10 月

---

* 亩为非法定计量单位，1 亩≈666.67 平方米。余后同。——编者注

** 斤为非法定计量单位，1 斤＝0.5 千克。余后同。——编者注

目录

作物育种学 B

一、基本情况

（一）教师简介

郭卫卫，副教授，农学博士，"作物种质资源创新与利用教师团队"（全国高校黄大年式教师团队）成员之一，农业农村部种业管理司农作物种子出境和对外合作评审专家。主要从事小麦抗逆、品质相关调控机理研究。先后主持国家自然科学基金青年科学基金项目、山东省重点研发计划（重大科技创新工程）课题等科研项目 8 项。先后在 *The Plant Journal* 等期刊发表学术论文 12 篇，其中 SCI 收录 10 篇，参编教材 1 部，授权专利 7 项，参与选育抗旱小麦新品种青麦 11 号。主讲种子科学与工程专业的作物育种学 B 课程。

（二）课程简介

本课程是种子科学与工程专业的一门专业必修课，在植物学和遗传学课程的基础上，通过对育种原理和方法的教学，培养学生作物育种的主要方法和基本操作技能，使学生具有一定的独立开展作物育种的能力，为从事育种工作和科学研究打下基础。

种子是农业的"芯片"，关系着我国的粮食安全，对农业现代化更是发挥着基础性作用。学生通过对本课程关于作物育种的基本理论、基本知识和品种改良遗传原理的学习，明确作物育种学在农业生产中的重要地位，增强自己作为一名农科学子的责任感。

（三）授课方式

线下线上混合教学。

二、教学设计

（一）融入团队

青农作物种质资源创新与利用教师团队为全国高校黄大年式教师团队。由 19 名教师组成，其中享受国务院政府特殊津贴专家 2 人，国家教学名师 1 人，全国优秀教师 1 人，山东省优秀教师、山东省高端人才、泰山学者等 5 人，国家和山东省产业技术体系岗位科学家（站长）、国家和省作物生产专家指导组、国家和省作物品种审定委员会委员等 13 人（图 1）。团队认真贯彻落实习近平总书记给全国涉农高校的书记校长和专家代表的重要回信精神，长期以来聚焦国家粮食安全等重大战略需求，聚焦研究小麦、玉米和花生等主要粮油作物的育种理论和方法，始终秉承科技报国、服务"三农"的重任，在师德师风建设、教育教学、科研创新、社会服务等方面均取得优异成绩。

图 1　青农作物种质资源创新与利用教师团队

（二）知识点

作物育种学 B 课程第七章第二节，亲本选配的原则。

（三）教学目标

1. 知识目标

掌握亲本选配的五大原则，即亲本优点多，缺点少，双亲的优缺点能够互补；杂交亲本间双亲遗传差异性要大；杂交亲本应具有较好的配合力；亲本之一主要目标性状表现突出，且遗传力高；亲本之一最好是能适应当地条件、综合性状较好的推广品种。

2. 能力目标

在掌握理论知识的基础上，通过种质资源筛选鉴定，筛选出符合育种目标要求的亲本，进而通过杂交实验、杂种后代的处理选择出符合要求的杂种后代，最终通过品比实验、区域实验和生产实验审定出新品种。通过杂交育种的程序将亲本选配的原则运用到实际育种过程中。

3. 素质目标

通过本知识点的学习，了解杂交育种工作的重要性及艰巨性，进而深刻体会育种工作者的重要性，增强自己的使命感和责任感。

（四）案例设计

1. 导入

极端天气对农作物的影响：

随着全球气候的变化，极端天气对农作物产生了越来越大的影响。例如：2010 年河南省洛阳市遭遇数十年不遇的特大风霜、暴风灾害，预计全市因灾造成直接经济损失 9 亿元以上；2017 年，甘肃多地出现强对流天气，农作物受灾严重。

极端气候灾害频发对农作物产量造成了严重影响。特别是 2022 年入汛后，我国遭遇了持续暴雨和极端高温天气，气候变化带来的灾害事件日益频繁，总体呈现出"降雨带北扩"的趋势，西北地区"暖湿化"比较明显，北方冬小麦的种植界限在向北、向西扩张。气候变化也导致中国极端气象灾害事件增多，灾害异常性和不可预见性越来越大，给农业生产带来的挑战也越来越大，因此抗性突出、适应性广的农作物品种显得越来越重要。如何选育综合性状优良的作物品种呢？这就是本节课要重点讲述的内容，即亲本选配的原则。

2. 展开

青农作物种质资源创新与利用教师团队于 2022 年获批全国高校黄大年式教师团队，团队成员近年来合作选育了多个农作物新品种，如小麦类的青麦 6 号、青麦 11 号（图 2），玉米类的青农 106 号、莱农糯 12 号，花生类的鲁花 11 号、宇花 18 号等。

图 2　青麦 11 号

其中抗旱耐盐小麦品种青麦 6 号自 2012 年以来，在东营盐碱地累计推广种植 10 余万亩，净增产 4 000 余万斤，净增效益 7 800 余万元，取得了显著的经济、社会和生态效益，被列为国家渤海粮仓计划盐碱地小麦主推品种。相关成果获中华农业科技奖一等奖 1 项，山东省科技进步奖二等奖 1 项，青岛市科技进步一等奖 1 项。

宇花 18 号是全国首个兼具高油酸耐盐碱花生品种，2022 年入选国家粮油生产主导品种。高油酸耐盐碱花生品种"宇花系列"在中高度盐碱地上亩产高达 1 000 斤，为盐碱地种业创新贡献了青农力量。

下面以小麦育种团队 2021 年新审定的小麦品种青麦 11 号选育过程为例，具体讲述杂交育种过程中亲本选配的原则。

青麦 11 号小麦品种是作物种质资源创新与利用教师团队的张玉梅教授及其团队于 2008 年以莱农 0 144 为母本、烟农 21 为父本进行杂交得到的，杂交后代经系谱法连续多年定向选择，于 2015 年育成，并于 2021 年通过山东省旱地品种审定（鲁审麦 20210018），目前已经完成国家旱地品种试验程序，正在申请国家审定。

该品种从开始杂交到通过审定前后经历了 13 年的时间，在品种选育过程中有小故事也有大感动。张玉梅教授团队中大多数都是女性教职工，2020 年张玉梅在南京农业大学挂职，为了保证材料能够在雨前收获，她从南京赶回试验田，与团队成员分别在四个试验点同时进行收获，最终小麦材料没有一点损失。也正是由于这种执着拼搏的精神，团队选育出的青麦 11 号既做到抗旱性突出又能够抵抗赤霉病、白粉病、茎基腐病、叶枯病、条锈病等多种病害。2022 年夏在德州和青岛平度的亩产分别达到 1 400 斤和 1 300 斤。张玉梅及其团队成员不畏艰辛、努力工作的拼搏精神，让我们在平凡生活中感受到了奋进的力量。

青麦 11 号的杂交亲本为莱农 0144 和烟农 21。其中莱农 0144 是小麦育种团队自己选育的一个小麦品系，其特点是抗旱性突出。烟农 21 是由山东省烟台市农业科学研究院选育的中晚熟多穗型品种，抗旱性中等、品质优良、丰产性好。

让学生总结这两个品种的特点符合亲本选配的哪些原则（线上提交），根据学生反馈的结果进一步提炼总结。

分析发现，这两个亲本品种优点都非常突出，并且优缺点能够互补，符合亲本选配的第一个原则。再看亲缘关系，烟农 21 是由烟 1933/陕 82 - 29 杂交选育的，因此与莱农 0144 亲缘关系较远，符合亲本选配的第二个原则。此外，莱农 0144 与烟农 21 的配合力较好，且遗传力较强，符合亲本选配的第三和第四个原则。烟农 21 为当地的主栽品种之一，符合第五个原则。

根据上述分析总结可以得出亲本选配的原则：一是亲本优缺点；二是亲缘关系是否远；三是配合力度要好；四是性状（目标性状）遗传力强；五是主栽品种要选准。

3. 作业

根据分组，学生课后查阅资料、采访学院老师，收集近年来通过杂交选育的农作物品种，分析其亲本特点，分享品种选育背后的故事。每组同学选择一个品种即可，下次课以 PPT 的形式由每个小组的组长汇报，组内同学负责答疑。

三、教学总结

（一）教学依据

根据《高等学校课程思政建设指导纲要》指示精神，深度挖掘"杂交育种"这一章

4

节中亲本选配过程中蕴含的"三农"精神，增强学生对牢牢把握粮食安全主动权、端牢中国饭碗的具体理解，引导学生以强农兴农为己任，培养知农爱农情怀。

（二）教学方法

以当前的极端气候现象为切入点，引出粮食安全的重要性，进而启发学生对种子是农业"芯片"的理解。以青农选育的品种为实际案例进行课程内容讲解，既利于学生理解，又能够增强学生的使命感和荣誉感。

对课堂内容进行总结，便于学生理解和记忆。课后布置调查采访作业，在增强学生对课堂知识点理解的基础上，增加学生对品种选育过程中付出艰辛的感触，利于增强学生服务农业农村现代化、服务乡村全面振兴的使命感和责任感。

（三）教学反思

本节课以全国黄大年式教师团队为切入点，通过团队成员杂交育成品种选育过程将亲本选配的原则融入其中，学生既能有效掌握亲本选配原则的基本理论知识，又能深刻体会到杂交育种工作的重要性，同时增强自己的集体荣誉感、使命感和自豪感。

作物栽培学 Ⅰ

一、基本情况

（一）教师简介

师长海，副教授，主要承担农学定向培养生和农学专业作物栽培学 Ⅰ、作物栽培学 Ⅱ 中各作物栽培理论知识的讲解，承担作物栽培学实验和作物栽培学实习等实验实践课程。近五年发表相关教研论文 3 篇，参与省级教研项目 2 项。

（二）课程简介

本课程是农学专业（创新实验班）、农学专业公费农科生等本科专业的必修课，是一门综合性、实践性较强的应用学科。课程主要任务是研究作物生长发育、产量和品质形成规律及其与环境的关系，探索通过栽培管理、生长调控和优化决策等途径，实现作物高产、优质、高效、安全、生态，且可持续发展的理论、方法与技术的科学。它在作物生产中具有极其重要的地位，是农业生产中最基本和最重要的组成部分，是农学专业主要专业课之一。通过课程学习，学生能够掌握作物的植物学、生理学、生态学的核心知识，理解作物种植与管理的基本原理，正确理解和认识作物生长生育和产量品质形成规律，具备综合运用"作物、环境、措施"等知识和原理、促进作物健康生长发育的能力，树立学农、知农、爱农的意识，掌握作物栽培学的基础知识和基本能力，为从事本专业工作和科学研究打下坚实基础。

（三）授课方式

线下教学。

二、教学设计

（一）融入团队

2022 年 8 月，山东省科技厅下发《关于公布 2022 年度山东省科技特派员创新创业共同体产业服务团名单的通知》，批准建设了 80 个科技特派员创新创业共同体产业服务团，其中青岛农业大学获批小麦、食用菌、韭菜、甘薯、蓝莓等 5 支山东省科技特派员创新创业共同体青岛产业服务团，获批数量居全省之首。

组建科技特派员产业服务团，是学校贯彻落实习近平总书记关于科技特派员制度推行 20 周年重要指示精神、落实山东省科技厅《关于征集省科技特派员创新创业共同体产业服务团建设意向的函》文件要求和打造科技助力乡村振兴"齐鲁样板"的重要举措。"科技特派员团队会战行动计划"实施三年来,学校共组建了 11 支服务黄河流域生态保护与高质量发展科技特派员团队、9 支服务区域经济高质量发展科技特派员团队和 6 支东西协作科技特派员团队。科技特派员团队帮扶乡村振兴重点乡镇村 60 余个,推广农业科技成果 122 项,提供农业科技指导服务 1 500 次,解决农业生产技术难题 176 项,线上线下培训农业科技人员 5 200 余人次。

近年来,学校积极实施科技特派员制度建设,聚焦学校中心工作,多措并举,全面完善服务体系,凝炼服务模式,积极推进科技特派员行动计划的执行,形成了国家、省、市、校四级科技特派员团队耦合联动的新局面,突出表现在"四个转变",即由科技特派员服务"单兵作战"向高水平的"团队作战"转变、由"服务农户技术"向"服务产业需求"转变、由"一叫就到"向"特派员基地"转变和由"答疑解惑"向"揭榜挂帅"转变,加快了学校引导科技特派员将新技术、新成果、新动能送到田间地头转化为实践成果的步伐,为黄河重大国家战略、乡村振兴战略、粮食安全战略的全面实施贡献了智慧和力量。学校社会服务工作及"一站式"技术服务、咨询、转让、开发的"四技"合作模式也实现了提档升级,并取得了突出成效,相关工作得到了《人民日报》《科技日报》《大众日报》《农民日报》等媒体的广泛关注和报道。

(二)知识点

作物栽培学课程第一章第六节粮食安全与农业可持续发展中"一、粮食安全"科技对粮食生产的贡献率。

(三)教学目标

1. 知识目标

掌握我国国家粮食安全战略的内容:坚持以我为主,立足国内;确保产能,强化科技支撑;适度进口农产品;确保谷物基本自己,确保口粮绝对安全。

2. 能力目标

在掌握理论知识的基础上,培养学生的专业认同感,通过对国家粮食安全战略解析,使学生掌握我国保障粮食安全的措施,增强粮食稳定的自信心,形成明辨粮食相关舆论的专业能力。

3. 素质目标

培养学生的爱国主义信念、"大国三农"情怀,引导学生以强农兴农为己任;通过青农科技特派员的先进事迹,引导学生树立"把论文写在祖国大地上"的意识和信念,增强学生服务农业农村现代化、服务乡村全面振兴的使命感和责任感,培养知农爱农创新人才。

(四)案例设计

1. 导入

"民以食为天",20 世纪 90 年代,针对中国农业发展,西方提出质疑,即"布朗之问"——2030 年，谁来养活中国？

1994 年联合国计算出的粮食温饱线为人均 400 千克/年，28 年过去了，目前中国的人均粮食量为 483.5 千克/年。袁隆平被问到对"布朗之问"的看法时，他坚定地表示，布朗低估了科技的力量，就算目前发展缓慢，未来中国科学、科技的进步也将给农业带来巨大的改变。

采用设疑教学法，教师提出问题："同学们，距离 2030 年还有 7 年时间，大家认为到时候我们会饿肚子吗？"

大多数学生会回答："不会。"

教师进一步提问："大家回答这个问题的自信来自哪里呢？"

2. 展开

讲解我国保障粮食安全的举措。

我国为保障粮食安全制定了切实可行的国家粮食安全战略，即坚持"以我为主，立足国内，保口粮保谷物，确保产能，适度进口，科技支撑"。

（1）坚持以我为主，立足国内

中国人的吃饭问题主要靠自己生产的粮食解决，不能靠买饭吃。目前，全球的粮食贸易量只有 $2.5 \times 10^{11} \sim 3.0 \times 10^{11}$ 千克，不足我国粮食消费量的一半；大米的贸易量约 3.5×10^{10} 千克，相当于我国大米消费量的 1/4。换言之，只有立足国内才是可靠的。

看到这组数据，可能很多人都会有类似"布朗之问"的疑问。那么，我们靠什么保障粮食安全呢？

（2）保口粮，保谷物

大米和小麦是我国的基本口粮品种，全国约 60% 的人以大米为主食，40% 的人以面粉为主食。这需要合理配置资源，优先保障水稻和小麦生产，其种植面积应当分别占 3.0×10^7 公顷（4.5×10^8 亩）和 2.4×10^7 公顷（3.6×10^8 亩）以上，这便是"保口粮"。"保谷物"主要指保稻谷、保小麦、保玉米，这三大作物的产量约占我国粮食总产量的 90%。玉米是重要的饲料粮和工业用粮，其种植面积应稳定在 3.3×10^7 公顷（5.0×10^8 亩）。

（3）确保产能，强化科技支撑

要提高综合生产能力，关键在于"藏粮于地""藏粮于技"。目前我国中低产田约占耕地面积的 2/3，有效灌溉面积只占 1/2，靠天吃饭的局面仍未根本改变，因此要确保"产"（耕地的生产能力），在必须守住耕地数量不减这条红线的前提下，划定永久基本农田是重要保障，建设保收的高标准农田则是重要途径。"藏粮于技"指的是在耕地、水等资源约束日益加剧的背景下，粮食增产的根本出路在科技。2015 年我国农业科技进步贡献率为 56%，耕、种、收综合机械化水平为 61%，还有较大上升空间。2021 年我国农业科技进步贡献率已达到 61%。这一方面是因为我国对农业的重视，对农业科研持续投入。另一方面是在国家的倡导下，科研工作者的辛勤付出。科研工作者不仅针对国家、地区的需求开展科学研究，而且不遗余力地将科研成果转化成农业生产力。

科技特派员就是一支专门针对"三农"问题的专业技术队伍，主要开展农业科技成果转化、优势特色产业开发、农业科技园区和产业化基地建设等工作。

青农涌现出了一批优秀的科技特派员，在农业的各个领域发光发热，深受好评。青农科技特派员们针对东营盐碱地的情况，因地制宜，在毛坨村研发和推广了系列耐盐碱农作物新品种；调整当地农作物种植结构，葡萄、花生、蔬菜、食用菌等经济作物种植面积大幅度上升；提高农业生产技术含量，以盐碱地改良、上农下渔、无土栽培、稻鸭共生、耐盐林果、粮油栽培等六种生产模式为主的盐碱地生态农业发展模式陆续在村里示范推广。

　　在一代代专家教授、一批批科技特派员的苦干实干下，一个个相继落地的农业科研项目，一批批相继推广的新品种、新模式、新技术在毛坨村"开花结果"，盐碱地上脱贫致富的"农大模式"在黄河三角洲推广开来（图1、图2）。

图1　2022年10月科技特派员青岛市甘薯产业服务团在莱西指导甘薯收储工作

图2　2023年2月科技特派员青岛小麦产业服务团指导应对小麦冻害

　　青农针对黄河三角洲800万亩重盐碱地带建立黄河三角洲研究院，先后组织12个学院的27支特派员团队、300余名专家教授和研究生进驻利津县毛坨村，选育出耐盐耐旱小麦品种青麦6号、花生品种宇花2号等多个适宜当地的优良品种，成功探索出盐碱地生态农业发展新模式——"毛坨模式",为当地累计节水30多亿立方米,改造盐碱地23万亩,创造直接经济效益超过15亿元。

2019年青岛农业大学作为优秀科技特派员组织单位受到科技部通报表扬。是山东省内唯一一所受到通报表扬的高校。

教师讲完知识点后,进行提问:"同学们,现在大家可以回答'布朗之问'吗?"停顿观察学生的反应。"大家的底气找到来源了吗?"再次停顿,"我相信,在座的各位同学以后也会成为农业科技的主力军。"

3. 作业

请学生按照分组调研自己家乡科技推动"三农"的事例,包括扶贫、科技服务、农业项目合作等,并分析其组织实施过程,评价科技在农业发展中发挥的作用。以调研组内一位同学家乡的事例进行展示,下次课以PPT的形式由每个小组的组长汇报,组内同学负责答疑。

三、教学总结

（一）教学依据

根据《高等学校课程思政建设指导纲要》重要指示精神,深度挖掘"第一章第六节粮食安全与农业可持续发展"之"我国国家粮食安全战略"过程中蕴含的"三农"精神,增强学生对牢牢把握粮食安全主动权,端牢中国饭碗具体含义的理解,引导学生以强农兴农为己任,培养知农爱农创新意识。

（二）教学方法

采用设疑教学法,以"布朗之问"为切入点,引出学生对粮食安全的思考,进而启发学生对国家粮食安全重要性的理解。让学生带着问题学习内容,既利于吸引学生的注意力,加深学生对粮食安全的理解,又能够增强学生的使命感和荣誉感。

最后对课堂内容进行总结,回答/回击"布朗之问",加深学生理解和强化记忆。

课后通过布置调查采访作业,在增强学生对课堂知识点理解的基础上,增加学生对农业发展过程中科技工作者辛勤付出的感触,增强学生服务农业农村现代化、服务乡村全面振兴的使命感和责任感。

（三）教学反思

本节课以"布朗之问"为切入点,通过一问一答的互动和对学生的表情观察,有效衔接知识点,让学生带着问题听课。通过青农科技特派员团队的先进事迹,融入科技对农业的贡献率知识点,学生既能有效掌握农业发展的科技贡献率的基本理论知识,又能深刻体会农业科研工作的重要性,在回击"布朗之问"的同时增强自己的专业认同感、使命感和自豪感。

环 境 工 程 学

一、基本情况

(一) 教师简介

李赟，副教授，博士研究生，主要研究方向为农业废弃物处理与资源化。主持和参与国家级、省级和横向科研项目 6 项，发表学术论文 20 余篇，授权发明专利 2 项，参编著作 1 部，研究成果基于国内集约化养殖场畜禽粪污循环利用过程污染物减控的关键技术，构建了以有机肥高效堆制和粪水沼液合理储存、浓缩、还田为纽带的循环利用技术；指导国家级大学生创新创业项目 1 项，指导全国大学生节能减排社会实践与科技竞赛获奖项目 3 项。主讲环境工程学、环境监测等课程。

(二) 课程简介

本课程是环境科学本科专业必修课，涉及环境工程的基本理论、污染防治技术与控制工程及其发展趋势等多方面知识，主要包括三部分内容：第一部分为水质净化与水污染控制工程（水质与水体自净、水的物理化学、生物处理方法，水处理工程系统与废水最终处置）；第二部分为大气污染控制工程（大气污染与空气质量管理、颗粒污染物和气态污染物控制技术、机动车污染控制技术）；第三部分为固体废物污染控制工程及其他污染防治技术（固体废物管理系统、城市垃圾处理技术、固体废物资源化、综合利用与最终处置等污染防治技术）。本课程在环境学和环境化学课程的基础上，使学生获得污染控制工程和公害防治技术的基本知识，以及关于污染防治工程设计的基本技能，为从事水、气、固废等环境防治工程设计工作和科学研究打下基础。

(三) 授课方式

线下授课。

二、教学设计

(一) 融入团队

青农资源与环境学院科技小院团队建立了适应于乡村振兴和农业绿色发展的新时代资源利用与环境保护人才培养模式，不断探索以"科技小院"为载体，以学生驻扎在生产一线（农村、企业）为依据，形成集农业科技创新、示范推广和人才培养于一体的资源利用与环境保护学生培养模式。2019 年 7 月，青农联合中国农业大学国家农业绿色发展研究院、地方政府及肥料企业在山东省莱西市双河村建立了莱西科技小院，经过两年多的探索，莱西科技小院在资源利用与环境保护领域的学生培养方面取得了一定进步，并于 2020 年 9 月获批山东省产教融合研究生联合培养示范基地。聚焦"产教融合""协同育人"，通过强强联合、优势互补、互惠互利、共同发展，建成了能够培养德才兼备、作风过硬、实践能力突出、综合素质高的资源利用与环境保护应用型人才示范基地。科技小院从国家政策层面大力保障乡村振兴战略实施，推进美丽乡村建设。

（二）知识点

环境工程学课程第十一章第三节生物转化产品的回收——固体废物堆肥化处理。

（三）教学目标

1. 知识目标

掌握废弃物好氧堆肥的温度变化四个时期及其特点，了解废弃物好氧堆肥的基本原理。

2. 能力目标

掌握好氧堆肥在实际废弃物处理领域的应用与策略，培养学生发现问题和解决问题的创新精神，提升创新应用能力。

3. 素质目标

使学生从学科视角了解好氧堆肥处理对我国农业绿色发展的影响，初步建立废弃物处理的理论技术基础，培养为社会服务、为"三农"服务的思想和感情。

（四）案例设计

1. 导入

依据教学基本纲要、教学目的设置导入问题：随着我国公民生活水平的提高，农村居民人均肉蛋奶消费量和蔬菜消费量逐年提高，由此催生了规模化的大型养殖业、种植业的产生。然而规模化养殖和种植技术虽然可以实现肉蛋奶和新鲜蔬菜的足量供应，但产值极低的粪便及尾菜处理有诸多不便。研究表明我国养殖粪污年产生量已超过 40 亿吨，尾菜产生量逐年上升。同时，化肥的大量施用导致土壤板结等现象，不利于可持续发展。如何处理体量巨大的养殖和种植废弃物，走农业绿色可持续发展道路，请学生发表各自的看法。通过讨论，教师收集并回复学生的问题，为学生播放科技小院学生制作的视频《胡萝卜尾菜变废为宝》。

2. 展开

（1）课程内容展开

根据学生的讨论和科技小院平台的视频，结合目前国家对绿色发展的背景，即党的二十大提出要促进人与自然和谐共生，引出处理畜禽粪污、尾菜等农业有机废弃物的主要技术——好氧堆肥处理技术。说明该技术的大致原理：在一定的人工控制条件下，通过生物化学作用，使固体废物中的有机成分分解转化为比较稳定的腐殖肥料。

为引导学生更好地了解好氧堆肥处理技术，简要介绍该技术的发展历史：我国在古代就已经出现了将畜禽粪便简单堆沤后还田的实践。该举措在古代没有化肥的情况下为中国的农耕提供了有效的保障。随着科技的进步，通过对好氧堆肥过程的研究，我们已经基本掌握了利用好氧堆肥技术高效处理有机废弃物的方式方法。

通过好氧堆肥技术的发展史，引导学生认识到：想要掌握该技术，首先需要了解堆肥不同阶段在整个废弃物处理过程中的作用，了解好氧堆肥的概念、原理等。带领学生一起学习好氧堆肥处理各阶段的特点，了解其在实际领域的应用。讲解主要聚焦于"为什么将好氧堆肥处理分为4个阶段？"和"各个阶段分别是哪类微生物在起主要作用"（图1）。讲解过程中，通过加入养殖业对中国"饭碗"的重要性，说明好氧堆肥处理的意义。

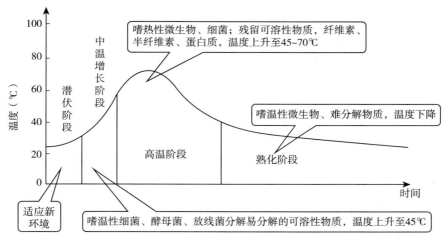

图1　好氧堆肥过程不同阶段及主要微生物

肥料是现代农业的物质基础，是粮食的"粮食"，好氧堆肥可以把废弃物转化为肥料。教师引用《人民日报》等媒体宣传科技小院在一线研究肥料的投入与作物增产之间关系的报道，说明好氧堆肥处理不仅可以降低废弃物的产量，还可以生产高品质有机肥料，通过科学的技术实现生态文明建设。此外，通过说明农业类高校的任务之一是保障国民粮食安全，培养学生的专业和学校自豪感，牢固树立绿色发展、促进人与自然和谐共生的理念。

（2）展开

导入案例：好氧堆肥处理在实际中的其他应用——浒苔堆肥。

大规模浒苔灾害是困扰我国的严重问题之一。主要发生在近海水域，极易对水产养殖、海上交通和生态环境造成重大影响。合理资源化地处理和利用浒苔可以提高海洋沿岸生态经济效益，对海洋可持续发展意义重大。通过覆膜堆肥、条垛式堆肥等不同堆肥方式研究浒苔肥料化处理的可行性，探讨工业堆肥处理规模下不同堆肥模式过程碳的转化规律，为后续浒苔肥料化利用提供依据（图2）。此外，针对最新废弃物好氧堆肥处理技术，通过科技小院平台的线上视频、线下田间课堂、农民培训等途径，来宣传推广该技术。

教师通过该案例强化学生对好氧堆肥的认识和了解，同时引导学生学用结合，利用自己所学的专业课程知识，解决身边的环境问题，对先进技术进行推广应用。

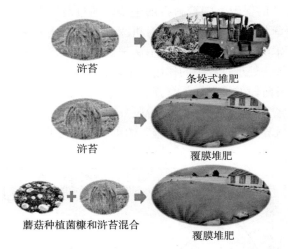

浒苔

条垛式堆肥

浒苔

覆膜堆肥

蘑菇种植菌糠和浒苔混合

覆膜堆肥

图 2   好氧堆肥技术在青岛上岸浒苔实际处理中的应用

3. 课后作业

结合课上学习内容，绘制好氧堆肥处理废弃物过程中的典型温度变化曲线。

课下查看科技小院平台发布的《胡萝卜尾菜堆肥化处理》视频，自主查阅资料，简述好氧堆肥处理在促进农业绿色发展领域的其他应用实例。

三、教学总结

（一）教学依据

本次课程引入我国国民生活水平提高后带来的种养废弃物增多、亟须高效处理的问题，通过对比此类农业有机废弃物潜在的处理手段和技术，引出好氧堆肥处理技术的概念。通过带领学生学习好氧堆肥处理技术的特点、实践案例和该领域优秀科研成果，说明该技术对美丽乡村建设、农业绿色可持续发展的推动作用。同时通过本次教学，培养学生的环境保护社会责任感，以及热爱"三农"、服务"三农"的使命担当。

（二）教学方法

本小节采用基于科学数据导出问题（问题）——科学技术学习（理论）——实践案例（实践）的混合式教学模式，激发学生探索欲望，培养学生环境保护的社会责任感。

在本小节提问的过程中，引入农业类高校的一大任务是保障全国人民的"饭碗"，向学生说明利用好氧堆肥技术把废弃物转化为有机肥的必要性，以此培养学生热爱"三农"、服务"三农"的使命担当。同时，结合学校所在地区常见的浒苔废弃物堆肥及科技小院进行的相关好氧堆肥技术推广案例，引导学生自主思考，培养其资料汇总能力，启发学生用理论指导实践和创新应用的本领，助力三全育人目标的达成。

（三）教学反思

习近平总书记在党的二十大报告中提出，加快建设农业强国，养殖业和种植业是保障国民肉蛋奶供应的关键环节，在"中国式现代化是人与自然和谐共生的现代化"背景下，如何高效处理种养废弃物的问题亟须解决。本次课程旨在培养能够推进农业强国领域建设"人与自然和谐共生的现代化"人才，通过"问题—理论—实践"的方式让学生更好地接受环境保护的技术和理论；通过结合国家发展、政策导向，让学生更好地了解建设人与自然和谐共生的现代化同人民日益增长的优美生态环境需要之间相辅相成的关系。

本小节课程将价值引领融入环境保护技术的专业课程中，真正做到将道理讲深、讲透、讲活。将科技小院平台对好氧堆肥技术的推广方式、身边常见的废弃物堆肥化处理等案例融入教学体系，引导学生课后自行对堆肥化处理的实践案例进行搜集和讨论分析，调动学生的学习兴趣，让学生获得课堂成就感，增强专业自豪感和学校自豪感，提升课程的吸引力和树人育人效果。

农业机械学

一、基本情况

（一）教师简介

陈明东，主要从事智能农机装备研发方面的教学和科研工作。农业机械教师团队（全国高校黄大年式教师团队）成员之一，现主持农业机械学省级一流本科课程建设项目 1 项，发布教研论文 6 篇，在国内外学术期刊上共发表 SCI 收录论文 4 篇，授权发明专利 1 项，获山东省第九届高等教育类教学成果一等奖 1 项，第十一届全国大学生节能减排社会实践与科技竞赛优秀指导教师三等奖 1 项。主讲农业机械化及其自动化专业的农业机械学课程。

（二）课程简介

本课程是农业机械化及其自动化专业学生的一门核心专业课程，在高等数学、工程制图、工程力学、机械原理、机械设计、农学概论、汽车拖拉机和电工电子等学科基础上，结合农业作物农艺要求，通过对农业机械工作原理和设计方法的教学，培养学生运用农业机械的基本理论和实践技能，使其具有一定的独立开展农业机械设计的能力，为从事农业机械设计和科学研究打下基础。

（三）授课方式

线上线下混合教学。

二、教学设计

（一）融入团队

青农农业机械教师团队由 20 名教师组成，其中享受国务院政府特殊津贴专家 1 人，天山学者 1 人，国家和山东省产业技术体系岗位科学家 3 人，泰山学者青年专家 1 人，全国五一劳动奖章获得者 2 人，山东省有突出贡献中青年专家 2 人，全国十佳农机教师 4 人。团队先后获得国家科技进步奖二等奖 2 项、山东省科技进步奖一等奖 2 项、中华农业科技奖一等奖 1 项、教育部科技进步奖二等奖 1 项等省部级以上科研奖励 11 项。团队贯彻落实习近平总书记"大力推进农业机械化、智能化，给农业现代化插上科技的翅膀"和给全国涉农高校的书记校长和专家代表的重要回信的重要指示精神，长期以来聚焦研究花生、马铃薯和中药材等根茎类作物新型农机装备理论和方法，始终秉承农业机械创新助力乡村振兴的理念，在师德师风建设、教育教学、科研创新、社会服务等方面均取得优异成绩。

（二）知识点

农业机械学课程第六章第三节花生收获机类型与结构原理。

（三）教学目标

1. 知识目标

掌握花生收获机基本构造、工作原理、主要工作部件的设计和使用，为设计新型和改进花生收获机械打下牢固的理论基础。

2. 能力目标

在掌握理论知识的基础上，通过花生收获机工作部件设计，关键部件结构和强度分析、对比和优化，对关键部件开展实验室台架试验，实现花生收获机整机集成，并开展田间作业试验，验证整机的工作性能。实现学生对花生收获机设计—关键部件优化—整机集成—田间试验全过程能力培养。

3. 素质目标

通过本知识点的学习，掌握花生收获机研发的重要性，培养不畏艰辛、敢于探索、勇于发现真理的科学精神和专注创新的"工匠"精神，增强攻克我国花生产业机械化难题的使命感和责任感。

（四）案例设计

1. 导入

花生收获机类型与结构原理对花生机械化收获效果的影响是什么？

花生收获需要从土中取果。按照花生的收获农艺，首先要将花生从土中挖掘拔取出来，其次将附着在花生果上的杂土清除掉（称为果土分离），最后将花生荚果从花生秧蔓上摘下来（称为果秧分离）。目前花生机械化收获方法可分为分（两）段收获和联合收获两种。分（两）段收获是先由挖掘装备将花生从土中挖掘出来并铺放在田间，通常需要晾晒 5 天左右，干燥后再由专用捡拾联合收获机将花生及秧蔓捡起，然后摘果、去土、清选和集收（图 1）。联合收获则是由一台设备一次完成挖掘、清土、捡拾、摘果、清选、集果和秧蔓处理等收获作业，作业效率高（图 2）。由于每种收获方法采用的机型和每种机型的工作原理不同，我们必须结合现有花生种植模式，掌握花生收获机的类型和工作原理，这也是本节课给学生重点讲述的内容。

2. 展开

（1）花生收获机类型与结构原理

青农机电工程学院"农业机械教师团队"为学校首批全国高校黄大年式教师团队之一，团队成员近年来依托国家重点研发计划项目、国家公益性行业专项和山东省重点研发计划项目，研发了 8 种花生收获机。包括分（两）段收获机中的第一阶段挖掘条铺机

图1　全喂入捡拾联合收获

图2　半喂入联合收获

4HT－2型花生条铺收获机、4HT－4型花生条铺收获机、4HT－6型花生条铺收获机、4HTS－2A型手扶式花生条铺收获机，铺放晾晒后的第二阶段捡拾收获机4HJL－2500型花生捡拾联合收获机（全喂入），能够一次完成挖掘、清土、捡拾、摘果、清选、集果和秧蔓处理等收获作业的4HYGJ－6型花生秧果兼收型联合收获机、4HBL－2型花生联合收获机（半喂入）和4HBL－4型花生联合收获机（半喂入），相关成果获得国家科技进步奖二等奖2项、山东省科技进步奖一等奖2项、中华农业科技奖一等奖1项，花生收获机均被列入国家农机购机补贴目录，为我国花生产业发展贡献了青农力量。

针对目前分（两）段收获和联合收获两种花生机械化收获方法，本节课以农业机械教师团队研发的分（两）段收获和联合收获机为例，具体向学生讲述对应的花生收获机类型与结构原理。

（2）分（两）段收获装备

4HT－2型花生条铺收获机（图3a）：一般由挖掘铲、输送分离机构、传动机构、悬挂机架、行走轮等组成。挖掘装置采用一对呈"八"字形配置的挖掘铲与横条齿式升运链分离机构，入土角与输送分离装置升运角相一致，并设计了随行限深机构，有效减少了阻力。工作过程是挖掘铲将花生荚果分布土层铲起，推移挤碎土垡，铲后提升杆分离部分杂土，旋转的升运链齿将花生植株托住提升，抖掉花生荚果上残存的泥土，然后输送到机后抛送铺放于田间。此为两段收获的第一阶段装备，实现了花生的果土分离和秧果的有序铺放，便于花生秧果的晾晒及晾晒完成后花生的捡拾联合作业。

4HJL－2500型花生捡拾联合收获机（图3b）：能够将铺放在地表晾晒的花生捡拾起来并进行摘果和清选。该机型主要由捡拾机构、输送喂入机构、摘果系统、清选装置、集果装置、传动装置和发动机等部分组成。工作过程中，首先由伸缩弹齿式捡拾机构将铺放在田间的花生秧果捡拾放入收获台绞龙输送装置，再由纵向输送链和螺旋机构将秧果喂入摘果滚筒，进入摘果腔的花生植株在摘果滚筒上的弯杆扁头钉齿抓取作用下开始做加速度圆周运动，并在滚筒摘果元件及顶盖导流板的协同作用下沿轴向方向运动；过程中花生植株在旋转弯杆扁头钉齿的击打、碰撞等主动力作用和相对静止的凹板筛的刮拉、摩擦、嵌拉等约束力作用下，其最为脆弱的果柄连结点瞬间分离，完成花生摘果过程。花生秧被抛出，花生荚果经振动风筛清选装置完成清选并集收。该机可一次完成花生捡拾、输送、摘果、清选、集果等作业，减少人工投入，大大提高了花生收获效率，填补了中国花生捡拾摘果联合收获机的空白。

a. 4HT-2型花生条铺收获机　　　　　　b. 4HJL-2500型花生捡拾收获机

图3　分（两）段收获装备

（3）联合收获装备

4HBL-2型自走式花生联合收获机（图4）：一种轮式花生联合收获机械，主要由底盘、传动系统和分禾扶禾装置、挖掘装置、夹持输送装置、清土装置、摘果装置、清选系统、集果系统等部分组成。采用挖掘入土角与输送分离装置升运角相一致的结构、对辊式摘果装置位于夹持输送机构下部实现交错对旋摘果，可一次性完成花生的挖掘、分离、输送、摘果、清选和集果等作业，具有作业过程顺畅、集成化程度与工作效率高、地下漏果少等优点。

图4　4HBL-2型自走式花生联合收获机

4HYGJ-6型花生秧果兼收型联合收获机（图5）：由于花生秧是一种高营养牲畜饲料，为了回收花生秧，农业机械尚书旗教师团队研制了4HYGJ-6型花生秧果兼收型联合收获机，填补了我国机械装备领域花生收获方法的空白。作为全球首台秧果兼收型花生联合收获机，4HYGJ-6型花生秧果兼收型联合收获机集花生挖掘、输送、秧蔓一根果分离、秧蔓装箱功能于一体，工作效率每小时可达 0.2～0.33 公顷，比以往收获机的效率提高了 3 倍。

图 5　4HYGJ-6 型花生秧果兼收型联合收获机

这项成果于 2018 年通过项目成果鉴定，处于国际领先水平，实现了我国花生收获装备由跟跑到领跑的跨越。

上述花生收获关键技术和装备是尚书旗教授带领团队经历了 30 年的理论沉淀，以及一代代样机优化和一次次田间试验的成果，研发的花生收获机已被列入国家农机购机补贴目录，目前在山东、河南、河北、东北三省等地广泛使用。

成果背后有着不为人知的付出和努力，早在 20 世纪 90 年代初，从事农业机械研究的尚书旗就将目光瞄准花生播种和收获机械研发。他给自己挑了一块最难啃的"硬骨头"，一战就是 30 多年。尚书旗不忘初心，始终围绕"农业的根本出路在于机械化"和"美丽乡村振兴、国产农机先行"的国家重大需求，从花生播种机、收获机，到根茎类作物生产机械，再到作物育种机械装备不断突破。有人说，根茎类作物机械化无解，他实现了突破；有人说，卡脖子技术国外封锁，他打破了垄断。凭借着一股"钻牛角尖"的韧劲儿，尚书旗带领青农农业机械科研团队，突破了一项又一项技术难关。

（4）花生联合收获机的关键技术

第一项是挖拔组合技术（图 6）。花生联合收获过程中，挖掘铲深入土中，其挖掘深度大于花生的生长深度。随着机器的前进，挖掘铲将土铲松，与此同时，扶禾器将一垄的花生秧蔓扶起后喂入夹持链中，夹持链向后上方传送，与前进速度合成后会发挥向上拔取的作用，将铲松的花生拔起后进行输送。这里涉及挖掘装置与夹持输送装置协同作业技术，包括挖掘铲的结构参数、入土角、机器前进速度、夹持输送链的输送方向、输送速度等参数的匹配关系，以便达到最佳收获效果。

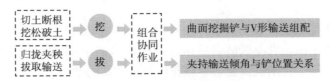

图 6　挖拔组合技术

第二项是抖动去土技术（图7）。利用仿生技术，通过柔性弹指对带土的花生团体进行不同方向、不同强度的摆拍与抖动，实现果土的有效分离，同时做到不伤果、不掉果。

图7　抖动去土技术

第三项是摘果技术（图8）。目前花生联合收获机常用的摘果技术有甩捋式和对辊式两种，主要是利用摩擦、拉拽、冲击等原理实现果秧分离。甩捋式是利用带有爪齿的滚筒和凹板筛相互作用实现花生果与秧蔓的脱离。对辊式是利用两个相对旋转的摘果辊将花生果从秧蔓中拉拽下来。前者主要用于全喂入联合收获机，后者主要用于半喂入联合收获机。

图8　摘果技术

对上述讲解内容进行总结：挖拔组合协同作业是土中取果的前提；抖动去土是减少损伤、高效果土分离的关键；摩擦、拉拽、冲击等原理的综合运用可有效实现果秧分离。

3. 作业

根据分组，学生课后查阅资料，采访学院教师，了解近年来研发的根茎类收获装备类型及相关的工作原理，并分享装备研发技术突破的故事。每组选择一个机型即可，下次课以 PPT 的形式由每个小组的组长进行汇报，组内同学负责答疑。

三、教学总结

（一）教学依据

根据《高等学校课程思政建设指导纲要》重要指示精神，深度挖掘"收获机械"这一章节中花生收获机类型与结构原理中蕴含的"三农"精神，增强学生对大力推进农业机械化、智能化，给农业现代化插上科技翅膀的具体含义，引导学生秉承农业机械创新助力乡村振兴的理念，培养知农爱农的农机创新意识。

（二）教学方法

首先，以花生收获机类型与结构原理对花生机械化收获效果的影响为切入点，引出结构原理对花生收获机研发和创新设计的重要性，进一步启发学生：突破关键技术是推进农业机械化、智能化的必由之路。其次，以青农自主研发的花生收获机为例进行课程内容讲解，既利于学生理解，又能够增强学生投身于农机事业的使命感和荣誉感。最后，对课堂内容进行总结，加深学生的理解和记忆。课后通过布置调查采访作业，在增强学生对课堂知识点理解的基础上，加深学生对农机装备研发过程中科研人员不畏艰险的感触，增强学生推进乡村全面振兴、助力农业农村现代化的使命感和责任感。

（三）教学反思

本节课以全国黄大年式农业机械教学团队为切入点，将团队成员研发的花生收获机类型及结构原理展现给学生，使学生既能够有效地掌握各种类型收获机关键部件的协同工作机制，又能深刻体会到农业机械创新设计工作的重要性，同时增强集体荣誉感、责任感和使命感。

植物生理学（一）

一、基本情况

（一）教师简介

刘新，教授。主要从事植物逆境生理与分子生物学研究工作。主持国家自然基金面上项目 4 项，承担国家自然科学基金联合基金项目 1 项，主持省市级纵向课题 14 项，横向课题 10 项，近年来发表 SCI 论文 40 余篇，授权国家发明专利 10 余项，获得省市级科研奖励 8 项。主持和参加山东省本科教学改革研究项目和山东省研究生教育质量提升计划等教学研究项目 10 项，发表教研论文 20 余篇，担任主编或副主编编写规划教材 12 部，获得山东省高等教育教学成果奖二等奖 2 项，山东省研究生教育省级教学成果奖二等奖 1 项。主讲课程植物生理学通过山东省精品课程、山东省一流课程、山东省课程思政示范课程和山东省研究生优质课程认定，被评为山东省教学名师。

（二）课程简介

本课程是研究植物生命活动规律及其调控机理的学科，是高等农林院校生物类和植物生产类专业学生的重要专业基础课。该课程为培养农学、园艺、茶学、草学、烟草、植物保护、资源与环境、园林、林学等专业的科学研究型、生产应用型等现代农业生物学人才提供了理论和技术支撑，为学生后续相关专业课程学习打下基础，是理论与实践应用的桥梁。

（三）授课方式

以线下讲授为主。

二、教学设计

（一）融入人物

段留生，现任北京农学院党委常委、院长。教育部长江学者奖励计划特聘教授、国家杰出青年基金获得者，入选国家万人计划中青年科技创新领军人才、农业农村部神农领军英才，农业科研杰出人才等。

从事作物激素生理与化学控制，植物生长调节剂创制及作用机理研究。为中国植物生理学会植物生长物质专业委员会委员，兼任中国农业大学植物生长调节剂教育部工程研究中心主任。主持国家重点研发计划、863 计划和国家自然科学基金等课题 30 余项。获国家技术发明奖二等奖和国家科技进步奖二等奖等 10 余项奖励；获国家发明专利授权 40 多项；发表学术论文 200 余篇，出版专著教材 5 部。创制了冠菌素等生物调节剂并首次实现产业化，创建的玉米和小麦等作物防倒增产技术在全国大面积推广应用。

（二）知识点

植物生理学课程第八章第九节植物生长调节剂在农业生产中应用的注意事项。

（三）教学目标

1. 知识目标

了解新型植物生长调节剂——冠菌素在农业生产中的应用，植物生长调节剂的应用注意事项。

2. 能力目标

了解植物生长调节剂领域的最新研究进展，做到学以致用。能够针对某一生产需求（促进葡萄果实着色）提出植物生理学的解决方案，提高解决实践问题的能力，培育创新思维、创新意识和创新能力。

3. 素质目标

树牢农业绿色发展理念，增强生物农业工作者的社会责任感和使命感，能够发现问题、分析问题和解决问题，培养高水平的职业素养，养成科学的工作态度、严谨细致的专业作风。

（四）案例设计

1. 导入

提问：茉莉酸的功能特点是什么？

思考：茉莉酸功能多，但天然的茉莉酸成本高，如何应用？需要研发新型植物生长调节剂。

展示相关视频和新闻报道，包括葡萄着色不均匀、葡萄着色又增甜、新型植物生长调节剂——冠菌素等相关资料。

2. 展开（冠菌素的应用）

研究表明，不同浓度的冠菌素会表现出作用差异，低浓度冠菌素能够诱导一系列防御基因的表达和防御反应化学物质的合成，通过维持作物叶片含水量，促进可溶性蛋白合成，调节细胞渗透压、抗氧化酶活性以及诱导蛋白酶抑制剂等方式提高作物抵御低温、热害、盐碱、干旱以及病虫害等生物及非生物胁迫逆境的能力。中等浓度冠菌素能够提高作物光合速率、促进内源蛋白质和糖类等物质的积累，促进花青素和花色素苷生物合成，可广泛应用于作物转色、增糖等以提升品质，解决多种果树因光照不均匀导致的着色问题。高浓度冠菌素能够调控气孔关闭，引起叶片萎黄和褪绿，可起到脱叶和生物除草的作用（图 1）。

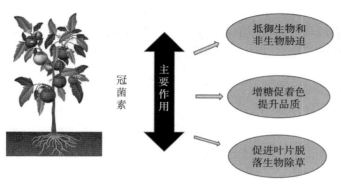

| | | 诱导一系列防御基因的表达和防御反应化学物质的合成，调节细胞渗透压、抗氧化酶活性，提高作物的抗逆性。 |
| | 抵御生物和非生物胁迫 | |

图 1　冠菌素的主要作用

3. 作业

以山东青岛大泽山葡萄为例，调查分析其生产中存在的植物生理学问题，从植物生长调剂的作用角度，提出解决方案。

综合利用学校图书馆数据库和植物学相关公众号等网上资源，查阅资料，研究一例我国科学家研发的植物生长调节剂，阐述该植物生长调节剂的产品功能和作用机理。

就人们关注的"催熟剂"和"膨大剂"，写一篇科普短文，介绍其作用和施用注意事项。

三、教学总结

（一）教学依据

《高等学校课程思政建设指导纲要》中指出：农学类专业课程思政建设要注重培养学生的"大国三农"情怀，引导学生以强农兴农为己任。习近平总书记强调，农业现代化，关键是农业科技现代化。要加强农业与科技融合，加强农业科技创新，科研人员要把论文写在大地上，让农民用最好的技术种出最好的粮食。植物生理学课程中植物生长调节剂内容与"减肥减药提质增效""促进农业高质高效"和"现代农业绿色发展"等农业科技创新密切相关。

（二）教学方法

发挥本课程教学资源和平台的作用，综合应用讲授法、演示法、启发法和讨论法，结合案例教学，提高教学质量。

课前：利用超星学习平台推送授课 PPT、思考题和文献等相关学习资料，推荐植物学领域的相关公众号（如植物生物技术 Pbj、植保科学和 iPlants），引导学生收集常用植物生长调节剂的相关资料，阅读植保科学公众号中关于冠菌素的相关报道。

课上：通过提问引导学生回顾茉莉酸的作用。展示葡萄着色相关视频和冠菌素新闻报道，使用冠菌素的案例进行教学，讲解植物生长调节剂的应用，引导学生思考植物生长调节剂的应用注意事项。

课后：引导学生关注山东现代农业生产需求，培育知农爱农的情怀；指导学生查阅资料了解我国科学家在植物生长调节剂领域的贡献，培养科研思维和职业素养；利用社会热点，培育学生的社会责任感，增强其学习主动性。

（三）教学反思

植物生理学面向大学二年级学生授课，是一门重要的专业基础课，但许多学生在大二阶段尚未了解农业院校和自身专业所肩负的责任和使命。针对目前农业院校的部分大学生没有接触过农业生产，未能充分把握我国农业发展中存在的瓶颈问题的现状，从引导学生了解农业生产中存在的问题入手，指导学生理解国家绿色农业发展战略，从植物生理学角度提出发展现代农业的解决方案。

"生长调节剂的应用注意事项"讲授以段留生团队创制的新型植物生长调节剂冠菌素为例，通过科研与教学相结合的方式引导学生了解实现我国农业安全高效生产对生物源生长调节剂的迫切需求，达成了知识能力和素质培养的融合；运用启发式和讨论式教学，提高了学生的学习参与度；恰当结合社会热点"催熟剂"和"膨大剂"，提高了学生对社会热点的关注度。

植物生理学（二）

一、基本情况

（一）教师简介

刘广超，青岛农业大学生命科学学院植物与遗传学系副主任，讲师。主要从事植物抗逆生理和分子生物学方向研究。主持和参与省级及以上纵向项目 10 项，在国内外学术期刊上共发表 SCI 收录论文 12 篇，申请发明专利 8 项，授权 6 项。曾获第七届西浦全国大学教学创新大赛年度教学创新优秀奖。主讲植物生理学及其实验课程。

（二）授课方式

线下教学。

二、教学设计

（一）融入人物

张瑞福，1998 年毕业于莱阳农学院，现任南京农业大学教授，兼任中国农业科学院农业资源与农业区划研究所微生物资源与利用研究室研究员，博士生导师，创新团队首席科学家，国家菌种资源库常务副主任，中国农业微生物菌种保藏管理中心主任，农业农村部农业微生物资源收集保藏重点实验室主任。主要从事根际微生物与生物肥料、农业有机废弃物微生物降解转化与有机肥料研究。

（二）知识点

植物生理学第三章第五节合理施肥的生理基础。

（三）教学目标

1. 知识目标

掌握作物施肥增产的生理基础、需肥规律，了解农业生产施肥指标、发挥肥效的具体措施。

2. 能力目标

利用信息化手段，查阅文献、新闻报道等资料，了解植物合理施肥领域的最新研究进展及创新应用，并归纳整理现阶段肥料的施用方式及存在问题，以微生物肥料的应用为切入点培养学生发现、分析和解决农业生产实际问题的综合能力，同时提高学生的创新意识和创新能力。

3. 素质目标

针对我国植物营养利用的现状和存在问题，引导学生思考提高植物营养吸收的理论与技术，领会国家减肥增效及双碳目标的战略内涵，树立绿色、安全、生态农业意识，培养"三农"的情怀。同时通过导入我国植物营养学家的最新研究成果及背后的故事，培养学生的科学思维，增强学生追求创新、投身科研的责任感和使命感。

（四）案例设计

1. 导入

首先通过提问回顾已学习的重要知识点。肥料的三要素是什么？其中哪一种元素被称为生命元素？让学生重新认识氮、磷、钾等必需元素在农业生产中的重要性。

接着提出与本节课相关的两个思考题，引导学生进行思考。

思考题1：化肥对人类的发展产生了哪些影响？

思考题2：提高作物产量，化肥是不是越多越好？

通过思考题，结合水体富营养化、浒苔等生活中的热点事件引导学生思考过度施肥对环境及农业的影响，以及正确的施肥方式，进而引出本节课所学内容——合理施肥的生理基础。

2. 展开

化肥的过度使用往往是因为使用者盲目追求作物产量，忽视作物需肥特点所导致，因此正确认知作物需肥特点，针对不同作物、不同生长期进行有针对性的合理施肥才能从根本上解决这一生产弊端。那么施肥增产的生理基础到底是什么？目前的研究认为主要有以下三个方面：一是促进光合作用，增加有机营养。主要生产措施体现在扩大光合面积、提高光合能力及延长光合时间等方面。二是调节代谢，控制生长发育。如在不同生长时期调整施肥配比，提高作物产量及品质。三是改善土壤条件，促进植物生长。如施用石灰、草木灰等调节土壤 pH 值；施加有机肥改善土壤结构，促进根系发育，加速土壤微生物活动。

30 年前，青农优秀校友张瑞福在莱阳农学系读书，师从姚源喜教授，在莱阳梨香园的试验田进行肥料的长期定位试验，探明了长期不同施肥措施下的土壤肥力演变规律、土壤微生物的变化特征、土壤环境效应及生产效益，明确了土壤肥力要素与生产力的耦合机制。大学四年的科研训练，使张瑞福真正体会到了农业科研的严谨，也对其后续从事的土壤肥料研究产生了深刻的影响。

目前的农业生产对生物肥料的需求日益增加。生物有机肥集有机肥料和生物肥料优点于一体，既有助于提高作物产量，又能培肥土壤、调控土壤微生态平衡、减少无机肥料用量，从根本上改善农产品品质，符合中国农业可持续发展和绿色农产品生产的方向，因此生物有机肥将成为现代农业生产的必然选择。其中，高效的根际定殖是微生物肥料发挥作用的前提，微生物肥料中的功能菌在根系分泌物信号的诱导下向根系的趋化运动是根际定殖的第一步。张瑞福团队以生产上广泛应用的一株贝莱斯芽孢杆菌 SQR9

为材料，系统鉴定了其基因组中的 8 个趋化受体蛋白分别识别的趋化信号，揭示了根际趋化是由少数主要趋化物和关键受体的主效效应而不是所有趋化物的累加效应主导，并利用这些少数关键趋化物开发了微生物肥料根际定殖增效剂，显著提高了微生物肥料及生物有机肥的利用效率，更好地为现代农业绿色发展服务。

教师通过讲解张瑞福的案例，使学生生动地理解合理施肥的重要性和应用价值；同时针对如何更高效地发挥肥效的措施，引导学生就张瑞福的研究方向进行思考，进而解决生产实际问题。

3. 作业

结合张瑞福的科研经历及其最新科研进展，谈一谈对目前我国合理施肥现状的认知及落实减肥增效国家战略的潜在途径及方法。

三、教学总结

（一）教学依据

根据《高等学校课程思政建设指导纲要》第五条，结合专业特点分类推进课程思政建设，要求在农学类专业课程教学中加强生态文明教育，引导学生树立和践行绿水青山就是金山银山的理念。要注重培养学生的"大国三农"情怀，引导学生以强农兴农为己任，"懂农业、爱农村、爱农民"，树立把论文写在祖国大地上的意识和信念，增强学生服务农业农村现代化、服务乡村全面振兴的使命感和责任感，培养知农爱农创新人才。

（二）教学方法

在教学中围绕新农科专业建设要求，凸显理学与农学交叉融合特色，综合采用讨论教学法、形象讲授法、参与教学法、自主学习法，结合案例式教学，优化教学效果。具体如下：

课前借助微信群、学习通等平台实时分享教学素材，丰富教学内容；发布学习材料，激发学生学习兴趣，优化课堂授课效果。

课上利用图片、视频、报道等多种方式导入张瑞福校友的典型案例，引导学生思考、提出问题，激发学生的学习积极性；同时结合最新研究进展和实践应用，提升学生对知识的掌握水平及对科学探究的兴趣。

课后引导学生关注现代农业生产需求，培育知农爱农的情怀；指导学生查阅目前肥料开发、生产应用及发展瓶颈等资料，培养科研思维和职业素养。

（三）教学反思

为了让学生更好地学习和理解"合理施肥的生理基础"理论知识，做到理论与实践的有机统一，知识与能力素质的多维融合，我们引入了生动具体的案例，重点培育学生的科研素养、"三农"情怀、责任担当和团队协作能力，取得了较为理想的效果。

但结合教学过程及评价反馈，发现在以下几个方面仍存在问题：第一，学生对国家涉农政策了解偏少，获取最新研究进展和农业科学技术的途径偏少。很多学生课余时间不看农业新闻，不进农田，未参加科研训练，与一线科研教师接触不多。第二，学生的逻辑思维、科研素养、归纳总结能力存在较大的个体差别。第三，部分学生对知识点的理解不到位，主要是缺乏生活生产科研实践经验，因此对知识的理解是片面的，很难做到与生产有机融合。

  针对以上问题，我们将进一步从价值引领入手，通过以下具体措施，提升典型案例融入度，提高教学质量。第一，将课程内容分为基础层（施肥增产的生理基础）、提高层（作物的需肥规律、施肥指标）和创新层（知识拓展、文献阅读），紧密结合社会热点（过度施肥、水体营养化）、科学研究前沿进展（我国科学家发表的最新论文）、优秀校友（张瑞福）和生产实际（选肥、施肥）问题，层层递进，既保证教学的普遍性，又做到因材施教，多途径培养学生的实践能力和价值塑造意识。第二，利用目前丰富的线上资源，如微信公众号、抖音科普短视频等，以学生喜闻乐见的方式使抽象的理论知识更生动具体，便于学生理解和掌握。第三，利用小组讨论的方式，将学生分为若干小组，制定主题进行课上讨论，并计入平时成绩，增强学生的团队意识和归纳总结能力。

植物生理学（三）

一、基本情况

（一）教师简介

车永梅，硕士，副教授，生命科学学院植物生物学系植物生理教研室教师。主讲植物生理学、植物生理实验技术。

近年来参编普通高等教育"十二五"规划教材 1 部，担任副主编撰写教材 1 部。参加国家自然科学基金、山东省自然基金和山东省教育厅项目等科研项目 5 项。在国内外学术期刊上发表研究论文 50 余篇。

（二）授课方式

线下授课。

二、教学设计

（一）融入人物

李登海，现任山东登海种业股份有限公司党支部书记、名誉董事长，国家玉米工程技术研究中心（山东）主任。

李登海作为农民发明家，被称为"中国紧凑型杂交玉米之父"。30 多年间，他先后选育玉米高产新品种 80 多个，7 次开创和刷新了中国夏玉米的高产纪录。他主持选育的"掖单"系列玉米新品种，曾获国家科技进步奖一等奖。20 世纪 90 年代中后期，他又育成"登海"系列玉米新品种，成为中国跨世纪的主推品种。

2015 年 9 月 25 日，中宣部向全社会公开发布"时代楷模"李登海先进事迹。2017年李登海获得全国创新争先奖，2019 年被授予"最美奋斗者"荣誉称号。

（二）知识点

植物生理学课程第三章第五节光合作用与作物生产。

（三）教学目标

1. 知识目标

了解和掌握植物对光能的利用率及农业生产中提高作物产量的途径及其理论依据，

了解目前农业生产中高产栽培和育种取得的成果。

2. 能力目标

将光合作用原理、机制与生产中作物的高产栽培和育种相联系，培养学生理论联系实际、分析问题解决问题的能力，以及利用植物生理学理论解决生产实践中具体问题的能力。

3. 素质目标

通过讲授植物对光能利用的潜在能力引入李登海玉米育种的思政案例，使学生认识到研究植物的光合作用对作物高产栽培和育种的重要指导作用，以及对解决粮食危机的重要意义；学习李登海致力于玉米育种的科研精神，激发学生的学习热情和信心，增强学生服务农业农村现代化、服务乡村全面振兴的使命感和责任感。

（四）案例设计

1. 导入

"粮食安全""种子安全"是关乎国民经济和国家安定的重大问题。2022 年《世界粮食安全和营养状况报告》指出，2021 年全球仍有 8.28 亿人遭受饥饿之苦。要满足人口对粮食的需求，首先要提高作物产量，而栽培措施改良和品种改良是提高粮食产量的重要举措，其根本原理是提高作物的光能利用率。

2. 展开

光能利用率是指一定土地面积上种的植物，通过光合作用贮藏在光合产物中的能量占投射到同等土地面积上太阳辐射能的百分率。

问题（讨论）：根据光合作用过程及调节机制，植物的光能利用率与哪些因素有关？提高光能利用率可以采取哪些措施？

植物的光能利用率与植物的光合性能有关。光合性能包括光合速率、光合面积、光合时间、光合产物的消耗和光合产物的分配利用。按照光合作用原理，要获得作物高产，就应采取适当措施，最大限度地提高光合速率，适当增加光合面积，延长光合时间等。

提高作物光能利用率、提高产量的途径主要有以下几种：

第一，提高光合速率。通过合理调控影响光合作用因素，如合理施肥、灌溉、增施有机肥等；通过选育作物新品种、提高栽培技术等措施，提高植株的光合性能，提高光合速率。

第二，增加光合面积。通过合理密植、改变株型等措施，增加光合面积。

第三，延长光合时间。通过提高复种指数、延长生育期及补充人工光照等措施，延长光合时间。

第四，减少有机物质消耗。培育光呼吸弱的植物品种；夜间降低室内温度，减少呼吸消耗。

第五，提高经济系数。培育经济系数高的作物品种，通过合理的水肥管理、合理整枝、药剂处理等措施提高经济系数。

案例导入：我国杂交玉米专家李登海 30 余年致力于杂交玉米育种，在紧凑型玉米育种栽培领域取得了辉煌业绩，走出了玉米自主高产之路。

问题：什么是紧凑型玉米？紧凑型玉米高产的原因是什么？

紧凑型玉米是指植株果穗以上叶片直立、上冲，叶片与茎秆之间的夹角小于25度，植株中部叶片比较长，而上部和下部叶片比较短，整个植株形态呈"棱形"的玉米杂交种。其特点主要有：

第一，透光性好、光合势强。据测定，紧凑型玉米穗位以上的茎叶夹角平均为23度左右，穗位以下的茎叶夹角平均为39度左右，分别比平展型玉米小15度和20度左右。群体透光系数高，总光合势强。

第二，适宜密植。紧凑型玉米由于株型紧凑，适宜密植，一般高产田每亩4 500～5 000株，比平展型玉米每亩多1 000～1 500株。群体最大叶面积指数，平展型玉米一般为3.5～4.0；紧凑型玉米一般则在5.0左右，最高可达6.0左右。

第三，生物产量和经济系数高。平展型玉米每亩生物产量最多在2 400～2 800斤，经济系数收获产量（如玉米籽粒产量）与生物产量之比为0.35～0.4；紧凑型玉米最高可达3 600～4 000斤，经济系数0.5～0.6。

3. 课后调查

目前生产中使用的高产栽培措施及蕴含的相关植物生理学知识，我国育种工作的成果及存在的短板。

三、教学总结

（一）教学依据

将光合作用机理研究与农业生产中高产栽培和育种相联系，培养学生理论联系实践、利用理论知识解决生产实际问题的能力，提高学生正确认识问题、分析问题和解决问题的能力，培育科学精神。通过李登海玉米高产育种的工作及成果，使学生认识所学知识的重要性，以及从事科研工作应具备的能力和素质，培植学生的"大国三农"情怀，引导学生以强农兴农为己任，"懂农业、爱农村、爱农民"，树立把论文写在祖国大地上的意识和信念，培养知农爱农创新人才。

（二）教学方法

课前在学习通发布作业复习巩固上一节课的内容"内外因素对光合作用的影响"，为本次课学习奠定理论基础；上传视频"发现榜样——李登海"，使学生了解其科研事迹和成果。课中通过图片及官方调查数据直观展示粮食不足对人类生存的威胁，人口增长产生的粮食危机，引入教学内容"光合作用与作物生产"，加深学生对理论学习重要性的认识。通过提问回顾"内外因素对光合作用的影响"，为进一步学习"提高植物光能利用率"提供理论依据。根据前期所学理论知识，分组讨论"提高光能利用率的措施"，培养学生分析问题、解决问题的能力。通过视频介绍李登海从事玉米育种的工作事迹和取得的重大成果，使学生了解并学习其创业精神和科研精神。

植物生理学（三）

（三）教学反思

一切科学研究都要服务于生产实践。植物生理学的学科任务除了研究植物的生命活动规律和机制，还要将这些研究成果应用于一切利用植物生产的事业中，为生产实践提供理论指导，为作物栽培及改良和培育作物新品种提供理论依据。

本案例把植物光能利用率与生产中高产栽培和育种相联系，使学生认识到研究植物的光合作用对作物高产栽培和育种的重要指导作用，以及对于解决粮食危机的重要意义，提高学生的专业认同和专业自豪感；培养学生理论联系实际、分析问题解决问题的能力。引入玉米育种专家李登海的科研事迹和成果，使学生了解其事迹和成果，学习其科研精神，珍惜当下的良好学习、研究和创业环境，激发学生的学习热情和信心，增强学生服务农业农村现代化、服务乡村全面振兴的使命感和责任感。

植物生理学（四）

一、基本情况

（一）教师简介

柏素花，教授。主要从事果树抗病分子生物学研究。主持国家自然基金 1 项，山东省基金 1 项，参与国家级课题 15 项，发表 SCI 论文 8 篇。近年来先后主持及参加省级教学研究课题 5 项，获省级教学研究成果奖 1 项。主讲植物生理学。

（二）授课方式

以线下授课为主。

二、教学设计

（一）融入人物

王晓杰，青岛农业大学 1997 级园艺系优秀校友、西北农林科技大学博士生导师，三级教授，旱区作物逆境生物学国家重点实验室副主任，国家小麦产业技术体系岗位科学家。主要从事小麦与条锈菌互作研究。近年来主持科研项目 15 项，发表 SCI 论文 40 余篇。获批国家优秀青年科学基金，并获得教育部"新世纪优秀人才"、陕西省青年科技奖等荣誉称号。他建立的小麦条锈病 PCR 快速检测技术取得了显著社会和经济效益。

（二）知识点

植物生理学课程第十三章第六节提高植物抗病性的途径。

（三）教学目标

1. 知识目标
掌握提高植物抗病性的途径。
2. 能力目标
掌握提高植物抗病性的基本原理及途径，针对农业生产中不同作物、不同季节发生的各种病害，能够理论联系实践进行调查、分析、判断，采用适宜的途径提高植物的抗病性，为解决生产中的实际问题提供理论依据和技术支撑。

3. 素质目标

养成良好的学习方式，培养自主学习、自主获得知识的素养，增强社会责任感、使命感，增强学习动力，提高理论联系实际、发现问题、解决问题的能力。

（四）案例设计

1. 导入

结合上节课学习的植物病害的种类、危害、抗病机理等问题，采用"问题式"教学方法提出问题：病害对农业生产的危害有哪些？在生产中有效提高植物抗病性的途径有哪些？

播放视频和病害相关报道，包括苹果主要病害的发生规律及防控要点、小麦条锈病的危害（减产 20%～50%）、王晓杰团队揭示损害小麦条锈病菌抗性的潜在靶标。

2. 展开

提高作物抗病性的根本途径主要有 4 种：

第一，培育优良抗病品种。通过传统育种和基因工程方法培育优良抗病品种，是提高作物抗病性的根本途径。

王晓杰团队在条锈菌效应因子、小麦易感基因鉴定及其调控、小麦抗条锈病机理等领域取得了重要进展，研究成果丰富了活体营养寄生真菌调控寄主免疫的理论，并创制了兼具抗病和优异农艺性状小麦材料，为小麦抗条锈病遗传改良提供了资源和策略。揭示了小麦感条锈病的全新机制，助力抗病育种。

第二，诱导抗病性。可利用生物方法、物理方法、化学方法处理植株，改变植物对病害的反应，产生局部或系统抗性。

第三，使用生长调节剂。合理施用水杨酸、茉莉酸、乙烯利等生长调节剂，可以诱导抗病基因的表达。

第四，合理的农业栽培管理措施。如改进耕作制度，对不同作物进行轮作、混种；清除病叶枯枝，对土壤进行灭菌处理；加强田间管理等。这些措施都能使植物有效抵御病害。

小麦是我国主要的粮食作物，在高纬度或高海拔的冷凉地区，小麦条锈病的危害尤为严重。每年春季、秋季和小麦越冬期，王晓杰和同事们要花费近一个月时间到甘肃陇南、陇东、陕西关中小麦条锈病发生重点地区开展田间调查，在陕西眉县、岐山县和陈仓区等地开展有关小麦病害防治技术的科普宣传及咨询。创新性建立小麦条锈病 PCR 快速检测技术，可在条锈病发病早期病菌处于潜伏阶段快速准确检测条锈菌越夏、越冬情况，实现了在病菌侵染早期对条锈病的预测预报，为生产上及时、有效防治该病害提供了技术支撑。该技术在田间已连续实施多年，取得了显著的社会和经济效益。

3. 作业

课后不同专业的学生根据自己的专业特点，讨论如何提高不同作物的抗病性问题。引导学生走进图书馆、利用在线资源查阅文献资料；通过田间调研、科学试验等方法对这部分内容进行更深入的理解和探索，了解在提高植物抗病性方面有杰出贡献的科学家、科研工作者的事迹等，了解国家政策，明确学习目标、增加学习动力。

三、教学总结

（一）教学依据

习近平总书记在《高等学校课程思政建设指导纲要》中指出，农学类专业课程要注重培养学生的"大国三农"情怀，引导学生以强农兴农为己任，"懂农业、爱农村、爱农民"，树立把论文写在祖国大地上的意识和信念，增强学生服务农业农村现代化、服务乡村全面振兴的使命感和责任感，培养知农爱农创新人才。润物细无声地把科学精神、爱国情怀、生态文明教育、环保意识、团队协作精神、支农爱农的思想根植在学生的心里。

（二）教学方法

采用问题式、启发式教学方式。如在学习植物抗病生理章节时，提出"如何提高植物抗病性"这一问题，引导学生思考；再如通过介绍国家相关政策，加强学生的责任感、增加学习动力。

鼓励学生利用优质的大学慕课资源辅助学习，教师采用链接国内外重要期刊，课下召开腾讯会议集中解答学生问题等方法协助学生学习。建议学生关注"三农"先进人物事迹展播、"三农"人物故事、为农业发展作出突出贡献的科学家等，激励自己奋发努力。

（三）教学反思

课前提出病害在农业生产中的高发性、难防治、危害严重等问题，引发学生思考在生产中有效提高植物抗病性的途径。

课中通过观看视频、阅读新闻报道、学习研究人员的科研成果，以及课堂提问、小组讨论、教师讲解等方式使学生作为学习的主体参与到课堂教学中来，进一步认识农业生产中存在的严重病害问题，深入了解学习的目的是为农业生产服务。

课后针对如何提高不同作物的抗病性问题，引导学生查阅文献资料，进行田间调研、科学试验，了解在提高植物抗病性方面作出杰出贡献的科学家、科研工作者的事迹等，既能全面深入地掌握理论知识，又增强了社会责任感和使命感，以杰出校友为榜样，明确了学习目标、增强了学习动力，树立为祖国农业事业奋斗的决心。

食品微生物学

一、基本情况

（一）教师简介

谭海刚，食品科学与工程学院副教授，博士研究生。主要研究方向为发酵食品与酿酒科学。主持和参与国家级、省级和横向科研项目 11 项，发表学术论文 40 余篇，授权发明专利 12 项。主持或参与完成省部级、厅级教学研究课题和课程建设项目 15 项，公开发表教研论文 10 余篇，主编和参编教材 2 部。指导大学生创新创业项目 30 余项，指导大学生竞赛获得省级奖励 3 项。获得山东省教学成果一等奖 1 项。

（二）课程简介

本课程是食品科学与工程、食品质量与安全、生物工程、粮食工程、葡萄与葡萄酒工程专业必修核心课，涉及食品微生物基础理论、微生物实践基本操作技术、微生物的形态构造及其功能、微生物的营养与培养基、微生物的新陈代谢、微生物的生长控制与培养、微生物的遗传和变异、微生物生态、微生物的分类和鉴定及微生物与食品酿造和保藏等相关内容。

（三）授课方式

线上线下混合教学。

二、教学设计

（一）融入人物

康振，2006 年 7 月毕业于莱阳农学院生物工程专业。2011 年 6 月毕业于山东大学微生物学专业，获博士学位，后前往美国伊利诺伊大学生物化工系攻读博士后。现任江南大学生物工程学院教授，博士生导师，糖化学与生物技术教育部重点实验室副主任。在主流期刊发表研究论文 67 篇，出版专著、教材 2 部；授权中国发明专利 47 项，美国发明专利 4 项；主持国家自然科学基金面上项目、国家重点研发项目课题等国家级、省部级纵横向项目 20 项。其中糖胺聚糖可控分子量发酵生产等相关技术已产业化，并取得了良好的经济效益。

（二）知识点

食品微生物学课程第四章第一节微生物的生长——微生物的群体生长规律。

（三）教学目标

1. 知识目标

掌握单细胞微生物的典型生长曲线四个时期及其特点，掌握食品工业中缩短微生物延滞期的方法，掌握对数期在微生物中的应用及 3 个重要参数计算。

2. 能力目标

引导学生结合个人成长特点，掌握微生物群体生长规律相关基本理论和基本方法，初步掌握研究食品微生物生长特性的思路与策略；培养学生发现问题和解决问题的创新精神和团队合作精神，由理论延伸到实践应用和创新创业，提高创新应用能力。

3. 素质目标

培养学生好学、乐学、严谨、务实的专业素养；培养学生树立学习强国的报国志向和思想感情，牢固树立"绿水青山就是金山银山"的理念，提升当代青年的责任担当。

（四）案例设计

1. 导入

通过智慧树平台推送本节课的教学基本纲要、教学目的、教学要求及课前预习任务，利用虚拟仿真和智慧树平台开展问题主导的虚拟仿真＋文献查阅＋视频学习＋课件教学模式。

设置问题：查阅一篇青农校友康振发表的涉及微生物生长曲线的研究论文，阐述生长曲线在科学研究中的应用，制作 PPT，进行翻转课堂。

学生进行资料查阅，小组讨论，思考整理，制作 PPT，提交报告。教师收集学生的答案，查看虚拟仿真数据，回答学生提出的问题。

2. 展开

（1）翻转课堂

结合食品生产场景，构建微生物生长曲线理论——专业关联性，使学生了解生长曲线在食品企业的广泛应用，了解发酵食品企业的现代化、标准化生产现状等，从而对从业者知识储备和职业素养提出更高的要求，激发学生求知欲。

根据小组提交的作业情况，选取一组进行翻转课，讲授"好氧发酵生产琥珀酸工程菌株的构建"论文，介绍工程菌株 *E. coli* QZ1111 生长曲线特点和研究结论，回答学生的提问"为什么文献中的生长曲线只有三个时期？""发酵液吸光度值为什么可以反映发酵液中细胞的数量？""分光光度计法有何优缺点？"

（2）线上线下混合式课堂教学

第一，延滞期。导入重点问题：食品工业中缩短微生物延滞期的方法有哪些？微生物为什么会出现延滞期？

环境对微生物的生长影响明显，引出影响微生物延滞期的因素：培养环境、培养基成分、菌种的遗传特性、接种龄、接种量、种子损伤度。

由影响微生物延滞期的因素——对应引出缩短延滞期的方法：改变菌种的遗传特性（航天诱变育种，基因工程育种等）；将对数期的细胞作为种子；适当扩大接种量；丰富营养，使接种前后培养基组成相近；确保种子健康。

第二，指数期。导入重点问题：指数期的 3 个重要参数如何计算？影响微生物代时长短的因素有哪些？指数期在微生物中有哪些应用？

分析康振的《好氧发酵生产琥珀酸工程菌株的构建》论文中工程菌株 *E. coli* QZ1111 指数期的 3 个重要参数，计算时间段如何选择。强调只有处于指数期，才符合以上计算公式。

线上问答"指数期微生物有哪些应用"，结合康振的论文重点强调其在微生物育种中的应用。

第三，稳定期。导入重点问题：微生物稳定期到来的原因有哪些？

结合康振的《好氧发酵生产琥珀酸工程菌株的构建》论文中工程菌株 *E. coli* QZ1111，分析稳定期到来的原因有哪些。

第四，衰亡期。导入问题：衰亡期的微生物会不会全部死亡？结合稳定期到来的原因，引申出对衰亡期特点的进一步理解。

(3) 学习效果检验

讨论题：结合康振的《好氧发酵生产琥珀酸工程菌株的构建》论文中工程菌株 *E. coli* QZ1111生长曲线测定的有关内容，设计一个实验测定某酿酒酵母生长曲线。

小组讨论后，选一组分享讨论成果，通过讨论，学生能全面理解单细胞微生物生长曲线，同时结合康振的育种案例，建立科学严谨的学习态度。

(4) 师生共同总结

教师通过学生总结，了解学生对知识点的掌握情况和学习收获，进行点评；引出教师课堂总结。

结合康振的论文总结生长曲线重点难点和特点；结合康振的个人成长经历，启发学生夯实专业基础，培养勤奋钻研、好学、乐学、务实的态度。

3. 作业

第一，结合康振的论文，设计细菌生长曲线实验，并应用于设计性实验"微生物生长曲线的测定"。

第二，查阅资料，简述微生物典型生长曲线在酒类、酶制剂、氨基酸、有机酸、制药等发酵工业中的应用实例。

第三，绘制单细胞微生物典型生长曲线思维导图。

三、教学总结

（一）教学依据

专业课程是课程思政建设的基本载体。要深入梳理专业课教学内容，结合不同课程特点、思维方法和价值理念，深入挖掘课程思政元素，有机融入课程教学，达到润物无声的育人效果。

理学、工学类专业课程，要在课程教学中把马克思主义立场观点方法的教育与科学精神的培养结合起来，提高学生正确认识问题、分析问题和解决问题的能力。工学类专业课程，要注重强化学生工程伦理教育，培养学生精益求精的大国工匠精神，激发学生科技报国的家国情怀和使命担当。

（二）教学方法

本节利用虚拟仿真、智慧树平台等实施三层面四种教学方法，融合线上线下混合式教学模式，课前、课中和课后三层面问题贯穿，结合康振案例，通过学生团队协作进行课堂翻转、线上问答、线上投票，小组讨论，小组汇报，引导学生自主思考，激发其探索欲望，提高其资料汇总、主动提出问题和思考问题的能力，启发学生用理论指导实践和创新应用，助力三全育人目标的达成。

（三）教学反思

习近平总书记在中国人民大学考察时强调，"为谁培养人、培养什么人、怎样培养人"始终是教育的根本问题，对高校教师提出了努力做精于"传道授业解惑"的"经师"和"人师"的统一者的明确要求。

食品微生物学是青农食品科学与工程和生物工程等专业的专业基础课和核心课，上启基础课，下连专业课。将校友的案例融入课程，将道理讲深、讲透、讲活，引导学生进行案例搜集和讨论分析，调动学生知识学习的兴趣，让学生获得课堂成就感，树立自信心，增强专业自豪感和学校自豪感，引领学生"学思践悟，知行合一"，将知识传授、能力培养和价值塑造融为一体，提升课堂吸引力，增强立德树人效果。

普 通 微 生 物 学

一、基本情况

(一) 教师简介

朱丽萍，生命科学学院讲师，微生物学博士，主要从事微生物的遗传改造与代谢产物研究。主持国家青年基金项目 1 项，参与国家级课题 3 项，发表 SCI 学术论文 10 余篇。参编教材 1 部，发表教研论文 2 篇。曾获山东省"超星杯"第十届高校教师教学比赛三等奖、第三届山东省教学创新比赛三等奖，指导学生获得国家级创新创业大赛奖 1 项、省级生物学竞赛三等奖 1 项。

(二) 课程简介

本课程是青农本科专业必修课，紧紧围绕各类专业培养要求及创新人才培养需求，设置微生物学基本理论、分子和细胞生物学技术、微生物生态等多个内容体系，包括微生物的形态结构、生理生化、分类鉴定、控制培养、遗传变异、生态环境及种质资源开发等相关内容。本课程通过对普通微生物学的教学，使学生获得微生物领域专业基础知识，具备解决专业实践中微生物相关问题的基本能力，并从日常生活现象和传统文化中挖掘微生物原理和意义，培养学生的科研思维和创新思想，为从事微生物相关工作和深度的科学研究奠定基础。

(三) 授课方式

线上线下混合教学。

二、教学设计

(一) 融入人物

张瑞福，1994 年 9 月进入莱阳农学院农学系学习，1998 年毕业后进入南京农业大学微生物学系学习，获得博士学位。随后进入香港大学、美国得克萨斯农工大学和美国加州大学伯克利分校从事与微生物有关的研究。2010 年回国，就职于南京农业大学资环学院，从事根际微生物与微生物肥料、农业有机废弃物微生物转化与有机肥料研究，在基础研究和产学研合作方面有所建树。

张瑞福教授长期从事根际微生物与微生物肥料研究，揭示了典型根际益生菌促进植物生长、增强植物耐逆、诱导植物系统抗性的作用机理；系统阐明了其根际有益菌趋化定殖的分子调控机制与信号分子网络；分析了根际微生物组装配的驱动因素、装配过程和功能特点；促进了根际益生菌的利用和微生物肥料的发展。近年来发表 SCI 论文 80 多篇，被引用近万次，9 篇论文入选 ESI 高被引论文，本人入选 2022 年度科睿唯安全球"高被引科学家"。先后获得中国自然资源学会青年科技奖，教育部科技进步一等奖、国家科学进步二等奖和农业部中华农业科技奖优秀创新团队奖等。

（二）知识点

普通微生物学课程第七章第三节微生物的地球化学作用——氮循环。

（三）教学目标

1. 知识目标

了解氮元素的存在形式，掌握氮元素的循环过程及微生物在氮素循环中的地位和作用。

2. 能力目标

通过讲解微生物在各种元素不同形式间转化和循环中的作用，培养学生透过现象看本质的能力，提高归纳总结和思维能力；通过讲解微生物在氮素循环中的作用，提高学生的宏观认知能力，增强学生理论联系实际并解决农业生产面临的氮流失问题的能力。

3. 素质目标

培养学生树立生态文明和生物绿色生产理念，提升科学思维和创新意识，提升立足农业生产解决问题的责任意识和担当。

（四）案例设计

1. 导入

课前通过学习通在线平台发放视频资料地球进化史，介绍生物地球化学循环概念。

提供一篇青农校友张瑞福 2022 年发表于微生物学权威杂志 *Current Opinion in Microbiology* 上的综述论文，该文章系统总结了植物—根际益生菌互作过程，可提升学生的专业理论认知和实践高度。请学生从文中总结出固氮菌在生物固氮中的作用。

课程导入：微生物参与了地球化学元素的循环，主要涉及氮循环、碳循环、磷循环、硫循环。这些循环过程形式多样，各有特色。

提供解读思路：元素存在形式；形成化合物类型；循环过程及微生物作用。以此解读氮循环。

2. 展开

环节一：内容讲述

（1）氮元素的化合价及存在形式

包括：$R—NH_2$（-3）、NH_3（-3）、N_2（0）、N_2O（$+1$）、NO（$+2$）、NO_2^-（$+3$）、NO_2（$+4$）和 NO_3^-（$+5$）。

（2）化合物形式

主要形式有氨和铵盐、亚硝酸盐、硝酸盐、有机含氮物和气态氮 5 类。

介绍每个分类的特征化合物构成。以动画的形式展示元素构成化合物的过程及种类，便于学生理解。

（3）氮循环过程

通过动画方式详细阐述氮循环 8 个过程中涉及的生物化学作用及微生物类型（图 1）。要求学生随堂绘制该过程。

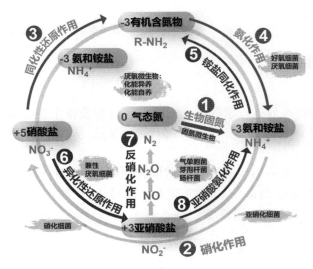

图 1　氮循环过程

环节二：小组讨论

思考在农业生产和农作物生长过程中应该提高和避免的氮循环过程有哪些？选择其中一个过程，提出解决思路和方法。

通过讨论，进一步强化学生对氮循环过程的理解，鼓励学生聚焦感兴趣的过程，进一步挖掘其中的潜能，促进学生创新思维培养。

教师进行点评和总结，引导学生建立科学思维和实验思路，鼓励学生大胆思考和创新实践应用。

环节三：小结及拓展

回顾并总结本小节内容，强化知识重点。教师提供拓展资料，包括科研成果、科普文章、研究网站等。

3. 作业

第一，利用所学及专业实践，思考如何通过微生物策略和措施避免农业生产中的氮流失。要求：结合校友张瑞福的研究成果，进一步查阅文献资料，选择某一特定农作物，制定具体研究方案。

第二，绘制本节内容思维导图并上传至学习通讨论区。

三、教学总结

（一）教学依据

专业课程是课程思政建设的基本载体。要根据不同学科专业的特色和优势，从课程所涉专业、行业、国家、国际、文化、历史等角度，增加课程的知识性、人文性，提升引领性、时代性和开放性。要深入梳理专业课教学内容，结合不同课程特点、思维方法和价值理念，深入挖掘课程思政元素，将其有机融入课程教学，达到润物无声的育人效果。

理学、工学类专业课程，要在课程教学中把马克思主义立场观点方法的教育与科学精神的培养结合起来，提高学生正确认识问题、分析问题和解决问题的能力。理学类专业课程，要注重科学思维方法的训练和科学伦理的教育，培养学生探索未知、追求真理、勇攀科学高峰的责任感和使命感。

本次课程通过微生物参与氮素循环过程教学，培养学生理论联系实践、分析问题和解决问题的能力，增强立足"三农"解决农业生产实际的责任担当，培养学生的科研与创新意识；通过引入校友张瑞福微生物与农作物互作及微生物菌肥研究实例，让学生切实感受到绿色农业生产和生态文明建设的当势之需，提高学生的学习热情。

（二）教学方法

本次教学采用线上线下混合方式，课前通过资料发放引导学生预习和思考，课后利用线上资料对课程内容进行强化、补充和拓展，以拓展学生的认知领域。

通过案例式和讨论式教学，立足农业生产实际，引入校友案例，培养学生分析问题和解决问题的能力。通过讨论，强化学生对知识点的理解和掌握，明晰学习目标，使专业学习更为有的放矢。

最后通过思维导图作业和思考题，使学生进一步巩固本节知识内容，加深对内容之间联系的梳理，实现对所学知识的灵活运用。

（三）教学反思

立德树人是教育的根本任务，课程思政工作应该贯穿课程始终，丰富育人载体，创新育人方式，构建长效机制。

本节是微生物与农业生产实践联系最为紧密的章节之一，具有理论科学研究潜能和实践应用价值。但是本节内容涉及氮元素的元素形式、化学价构成，以及8个循环过程及微生物类型，知识点多而密集，为便于学生理解和学习，教师采用多种教学方法进行融会贯通，加强了知识内容的逻辑性，提高了知识内容的清晰度，使学生学会总结归纳规律。通过课程思政内容的多样性，加强学生对知识的理解并提升应用能力，培养其科学思维及创新意识，实现"知识传授"和"价值引领"有机统一。

教师通过学习通的随堂测验、问卷调查、作业提交等课程评价方式，评测学生听课和学习效果，并做好学生对课程内容反馈的收集整理工作，进一步完善本节教学设计。

普通微生物学

普通昆虫学 I

一、基本情况

（一）教师简介

孙丽娟，植物医学学院昆虫学系主任，博士，副教授，硕士生导师。主要从事昆虫化学生态及害虫防治研究。主持各级课题 6 项，发表论文 40 余篇，其中 SCI 论文 10 余篇。出版书籍及教材 6 部，授权专利 2 项。为普通昆虫学省级一流课程主持人，获省级教学成果奖 3 项。主讲普通昆虫学。

（二）课程简介

本课程是植物保护本科专业必修课，为植物保护专业五大主干课程之一，涉及昆虫形态学、昆虫生理学、昆虫生物学等理论知识。教学目的是使学生掌握昆虫学基础知识和研究昆虫的基本能力，为从事植物保护工作和科学研究奠定基础。

（三）授课方式

线下教学。

二、教学设计

（一）融入人物

王宪辉（图 1），1998 年毕业于莱阳农学院植物保护系，现任中国科学院动物研究所研究员、农业虫害鼠害综合治理研究国家重点实验室副主任、行为遗传学研究组组长，博士生导师。研究方向以我国农业昆虫为模式系统，运用基因组学等多学科交叉手段，开展昆虫聚群和社会行为调控机制研究。

图 1　工作中的王宪辉研究员

在国内外学术期刊发表论文 50 余篇。主持国家自然科学基金重点项目、国际合作项目、973 等多项国家级课题。获第十四届中国青年科技奖 1 项、国家自然科学二等奖 1 项。有关蝗虫聚集信息素的研究入选 2020 年度"中国生命科学十大进展"。

（二）知识点

第十章第五节昆虫的防御之化学防御。

（三）教学目标

1. 知识目标

掌握昆虫化学防御的概念、类别，掌握化学防御在昆虫生命过程及进化过程中的作用。

2. 能力目标

根据所学知识，查阅文献，了解昆虫化学防御最新研究进展；从昆虫与周围环境协同进化的角度，认识环境压力在昆虫进化中的作用，并在此基础上拓展科研思路，探索害虫防治和益虫利用的新途径，为有害生物综合治理策略的制定奠定基础。

3. 素质目标

基于我国新农村建设和乡村振兴战略亟须培养大量具有专业知识、动手能力强、综合素质高的创新应用型人才需要，从昆虫化学防御产生抗药性的角度，引导学生认识植保人的责任感和使命感，体会害虫科学防控的重要性及害虫科学防控在生态文明建设中的作用。鼓励学生利用专业知识，解决害虫防治的瓶颈问题，培养学生勇于探索、脚踏实地、积极进取的基本职业素质。

（四）案例设计

1. 导入

播放飞蝗成灾的图片，提问：飞蝗的天敌鸟儿为什么"失职"了？为什么不来吃虫子？给学生想象的空间，最后提出昆虫防御的机制——昆虫的化学防御。

2. 展开

第一个环节：解释飞蝗成灾时鸟儿为什么不吃飞蝗而让其为害庄稼。大家一起聆听优秀校友——中国科学院动物所王宪辉研究员的回答。

第二个环节：超星学习通课堂活动，分析"飞蝗利用苯乙腈抵御鸟类捕食属于何种防御方式？"

第三个环节：教师点评并归纳总结，即这种防御是利用毒性化学物质进行的化学防御。

第四个环节：课堂讨论。先介绍王宪辉开展研究的背景，即善于观察生活中的现象，勇于探索表象之后的机制。引导学生思考，结合生活中的经验，化学防御还有哪些方式？这些化学防御对昆虫种群能起到什么作用？

第五个环节：根据学生的讨论，教师归纳化学防御的 5 种类型：一是贮存或产生有毒物质对天敌产生拒食作用；二是释放警戒信息素作用于同种其他个体；三是释放化学物质驱避天敌；四是利用化学物质麻痹或袭击天敌；五是产生解毒酶分解外来有害化学物质。

3. 思考题

根据王宪辉的研究结果，飞蝗群集起飞后会产生苯乙腈，请思考怎样防治飞蝗？昆虫化学防御的形成是一种什么现象？请学生提出自己的见解。

三、教学总结

（一）教学依据

根据《高等学校课程思政建设指导纲要》中关于深化职业理想和职业道德教育的要求，教育引导学生深刻理解植物保护专业在农业生产中的地位，树立植保人的责任感和使命感，并自觉践行植物保护，善于从实践中发现问题并勇于探索，具备利用所学知识分析、解决问题的职业素养。培养学生爱岗敬业，形成开拓创新的职业品格和行为习惯。

（二）教学方法

案例分析法：在介绍昆虫化学防御之前，先介绍蝗灾案例，让学生从案例中发现问题，引导学生进入课堂主体角色。

启发式教学：通过展示蝗灾图片，启发学生思考鸟类为什么不能在蝗灾发生时起作用。在讲述王宪辉的研究后，启发学生思考飞蝗利用苯乙腈避免鸟类取食的防御属于何种防御。

讲述法：在介绍王宪辉的研究内容及其个人成长与发展经历时，借助多种资料，图文并茂地向学生讲述，介绍他在科学道路上的兢兢业业、开拓进取，以王宪辉事迹和精神感召学生热爱专业、爱岗敬业，并培养学生开拓进取的职业素质。

课堂讨论介入式教学：介绍完飞蝗的化学防御后，在王宪辉科研经历的启发下，让学生结合生活中的经验，讨论昆虫其他的化学防御方式，并尝试对所有化学防御进行分类，讨论这些防御对昆虫种群的作用。

（三）教学反思

在教学中，教师通过优秀校友王宪辉的研究成果阐明知识要点，向学生讲述王宪辉的科研精神，引导学生树立善于从实践中发现问题并勇于探索的职业习惯。同时用王宪辉的事迹感召学生，鼓励学生立志成才，热爱专业，树立植保人的责任感和使命感。

通过案例分析、启发式教学培养学生的自主思考能力。通过课堂讨论和超星学习通课堂活动，充分发挥学生在课堂教学中的作用，提高学生对课堂的参与度，使学生能够比较深刻地理解什么是昆虫的化学防御，以及化学防御的类别和作用。

因学生在课堂中的参与度较高，教师又融入飞蝗自我防御的科研成果和优秀校友王宪辉的事迹，使课堂避免枯燥而趣味满满，收获了良好的教学效果。

饲 料 学

一、基本情况

（一）教师简介

郭艺璇，讲师。主要从事反刍动物营养与饲料资源开发利用方面的研究。主持省级以上纵向课题 7 项，横向课题 3 项，发表论文 30 余篇，参与制定、修订山东省行业标准 3 项，参编著作 2 部，申请发明专利 5 项，授权 3 项。负责饲料学、动物营养学和饲料分析及品质检测等课程的教学工作。

（二）课程简介

本课程是动物科技学院动物科学专业的专业必修课，是一门以动物营养、饲料生产、人畜卫生、环境保护及现代生物技术等学科为基础，同时涉及农业、畜牧、食品等多个行业的应用性学科。本课程在动物营养学的基础上，通过对饲料学中基本概念、原理和研究方法的教学，培养学生对饲料学基础理论与生产实践相关问题的分析和解决能力，使其掌握一定的实验技能，为今后从事饲料相关工作和科学研究打下基础。

（三）授课方式

线下教学。

二、教学设计

（一）融入人物

张唐之（图 1），男，莱阳农学院畜牧兽医系畜牧专业 1982 级校友，被业内人士尊称"行业领袖与思想者"。1982 年毕业后分配至淄博市周村区政府任秘书；1992 年辞去公职，创立淄博鼎立科技有限公司，后更名为山东六和集团；1995—2004 年，担任山东六和集团董事长；2004 年创办山东亚太中慧集团，并任董事长。

图 1　张唐之

（二）知识点

饲料学课程第十三章第二节饲料配方设计的原则。

（三）教学目标

1. 知识目标

学习并掌握饲料配方设计的基本原则。

2. 能力目标

使学生掌握科学选用饲料原料、设计饲料配方的原则，了解保障和满足动物的营养需要、最大限度地发挥其生产潜力的准则，使学生具备从事养殖和饲料生产相关行业的基本素质和能力。

3. 素质目标

学生通过对饲料配方设计原则的学习，增强服务农业农村现代化、乡村全面振兴的使命感和责任感，具备生态文明意识和畜牧业高质量发展理念，树立法治观念和社会责任意识，做知农爱农的创新型人才。

（四）案例设计

1. 导入

基于对上一节"配合饲料的种类"的学习，学生了解了配合饲料的定义、分类和优点，并牢记了什么是饲料配方及日粮和饲粮。由此进而引出相关问题，在饲料配合时应该如何设计饲料配方？遵循的设计原则是什么？

导入问题：青岛农业大学 1982 级校友张唐之在 20 世纪 90 年代采取饲料微利经营策略，最大限度让利于民，因而在行业内有"价格屠夫"的"恶名"。请同学们思考这在配合饲料配方设计中体现了什么原则？

2. 展开

饲料配方的设计涉及许多制约因素，为了对各种资源进行最佳分配，配方设计应基本遵循以下原则：

（1）科学性原则

饲养标准是设计饲料配方的科学依据，而饲料营养成分及营养价值表也是设计饲料配方的主要依据，是选择饲料种类的重要参考。设计配方时要结合饲料的营养价值、动物的种类及消化生理特点、饲料原料的适口性及体积等因素，合理确定各种饲料的用量和配合比例（表 1）。思考：在饲料配方设计选择原料时要注意哪些问题？

表 1　配合饲料中各类原料的比例

单位：%

饲料种类	鸡	猪	奶牛	役畜	鹿
谷实类	50～70	40～60	40～60	60～70	30～40
糠麸类	15～20	10～40	20～40	10～20	10～20

饲料种类	鸡	猪	奶牛	役畜	鹿
饼粕类	20～30	15～20	25～30	20～30	20～50
草叶粉	0～8	8～10	/	/	/
动物性蛋白料	0～8	/	/	/	/
矿物质饲料	3～8	1～3	3～4	1～2	0.2～1.6
食盐	0.25～0.4	0.3～0.4	1	0.2～0.5	0.5～1.0

饲料原料选择应根据当地饲料资源的品种、数量、理化特性和饲用价值，做到全年均衡，但要注意饲料品质、饲料体积和饲料的适口性。

（2）经济性和市场性原则

经济性即考虑经济效益。饲料成本通常占生产总成本的60%～70%，因此在设计饲料配方时必须注意经济原则，使配方既能满足动物的营养需要，又尽可能地降低成本。所用原料要尽量选择当地生产量较大、价格较低廉的饲料，少用或不用价格昂贵的饲料。以张唐之的"微利经营"的经营策略为例。一方面，强化企业管理，降低每吨饲料的生产成本；另一方面，通过与行业内其他企业进行策略联盟及合作，规模化统一采购原材料以降低采购成本。降价带来的一个结果是产品销量大增，生产规模急剧扩大，采购成本降低，资金的流转速度加快，六和集团所属许多饲料厂的资金周转率翻番，这一切反过来又推动六和集团效益大幅提升。这种"微利经营"的经营策略深刻影响了山东乃至全国养殖业的发展，促进了饲料行业的快速发展。

产品的目标是市场。配合饲料是一种商品，因此设计饲料配方时必须以市场需求为目标。设计配方前，应对市场进行调查研究，了解市场需求，才能明确产品的定位。例如，应明确产品的档次、销售价格、客户范围、市场的认可程度及销售前景等，做到有的放矢，提高产品的市场竞争力。

（3）可行性原则

即生产上的可行性。一个合理的配方必须以特定的原料为基础，再通过一定的生产工艺才能生产出合格的产品，所以设计配方时必须考虑其可操作性。

首先，设计的饲料配方必须与企业的生产条件配套，必须满足生产工艺及设备的要求，且配方选用的饲料原料来源稳定，设计时原料用量或比例尽量为整数等。

其次，饲料产品的种类与阶段划分也应符合养殖业的生产需要。即结合生产实践和饲养标准，认真分析饲养标准与应用对象的适合程度，重点把握饲养标准所要求的条件与养殖动物实际条件的差异，尽可能根据最适合养殖动物的饲养标准来设计饲料配方。

（4）安全性与合法性原则

设计制作饲料配方必须保证配合饲料在饲喂时的安全可靠，以保障动物和人类的健康。饲料配方选用的饲料原料，尤其是饲料添加剂，必须安全当先，慎重选择。

选用饲料原料时，禁止使用发霉、变质、酸败等不合格原料，对于某些含有毒害物质的原料，应脱毒使用或限量使用。必须遵守添加剂停药期的规定，对于国家明令禁止使用的添加剂，如抗生素、激素、瘦肉精等绝不能使用。

饲料学

合法性即配方设计应符合国家有关规定。设计饲料配方不仅要符合饲养标准的要求，还要符合饲料标准和有关饲料法规的要求。国家为了规范企业的生产和市场行为制定了一系列的标准和法规，必须严格遵守，防止违规生产。有些饲料生产企业为了提高产品质量，还制定了企业标准，但企业标准制定后，必须通过合法途径进行注册登记并在生产中严格执行。

（5）逐级预混原则

成品中用量少于1%的原料，需要进行预混合处理。其目的在于提高微量养分在全价饲料中的均匀度。混合不均匀易造成动物生产性能不良、整齐度差、饲料转化率低等，严重的会造成动物死亡。

3. 思考题

学习完饲料配方设计的原则，请大家结合张唐之的案例，思考在饲料生产中计划研发新型饲料产品时，应收集什么资料？需要做哪些准备工作？

三、教学总结

（一）教学依据

随着科技进步，在长期的畜牧业生产实践中，人们对动物生产需要的饲料及其营养价值有了更科学、更全面、更深入的认识，饲料种类不断增加，新型饲料原料及添加剂不断被发掘或生产，饲料利用效率显著提高，从而要求学生要具有职业素养和社会责任感，以及深厚的"三农"情怀、生态文明意识和畜牧业高质量发展理念。

（二）教学方法

利用案例教学法，在授课过程中将与知识相关的社会热点、重大事件或经典案例作为融入点，使学生将所学知识与生产实践相结合。例如饲料配方设计的原则这一节，结合青农知名校友张唐之案例，既增强了学生对学校和专业的认同感，又拓展了学生学习的宽度和广度，有效激发了学生学习的积极性和主动性。

（三）教学反思

饲料是动物赖以生存和生产畜产品的物质基础，通过本节学习，学生能够从生产实践中掌握科学选用饲料原料、设计饲料配方、具备从事养殖和饲料生产相关产业的基本素质和基本能力。利用学校知名校友的案例启发学生用发展的眼光解决实际生产问题，鼓励学生重视理论学习，重视理论联系实际，让学生形成职业素养和社会责任感，具有深厚的"三农"情怀、生态文明意识和畜牧业高质量发展理念。

兽 医 传 染 病 学

一、基本情况

（一）教师简介

韩先杰，青岛农业大学动物医学院副院长，教授。主要从事动物传染病的诊断与防控技术研究，主讲兽医传染病学。主持国家重点研发计划子课题 1 项，山东省重大科技创新工程项目子课题 1 项，山东省省级科研项目 2 项，省级课程思政教研项目 1 项。发表论文 80 余篇，期中 SCI 收录论文 5 篇。出版或参编教材 2 部，制定团体标准 2 项，授权国家发明专利 5 项。获神农中华农业科技奖二等奖 1 项，省级教学成果奖一等奖 1 项、二等奖 1 项。

（二）课程简介

本课程是研究家畜、家禽和野生动物等传染病发生、发展和流行规律，以及预防、控制和消灭动物传染病方法的一门学科。该课程是动物医学专业的一门专业必修课。通过该课程的学习，学生掌握动物传染病发生、发展和流行规律的基本理论和知识，掌握预防、控制和消灭动物传染病的理论和知识；掌握诊断、防控动物传染病的技能；具备较强的团队合作意识、高尚的兽医职业道德和职业精神以及动物保护意识。

（三）授课方式

线下教学。

二、教学设计

（一）融入人物

王志亮，1989 年 6 月本科毕业于莱阳农学院牧医系，1995 年获预防兽医学博士学位。现任中国动物卫生与流行病学中心副主任、二级研究员，兼任国家外来病研究创新团队负责人和国家外来病研究中心主任、世界动物卫生组织（OIE）参考专家和国际非洲猪瘟研究联盟副主席。

1997 年 7 月至 1999 年 2 月，在 OIE 南非安德斯堡协作中心从事博士后研究工作。先后创建国家外来病研究中心、OIE 国际小反刍兽疫和新城疫参考实验室，国家牛海绵状脑病、非洲猪瘟等参考实验室。1997 年至今，聚焦重大动物外来病等研究，先后主持国家"十五"至"十三五"重大课题或科技专项 4 项，参与制定国家和行业标准 6 项、防治技术规范 9 项，主编、主译专著 9 部，获新兽药证书 7 项，以第一完成人获省部级二等奖以上 4 项。以第一或通讯作者发表 SCI 论文 68 篇，在中文核心期刊发表论文 200 余篇。曾获国家"WR 计划"领军人才、农业部有突出贡献的中青年专家、农业科研杰出人才、山东省先进工作者、山东省对口援青（青海）先进个人等荣誉称号。

（二）知识点

兽医传染病学第三章第八节牛海绵状脑病：牛海绵状脑病的诊断。

（三）学习目标

1. 知识目标

列举诊断牛海绵状脑病的实验室方法，并描述每一种诊断方法的要点；对比不同诊断方法的优缺点；对不同诊断方法进行评价。

2. 能力目标

通过比较牛海绵状脑病、奶牛低镁血症等具有相似临床症状的不同疾病，培养学生的辨析能力。

3. 素质目标

关注和认可我国兽医科学家为牛海绵状脑病防控工作所做的贡献，使青年学生热爱本专业、强化职业担当。

（四）案例设计

1. 导入

牛海绵状脑病的临床症状有一般临床症状和神经症状。一般临床症状表现为精神沉郁、体重减轻、奶牛产奶量下降；神经症状表现为恐惧、暴怒和神经质。

提出问题，能否根据临床症状对牛海绵状脑病做出准确的诊断？学生分组进行短暂的讨论后回答问题。随后教师对以上问题进行解析，提高学生的辨析能力。

2. 展开

（1）"牛海绵状脑病的诊断"知识点

牛海绵状脑病的临床症状是牛海绵状脑病发病过程中表现出的一种疾病发展"现象"，有些其他疾病如奶牛神经型酮病、低镁血症等的临床症状和牛海绵状脑病的临床症状相似，因此不能根据此"现象"对牛海绵状脑病做出准确的诊断。由此引出"牛海绵状脑病的诊断"的知识点。

临床症状表现为牛海绵状脑病的诊断提供了初步的参考依据，实验室诊断是准确诊断牛海绵状脑病的方法，国际上通用的实验室方法是免疫组化法。

教师依次讲解免疫组化法的原理、操作要点。免疫组化法是病理学诊断的一种方法，其基本原理是通过病理组织上的抗原和相应的标记抗体发生的免疫学反应来检测组织上含有的抗原物质。其诊断牛海绵状脑病的主要步骤有：第一步，脑组织的采集和固定。按照《国家牛海绵状脑病风险防范指导意见》采集牛脑的延脑（脑闩部），放入

10％福尔马林生理盐水中固定。第二步，样品处理。将固定的脑组织按照常规法制成石蜡切片、切片脱蜡、蛋白酶 K 消化。第三步，免疫组织化学染色。滴加特殊抗体孵育切片。第四步，显微镜观察结果。

（2）案例融入

在讲解免疫组化法诊断牛海绵状脑病的知识点时，融入青农动物医学专业校友王志亮在这诊断方面作出的贡献。王志亮主持创建了国家牛海绵状脑病参考实验室（中国动物卫生与流行病学中心），将国际先进的免疫组化检测方法用于牛海绵状脑病检测和诊断，检测样本 4 万余份，超过 OIE 标准 2 倍以上，研究数据被 OIE 采纳，为我国无牛海绵状脑病认证提供了科学依据。

2001 年 2 月，根据国家牛海绵状脑病检测实验室提供的有力技术依据，《人民日报》发表了《中国目前没有牛海绵状脑病》的文章。该文章有力地保障了我国的牛肉出口。据统计，仅山东省牛肉出口一项即可保证年创汇 1 000 万美元以上，全国年创汇在 6 000 万美元以上。OIE 将牛海绵状脑病风险等级分成三级，即不确定风险、已控制风险、可忽略风险。2014 年 5 月 27 日，OIE 第 82 届大会第 3 次全体会议讨论认可中国大陆达到牛海绵状脑病可忽略风险等级。这个骄人成就的取得是无数兽医科技人员为了祖国的经济安全和利益，认真履职尽责，将牛海绵状脑病阻拦于国门之外而不懈努力的结果。

（3）问题讨论

我国为牛海绵状脑病防控做了哪些重要的技术储备？

3. 作业

查阅《国家牛海绵状脑病风险防范指导意见》等相关资料，浅谈我国防范牛海绵状脑病的有效措施（500 字以内）。

三、教学总结

（一）教学依据

《高等学校课程思政建设指导纲要》指出，农学类课程要注重培养学生的"大国三农"情怀，引导学生以强农兴农为己任，"懂农业、爱农村、爱农民"，树立把论文写在祖国大地上的意识和信念，增强学生服务农业农村现代化、服务乡村振兴的使命感和责任感，培养知农爱农的创新人才。

在"牛海绵状脑病的诊断"知识点中融入"服务三农"的价值引领，帮助学生树立大国"三农"情怀，立足专业，热爱本职工作，防范外来重大动物疫病的入侵，维护国家的农业经济安全和利益，符合《高等学校课程思政建设指导纲要》中强调的以"家国情怀"为重点的思想供给。

（二）教学方法

1. 案例教学法

选用青农动物医学专业优秀校友王志亮的事例作为教学素材，融入"家国情怀"的价值元素。王志亮是我国知名的动物外来病防控专家，筹建了国家牛海绵状脑病参考实验室，在国内推广、示范国际先进的牛海绵状脑病诊断方法。该教学案例与课程知识点紧密结合，案例中的人物和成就在行业内有巨大的影响力，示范效应较强，对青年学生有很大的教育价值和意义。

2. 问题讨论法

通过比较牛海绵状脑病、奶牛神经型酮病、奶牛低镁血症等疾病，培养学生的辨析能力。

（三）教学反思

在"牛海绵状脑病的诊断"知识点教学中，选用优秀校友王志亮的工作成就阐明知识要点，在讲授专业知识的过程中向学生传播王志亮服务"三农"的大国情怀，引导学生立足专业，做出正确的职业规划。

同时用王志亮的事迹感召学生，鼓励学生热爱专业，建立维护国家农业经济安全的责任感和使命感。通过课前自学，培养学生自主学习和思考的能力。通过课堂讨论，充分发挥学生的主体地位，提高学生在"学"这一环节的参与度。选择的案例基于知名校友工作成就，真实可靠，学生的接受程度高，将价值引领自然地融入专业知识讲授中，能够达到潜移默化的育人效果。

兽医微生物学

一、基本情况

（一）教师简介

于永乐，讲师。主要从事动物传染病、流行病致病机制及诊断技术研究。主持和参与省级以上纵向项目 4 项、横向课题 2 项。参与省级课程思政教研项目 1 项，共发表 SCI 收录论文 8 篇，参编省级规划教材 1 部。主讲兽医微生物学。

（二）课程简介

本课程是动物医学专业的专业基础课，旨在分析微生物学基本理论的基础上研究微生物与动物疫病的关系，并利用微生物和免疫学的知识与技能来诊断、防治动物疫病及人畜共患病。本课程为后续其他专业课程如家畜传染病学、兽医临床诊断等的学习奠定必要的理论基础，为动物疫病病原诊断工作的开展提供充分的理论支撑。通过该课程的学习，学生能够掌握细菌、真菌和病毒的形态结构、生长方式和生长规律、遗传和变异、传染和免疫及实验室鉴定等基础知识，具备对微生物进行实验室鉴定的能力。

（三）授课方式

线下教学。

二、教学设计

（一）融入人物

亓文宝，2001 年毕业于莱阳农学院兽医专业，现任华南农业大学兽医学院副院长、教授、博士生导师，兼任农业农村部人畜共患病重点实验室副主任、人畜共患病防控制剂国家地方联合工程实验室副主任、国家禽流感专业实验室主任。致力于动物重大疫病和重要动物源性人畜共患病的研究。

亓文宝研发的禽流感灭活疫苗（H5N2 亚型，D7 株）和 H5 亚型禽流感灭活疫苗（D7＋rD8 株）分别于 2013 年和 2017 年获得新兽药证书；研制的 H5＋H7 亚型禽流感三价灭活疫苗（rSD57 株＋rFJ56 株＋rGD76 株）和 H5＋H7 亚型禽流感三价灭活疫苗（rSD57 株＋rFJ56 株＋rLN79 株）分别于 2018 年和 2020 年通过农业农村部应急评价。这 4 种疫苗全部转化给上市疫苗企业，并纳入政府采购计划。

亓文宝先后主持国家自然科学基金项目 4 项，国家重点研发计划课题、农业公益行业项目、广东省重大科技专项等科研课题 20 余项，发表 SCI 论文 30 余篇，授权发明专利 8 项，担任副主编编写国家级规划教材 3 部，获新兽药证书 7 个，获省部级科技进步二等奖以上奖励 5 项。

（二）知识点

第二十三章第一节禽流感病毒。知识点：禽流感疫苗研制。

（三）学习目标

1. 知识目标

理解禽流感病毒的基因组特征及抗原性和抗原变异机制；了解禽流感病毒的高变异特点对禽流感疫苗研发造成的挑战和困难；掌握我国针对高致病性禽流感的防控策略及禽流感疫苗研发过程。

2. 能力目标

合作探究学习能力：以禽流感病毒基因组高度变异为讨论切入点，引导学生主动探索、查阅文献、合作交流、分析原因，培养合作精神。

自主学习能力：能自主学习不同禽流感疫苗的种类及其免疫效果，充分了解禽流感疫苗的研制过程。

逻辑推理能力：以高致病性禽流感防控为例，引导学生思考并总结其他重要人畜共患病的防治措施。

3. 素质目标

面对重大传染病紧急攻关，培养学生不畏艰难、知难而上、勇挑重担的科研创新精神及对人类健康的护卫精神；始终树立以人民健康为中心、生命至上、健康第一的价值理念；大力弘扬创先争优、奉献社会的精神。

（四）案例设计

1. 导入

让学生观看 CCTV - 10《走进科学》栏目纪录片《抗击禽流感》，更加直观地感受到高致病性禽流感病毒（H5 和 H7 亚型）对家禽养殖和人类健康造成的巨大危害。数据表明，目前人感染高致病性禽流感死亡率约为 60%，家禽感染的死亡率几乎是 100%。疫苗是防控禽流感的主要手段和措施。

提出问题：常见的禽流感疫苗有哪几类？不同类型的禽流感疫苗免疫效果如何？高致病性禽流感疫苗是如何研制生产的？

针对以上问题，学生分组进行短暂讨论，教师随机提问一个小组回答以上问题。通过抛出现实性问题，引起学生的关注并发起讨论，让观点交锋。

2. 展开

（1）"禽流感疫苗"知识点讲解

高致病性禽流感的暴发给全球家禽养殖业的健康发展及人类公共卫生安全带来了巨

大挑战。尤其是 H5 和 H7 亚型可以跨种间传播感染人，且感染者死亡率高达 60％以上，引起人们的极大恐慌。虽然疫苗可有效阻断高致病性禽流感疫情传播与扩散，但禽流感疫苗的研发面临诸多困难。首先是良好毒种的获取，由于高致病性禽流感病毒可以感染人，因此研发人员时刻面临病毒高致病性的风险。其次，培育和繁殖病毒也是关键环节，全部要在动物生物安全三级实验室完成。

通过 PPT 详细介绍禽流感疫苗研制过程、目前国内外常见禽流感疫苗种类及其优缺点。

（2）案例融入

知识点一：禽流感优质种毒的筛选和获取。

为筛选出具有良好免疫原性的禽流感种毒，亓文宝教授十多年来一直坚持从事禽流感的流行病学调查研究工作，共分离了 500 多株不同亚型的禽流感病毒，最终从广东鸭身上分离到一株 H5N2 病毒。经过大量测试，证明该病毒的各项指标都非常符合制备疫苗的要求，是一株非常优秀的种毒。

知识点二：禽流感种毒的培育、灭活、配苗及产品检验。

由于高致病性禽流感可以感染人，亓文宝教授在种毒培育过程中时刻面临着被感染的风险，但他从未退缩，始终坚守在科研一线。他精心繁育，研制出生产用种毒传代稳定、效价高，完全符合生产要求的疫苗。最终用此种毒制作的疫苗免疫后在各种家禽体内诱导抗体上升速度快、均匀度好，对全国多地受病毒侵害的家禽均有交叉保护作用。

从拿到疫苗毒株到研制出水禽专用 H5 亚型禽流感灭活疫苗并成功上市，亓文宝教授共花了 6 年时间。这是国际上首个专用于水禽的 H5 亚型禽流感疫苗。

知识点三：禽流感疫苗的不断创新。

禽流感病毒不断变异，加快了疫苗更新换代的速度，亓文宝很早就启动了禽流感疫苗更新工作，2017 年研制了第二代 H5 亚型禽流感灭活疫苗（D7＋rD8 株），2018 年研制了第三代疫苗 H5＋H7 亚型禽流感三价灭活疫苗（rSD57 株＋rFJ56 株＋rGD76 株），2020 年研制了 H5＋H7 亚型禽流感三价灭活疫苗（rSD57 株＋rFJ56 株＋rLN79 株）。

3. 思考题

对高致病性禽流感必须采取综合性的防护措施，疫苗接种是最重要的预防手段之一。除此之外，请讨论我国为高致病性禽流感防控还做了哪些重要的技术储备，将来如果面对禽流感突发疫情我们应该怎样做？

三、教学总结

（一）教学依据

2020 年教育部发布的《高等学校课程思政建设指导纲要》指出，要大力弘扬以改革创新为核心的时代精神，教育引导学生增强职业责任感，培养开拓创新的职业品格和行为规范，增强勇于探索的创新精神。兽医微生物学属于农学类专业核心课程，在禽流感防控的"禽流感疫苗"知识点中融入校友亓文宝教授的事迹具有很强的感召力，融入的"创新精神"可以很好地帮助学生树立探索未知、追求真理、勇攀科学高峰的责任感和使命感，厚植学生科技报国的家国情怀。

（二）教学方法

1. 案例教学法

选用青农兽医专业优秀校友亓文宝教授的事例作为教学素材，融入"创新精神"元素。所选教学案例贴近实际，关系国计民生，可以很好地激发学生兴趣。案例中的人物和成就在行业内具有很强的示范效应，能够帮助青年学生树立正确的人生观、世界观、价值观，有利于青年学生的健康成长。

2. 问题导入的探讨式教学

在课堂上，多抛出一些开放性的问题，让学生思考，调动学生积极性，让教师和学生、学生和学生之间实现积极互动。让学生多想、多说、多听，教师多回应，多引导。

（三）教学反思

在"禽流感疫苗"知识点的教学中，选用优秀校友亓文宝教授的工作成就阐明知识要点，同时向学生宣扬亓文宝教授面对国家需求，不畏艰难、勇于探索的创新精神，以"润物细无声"的教学理念将价值引领融入课堂。通过本节内容教学，培养学生对兽医学科的兴趣，使学生体会到专业知识在护卫动物和人类生命健康中的巨大作用，培养学生的专业自豪感和科研素养，提升学生的社会责任感。

大学学术英语 I

一、基本情况

（一）教师简介

聂庆娟，外国语学院大学英语第二教学部主任，教授。主要研究方向为英美文学与文化、大学英语教育教学研究。发表学术论文 40 余篇，其中 A&HCI 论文 1 篇，CSSCI 论文 1 篇，北大中文核心 12 篇。主持省部级项目 1 项，地厅级项目 9 项；成果获省级教学成果二等奖 1 项，地厅级人文社会科学优秀科研成果奖 3 项；获山东省高校教师教学创新大赛一等奖、"外教社杯"全国高校外语教学大赛山东分赛区比赛思政微课组一等奖；指导省级大学生创新项目 2 项，指导本科在校生公开发表学术论文 16 篇；指导 174 名本科生获省部级英语技能大赛奖励。主讲的大学英语被认定为山东省课程思政示范课程。

（二）课程简介

本课程是面向全校非英语专业且英语成绩突出的提高班学生开设的一门公共必修课程，内容涵盖通用学术英语听说读写技能培养、学术思维训练、学术素养提升、学术论文写作等。通过本课程学习，学生不仅能提升学术英语综合能力，熟练使用英语进行交流、工作、学习，还能增强学术规范意识，提升学术素养，具备发现问题、分析问题、解决问题的能力和批判性思维能力；树立正确的世界观、人生观、价值观，提升学术自信，增强文化认同。

（三）授课方式

线上线下混合教学。

二、教学设计

（一）融入人物

王红军，1993 年毕业于莱阳农学院畜牧专业，现为美国南卡罗来纳医科大学细胞治疗中心主任、教授。主要从事糖尿病的药物和干细胞治疗方向研究。2008 年王红军受聘青农兼职教授，2010 年受聘青农泰山学者海外特聘专家。2009 和 2012 年，王红军因其在糖尿病领域的杰出研究获得美国 "City of Hope" 糖尿病委员会颁发的 Rachimel

Levine 杰出成绩奖。

（二）知识点

Unit 2 Chapter 3 Reading 1 Growing up male or female。

（三）教学目标

1. 知识目标

掌握与性别角色、表达差异有关的英语词汇、短语、句式结构；区分性别与性别角色；认识到人是在后天培养过程中通过父母、教师等社会化的代理人逐渐认同性别角色。

2. 能力目标

围绕性别角色用英语表达个人观点，培养较好的学术英语口语表达能力；快速查找文章主题和重要细节，具备较强的学术英语阅读能力；使用丰富的英语词汇、短语、句式结构进行段落写作，培养较强的学术英语写作能力；批判性看待性别角色的后天形成，培养批判思维能力。

3. 素质目标

培养批判思维，打破性别成见，冲破性别藩篱，树立两性平等意识，认识到只有通过努力奋斗才能实现人生价值。树立正确的性别观，客观看待两性差异，充分发挥女性自身优势。激发广大女性拼搏奋斗的精神，使她们积极融入社会主义现代化建设的伟大洪流，彰显当代青年的责任担当。

（四）案例设计

1. 导入

利用图片导入问题，引发对主题的思考——性别角色是后天形成的还是天生的？

问题1：玩具汽车和芭比娃娃是男孩的玩具还是女孩的玩具？为什么？（Is the toy for boys or girls? Why?）

问题2：孩童时期的玩具在何种程度上影响男女两性的思维方式、行为方式？（In what way will the toys girls or boys play influence them as an adult?）

2. 前测

在超星网络教学平台开展前测，检测学生对课文的预习及话题的了解情况。

问题3：性别角色究竟是生而有之，还是后天形成的？

围绕教材内容设计学生参与式活动，引导学生从课文中寻找观点，夯实语言基础，提升学术英语听说读写能力，引导学生批判性看待性别成见和定势思维并树立正确的女性观。

3. 学生参与式活动

（1）查找文章主题

问题4：文章的主旨句是哪一句？

请快速浏览文章标题、小标题，结合文章图片，迅速定位主旨句"Boys and girls

learn their gender roles"。

（2）区分性别与性别角色

问题5：男孩女孩通过后天习得性别角色，那么什么是性别角色？性别角色与性别是一回事吗？

利用家喻户晓的人物——花木兰引导学生思考并准确区分性别与性别角色。花木兰从生物学上看是女性，但是在军队这一特殊的语境中成为社会和文化上的男性。进一步引出相关概念：性别是指男女两性存在的生物性或者生理性差异。性别角色是指社会基于生物学上的性别赋予男女两性不同的社会和文化身份或期待。

（3）查找解释核心观点的重要细节

问题6：作者如何围绕文章主旨"性别角色是后天习得"这一核心观点进行详细阐述的？

快速查找重要细节，引导学生关注高频词 different 或 differently，使学生认识到男孩女孩通过来自父母、教师等社会化代理人不同的教育、教养方式获得不同的性别角色。

（4）补全"认同性别角色的主题句及重要细节"图表，深化学生对性别角色后天形成的认识

问题7：作者如何阐述男孩女孩习得性别角色过程中的"差异"化教育方式？找出具体细节。

通过图1、表1我们可知：男孩女孩通过父母、教师等社会化代理人的不同教育方式，从穿着、玩具、使用的语言、行为、游戏方式等方面逐渐认同了自己的性别角色：男孩要独立（boys were encouraged to be independent）；女孩要漂亮，可以依赖他人特别是男性寻求帮助（Girls were taught to rely on others, especially males for help），必须更多靠颜值而非才华生存（They must rely more on their beauty than on their intelligence）。

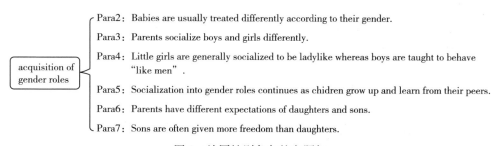

Para2: Babies are usually treated differently according to their gender.

Para3: Parents socialize boys and girls differently.

Para4: Little girls are generally socialized to be ladylike whereas boys are taught to behave "like men".

acquisition of gender roles

Para5: Socialization into gender roles continues as chidren grow up and learn from their peers.

Para6: Parents have different expectations of daughters and sons.

Para7: Sons are often given more freedom than daughters.

图1　认同性别角色的主题句

表1　认同性别角色的重要细节

Paras.	Points of differences	Girls	Boys
2	Color of clothing	pink	blue
2	Ways being handled	cuddled and kissed	bounced around, lifted high

Paras.	Points of differences	Girls	Boys
2	Toys	dolls	cars, trucks, building block
2	Attention to appearance	more	less
3	Language	words of feelings and emotions; more polite	more direct
4	Expected behavior	polite and quiet	independent and strong
5	Play style	quiet, in small groups of friends	rough, physical, competitive
5	Friendships	more intense, based on emotional connections and shared secrets	based on physical ability and dominant behavior
7	Treatment by parents	given less freedom	given more freedom

问题 8：大家是否认同这些观点：女孩必须依赖男性，女孩一定要漂亮，女孩必须要靠颜值才能生存？

我想大家的答案肯定是否定的。网络上流行这样一句话：明明可以靠颜值，偏偏却要靠才华。这句话用在我们的校友王红军博士身上再合适不过。

引入校友王红军案例：

优秀校友王红军，1993 年毕业于莱阳农学院畜牧专业，现为美国南卡罗莱那医科大学细胞治疗中心主任、教授。主要从事糖尿病药物和干细胞治疗方向的研究。青农前任校长宋希云在 2018 届毕业生典礼上曾提到过王红军，他说："你们 89 级的师姐王红军是一位拥有坚定意志的奋斗者。从学生时代起，她做任何事情都持之以恒，不屈不挠。正是凭借这股劲儿，她从莱农走到中农，从中农走到哈佛，取得了一个个瞩目的科研成果。"

诸多光环加身，但王红军没有忘记自己的母校，2010 年受聘青农泰山学者海外特聘专家。

王红军校友的例子告诉我们，女性完全可以不必依靠颜值而是依靠个人才华实现人生价值。王红军正是由于拼搏进取的精神、不被偏见束缚的思想，以惊人的恒心和毅力成就了自己的才华。在座的每一位同学特别是女同学应当以王红军为榜样，在学术之路上，在自己的科研道路上持之以恒，未来一定能收获沉甸甸的学术果实。

（5）快速阅读，查找表示对比的词汇、短语，夯实语言基础

问题 9：回到课文，作者在文中用了哪些表示对比的词汇、短语、句式结构描述男孩女孩性别角色形成过程中受到的差异化教育方式？

（6）产出作品——段落写作

运用表示对比的连接词，结合男孩女孩后天获得性别角色过程中的重要细节进行 60 个单词左右的段落写作，描述男孩女孩如何获得性别角色。教师为学生提供框架，帮助学生更好地完成写作任务。

学生提交作业到学习通，进行生生互评、师生评价，教师针对典型问题进行讲解与反馈，促进学生目标的达成；给出范文供学生参考。

（7）后测

用一段文字总结全文并填空，检测学生对课文主要内容和思想观点的掌握情况。

（8）总结

通过本课学习，你是否对性别角色有了重新认识？不可否认的是，当今社会依然存在性别偏见，职场上性别歧视的案例屡见不鲜，特别是女性面临更多的性别歧视。同学们如何看待这些问题？

首先，要打破性别成见，培养批判思维，树立男女平等的观念。同时也应认识到由于男女两性存在生物性差异，要通过发挥两性的优势和长处，构建和谐的社会和家庭关系。

其次，应看到尽管在某种程度上社会中依然存在性别歧视，但毋庸置疑的是，过去100年来以马克思主义理论武装起来的中国共产党，旗帜鲜明地肩负起实现妇女解放和促进男女平等的崇高使命和历史责任，中国妇女的家庭地位发生了历史性巨变，婚姻自主、男女平等的家庭关系逐步成为婚姻家庭的主流。

由社会科学文献出版社出版发行的《中国妇女百年发展报告（1921—2021）》对此进行了系统回顾和总结。未来，国家将继续加大妇女工作的力度，《中国妇女发展纲要（2021—2030）》对此做了明确规定。

我们这一代女性生逢其时，希望大家努力拼搏奋斗，向以王红军为代表的优秀女性学习，勇于挑战，突破自我，持之以恒，永不放弃，为早日实现两个一百年奋斗目标不懈努力。

三、教学总结

（一）教学依据

《高等学校课程思政建设指导纲要》对公共基础课课程思政教学体系做出了明确规定，提出要重点建设一批提高大学生思想道德修养、人文素质、科学精神、宪法法治意识、国家安全意识和认知能力的课程，注重在潜移默化中坚定学生理想信念、厚植爱国主义情怀、加强品德修养、增长知识见识、培养奋斗精神，提升学生综合素质。

本节通过系统阐述"性别角色是后天习得、并非生而有之"这一重要观点，将性别认识与人文素养、奋斗精神紧密结合，引导学生特别是女生打破性别刻板印象，树立性别平等意识，同时客观看待两性差异，树立正确的女性观，充分发挥女性自身优势，认识到我国女性百年奋斗取得的成就，坚定为我国社会主义现代化发展事业努力奋斗的决心和信心。

（二）教学方法

本节采用基于成果导向的"任务＋项目＋案例"教学法，遵循 BOPPPS 教学设计，构建"导入—目标—前测—参与式活动—后测—总结评价反馈"六个教学环节，将课程内容与思政元素有机结合。充分发挥任务式、项目式、案例式教学方法的优势设计教学活动，助力成果产出和育人目标达成。

（三）教学反思

思政元素融入课程内容，丰富了课程的内容供给；思政元素的选取贴近学生，有助于引发学生的情感共鸣；有效教学设计遵循由易到难、由低阶到高阶的渐进过程，符合学生的认知规律，大大提高了学生课堂参与度；项目式、案例式教学、生生互评、师生互评充分体现了以学生为中心、以产出为导向的教学理念，大大激发了学生学习的热情，学生的知识技能运用能力有明显提升，思想认识进一步深化，课程思政教学效果显著。

综合英语 Ⅱ

一、基本情况

（一）教师简介

王琳，外国语学院英语系教师，讲师，硕士。主要研究方向为认知社会语言学与中国传统文化、英语专业课程教学与研究。为土耳其中东技术大学国家公派教师。发表论文多篇；主持地厅级项目 2 项；参编教材 3 部；指导本科生创新项目 1 项；指导学生获"外研社杯"省级奖项多项。

（二）课程简介

本课程是为英语专业二年级学生开设的专业必修课，目的是让学生在综合英语 Ⅰ 的学习基础上进一步了解和掌握英语语音、语调、语法、词汇、听力、写作等方面的语言知识。课程中适当融入中国时代精神和中国传统文化特别是中国农业文化，使学生把握时代脉搏，学会客观分析中西方文化差异，进而树立文化自信。

（三）授课方式

线上线下混合教学。

二、教学设计

（一）融入人物

宋文民，1985 年毕业于莱阳农学院。2001 年开始创业，在荣成市区建立了民营加油站。经过二十多年的发展，公司从最初的小型加油站逐步发展成为集石油天然气经营、果业生产、仓储物流于一体的综合性企业。2013 年宋文民赴美考察现代化果园，无论是种植规模还是栽培方式，都颠覆了他对传统苹果园的认知。从那一刻起，他决定着手研究怎样在中国种出更好的苹果。基于这种信念，他请专家、访学者，奠定了他"苹果产业特色化，特色基地庄园化，庄园经济品牌化，品牌效应市场化"的构想。2013 年 7 月，悦多果业有限公司成立。悦多果业参与建立"山东省农科院果树研究所威海果树研发中心""青岛农业大学专家工作站""青岛农业大学教学科研基地"，从青农、山农等高校聘用专业技术人才，聘请专家、教授全力打造现代果业技术示范基地和产业技术研发中心。不断改良老品种，培育新品种，技术团队改良的红翡王林品种已在行业内引起广泛关注。

（二）知识点

综合英语Ⅱ Unit 3 The Virtues of Growing Older。

（三）教学目标

1. 知识目标

掌握与年龄和对比相关的英语词汇、短语、句式结构；掌握例证法的运用；意识到变老是个自然的过程，每个年龄段都有各自的美妙，坦然地看待人生的得与失，辩证地分析问题。

2. 能力目标

能够围绕年轻和年长用英语表达个人观点，培养英语口语表达能力；能够快速查找文章主题、重要细节及文章脉络结构，具备较强的英语阅读能力；能够运用例证法阐述观点，完成段落写作，培养良好的英语写作能力；能够批判性看待年轻和年长的优缺点，形成批判思维。

3. 素质目标

培养批判思维，打破固有年龄成见，意识到随着年龄的增长，人的心智更加成熟，树立正确的人生观；树立正确的年龄观，客观看待各个年龄段的优缺点，充分发挥年轻人敢闯敢干的开拓冒险精神，同时认识到老年人发挥余热积极投身社会的重要性，不断优化和壮大国家的建设力量；学会运用老子的辩证思维和孔子的人生观及马克思主义发展观看待变老和年轻的优缺点，并对中西方哲学进行跨文化对比，加强文化自信。

（四）案例设计

1. 课前教学活动：课前视听任务

在超星教学平台发布题为"How to avoid the fear of being old?"的视频，让学生通过视听手段了解女性优雅变老的过程，掌握讲述个人成长的英语词汇及其表达，思考并回答：这位优雅的女士年龄是多少？（注意细节的能力）女性自然变老有哪些好处？（总结和归纳能力）如何克服逐渐老去的恐惧？（解决和处理问题的能力）通过视听和思考，结合自己的亲身经历，培养学生理解、总结、分析和应用能力。

2. 课中教学活动

（1）学生新闻播报

作为常规课堂活动，每位同学都有机会走上讲台播报一则与课文主题相关的时事新闻。以鼓励学生关注时事热点、放眼全球，提升国际视野。

本堂课学生分享的是第 95 届奥斯卡最佳女主角杨紫琼的获奖演讲。在 61 岁之际，杨紫琼迎来了职业生涯的高光时刻。学生在播报的过程中既接触了原汁原味的英文材料，掌握了相关事件讲述的词汇、句型和讲述方法。其他同学在聆听过程中认真思考，就主讲人的表现进行评价，给出建议，聚焦学生思辨能力提升。

教师点评：从"亚洲第一打女"到新晋奥斯卡影后，入行超过 40 年的杨紫琼证明了即使已过花甲之年，她也能靠岁月沉淀下来的演技征服观众带来名留影史的经典作品，这正是本课的主题所在——变老并没有我们想象得那么可怕。老当益壮，老有所乐，由此，新时代背景下当代大学生更要拥有责任担当，提升个人能力。

（2）讨论变老的好与坏，培养辩证思维

回归课文主题，学生观看题为"你害怕变老吗？"的视频，小组讨论问题：你害怕变老吗？为什么？变老有哪些好处和坏处？年轻有哪些好处和坏处？

以小组为单位进行讨论并提交讨论结果，学生在小组讨论中实现交流互助、团结合作，学会辩证地看待变老的好与坏，形成思辨思维。之后教师归纳总结学生的主要观点，引用老子的核心观点"反者道之动也"，将中国道家哲学的智慧运用到坦然面对和看待人生的不同阶段中去，引导学生形成正确的人生观和价值观，通过深化中华优秀传统文化的教学内容实现价值引领。

（3）引入知名校友宋文民的案例

通过案例具化每个年龄段的优势。具体步骤如下：

第一步，展示校友宋文民在大学期间的照片，架构校友和学生之间的连接，增强学生以学校为荣的自豪感。

第二步，学生利用互联网，迅速搜索校友宋文明的事迹，用英语在小组内分享。

第三步，教师总结。宋文民校友的成功告诉我们，年轻的他有理想、有抱负、有想法，敢闯敢干、勇于创新、朝气蓬勃，有着为理想和事业不懈奋斗的勇气，扎实肯干，30多岁就成为农机石油公司的总经理。随着年龄的增长，阅历的丰富，知识的积累，人脉的拓展，资金的雄厚，自我定位的不断清晰，50多岁的他又成功转行，成为悦多果业的创始人。年轻有年轻的优势，变老有变老的好处。在每个阶段只要我们目标明确、努力向上，就能实现人生的理想。

（4）中西文化并置，实现经典与现代的平衡

与学生分享《论语·为政》中孔子自述他的立德过程："吾十有五而志于学，三十而立，四十而不惑，五十而知天命，六十而耳顺，七十而从心所欲，不逾矩。"启发学生：人生的每个阶段都有其美妙之处和应该完成的事情，人生如初雪之原野，我们择路而行，步步清晰可见。和学生一起赏析叶芝的诗歌"When You are Old"并讨论，从诗歌中可见西方人生哲学同样赞同人生老去是个必然的过程，我们所能做的就是顺应自然，优雅地老去。

3. 作业

课后撰写一篇关于校友宋文民的英文小传，探讨人生每个阶段应该完成哪些使命，具化大学生阶段我们应该聚焦的任务是什么。完成个人自评和生生互评后提交至教学平台，以评促学，评测结合，实现评价方式多元化的课程教学。

三、教学总结

（一）教学依据

《高等学校课程思政建设指导纲要》对专业教育课课程思政教学体系做出明确规定，

要根据不同学科专业的特色和优势，深入研究不同专业的育人目标，深度挖掘提炼专业知识体系中所蕴含的思想价值和精神内涵，科学合理拓展专业课程的广度，从课程所涉专业、行业、文化、历史等角度，增加课程的知识性、人文性，提升引领性、时代性和开放性。

本节通过热烈讨论年轻和变老的优缺点，采用对比分析法进行阐述，聚焦辩证思维能力的培养，引导学生采用老子的核心思想"反者道之动也"来看待和分析人生的每个阶段，通过课堂新闻播报引出杨紫琼荣获奥斯卡最佳女主角的例子，从学生视角论证变老仍然可以为社会贡献积极力量，从而引发当代大学生对自我社会担当的思考。通过校友宋文民的案例，让学生意识到，成功不分年龄，年轻时有年轻人的闯劲，年长时有年长者的睿智，深刻体会到例证法的作用。通过孔子的立德学说和叶芝的诗歌，引发学生从中西方哲学的角度对人生不同阶段进行深入思考。

（二）教学方法

首先，以线上线下混合式教学为手段，整合利用各方面平台资源。

其次，以专题研讨、辩论、小组合作为辅助，采用研讨或辩论、小组合作等灵活多样的实践形式，引导学生独立分析、解决问题，形成个人独特的见解。

最后，求同存异，引导学生学会接受和理解他人观点，培养学生的家国情怀和责任意识。

（三）教学反思

课程设计以年轻和年长对比分析为主线，以学生为课堂主体，以社会问题和人生困惑为驱动，引导学生就身边已经发生的或者正在发生的热点时事和生活问题进行积极思考，从儒道两家的角度尝试分析问题，提升问题解决能力，培养思辨思维。以校友宋文民为教学案例，并选用学生关注的奥斯卡最佳女主角杨紫琼为导入，启发学生从儒道思想角度分析问题，增强文化自信。

综合英语 Ⅲ

一、基本情况

（一）教师简介

夏鹏铮，外国语学院英语系教师，副教授，硕士，主要研究方向为系统功能语言学、专门用途英语、英语教学与研究。发表学术论文 20 余篇，其中 A&HCI 论文 1 篇，一级学报论文 1 篇，北大中文核心 4 篇。参与教育部人文社科项目 1 项，主持地厅级横向课题多项。获得省级教学成果二等奖 1 项，省级优秀本科毕业论文指导教师奖 2 项；指导本科生获得国家级二类竞赛一等奖 3 次，二等奖 2 次；指导 20 余名本科生获省部级及以上英语技能大赛奖励。

（二）课程简介

本课程为英语专业二年级学生的专业必修课程，内容涵盖英语听说读写译技能培养、三向思维训练、文化素养提升、国别与区域研究等。通过本课程教学，教师帮助学生打下扎实的语言基本功，提升英语综合能力，着力培养学生分析问题、解决问题的能力，提高学生的思辨能力和人文科学素养，培养学生健康向上的人生观，增强文化认同。

（三）授课方式

主要采用线下授课，充分利用超星平台开展智慧学习。

二、教学设计

（一）融入人物

邹均亭（图 1），青农植物保护专业 1993 级校友，2004 年创办"俩大学生枣园"，历经 13 年培育出大枣优良品种"酥脆蜜"。2016 年邹均亭、谷咏梅夫妇被中共中央宣传部、中央文明办评选为"诚实守信中国好人"和"好人 365"封面人物。

十年蛰伏，只为一日破茧。凭着不畏艰辛、踏踏实实和诚实守信的精神，邹均亭、谷咏梅在大枣种植业开辟出了属于自己的新天地。2015 年他们的大枣迎来了第一季大丰收，平均亩产 2 000 斤，投入市场后广受好评。2016 年夫妻二人建立了乳山市"俩大学生枣园"家庭农场，带领当地百姓一起发展枣树种植。

图 1　邹均亭（右一）

2017 年 2 月 26 日，受母校青农邀请，邹均亭为全校师生做诚实守信创业报告。2018 年 10 月 20 日，青农植物医学学院领导和师生来到乳山市"俩大学生枣园"家庭农场举行了青岛农业大学教学科研与学生就业实践基地授牌与揭牌仪式。如今，饱满的大枣挂满了枝头，他们收获的不只是一份成功的事业，还有一段充满温情和浪漫的精彩人生。

（二）知识点

综合英语Ⅲ Unit 6 The Real Truth about Lies。

（三）教学目标

1. 知识目标

从多角度掌握"诚""信"的内涵与外延；掌握"诚信"主题词相关的主要英文表达；运用举例进行段落写作。

2. 能力目标

分析不同场景中谎言的原因与后果；察觉中西方文化中对诚实的认知异同；辩证思考诚实与诚信，用批判性思维讨论问题。

3. 素质目标

理解诚信的真谛，弘扬诚信为本的精神；发掘思辨能力和公正评价能力，提升人文素养；树立诚实守信、踏实做人的中华传统美德。

（四）案例设计

1. 导入

阅读英文诚信小故事《曾子杀猪》，聚焦主题讨论。

问题 1：《曾子杀猪》反映了曾子怎样的道德品质？引出对中华优秀传统人物曾子的认识和中华传统文化"诚信"的聚焦讨论。

问题 2：人们为什么要撒谎？

课前在学习通发布自学文章，引导学生理解并尝试回答人们撒谎的原因。在课堂讨论中发现，虽然人们撒谎的原因各异，但撒谎的人都不认为自己的品德有问题，甚至认为这些小谎言不会对社会造成大影响。这无疑有悖于社会主义核心价值观，也为后面的逆向思维环节做了铺垫。

2. 展开

（1）合作探索

问题3：人们为什么重视诚信？

本环节为加深学生对谎言在日常的普遍性及诚信的重要性这一问题的理解，设计课堂活动"参观美术馆"。学生在课堂中展示通过小组合作制作的"美术"作品，向"参观美术馆"的全体同学展示自己的见解及深度思考。

（2）引导启发

问题4：小谎是谎言吗？看似无伤大雅的善意的谎言会产生哪些影响？

观看学生自制视频，启发学生深度思考大部分人认为撒小谎不会产生不良影响的原因，帮助学生树立正确的诚信观。

问题5：文章的转折是哪一段？

快速浏览通篇文章，迅速定位到第11段是全文的转折。在此之前作者一直站在说谎者的立场，段首大多使用陈述句，中间插入转折性表达。作者在列举了汤姆对其岳母言不由衷地称赞这一案例后，开始大量使用设问句，揭露小谎言的大影响。在第11段之后，作者依旧频繁使用设问句引导读者思考，但段首陈述句清晰地表明了作者的立场和态度。

接下来，引入名人名言，引导学生讨论：

人而无信，不知其可也。大车无輗，小车无軏，其何以行之哉？（《论语·为政》）

小结：这也是社会主义核心价值观对个人层面的要求。

问题5：古有曾子杀猪，今有社会主义核心价值观，现代的年轻人是否也像古人那样重视诚信吗？你们作为农业类院校的大学生，又是怎样践行诚信的呢？让我们来一起学习校友邹均亭的故事吧。

引入校友邹均亭案例：

邹均亭，莱阳农学院植物保护专业1993级校友。"老老实实做人，踏踏实实做事""不拖欠工人工资，不欺骗消费者"是邹均亭、谷咏梅夫妇一直践行的原则。创业初期，资金紧张，最困难时家里连100元钱都拿不出。一次，乳山本地一家超市发来订单，需要大枣1 000千克，这对小两口来说是一笔不小的收益，可以缓解资金的燃眉之急。可是，当时两人的枣树林还在用药实验期，根本无法完成订单。有村民劝他说："你们施的农药都在国家允许范围内的，没什么大事，吃了对身体又没什么影响……"邹均亭却一口回绝了。正是他们这样诚信种植，得到了超市经理的理解和赞扬。事后，超市方面非但没有追究违约责任，反而许诺来年还要加大订单数量。市场打开了，各种订单纷至沓来，不少农户也打算种植大枣。村民"搭便车"共同购置枣苗、化肥等产品时，邹均亭从不弄虚作假，以诚相待。一次，农户购置的一批枣树在刚接种时出现问题。邹均亭夫妻不但免费帮助农户解决问题，对于死苗现象，还主动抽出自家的苗木免费送给农户。现在,"俩大学生枣园"已成了当地种植者的榜样。用什么农资,怎么种,周围的枣树种植者都愿意去问夫妻俩,大家都说:"这两口子做人诚信,从来不会骗咱们,听了他们的建议,咱这枣树长得是一年比一年好。"

邹均亭校友的例子告诉我们,在利益面前,诚实守信、踏实做人永远是第一位的。邹均亭用自己的行动践行着中国优秀传统美德,为当代年轻人诚实守信、踏实做人发挥了榜样力量。

(3)产出创造——段落写作

通过分析文章第12、13段的结构,总结"例证法"的写作模式为"主题句—给出相关细节—小结",教师为学生提供框架,帮助学生更好地完成写作任务。本部分结构清晰、布局严谨,适合作为段落写作分析。

课上在对段落篇章进行分析、讨论之后,学生有能力完成题为"My View on White Lies"的段落练习。如果时间允许,可邀请学生分享写作的段落结构设计,实现学生的写作输出。

学生提交作文到学习通,进行机器评价、生生互评、师生评价,教师针对典型问题进行讲解与反馈,促进学生目标达成;给出范文供学生参考。

(4)反思评价

教师引导学生使用表1开展生生互评讨论环节。

表1 同伴互评

标准(Criteria)	优秀 9～10分	良好 6～8分	中等 5分	较差 3～4分	差 0～2分
1. 充分讨论的参与性					
2. 引入例子的逻辑性					
3. 有效语言的运用适当					
4. 行为的恰当性(合适的举止、语言、音量)					

本环节旨在促进学生相互学习、相互欣赏、取长补短,帮助学生进行合作学习、参与讨论、主动学习。学生在填写表格时,从充分讨论的参与性、引入例子的逻辑性、有效语言的运用恰当性,以及行为的恰当性给出分数,通过打分反思自己的表现。每位学生都会收到小组其他成员的评价。从优秀到差分别设置不同的档次,算出每位成员的分数。

3. 课后思考及作业

(1)后测

用一段文字总结全文并填空,检测学生对课文主要内容和思想观点的掌握。

(2)批判性思维的培养

按照本文作者给出的建议,当我们不知是否该说出真相,想用谎言来改善现状时,最好的解决方式是将实情说出。

在现实生活中,这样的可行性有多高呢?说出令人难以接受的事情后,我们能做些什么去帮助对方接受事实?真相揭露后,人际关系会受到什么影响?坦白自己的重大失误或错误后，诚实的行为应该受到什么样的对待？是不是很多人宁可生活在谎言中？

本环节关系到人的情感和价值观、人际关系等内容，对创建和谐社会有一定的启示，能够帮助实现精准育人目标。

三、教学总结

（一）教学依据

《高等学校课程思政建设指导纲要》对公共基础课课程思政教学体系做出了明确规定，要重点建设一批提高大学生思想道德修养、人文素质、科学精神、宪法法治意识、国家安全意识和认知能力的课程，注重在潜移默化中坚定学生理想信念、厚植爱国主义情怀、加强品德修养、增长知识见识、培养奋斗精神，提升学生综合素质。

本节针对"谎言不仅很普遍，而且人们认为撒谎不会产生悔恨感，更不会给社会带来不良影响"这一错误观点，通过设计课堂活动，引导学生思考问题，将谎言的真相与对社会的危害紧密结合，尤其引导学生明确那些看似无伤大雅、不伤害别人的善意谎言会对个人、单位、国家、民族产生很大的信任危机。同时，教育学生客观看待真相，合理地接受现实，增强个人诚信美德。作为农业院校的大学生，大家在明确"民以食为天，食以安为先"理念的基础上，结合自己的专业特点，严把食品质量关、不做农产品虚假宣传、保护农业生态环境、净化农业电商市场。

（二）教学方法

本节融合产出导向法（POA）、任务型教学法（TBL）、问题驱动教学法（PBL）、结果导向促成法（A-OMAS）多种教学方法，围绕"任务＋项目＋案例"的教学思想，构建"语言促成—结构促成—内容促成"3个教学环节，将课程内容与价值引领有机串联。在产出环节，充分使用结果导向促成法，让所有学生成为活动的一分子，而非只是旁观者。充分发挥任务式、项目式、案例式教学方法的优势设计教学活动，助力成果产出和育人目标达成。

（三）教学反思

将相关案例融入课程内容，丰富了课程的内容供给；案例的选取贴近学生，有助于引发学生的情感共鸣；项目式、案例式教学等有效教学设计遵循由易到难、由低阶到高阶的渐进过程，符合学生的认知规律，尤其是"参观美术馆"的活动设计大大提高了学生课堂参与度；生生互评、师生互评充分体现了以学生为中心、以产出为导向的教学理念，尤其是"生生互评表"大大激发了学生挑战知识难点的热情，客观地看待别人的长处、自己的不足，学生在知识技能运用的能力有明显提升，教学效果显著。

中国农业文化概览（英）

一、基本情况

（一）教师简介

王珍，外国语学院大学英语第一教学部主任，教授。主要研究方向为外语教学理论、课程建设、农业文化外译与对外传播。主持大学英语和中国农业文化概览两门省级一流本科课程。发表学术论文 10 余篇，其中 CSSCI 收录论文 2 篇，北大中文核心论文 5 篇；主编农业部"十三五"规划教材 2 部，主持省级课题 8 项；大学英语教学改革成果获省级教学成果二等奖 1 项、三等奖 1 项，2019 年获第十届外教社杯全国高校外语教学大赛山东赛区微课组二等奖；指导 40 多名本科生获省部级等英语竞赛奖励。主讲课程有大学英语、中国农业文化概览、农耕文化翻译。

（二）课程简介

本课程是中国文化类英语课程，是大学英语系列课程中的一门通识课程，面向全校非英语专业涉农专业学生开设。课程内容涵盖神话与祭祀、农耕智慧与思想、二十四节气、农作物与农具、防洪与灌溉、传统节日与民俗、丝绸与瓷器、茶文化、酒文化、饮食文化十个话题，具有鲜明的农业特色。通过本课程的学习，学生能够了解中国古代农业文化知识与优秀传统农业文化思想；能够掌握中国农业文化书籍翻译策略、方法与技巧；能够提高对中国农业文化的理解、阐释、翻译与评论能力；能够增强对中国优秀传统农业文化的认同感，提升家国情怀、思想道德修养、人文修养和知农、懂农、爱农的"三农"情怀。该课程在农业院校应用研究型人才培养过程中具有重要作用。

（三）授课方式

线上线下混合教学。

二、教学设计

（一）融入人物

何启伟，山东省济南市人，青岛农业大学果蔬专业 1959 级校友。现任山东省农业科学院蔬菜研究所名誉所长、研究员、博士生导师、省农业专家顾问团蔬菜分团团长、省蔬菜良种产业化开发项目首席专家等职。先后发表论文 80 余篇，提出多项有关蔬菜产业发展的建议，出版专著和科普书籍 30 余种。先后获国家级有突出贡献中青年专家、省级专业技术拔尖人才、科教兴鲁先进工作者、全国优秀科技工作者、全国先进工作者等荣誉称号。多年来潜心于蔬菜育种与栽培研究，努力为产业发展提供技术支撑。主持开展了多项设施蔬菜栽培研究，倡导并组织了山东名产蔬菜和日光温室蔬菜系统技术工程研究。他主持完成的"山东新型日光温室蔬菜系统技术工程研究与开发"获得 2000 年省科技进步一等奖、国家科技进步二等奖。十余年来，何启伟围绕山东省蔬菜产业发展目标、工作思路、发展重点、战略策略等方面撰写论文 14 篇，有关建议 7 篇，调研报告 5 篇，为全省蔬菜产业发展作出了重大贡献。

（二）知识点

Chapter 3 Section B Farming Activities and Twenty - Four Solar Terms.

正确分析二十四节气中体现的农耕思想，辩证分析二十四节气对农耕活动的指导作用。具体包括四个方面的内容：一是分析二十四节气体现的农耕智慧和思想；二是整体分析二十四节气对农耕活动的积极指导意义；三是具体分析节气对农耕活动的具体指导作用，通过分析支撑句＋论点句的段落结构，利用例证法说明节气对农耕活动的指导价值；四是分析二十四节气在现代社会的传承与发展问题，引导学生树立优秀传统文化的传承和创造性转化与发展意识，培养学生的科技创新思维和社会责任感和使命感。

（三）教学目标

1. 知识目标

了解气温、气候、物候相关词汇，以及与农耕活动相关的英语词汇，掌握二十四节气的英语表达；掌握英语段落中主题句、关键词的查找方式方法；掌握主题句与支撑句的语篇写作结构；理解二十四节气体现的中国优秀传统农耕智慧、文化内涵与时代价值。

2. 能力目标

能够采用合适的归化与异化翻译方法用英语正确表达二十四节气，能用英语介绍二十四节气的文化内涵及对农耕活动的指导作用；能够采用主题句＋支撑句的语篇结构介绍二十四节气对农耕活动的指导作用和启示；能够基于二十四节气在现代农耕生产活动中的价值创造和对现代生活行为的启示进行相关讨论，提升分析和解决问题能力、协同合作能力和对传统文化的创新思维能力。

3. 素质目标

正确分析二十四节气体现的农耕智慧，培养学生保护自然、尊重自然和顺应自然规律的积极态度和文化理念，进而培养学生懂农业、爱农村、爱农民的"三农"情怀和家国情怀；深刻认识优秀传统文化传承与创新的重要性，培养学生的改革创新意识，增强学生以强农兴农为己任、服务农业农村现代化和乡村全面振兴的使命感和责任感。

（四）案例设计

1. 导入

设置本节产出任务：2016 年，二十四节气被联合国教科文组织列入人类非物质文化遗产代表作名录。2022 年北京冬奥会在立春时节拉开帷幕，开幕式前的二十四节气先导片让世界领略了中国农耕智慧。美国某农业大学在中国的留学生 Jack 看了 2022 年北京冬奥会开幕式，对中国的二十四节气非常感兴趣，在百度贴吧发了帖子，提出问题与网友讨论：What farming thoughts and wisdom does 24 Solar Terms reflect? What roles does it play in farming? 如果你看到了 Jack 的帖子，作为农业学院的学生，如何回复他的问题？

2. 展开

（1）课前线上学习

线上学习任务 1：学生课前在学习通网络教学平台自学微课"二十四节气的分类"，制作二十四节气分类思维导图。要求学生以 4～5 人为一组组成学习小组，合作完成，教师课上选取一组代表进行课堂展示。

线上学习任务 2：观看一段二十四节气申遗的视频，独立思考二十四节气体现的中国农耕智慧，课堂小组分享。

（2）课堂展示与教师点评

教师选取第一组代表进行二十四节气思维导图课堂展示（图 1）。小组代表讲解该思维导图所展示的二十四节气分类标准及具体类别。

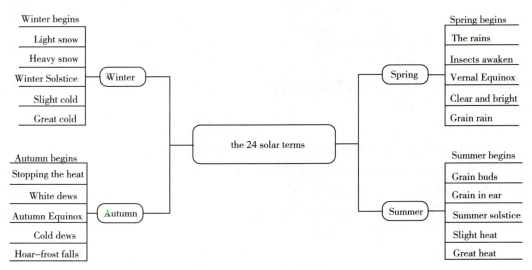

图 1　二十四节气思维导图

教师基于学生展示进行点评。指出第一组的二十四节气分类思维导图结构较为清晰，二十四节气可以按照季节划分为 4 类。并提出问题：除了按照季节进行分类，还有其他的分类标准吗？比如季节变化、太阳高度、气温、降水量、物候特点等。

教师总结：反映季节变化的节气有立春、立夏、立秋、立冬，反映气温变化的节气有小暑、大暑、处暑、小寒、大寒，反映太阳高度的节气有春分、秋分、夏至、冬至，反映降水量的节气有雨水、谷雨、白露、霜降、寒露、小雪、大雪，反映物候特点的节气有惊蛰、清明、小满、芒种。

（3）思考二十四节气对农耕活动的指导作用

根据如前所述二十四节气的分类，可以看出二十四节气反映了季节变化、气温变化、降水量变化，也反映了农作物生长的变化，对农耕活动有着重要的指导作用。我国劳动人民大约从夏朝开始就遵循二十四节气从事生产活动。

图 2　Farming Activities

教师引导学生开展头脑风暴活动：二十四节气指导着我们哪些农耕活动？教师示例，如二十四节气可以指导播种、田间管理、收割等。学生采用跳读方式阅读课本62～67页，查找相关农耕活动。教师总结如图 2 所示。

总结二十四节气对农耕活动的指导意义。学生阅读 Section B 第一段，查找表明二十四节气对农耕活动指导意义的主题句。关键句是 Generally speaking, the rule of "seeding in spring, growing in summer, harvesting in autumn and storing in winter" is still followed in terms of 24solar terms. 可见，二十四节气对农耕活动依然具有指导意义。整体而言，人们依然遵循春种、夏长、秋收、冬藏的农业生产规律。这是中国劳动人民的智慧，正因为传承了这种农耕智慧，我们才会有秋收的喜悦。自 2018 年起，中国将每年农历秋分日设为"中国农民丰收节"，以庆祝广大劳动人民的劳动成果。

（4）讨论二十四节气反映的中国农耕智慧

二十四节气反映了我国劳动人民怎样的农耕智慧呢？学生两人一组开展同伴讨论，教师进行提问。教师总结：可以看出二十四节气反映了农业生产要遵守时节规律的农耕思想。它带给我们的不仅是对农业生产和生活的指导意义，还深刻地影响着人们的思维方式和行为习惯，充分体现了人与自然和谐相处的价值观念，以及人们认识自然、保护自然、尊重自然和顺应自然规律的积极态度和文化理念。

二十四节气带给我们的启示主要有两点：一是要尊重自然规律。在什么时节就要做什么事，青年学生正处于精力最旺盛的时候，要努力学习，不负韶华。二是尊重和保护自然。中国一直致力于自然环境保护，对世界环境保护和解决全球气候问题作出了重大贡献。2022 年 11 月 16 日至 20 日，在埃及沙姆沙伊赫召开的《联合国气候变化框架公约》第 27 次缔约方大会中国角举办了"生态文明与美丽中国实践"边会，中国积极应对全球环境和气候问题的做法得到外方充分肯定。中国积极应对全球环境气候问题，充分彰显了大国担当和大国责任。

（5）思考二十四节气的传承与价值创造

二十四节气体现了中国古人与自然相处的智慧，崇尚师法自然、人与自然和谐相处、天人合一的文化特点和价值取向。在人与自然冲突加剧、环境危机频现、全球气候变暖背景下，二十四节气体现的上述思想有着独到的时代价值和意义。二十四节气是我国劳动人民的伟大智慧，在科学技术飞速发展的今天，我们如何科学合理利用这一农耕智慧，创造更多的农业生产价值，从而实现二十四节气的价值创新呢？青农 1959 级果蔬专业校友何启伟为大家树立了很好的榜样。

何启伟长期从事蔬菜栽培研究，针对山东日光温室蔬菜生产存在的设施结构和栽培技术不合理不配套问题，筛选出新型拱架、墙体、建造材料、覆盖材料，研制出采光、保温、通风性能好的新型日光温室。新型日光温室改善了温室结构，不仅提高了保温能力，还有效提高了温室内的光照强度，为日光温室内越冬期间蔬菜作物的正常生长发育提供了合理的生态环境，大大提高了蔬菜产量和质量。山东新型日光温室蔬菜系统技术促进了山东设施蔬菜的产业化，推动了全国日光温室蔬菜的发展，丰富了我国冬春蔬菜市场的供应，获得了显著的经济和社会效益。在山东省累计推广面积达 360.54 万亩，获得经济效益 71 亿多元。

校友何启伟充分利用二十四节气的农耕智慧，遵循温度、光照对蔬菜作物生长的作用规律，研制了新型日光温室，创造性地实现了中国传统优秀农耕智慧的价值再创造。我们应该学习他的创新精神，努力实现中国传统文化的创新和价值创造。

（6）作业

作业 1：完成本次课的产出任务，回复 Jack 在百度贴吧提出的问题。在学习通作业区提交。

作业 2：观看《四季中国》双语纪录片的第一集"立春"，用英语介绍立春时节中国一些普遍的习俗活动，以及文化寓意。

作业 3：如何创造性实现二十四节气的社会价值？小组合作完成 PPT 制作、课堂汇报。

三、教学总结

（一）教学依据

《高等学校课程思政建设指导纲要》（以下简称《纲要》）明确提出要加强中华优秀传统文化教育，教育引导学生深刻理解中华优秀传统文化的思想精华和时代价值，教育引导学生传承中华文脉。本节课围绕二十四节气，组织学生深刻分析其农耕智慧和文化内涵及对于人们生活行为方式的启示，帮助学生树立尊重和保护自然环境的积极态度，树立人与自然和谐相处的文化价值理念，培养了学生对中国优秀农耕文化的传承意识，坚定了学生文化自信。

《纲要》指出，要坚定学生的理想信念、厚植爱国主义情怀，培养学生的责任感。本节课以《联合国气候变化框架公约》第 27 次缔约方大会中国角举办的"生态文明与美丽中国实践"边会为例，强有力地证明了中国为全球环境保护和解决全球气候问题所做的努力，与美国退出《京都议定书》形成鲜明对比，体现了中国的大国担当与大国责任，增强了学生的民族自豪感和责任担当意识。

《纲要》还指出，课程思政要大力弘扬以改革创新为核心的时代精神，培养学生的

"大国三农"情怀，引导学生以强农兴农为己任，懂农业、爱农村、爱农民。本节课以校友何启伟研制新型日光温室为例，向学生传递了二十四节气体现的传统农耕智慧可以进行价值再创造的时代意义，有利于培养学生对传统农业文化与技术的创新思维、意识和能力，进而有利于培养学生知农、懂农、爱农的"三农"情怀，更有利于培养学生服务农业农村现代化的时代担当精神。

（二）教学方法

本节课充分利用超星网络教学平台进行线上线下有机结合的混合式教学。课前，学生线上自主学习教学微课"二十四节气的分类"，观看二十四节气申遗视频，完成二十四节气思维导图制作，思考二十四节气的农耕智慧。课上，教师紧密对接线上学习，围绕学生的自主学习作业进行反馈点评；教师采用产出导向教学法，以产出为驱动，逆向设计教学过程。导入本单元产出任务：回复 Jack 提出的 2 个问题。基于产出任务，教师组织学生合作讨论二十四节气的农耕智慧和时代价值及启示，融入《联合国气候变化框架公约》第 27 次缔约方大会中国角举办的"生态文明与美丽中国实践"边会和校友何启伟的案例，构建了任务驱动—语言内容结构促成—课后完成任务的层层递进的教学环节，切实培养了学生的英语产出能力。

（三）教学反思

教师树立先进的教学理念，以学生发展为中心，采用翻转课堂教学模式，让学生课前自主学习教学微课"二十四节气的分类"和二十四节气的申遗视频并完成思维导图制作，课上教师给予积极评价反馈，对学生予以鼓励，并指出不足，让学生在活动中学有所得。课前课后学习内容有机衔接，充分发挥混合式教学的优势，凸显学生的主体学习地位，培养学生的自主学习能力，让学生养成主动学习、主动思考、带着问题上课和学习的良好学习习惯。

教师颠覆了传统的先输入再输出的教学流程，以产出为导向，逆向设计教学过程。首先导入单元产出任务，然后设计多层次的课堂教学活动，从语言、内容和结构方面为学生搭建完成系列产出任务需要的框架，助力学生完成产出任务，提升语言应用能力。这有利于活跃课堂学习氛围，提高学生的课堂参与度，提高学习效率，明确学习目的和意义。

教师重视课程价值引领，围绕二十四节气对现代生活行为的启示，帮助学生认识保护自然环境的重要性，自然融入《联合国气候变化框架公约》第 27 次缔约方大会中国角举办的"生态文明与美丽中国实践"边会的案例，让学生了解中国为世界环境和气候问题所做的努力，提升了学生的民族自豪感。紧密对接二十四节气的启示，引导学生思考二十四节气的价值再创造问题，以校友何启伟为例，说明传统文化价值转化的时代意义。各案例对授课内容融入紧密，实现了隐性教育润物细无声的教学效果。

高 级 英 语 I

一、基本情况

(一) 教师简介

姚雪丽，副教授，外国语学院英语系副主任、山东大学和加州大学洛杉矶分校联合培养博士。主要研究方向为医患会话分析、语用学、心理咨询和治疗及精神障碍人群的言语交际研究。主讲高级英语、英语学术论文写作、语言学导论等课程，获山东省教育厅微课教学比赛二等奖、外研社"教学之星"大赛全国复赛二等奖。主持科研、教研项目 5 项，其中，教育部人文社科项目 1 项、山东省高校人文社科项目 1 项、山东省教育厅教改项目 1 项；发表科研、教研论文 10 余篇，其中 SSCI 及中文核心期刊论文 5 篇。

(二) 课程简介

本课程是外国语学院英语本科高年级专业必修课，针对大学三年级学生开设。在继续夯实学生语言基本功的基础上，培养学生良好的文学素养，以及较强的跨文化交流、思辨与创新能力，并在语言学习和能力培养过程中实现立德树人的根本任务。本课程也是学生参加英语专业八级考试和硕士研究生考试不可缺少的一门课程。

(三) 授课方式

线上线下混合教学。

二、教学设计

(一) 融入人物

李登海，莱阳农学院 1974 级校友，是世界玉米栽培史上唯一一个有档案记载的中国人，"中国种业十大功勋人物"中唯一一位农民科学家，是中国种业产业化的先行者。他用近乎痴狂的执着，育成了我国首个具有亩产 2 000 斤以上高产能力的夏玉米品种，开创了每亩地可以养活 4 个中国人的新纪元。

这个与新中国同龄的农民的儿子，23 岁时立志发奋"开创中国玉米高产道路，赶超世界先进水平"，至今已 2 次攀上世界夏玉米单产纪录最高峰、创造了 7 次中国夏玉米单产纪录和 1 次中国春玉米单产纪录。他用一生的理想追求，在一种世人无法企及的高度展现了不一样的家国情怀。

李登海被称为"中国紧凑型杂交玉米之父",与"杂交水稻之父"袁隆平齐名,共享"南袁北李"的美誉。30多年间,他先后选育玉米高产新品种80多个。主持选育的"掖单"系列玉米新品种获得国家科技进步奖一等奖。2015年9月25日,中宣部向全社会公开发布"时代楷模"李登海先进事迹。2017年获全国创新争先奖,2019年被授予"最美奋斗者"荣誉称号。

(二)知识点

高级英语 I 课程第六章人物传记的写作,Unit 6 Mark Twain——Mirror of America。

(三)教学目标

1. 知识目标

学习课文,掌握课文单词、词组、修辞手段,了解马克·吐温的人生经历,总结他成功的原因,探讨他人生悲剧的根源;学习人物传记的特点、写作技巧。

2. 能力目标

通过探讨马克·吐温人生悲剧的根源,了解"美国梦"破灭的根本原因,培养学生的批判性思维能力。

3. 素质目标

引导学生认识到,个人理想只有融入国家发展、民族复兴,才能真正实现。

(四)案例设计

1. 导入

本章的产出目标为用英语写一篇300字以上的人物传记,在学习本单元单词、句子、修辞等基础知识后,总结人物传记的特点和写作技巧。同时,通过讨论马克·吐温人生悲剧的根源,引导学生理解个人理想只有融入国家发展、民族复兴,才能真正实现,这才是真正意义上的成功的人生。

问题导入:Make a comment on Mark Twain's life and his thoughts. How did he become a successful writer? What caused his disillusionment?

学生小组讨论后回答问题。

2. 展开

师生讨论马克·吐温的人生悲剧,探讨美国梦及马克·吐温梦想破灭的原因,引导学生探讨中国梦,师生一起学习"中国梦"及中国梦的相关英文表达。

实现中华民族伟大复兴是近代以来中国人民最伟大的梦想,我们称之为"中国梦",其基本内涵是实现国家富强、民族振兴、人民幸福。中国梦,是让每一个积极进取的中国人形成世世代代的信念:只要经过不懈的奋斗便能获得更好的生活。

每个中国人都是中国梦的参与者和创造者。中国梦是民族的梦,也是每个中国人的梦。

(1)个人理想的实现路径

个人理想只有融入国家发展、民族复兴才能真正实现,这样的人生才是真正意义上的成功的人生。

此处引入校友李登海的例子，通过提问检测学生对李登海人物事迹的了解（前次课已经把李登海人物介绍、相关视频发给学生，先让学生用汉语凝练李登海的人生经历，为写人物传记收集准备素材）。

（2）李登海事例

凝练李登海的人生经历，重点关注他的爱国心、奋斗情和报国梦，以此为核心素材，结合上节课学习的人物传记写作技巧，仿照课文对马克·吐温人生经历的表达，撰写李登海人物传记。

李登海人物传记汉语版（参考）

李登海，山东莱州人士，共和国同龄人。矢志农学，研习育种，尤以种植玉米为长，嗟夫以自立于世界民族之林之座右铭，担国家粮食安全之重任。夫四十余载，钻研不辍，寒暑以继，利遍群生，泽被九州，业内尊为"杂交玉米之父"，享"南袁北李"之誉。

（3）学习关键英语词句

师生共同学习李登海人物事迹中的关键英语词句，为产出英语人物传记做准备。

紧凑型杂交玉米：compact‐typed hybrid maize

时代楷模：model of the times

共和国勋章获得者：laureate of the Medal of the Republic

玉米育种专家：expert of maize breeding

产业报国：serve the country through industry

爱国心：patriotism

报国梦：delicate oneself to the country

奋斗：strive

泽被（九州/万世）：to benefit the generations universally

确保粮食安全：to ensure food security

国家粮食安全战略：national strategies for food security

自立于世界民族之林：be outstanding among the nations of the world

征途漫漫，惟有奋斗：The road ahead is long；striving is the only way forward.

3. 作业

根据所学内容，用英文写一篇不少于 300 英语单词的李登海人物传记，并以小组为单位，上传至智慧树平台，小组间线上互评，教师评价。

三、教学总结

（一）教学依据

2020 年教育部印发《高等学校课程思政建设指导纲要》，明确指出要把思想政治教育贯穿于整个人才培养体系，将课程思政有机融入整个课堂学习建设全过程，发掘专业课程中的思想政治元素，努力实现全程全员全方位三全育人。

英语学科处于中西文化和价值观交汇的前沿，不仅承担着语言知识和语言能力学习重任，还是文化基因和价值范式的载体。在英语教学过程中，更需要英语教师有效发挥课程思政的育人功能，既放眼国际又扎根本土，在教授语言的过程中将社会主义核心价值观具体化、生动化，更好地解决培养什么人、为谁培养人和怎样培养人的问题。

（二）教学方法

本节课采用线上线下混合式教学模式，通过"产出导向"的教学方法及小组合作等教学手段，在教学内容、教学互动中培养学生的合作精神、创新能力，提升学生的人文素养，培养学生的高尚情怀，最终实现语言教学与立德树人相融合，达到"春风化雨，润物无声"的育人目标。

课程评价方式为过程性评价，既关注学生对知识与技能的理解和掌握，也关注他们情感与态度的形成和发展；既关注学生学习的结果，更关注他们在学习过程中的进展，力求达到以评促学、以评促教的效果。以产促育，以育人任务为导向，在对学生产出性任务的评价中，实现语言与育人的融合。通过报告式、探究式等作业评价方式，提升学生的研究型、项目式学习素养，实现课程教学目标。通过加强对学生课堂内外、线上线下学习的评价，强化对学生语言运用能力的考查，提高课程学习的深度、广度和难度。

（三）教学反思

以青农校友作为思路素材来源，思政元素的选取贴近学生生活，有助于引发学生情感共鸣；有效教学设计遵循由易到难、由低阶到高阶的渐进过程，符合学生的认知规律，大大提高了学生课堂参与度；报告式、探究式、生生互评、师生合作评价充分体现了以学生为中心、产出导向的教学理念，激发了学生挑战难度的热情，提高了课程学习的深度、广度和难度，体现了课程的挑战性和高阶性，思政元素融入课程内容实现了语言教学与立德树人的融合，达到"春风化雨，润物无声"的育人目标。

农 业 科 技 英 语

一、基本情况

（一）教师简介

李卿，副教授，外国语学院第一党支部（教工）支部书记。先后承担本专科和研究生教学任务，主讲大学英语（Ⅰ-Ⅳ级）、通用学术英语、农业科技英语、雅思英语、商务英语、大学英语口语、二十四节气黄河农耕文化、综合英语Ⅰ、综合英语Ⅱ等多门课程；主持和参与国家级、省部级、校级教研教改课题和科研课题30多项，参编（包括担任副主编）6部教材；独立或以第一作者身份发表论文20余篇。荣获山东省教学创新大赛一等奖、外研社"教学之星"大赛全国复赛一等奖、第三届"智慧树杯"课程思政示范案例教学大赛二等奖、2023年全国高校外语课程思政教学案例大赛二等奖、2023年外语课程思政优秀教学案例山东省一等奖，以及省级教学成果奖2项、山东省本科高校黄河国家重大战略课程思政优秀案例1项。指导学生参与国家级、省级和校级等各种赛事获奖多项。

（二）课程简介

本课程是青农大学英语"3＋1＋X"课程体系中第四学期开设的"EGP＋EGE＋ESP"系列拓展课程之一，是非英语专业大学生必修的公共基础课程。本课程是根据青农的农业专业特色和人才培养目标，以社会用人单位和大学生的专业学习、国际交流、继续深造、工作就业等需求为导向开设的宽泛的"ESP"课程。该课程以CBI（Content - based Instruction）教学理论为指导，将科技英语和学术英语技能培养融入农业学科知识的学习中，使学生在获取农业科学知识的同时发展专业英语技能，为将来的专业学习、考研深造或就业工作打下坚实的语言基础。同时在学习中注重培养学生的批判性思维能力，实现英语工具性和人文性的有机统一。对于培养既熟悉农业科学技术又能熟练运用英语有效地进行交际的复合型农业人才，厚植其"三农"情怀具有重要意义。

（三）授课方式

线下授课，辅以线上超星学习通平台。

二、教学设计

（一）融入人物

王源超（图1），博士生导师，国家大豆产业技术体系病虫害控制功能研究室主任，教育部长江学者特聘教授、国家杰出青年基金获得者。1991年7月毕业于莱阳农学院农学系，获学士学位。1996年7月毕业于南京农业大学植保系，获博士学位。1996年10月至1999年3月在浙江大学生物技术研究所从事博士后研究，自1999年4月起在南京农业大学工作。长期从事卵菌病害成灾机理及植物疫病控制的应用基础研究，对检疫性植物病原菌的快速检测技术、疫霉菌对寄主识别的分子机理、疫霉菌致病性的变异机制等进行了系统研究。先后主持国家公益性行业科研专项、国家863计划项目、国家自然科学基金、国家973计划子课题和948项目等30余项。

图1　王源超

（二）知识点

农业科技英语课程 Unit 2 Text A Part Ⅲ Crop pest and disease control in cropping ecosystems。

（三）教学目标

1. 知识目标

了解 IPM 病虫害治理体系、我国农业病虫害防治科技的发展与成就及先进人物事迹，学习相关知识点的英语语言表达。

2. 能力目标

提升用英语介绍世界及我国病虫害防治体系的能力、思辨能力。

3. 素质目标

学习先进人物，增强民族自信，厚植"三农"情怀；追求真理，严谨治学。

（四）案例设计

1. 导入

（1）回顾上一节问题

农药的过度使用导致农药残留问题日益严重，引起了人们对农药使用与生态环境和谐的思考。简要检查超星学习通材料的阅读情况以过渡到本节课内容。

2021年中央1号文件目标任务中提到：到2025年农村生产生活方式绿色转型取得

积极进展；化肥农药使用量持续减少；农村生态环境得到明显改善。

（2）引入本节内容

How to understand the real impact of pests and diseases in cropping ecosystems? How to protect the crop from the pest and diseases with eco‐friendly measures?

2. **教师精讲**（对分课堂教学环节一）

Ⅰ. 了解生态系统的功能、动态变化及正确看待害虫在生态中的作用。

（1）How to understand the real impact of pests and diseases in cropping ecosystems?

（结合课下阅读超星学习通平台资料进行讲解）

（2）What is the world's leading holistic strategy for plant protection?

（讲解课文内容：IPM）

（3）Why is it the world's leading holistic strategy for plant protection?（its concept，its goal）

Ⅱ. 通过介绍中国在作物病虫害防治方面的成就拓宽学生的视野。

引导学生思考我国在农业病虫害防治技术方面的发展如何，以激发学生的民族自信心与自豪感，客观地看待我国在此领域取得的成绩。

（1）让学生阅读上传到超星学习通平台的论文。

（2）通过疫霉菌引起的作物疫病案例——植物瘟疫，介绍植物瘟疫对全球粮食、食品和生态安全的重要威胁，进而引出本领域重要人物王源超教授及其学术成就。

据了解，疫霉菌引起的作物疫病曾被称为"植物瘟疫"，是农作物生产中危害非常严重的一类病害，19世纪中期曾引起欧洲的马铃薯晚疫病大流行，导致150万人饿死，几百万人逃亡美洲和澳大利亚，这场"爱尔兰大饥荒"被称为人类历史的转折点"turning point"。目前已经发现的疫病菌有160多种，能侵染数千种植物，是全球粮食、食品和生态安全的重要威胁。

（3）教师总结中国农业病虫害防治技术的发展与成绩，特别是该领域的科学家。王源超在植物保护领域追求真理、严谨治学的科研精神为学生们树立了良好的榜样，值得学习。

3. **学生内化吸收**（对分课堂教学环节二）

（1）学生通过梳理所学知识，理解了病虫害对作物系统的影响及IPM的相关知识。

（2）学生掌握了保护作物免受病虫害影响的方法，增强了保护生物多样性的意识。

4. **"亮考帮"讨论**（对分课堂教学环节三）

学生就教师精讲的知识案例根据"亮闪闪、考考你、帮帮我"展开讨论，总结知识，锻炼所学学科知识与相关案例的语言表达，学习先进人物追求真理、严谨治学的求实精神，增强民族自信，厚植"三农"情怀。

5. **教师答疑与总结**（对分课堂教学环节四）

教师就小组"亮考帮讨论"中存在的共性问题进行答疑解惑，并总结提升。

6. **作业**（隔堂对分）

反思并用英文写百词小结：从王源超的学术生涯中，你学到了什么？

三、教学总结

（一）教学依据

落实立德树人的根本任务，必须将价值塑造、知识传授和能力培养三者融为一体，不可分割。

要注重培养学生的"大国三农"情怀，引导学生以强农兴农为己任，"懂农业、爱农村、爱农民"，树立把论文写在祖国大地上的意识和信念，增强学生服务农业农村现代化、服务乡村全面振兴的使命感和责任感，培养知农爱农创新人才。

（二）教学方法

本教学设计主要通过对分课堂教学模式及案例教学法连接课内外内容，并借用中国农业病虫害防治技术取得的成绩案例增强学生的民族自信，用典型人物案例引领学生的人生观、价值观和世界观。

首先，通过课文内容"农业病虫害防治管理构建可持续性农业生态系统"引出话题——中国农业病虫害科技 70 年的发展与成就，增强民族自信，助力构建人类命运共同体。

其次，在彰显中国取得成绩的基础上，聚焦身边的榜样案例——青农优秀校友王源超在植物保护领域的科研追求卓越之路，以及其在植物保护领域对农作物病虫害防治所作的学术贡献，服务农业科技现代化的精神，引领学生人生观、价值观和世界观的培养，厚植其"三农情怀"，增强其服务乡村全面振兴的使命感和责任感。

最后，教学中既采用线下对分课堂教学，又辅助线上的超星学习通平台，利用隔堂对分的教学方式鼓励学生在平台上完成预先布置的阅读材料和讨论内容，提高其自主学习能力。

（三）教学反思

通过本教学设计，将中国农作物病虫害科技 70 年的成就与本文提到的综合病虫害管理（IPM）进行综合比较，凸显中国的发展，增强学生的民族自信，使其更好地认知当今中国的科技创新与发展，传递正能量，提升民族身份认同，坚定四个自信，积极引导当代学生树立正确的国家观、民族观，实现各类课程与思想政治理论课同向同行，协同育人。

聚焦具体案例，使课程思政元素与课堂教学更具有融合度，以校友案例融入课堂教学会更真实，更具有说服力，更接地气。此教学案例的融入使教学内容更加具体，学生对知识点的理解更加深刻，促进了学生对农业科技英语技能知识的掌握、对科研精神的引领，从而坚定矢志"三农"的决心。

应用化学专业英语

一、基本情况

（一）教师简介

刘清芝，化学与药学院科学系副教授，博士。主要研究方向为分离膜材料的分子模拟与制备。发表学术论文 40 余篇，其中 SCI 收录 30 余篇，其中一区论文 10 余篇。主讲材料化学专业英语、应用化学专业英语、计算机在化学中的应用、有机化学Ⅲ等课程。主持国家自然科学基金 1 项、山东省自然科学基金 1 项，参加国家自然科学基金 3 项、省级自然科学基金 1 项，主持山东省课程建设项目 1 项。获山东省优秀教学论文三等奖。指导国家级大学生创新项目 1 项。

（二）课程简介

本课程是应用化学专业选修课，涉及有机化学、无机化学、物理化学和分析化学等与化学相关的英语知识，包含与应用化学相关的名称、用法、专业表达方式等内容。本课程是在学习大学英语和四大化学的基础上，通过对应用化学相关英语的专业用法、特殊名称及学术论文阅读和写作方面的教学，使学生获得与专业相关的英语基础知识，获取及使用专业领域英语的基本能力，为从事应用化学相关工作和科学研究打下基础。

（三）授课方式

线上线下混合教学。

二、教学设计

（一）融入人物

段留生（图 1），青农作物专业 1987 级校友，现任北京农学院党委常委、副校长，农业农村部农药田间药效试验调节剂项目技术负责人，第九届全国农药登记评审委员会成员。教育部长江学者计划特聘教授、国家杰出青年基金获得者，入选万人计划中青年科技创新领军人才、农业科研杰出人才、教育

图 1　段留生

部新世纪人才支持计划。主要从事作物高产高效栽培生理、作物激素生理与化学控制、生物调节剂及作用机理方向的研究。

2000 年起，任植物生理与生物化学国家重点实验室作物化学控制研究中心主任。2001 年成为植物生理与生物化学国家重点实验室固定研究人员。

（二）知识点

应用化学专业英语第三章 "Nomenclature of Inorganic Compound"。

（三）教学目标

1. 知识目标

掌握常用无机化合物（酸、碱、盐、氧化物，二元分子化合物、复盐、水合物等）的命名规则。

2. 能力目标

掌握应用化学专业常用的无机化合物英文名称。在遇到该化合物时可以快速读出其英文表达；在阅读英文文献时，遇到化合物的英文名称，具备立刻说出该化合物结构的能力。

3. 素质目标

培养学生的发散性思维，提升其总结归纳能力，对知识学以致用。掌握化合物命名规则，将灵活应用与综合记忆相结合，提升学习效果。

（四）案例设计

1. 导入

将上一章学过的元素周期表列出来，带领学生一起回顾并思考，如何用英语表达元素周期表中的元素？提出问题的同时，让学生继续思考如下问题：

问题 1：假如你的科学成果想要和世界分享，应该如何用英语做如下表述？——"我用移液管取 25 毫升 10% 的盐酸，加入 100 毫升的烧杯中"。

问题 2：你在英文文献中看到如下描述，该怎样快速理解？——Hexakis（4 - aminophenyl）benzene. A suspension of Hexakis [4 -（octanoylamino）phenyl] benzene（5.00g，3.62mmol）in 6 M HCl（300ml）under Ar was stirred at 100 ℃ for 6d.

思考完以上两个问题，学生会理解学习用英语命名无机化合物的原因，进一步思考怎样学习。

2. 展开

有机化合物和无机化合物的命名是专业英语课程的重要组成部分。通过该部分学习，学生可以具备化学领域的国际交流能力，但该部分知识较复杂。无机化合物有 5 类，且每一个大类下又分为多个分支知识点。比如 "metal oxides，Bases，Salts" 这类含金属化合物，其中金属离子又分成两类，即 "single valance cation" 和 "multi-valance cation"；阴离子也分为两类，即 "monatomic anion" "polyatomic anion"。如图 2 所示。

面对各自独立又相互联系的知识点，学生容易由最初的满腔热情逐渐失去持续学习

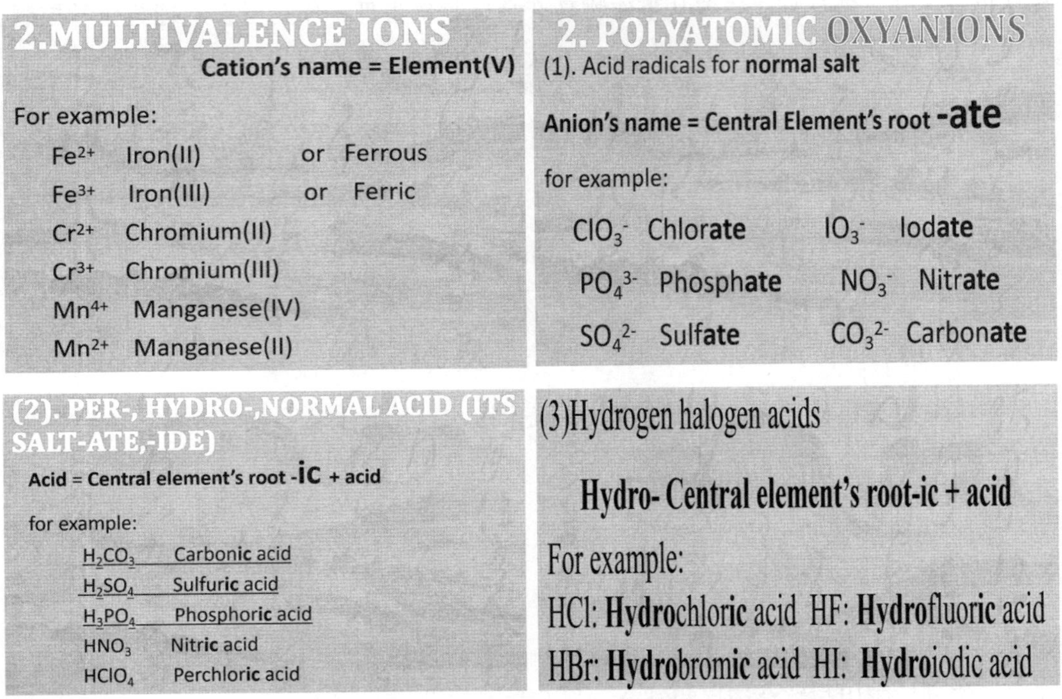

图 2 无机化合物命名时的各个分类

的动力。针对这种问题，本课程引入可以引发学生情感触动的校友案例，以段留生校友为例激发学生的学习动力。

让学生认识到如此斐然的学术成就与他当年在国外进修有着重要联系，而在国外的顺利进修，专业英语是基础保障。本章的知识点无机化合物命名是同学们迈向国际专业领域的第一步。循序渐进引导学生学好本课程，如此才能更有效更深入地参与到国际领域，学习世界上的科学成果，从而更好地取长补短，服务社会。

此外，教师用青农化学与药学院前几届毕业学生做示范，将其在国际期刊上发表的 SCI 论文展示给学生，并告诉学生，如果要发表学术论文与世界分享，该如何把握。通过案例提振学生的学习信心。如图 3 所示。

该论文是我校化学与药学院本科学生发表的学术论文，属于中科院分区一区论文。通过案例提振学生的学习信心（时间：1～2 分钟）。

3. 作业

请结合本节课所学给以下化合物命名：NaCl MgSO₄ CaO SO₃ H₂O N₂O₅ HNO₃ HBr KH₂PO₄ Al（OH）₃

三、教学总结

（一）教学依据

《高等学校课程思政建设指导纲要》第四条"科学设计课程体系"明确规定，专业

Contents lists available at ScienceDirect

Separation and Purification Technology

journal homepage: www.elsevier.com/locate/seppur

Effects of modification groups and defects on the desalination performance of multi-walled carbon nanotube (MWNT) membranes

Qing Li [a,b,1], Dengfeng Yang [a,1], Mengjiao Guan [a], Huiting Zhang [a], Xiang Xu [a], Hongtao Shi [a], Qingzhi Liu [a,*]

[a] College of and Pharmaceutical Sciences, Qingdao Agricultural University, Qingdao 266109, Shandong, China
[b] College of Chemical and Biological Engineering, Shandong University of Science and Technology, Qingdao 266590, Shandong, China

ARTICLE INFO

Keywords:
Multiwall-carbon nanotube
Modified groups
Molecular simulation
Defect

ABSTRACT

Like single-wall carbon nanotubes (SWNTs), multi-wall carbon nanotubes (MWNTs) have channels for selective separation of ions. Moreover, MWNTs have the advantages of simpler preparation and lower cost, potentially allowing wider applications in the desalination industry. In this study, the transport of water and ions inside two types of MWNTs, i.e., double-wall carbon nanotubes (DWNTs) and tri-wall carbon nanotubes (TWNTs) were investigated using non-equilibrium molecular dynamics simulations. Modification groups, including carbon chains of different lengths and types with hydrophilic groups like carboxylate anion (COO^-), and ammonium (NH_4^+), were used to improve the salt rejection performance. The simulation results suggest that 100% salt rejection could be achieved by adding different modification groups to various MWNTs ranging from 13 to 20 Å. More importantly, this study demonstrates that MWNT membranes with 100% desalination have water fluxes that are 10–30% greater than that of SWNT membranes with 100% desalination, implying the greater potential of MWNTs as building blocks towards next-generation desalination membranes. Additionally, even though all real-world carbon nanotubes (CNTs) have a certain amount of defects from the production process, most previous molecular model studies of water and ions transport in CNTs assumed that CNTs were perfect and defect-free. This study shows for the first time that CNTs with defects have improved salt rejection rates than perfect carbon nanotubes, although the former have lower water fluxes than the latter.

图 3　青岛农业大学学生发表论文

教育课程"要根据不同学科专业的特色和优势，深入研究不同专业的育人目标，深度挖掘提炼专业知识体系中所蕴含的思想价值和精神内涵，科学合理拓展专业课程的广度、深度和温度，从课程所涉专业、行业、国家、国际、文化、历史等角度，增加课程的知识性、人文性，提升引领性、时代性和开放性"。

《高等学校课程思政建设指导纲要》第五条"结合专业特点分类推进课程思政建设"，阐明对于理学、工学类专业课程，要在课程教学中把马克思主义立场观点方法的教育与科学精神的培养结合起来，提高学生正确认识问题、分析问题和解决问题的能力。理学类专业课程，要注重科学思维方法的训练和科学伦理的教育，培养学生探索未知、追求真理、勇攀科学高峰的责任感和使命感。工学类专业课程，要注重强化学生工程伦理教育，培养学生精益求精的大国工匠精神，激发学生科技报国的家国情怀和使命担当。

本章的知识点是无机化合物命名，是化学专业英语的重要组成部分，是后期其他知识点（化合物的氧化还原反应、滴定分析等）学习的基础。该部分专业特色鲜明，具有开放性和国际性。通过对该章知识的学习，学生能够以更广阔的视角来理解所学专业知识的深度和重要性。优秀校友和毕业生成果的引入更能激发学生对知识的渴求，从而提高科学探索的责任感和使命感。

（二）教学方法

课程充分挖掘科技强国建设的能力素质需求，通过课内渗透和课外能力强化相结合的方式将价值引领融入整个教学过程。将知识学习、能力锻炼与科学素质培养、学以致

应用化学专业英语

用、使命感和责任感培养相结合，激励学生成为建设科技强国的主力军。

在授课理念上，坚持为国家培养有担当的人才，将优秀校友段留生的责任和担当及其在专业领域的具体事例展现给学生，让学生了解如何为社会作贡献。在激发学生民族自豪感的同时，引发学生对学习方法的思考。

在授课内容上，将专业英语与具体化学知识内容有机融合。例如，在讲 SO_3 非金属氧化物命名时，将酸雨和汽车尾气排放等社会问题与之联系起来，培养学生理论联系实际和学科交叉的思维。

在教学过程中，围绕课程极具学科交叉性、应用性强的特点，开展化学专业化工应用热点问题的英语专题讨论，如"咖啡因的提取过程如何进一步优化？"，由此引发学生深入思考，激发学生学以致用的动力，培养学生的社会责任感。

在课外，将价值引领外化于行。第一，指导学生课外阅读学术文献和《探索化学化工未来世界》等书籍，从更广更高的视角探索"人类命运共同体"。第二，成立"奔跑吧化学"科研互助小组，鼓励学生用英语阐述化学化工中遇到的问题，带领优秀同学参加校内学术沙龙，开展科研育人改革实践。

（三）教学反思

知识传授固然重要，但对知识的拓展和延伸才是科学的最终归宿。完成知识目标后，要提升学生的素质目标和能力目标，培养具有家国情怀的社会主义建设者。案例的融入需要立足国家发展、全球化战略需求，让学生从更高更广的维度认识、理解和探索问题，并在此基础上加以创新和拓展。另外，案例的加入培养了学生的思辨能力，引导学生了解前沿创新的化学本质，形成看待问题的专业视角。

药 物 分 析

一、基本情况

（一）教师简介

肖琳，副教授，硕士研究生导师，副系主任，主要从事药物分析、药理学及其实验的教学工作。参编省级规划教材 1 部，参与名校工程课程建设 2 项，主持和参与智慧树在线课程建设 2 门。主要从事海洋微生物源药物开发和分子药理学研究，在药物抑菌作用机理及肿瘤细胞凋亡机理方面具有丰富的实践经验。2012 年以来，在国内外学术期刊上共发表 SCI 收录论文 16 篇，申请发明专利 10 余项，授权 8 项。主持和参与省级及以上纵向项目 6 项，主持和参与横向课题 6 项。

（二）课程简介

本课程是药学与制药工程本科专业必修课，内容涉及化学、分析、物理化学或生物化学理论，现代仪器分析技术、药物质量控制等方面的新方法和新技术。通过课程学习，学生能够获得药典的主要内容、药物及其制剂的分析原理与方法等基础知识，形成药品全面质量控制的观念及相应的基本能力，为从事药物研发、生产、管理中的检验工作和新药研究打下基础。

（三）授课方式

线上线下混合教学。

二、教学设计

（一）融入人物

东阿阿胶集团的中国阿胶博物馆里摆放着一个年代久远的手工制作的锤子，因为用得太久都已经卷了边儿，它的主人便是青岛农业大学 1963 级校友、"中国阿胶教父"——刘维铣。他曾任东阿阿胶股份有限公司党委书记、董事长兼总经理，荣获山东省专业技术拔尖人才、山东省优秀企业家、第六届全国优秀企业家、全国优秀经营管理者等称号和"五一劳动奖章"，被评为全国劳动模范，享受国务院特殊津贴。

（二）知识点

药物分析课程第一章第三节药品标准的分类。

（三）教学目标

1. 知识目标

掌握药品标准的分类和地位，了解药品标准的制定过程。

2. 能力目标

区分不同药品质量标准；知晓药品的企业标准转变为国家标准的流程；了解药物分析研究工作是不断完善药品质量标准的重要手段。

3. 素质目标

明确企业标准各指标不得低于（大都高于）法定国家标准的要求，企业标准在提高产品质量、提升产品竞争力、优化产品保护、严防假冒产品等方面均起到了重要作用；明确中药现代化需要几代人的共同奋斗，不断提高药品质量、完善和优化药品质量检测方法是药学从业者的使命。

（四）案例设计

1. 导入

介绍药品的标准分类，强调企业标准要高于国家标准，企业标准可以转变为国家标准。引入"如何辨别真假阿胶"的话题，进而分析"中国阿胶教父"刘维志的事迹。

2. 展开

第一，介绍药品标准的概念。药品标准是用来检测药品质量是否达到药用要求，衡量其质量是否稳定均一的技术规定。

第二，介绍药品标准的分类及其特点：药品标准分为国家药品标准和企业药品标准两类。前者包括药品注册标准和临床试验用药品标准。后者是由药品生产企业制订的药品质量标准，属于非法定标准，仅在本企业的药品生产质量管理上发挥作用。

企业药品标准各指标为了不低于（大都高于）国家法定标准的要求，大多选择增加检验项目或提高限度标准的做法。企业药品标准在提高药品质量、提升药品竞争力、优化药品保护、严防假冒产品等方面起到了重要作用。国内外较大的企业均有企业药品标准，且技术保密。药品标准的制定需要经过起草、复核和注册等过程。

第三，提出问题：国家药品标准和企业药品标准是如何产生的？二者有何关系？

第四，以问题导向引入课程案例——"中国阿胶教父"刘维志的事迹，并对案例展开详细介绍。

青农1963级校友刘维志带领工人研制出阿胶生产的最关键设备——"蒸汽球"，大大提高了工效和出胶率，阿胶质量显著提高。在他的带领下，《中国药典》上没有的10余项阿胶质量标准相继在东阿阿胶企业问世。在同行业中，东阿阿胶企业第一个推行全面质量管理。其生产标准最终成为行业标准，被中国药材公司、国家中医药管理局列为全国阿胶优等品标准。刘维志不断修订和完善产品标准，保障和促进了东阿阿胶走向世界。

第五，结合案例进行讨论互动：介绍完人物及事迹后，通过"雨课堂"等软件，与学生进行互动和讨论，设计思考题如下：

"《中国药典》上没有的10余项阿胶质量标准相继在东阿阿胶企业问世"，这些药品质量标准属于企业标准还是国家标准？

为了保证阿胶的高品质，在刘维志的带领下，东阿阿胶采取了哪些措施？

你认为哪些因素促使东阿阿胶走向国际市场？

第六，小结：通过学习，同学们了解了企业家刘维志的创业精神和对药品质量标准的高要求，将我国的民族药推向国际市场。其中药品质量是关键，这也表明从事药学专业研究与开发需要不断拼搏、大胆创新的职业素养。

3. 作业

查阅阿胶的相关国家质量标准，并在药品的鉴别章节进一步开展课堂讨论。

三、教学总结

（一）教学依据

根据《高等学校课程思政建设指导纲要》，教育引导学生深刻理解并自觉实践药品行业的职业精神和职业规范，增强职业责任感，培养学生开拓创新的职业品格和行为习惯。

（二）教学方法

将校友案例融入专业课课堂教学建设全过程，结合专业课知识的内涵特点，引入相关话题。本案例既体现了药品质量标准专业知识点，又让学生通过案例树立了良好的职业精神和开拓创新的品格，对学生的职业规划起到潜移默化的引领作用。抽象的专业知识点中引入鲜活的校友案例，结合现代信息教育技术，以学生为中心展开讨论，开阔学生的思路和视野。

（三）教学反思

类似课程案例可以丰富教材内容、授课形式和考试题型，提高学生课堂参与度、抬头率等；案例不可盲目引入，不可贪多。

土 木 工 程 概 论

一、基本情况

(一) 教师简介

冯秀梅，副教授，硕士生导师，建筑工程学院副院长。主要研究方向为绿色建筑材料和农业固体废弃物利用。主讲土木工程概论、建筑材料、结构力学等课程。近年来在核心期刊及以上等级期刊发表学术论文 30 余篇，担任 3 部教材的主编和副主编，授权发明专利 3 项。主持和参与省级以上纵向课题 6 项，横向课题 2 项，主持智慧树山东省联盟课程 1 项。获得山东省教学成果二等奖、山东省教育厅微课教学三等奖等。

(二) 课程简介

本课程是土木工程专业的一门专业基础课程，主要向学生介绍土木工程发展史及各个时期重要工程的意义，重点介绍与土木学科相关的各项设施建造技术、灾害防范技术、基本建设情况、文化特色及价值意义，增强文化自信和民族自豪感。培养学生从管理、经济、法律法规、职业规范等多角度建立解决复杂工程问题的方法，从学科概论的视角了解土木工程的综合性、社会性及其在技术、经济与管理方面的统一性，引导学生培养爱国精神、团队合作精神、法治观念，提升为祖国建设服务而学习的思想和感情。

(三) 授课方式

线下教学。

二、教学设计

(一) 融入人物

2006 年 7 月，王圣强毕业于青农土木工程专业。2008 年从天津大学研究生毕业后进入海洋石油工程股份有限公司（以下简称"海油工程"），先后参与了中海油惠州炼油项目，曹妃甸 WGPA/WHPD 一期、二期项目、陆丰 7-2 总包项目、巴西 FPSO P67/70 等大型国际项目。2015 年 5 月，王圣强在巴西 FPSO P67/P70 项目中担任项目副经理，主要负责现场 FPSO P67 船体和模块遗留工作、整船的集成和调试。

P67/P70 FPSO 是目前世界上最先进、最复杂、最大的 FPSO（浮式生产储存卸货装置）之一，作为中国海油践行"一带一路"倡议的重点项目，该项目由海油工程自主建造和集成，通过联合设计、独立技术攻关等方式，实现了一系列重大技术的突破、创新和消化吸收，涵盖了从设计到模块建造、集成及干拖运输的多方面领先技术，包括超大型 FPSO 工艺设计与浮体设计技术、超大型 FPSO 模块建造及集成技术、超大型 FPSO 干拖装卸船及长距离远洋运输技术等，以及新工艺、新材料的应用。

（二）知识点

土木工程概论课程第七章第七节我国港口工程的发展前景（海洋工程）。

（三）教学目标

1. 知识目标

了解我国港口工程的发展历史，了解海洋工程发展带来的新竞争和挑战的主要表现。

2. 能力目标

针对海洋工程技术特点，使学生掌握相关基本理论和基本方法，初步建立通过分析定性解决海洋工程问题的能力。

3. 素质目标

使学生了解海洋工程涉及的领域内容、方法和成就，从学科概论的视角了解海洋工程的综合性、社会性及其在技术、经济和管理方面的统一性，初步建立海洋工程的理论技术基础，建立逻辑清晰的分析方法和专业思想，建立为祖国建设服务而学习的思想和感情。

（四）案例设计

1. 导入

内容回顾：上节课我们讲了港口工程，充分了解了我们众多的港口实例，如厦门港（我国东南沿海的天然良港）、洋山深水港（全球最大智能集装箱码头）、青岛港（许振超英雄模范——振超精神）等。

内容导入：改革开放以来，港口建设与港口经济成为全国经济发展的一颗明珠。中国加入世界贸易组织后许多领域逐步开放；"一带一路"倡议的实施使中国加强了与沿线国家的沟通磋商，推动了与沿线国家的务实合作，积极鼓励中国"高端制造"走出去。随着海洋油气开发逐渐向深海、远海发展，铺设长距离油气回输管线的成本越来越高、风险越来越大……解决这一难题最有效的途径就是在海上建设油气加工厂——FPSO。

2. 展开

通过多个问题串联起教学内容，引导学生深入思考，从中体会海洋工程的内涵外延、发展状况及核心技术。

问题1：同港口工程相比，我国的海洋工程发展如何？什么是海洋工程？

海洋工程指的是应用海洋基础科学和有关技术学科开发利用海洋而形成的一门新兴的综合技术科学，也指开发利用海洋的各种建筑物或其他工程设施和技术措施。

海洋开发利用的内容主要包括海洋资源开发（生物资源、矿产资源、海水资源等），海洋空间利用（沿海滩涂利用、海洋运输、海上机场、海上工厂、海底隧道、海底军事基地等），海洋能利用（潮汐发电、波浪发电、温差发电等），海岸防护，海洋建设及勘测等。"海洋工程"这一术语是 20 世纪 60 年代提出的，其内容在近二三十年随着海洋石油、天然气等矿产的开采逐步发展充实起来。按照海洋开发利用的海域，海洋工程可分为海岸工程、近海工程和深海工程，但三者又有所重叠。

问题 2："一带一路"倡议下我国海洋工程的发展如何？

党的十八大报告提出，要"提高海洋资源开发能力，发展海洋经济，保护海洋生态环境，坚决维护国家海洋权益，建设海洋强国"。随着沿海地区的开发开放，海洋在我国经济发展中起到了举足轻重的作用。海洋经济的发展为我国经济的快速腾飞奠定了基础，海洋经济已成为我国经济发展新的增长点。当前，由我国发起的"一带一路"倡议正在串联起富饶大海上的"朋友圈"。从太平洋经南海，过印度通欧洲，"蓝色经济"合作下海、上岸，将为沿线各国释放发展新机遇。

中国的海洋科技力量到底有多强？大部分人第一时间想到的应是中国海上的各种军事力量，比如中国现役的航母辽宁号和山东号，它们的排水吨位可以达到 6 万吨。这些都足以证明我国海上的军事力量，今天我们来讲讲海上重工。

FPSOP-70 最大排水量达 35 万吨，相当于 6 艘辽宁号的排水量，这个"巨无霸"是由中国自主研发并建立的世界上最大吨位级的浮式生产储卸油船，研发总部在青岛。

FPSO 全称 Floating Production Storage and Offloading，可以将刚开采出的石油原油进行初步的加工和存储，又被称为海上石油工厂。通常情况下，该装置会和海上的采油平台同步运行，在对开采出来的原油进行简单处理后，将其输送给运油的油轮。

很多人为这个"巨无霸"的建造付出了努力，其中就有青农 2002 级土木专业的校友王圣强。

王圣强，高级工程师，美国注册项目管理师，国家注册一级建造师，获中国海洋石油集团公司项目经理资质认证，目前就职于海洋石油工程股份有限公司，现任巴西 FPSO 项目常务副总经理，党支部书记。在石油海洋工程类期刊上先后发表《大型深水导管架陆地建造方法》《海洋平台桩基承载力检测与沉降监测》等 20 余篇论文，获得集团公司级企业管理现代化创新成果奖 1 次，海洋工程协会科技进步奖 1 次，海油工程级科技进步奖 6 次，获国家专利 5 项。

让学生观看央视新闻和北京电视台的相关报道。

3. 作业

课后请学生查阅相关资料并整理一篇关于深海无人潜水器工作原理、工作环境和工作性能的论文，字数 800～1 000 字，严格按照科技论文格式要求，参考文献不少于5篇。

三、教学总结

（一）教学依据

根据《高等学校课程思政建设指导纲要》，专业课程是课程思政建设的基本载体。

要深入梳理专业课教学内容，结合不同课程特点、思维方法和价值理念，深入挖掘课程思政元素，将其有机融入课程教学，达到润物无声的育人效果。

本次课程思政引入巴西 FPSO 项目，积极响应国家"一带一路"倡议，推动中国高端建造走向世界，培养大国建造的责任和使命，增强学生的民族自豪感，培养学生精益求精的大国工匠精神。

（二）教学方法

本次教学过程从国家"一带一路"倡议出发，引入众多案例讲解海洋工程的特点和施工实践。启发式、案例式教学授人以"渔"，让学生学会学习方法。通过大量的案例分析，启发学生对问题的思考，引导学生的学习思路，使其运用正确的学习方法去理解和掌握本节课程的各个知识点，达到"事半功倍"的效果。

（三）教学反思

立德树人是高等教育的根本工作，作为一线教师，我们要始终把课程思政工作摆在更加重要的位置，丰富育人载体，创新育人方式，构建长效机制，写好课程思政新篇章。

本课程让学生了解海洋工程概念、特点和施工难点等基本专业知识，在教学过程中通过引入大量工程案例，体现大国实力和建造技术的先进，提升学生的爱国热情和文化自信。

通过引入优秀校友的典型事例，弘扬典型人物的工匠精神，发挥榜样的力量，树立学生未来严谨求实的工作作风。将思政内涵和价值导向融入课堂内容，实现"知识传授"和"价值引领"有机统一，进而实现专业课程的育人功效，让思政教育贯穿人才培养的全过程。

居住区规划

一、基本情况

（一）教师简介

刘峥，建筑工程学院副教授，文学硕士。主要研究方向为城市设计、景观规划。主讲建筑学建筑设计类课程，主持并参与省级教研课题4项，省级科研项目1项，发表城市设计及居住区规范教学方法教研科研论文5篇，发表SCI文章3篇。获省级信息化教学比赛一等奖、省级青年教师教学比赛二等奖、省级创新教学大赛三等奖、省级课程思政教学大赛优秀奖。获得有关居住区及海绵城市方面实用新型技术专利3项。参编教材及专著3本。

（二）课程简介

本课程是建筑学三年级学生的专业限选课，但课程内容是建筑学学生的专业必修内容。学生通过学习居住规划的国家规范、设计原理、相关要素等专业知识，掌握建筑学学习体系中居住区规划的设计原理和实践应用，这也是未来从事建筑设计工作的主要内容。

（三）授课方式

线上线下混合教学。

二、教学设计

（一）融入人物

董勤景，1995年7月毕业于莱阳农学院，2005年获同济大学工程硕士学位，2016年获中国社会科学院金融博士学位，2018年美国加州大学旧金山博士后出站。现任中国中铁置业集团上海公司副总经理，现任中铁工置业集团常务副总裁，为高级工程师、英国皇家特许建造师、中国被动房高级顾问、中航国际集团有限公司顾问。

为积极推进碳达峰、碳中和，董勤景带领企业员工，通过节能减排工作的实施，完成了照明系统、外围护体系、空调系统、结构优化节能一系列建设，提高了一大批绿色星级建筑的规划水平。

（二）知识点

居住区规划课程第四章第二小节容积率拆分选建筑类型中的小康型住宅，要求运用新材料、新产品、新技术和新工艺。导入案例学习有助于拓宽学生对专业涉及方向的认知度，校友所做的研究可以使学生对住宅乃至居住区产品的科技趋向有进一步了解，有助于运用科技进步改善住宅性能，提高居住舒适度。

新技术、新工艺实际体现的知识点相对比较抽象，结合校友案例介绍让学生较为容易地理解并树立对学校的自豪感和专业责任感。

（三）教学目标

1. 知识目标

了解减少碳排放的国家大环境条件下的基本政策要求，意识到把居住建筑与零碳科技相结合是一种新的出路和手段，引申拓展对碳中和的思考，拓展学生的研究思路和方向。

2. 能力目标

为居住区规划设计思路提供更多灵感，了解更多的相关专业拓展方向和专业涉及领域。比如可以在居住区建筑设计时考虑通过改变窗户的造型设计增加绿色建筑的节能指标；让学生了解可以通过装配式的手法处理居住建筑拆装问题以符合零碳要求，引申提示学生在校友董勤景研究的照明、空调等系统中考虑户型与空间形态的设计点。

3. 素质目标

结合校友董勤景的学习及工作经历，让学生了解吃苦耐劳、不畏艰难的工作态度是科研的真正态度，通过介绍校友孤身在上海打拼并获得成功的经历给予学生美好的专业前景，再通过校友在国家新形势下对新技术和工艺的应用为学生树立专业责任感，在整个过程中让学生树立学校自豪感和专业责任感、自信心。

（四）案例设计

1. 导入

结合知识点提出问题：新技术、新工艺离我们并不遥远，大家知道我们的校友就在从事这样的工作吗？

引出校友董勤景的经历，重点放在董勤景从事工作的难度和拼搏精神。

2. 展开

首先，提出董勤景的案例。董勤景通过节能减排工作的实施，完成了照明系统、外围护体系、空调系统、结构优化节能一系列建设，切实提升了一大批绿色星级建筑的节能水平，更重要的是节能的同时获得了一系列奖励政策，尤其是一些高污染、高能耗、高排放的工业企业，不仅解决了面临的关、停、转风险，还在继续生产的同时降低了成本，获得更多的利润。

其次，拓展近 20 年我国建筑工艺技术的发展变革。在我国现有政策条件下，住宅建筑中遇到新技术挑战后带来的设计影响。

明确告诉学生把握问题导向，寻找住宅建筑造型和设计的主要灵感和入手点。引出新的提问：这样做的原因是什么？

最后，简单解释零碳建筑的概念，引出国家政策导向下的零碳社区，为《绿色建筑》课程学习埋下伏笔。提出课堂讨论要求：在当代居住区中零碳技术可以体现在哪些居住环境及住宅要素中？

引导学生解释、讨论并举例说明内容、方法和方向，比如海绵城市、绿色建筑的标准等做拓展了解。

3. 作业

思考并对比节能减排前后居住区规划设计形式的差异，以小组讨论的形式，用思维导图整理当代居住区中零碳技术的实践与应用，整理完成后上传至学习通。

三、教学总结

（一）教学依据

根据《高等学校课程思政建设指导纲要》，培育和践行社会主义核心价值观。通过国家实事政策与专业结合，运用真人真事教育引导学生把国家、社会、公民的价值要求融为一体。

在课程中通过董勤景在工作方面不断突破自己实现自我价值和社会价值的案例，提高学生的爱国、敬业、诚信、友善素养，自觉把小我融入大我，将社会主义核心价值观内化为精神追求、外化为自觉行动。再通过校友案例引出零碳建筑的概念，运用技术介绍及国家在碳排放方面对建筑的要求和策略，使学生树立家国情怀和社会责任感。通过对校友学习和工作经历的讨论，引出西方国家和我国对碳排放做法的对比讨论。

（二）教学方法

采用案例教学法引出拓展知识，运用校友真实案例介绍增加课程的生活性，让学生感受案例的真实性，设计不是空谈，要切实可行。

运用讨论法与学生探讨国家政策与技术结合的重点、难点，培养学生的自主思考能力，通过政策方向引导将新技术扎根于学生心底。

（三）教学反思

根据教学设计，将节能减排问题融入课堂教学，通过课堂教学内容明确对零碳建筑的把握不能局限于政策，要为学生介绍清楚新技术对居住区规划形成的影响，以及实施现有相关政策的原因，让学生有正确的价值导向。

通过讨论了解学生心理活动，利用社会主义核心价值观对其进行引导，让学生明确我国的零碳低碳政策，进而树立发展我国建筑行业新技术新工艺的责任感。

传统民居与乡土建筑

一、基本情况

（一）教师简介

郑涛，副教授，建工学院建筑系副主任。主要从事人居环境规划设计和城乡规划方向研究。山东省线下一流本科课程负责人、省课程思政示范课负责人、省课程思政教学名师。个人先后荣获第五届全国高校青年教师教学竞赛三等奖、第七届山东省青年教师教学比赛一等奖、第五届山东省青年教师教学比赛二等奖等教学奖项。主持省级教研项目2项，主持和参与省部级规划教材编写2部，发表科研和教研教改论文多篇，指导学生参与创新创业类竞赛获省部级奖励2项。

（二）课程简介

本课程是一门理论型专业拓展课程。通过本课程，学生可以系统学习中国各地区传统民居和乡土建筑的起源、形成和演变，乡土建筑的布局结构和成因，各类乡土建筑的典型形制、风格及社会文化意义，各类民居的空间组成、艺术形式、结构构造等技术做法，乡土建筑的美学表现等；初步探讨对传统民居及乡土建筑的研究、调查及再利用等保护性做法；深入了解传统民居与乡土建筑；同时借鉴和提炼传统民居中的优秀设计要素，进一步提高建筑设计的能力。

（三）授课方式

线下授课。

二、教学设计

（一）融入人物

王振军，青农建筑工程专业1997级校友，工学博士，教授。现为长安大学材料科学与工程学院党委委员、副院长、博士研究生导师。主要研究方向是介于当前气候环境条件下，材料高耐久性技术及智能化技术研究。

四年的莱农学习生活充实了王振军扎实的理论知识和系统的专业体知，铸造了其坚韧不拔的工作精神。他设计了碳纤维水泥基复合材料，提出碳纤维掺量及冻融和高温条件对其吸波性能的影响规律。承担国家重点研发计划课题、国家自然科学基金重点项目等科研项目，在行业顶级期刊发表科研论文 150 余篇，授权国家发明专利 50 余项，主持编写行业规范和地方规范各 1 部。获陕西省科技进步一等奖等科技奖励 8 项。成果在道路智能化感知、工业防静电、桥梁结构健康监测等工程领域得到应用，为"交通强国"战略贡献了自己的力量。

（二）知识点

传统民居与乡土建筑第四章第一节承重结构的类型，介绍抬梁式构架的结构与构造特点。

（三）教学目标

1. 知识目标

了解传统民居与乡土建筑中木结构承重体系的主要类型。重点学习抬梁式构架的结构与力学特点，初步掌握其核心特性。

2. 能力目标

通过对抬梁式构架的结构与构造特点学习，能够举一反三、融会贯通；结合建筑史、建筑材料与力学等课程内容，具备初步分析建筑结构内涵机理、探讨结构体系优缺点的能力。

3. 素质目标

深刻体会中国古建筑中蕴含的先进理念，领会古人对建筑材料研究的严谨与执着，与校友育人事例相结合，感悟作为建筑工程从业者要具备的创新意识和进取精神。

（四）案例设计

1. 导入

作为有着悠久历史的文明古国，中国创造了璀璨的建筑文化，留给我们很多或宏伟壮观或秀丽轻盈的古建筑。比如大家熟悉的五台山佛光寺大殿，建于唐大中十一年（857 年），距今已有 1 100 余年历史，历经风雨却仍巍峨矗立，展示着唐代建筑的严整开朗和宏伟气魄。我们不禁思考，是什么样的力量支撑这座建筑抵御岁月的磨砺，历经千年而不颓呢？其核心涉及今天我们要学习的内容——中国传统民居与乡土建筑的承重结构类型。设计这样有力的结构，需要我们具备什么样的能力和素养呢？

2. 展开

（1）传统民居与乡土建筑木结构类型概述（多媒体展示）

中国地域广阔、气候差异很大，各地习用的建筑材料不同，所以形成的民居承重结构有很多种形制。其中木结构使用最普遍、历史最悠久，是中国民居结构体系的主体。木结构按照其构件组合方式，又可分为抬梁式、穿斗式、插梁式、拱架式、井干式等数种。其中最主流、影响范围最广、承重能力最强的，是抬梁式结构。

（2）抬梁式结构详解

抬梁式，又称叠梁式，是将整个进深长度的大梁放置在前后檐柱柱头上，大梁上皮在收进若干长度的地方（一步架）设置短柱（瓜柱）或驼峰或大斗，短柱顶端放置稍短的二梁。如此类推，将不同长度的几根梁木叠置起来，各梁的端部上置檩条，最后在最高的梁上设置瓜柱，顶置脊檩。五台山佛光寺大殿即采用了抬梁式结构。

（3）抬梁式结构力学分析

抬梁式结构之所以稳固且经久耐用，其中有几个非常关键的因素。以五台山佛光寺大殿为例进行深入分析。

抬梁式结构的构造特征：其屋顶荷载通过构架最上层立柱传递给横梁，且每层荷载传递都使竖向荷载离屋架支座的距离越来越近，使横向荷载对底层横梁产生的弯矩减小，优秀的受力设计让整体结构更为稳固。

抬梁式结构的材料和力学特性：现代科学研究发现，某些强度等级的木材力学性能甚至可以与部分砼相媲美，有时木材的抗拉强度较砼更为优良。古代的智慧工匠发现了让木材可以充分发挥其优势的施工体系。最典型的如北宋崇宁二年（1103 年）颁发的官书《营造法式》，其中详细记载了古代木结构十分重要的模数建造体系"材分制"。规定"材分八等"，根据不同建筑类型和规模选择"材"之等级，以满足不同类型建筑承重体系及结构力学的需求，做到了增减随宜，美且适用。这是古代匠人在经年累月对材料性能孜孜不倦的研究中、对材料结构力求完美的摸索中逐步形成的真知灼见，它深刻影响了中国古建筑的发展，支撑中国发展出了灿烂辉煌的木构建筑文化。

（4）与现代建筑材料科学的联系

任何一个时代的建筑发展都离不开建筑材料、建造技术、施工工艺的影响。在高速发展的当今社会，我们身边也有一群投身于材料科学、建造技术的专家学者，在不断探索适应未来建设要求的高新技术建筑材料。

比如青农优秀校友王振军教授，他是建筑工程专业 1997 级校友。他研究的碳纤维水泥基复合材料可以发挥碳纤维的导电特性，在工业防静电、建筑智能化感知、结构健康监测等工程领域都具有十分重要的作用，服务于国家多项重大工程，产生了广泛的学术影响。未来，本专业的同学们也许能应用到王教授研发的新型智能化水泥材料，也能在深入研究其力学特性、结构特性的前提下，设计出符合未来中国发展需要的新型结构类型，为未来中国建筑发展贡献自己的力量。

3. 作业

在"学习通"平台阅读以下学术论文：《〈营造法式〉材比例的形式与特点——传统数理背景下的古代建筑技术分析》《〈建筑十书〉与〈营造法式〉中建筑模数》，并以此为基点拓展阅读相关学术论文和教学资源。深入领悟中国古代建筑结构体系中体现出的标准化、模数化、装配式的先进建造体系思想，并尝试探讨这些传统建造智慧在现代建筑设计行业中的新价值和新意义，并在之后的课程中进行交流。

三、教学总结

（一）教学依据

本课程立足课程教学大纲，紧扣课程育人目标。以学生为主体，基于建构主义学习理论进行设计，强调学生是信息加工的主体，采用案例式、启发式教学模式。发挥多媒体及信息化教学工具优势，以典型案例形成学习情境，以层层递进的分析与引导辅助学生进行知识建构，促进学生内化认知与主动学习。

（二）教学方法

本课程主要采用案例教学法和启发式教学法，以五台山佛光寺大殿为典型案例，详细阐释了抬梁式结构的材料选取、构造形式、传力体系等各个环节，并充分结合建筑史、建筑材料、力学等相关课程进行启发式教学。从学生的既有知识出发，调动其学习思维，激发其课堂学习的积极性与主动性。

理论联系实践，基于案例不断提出问题：为什么中国木构建筑能延续千年，是什么力量支撑着它们？并结合专业知识一步步分析问题、解决问题，潜移默化促进学生形成自主解决实际问题的能力。在教学过程中贯穿价值引领，无论是导入中对中国古建筑文化的概括，还是教学过程中对中国传统木结构体系的分析，都展示了中国古典建筑独具特色的科学性与艺术性，结合校友案例，能更好地融情于理，感化人心。

（三）教学反思

教师的"教"是为了使学生更有效地"学"，从根本上来说是为了促进学生个体发展和主体精神的培养。课程案例的选择融入是提升学生自主学习责任感和学习获得感、激发学生学习成就感的重要媒介。

课程思政教学改革本身就是一种建构式教学模式的应用与探索。它从根本上要求改变以教师为中心的教育教学观念，承认学生是有自主感知、自我追求、自强欲望的能动主体，强调引导学生主动参与学习过程，从而在教与学之间形成一种平等、互助、和谐的新型师生关系，以教学相长的伙伴模式，强化培养学生的学习能力，真正有助于促进其终身学习、深度学习能力的形成。

通过本课程的学习，学生普遍反映对中国木构建筑体系有了更深的认识，感受到了强烈的文化自信；且对从事建筑行业对国家和社会带来的影响感到自豪，激发了职业责任感。

云计算与大数据导论

一、基本情况

（一）教师简介

赵磊，理学与信息科学学院副教授，博士后。研究方向为模式识别、大数据。主持或参与省级以上课题 8 项、地厅级课题 2 项，发表学术论文 20 余篇，其中 SCI/EI 期刊论文 10 篇。担任 1 部教材的副主编，合著教材 1 部。获发明专利 6 项，国家实用新型专利 2 项，国家软件著作权 5 项。

（二）课程简介

本课程通过介绍云计算技术、大数据技术、Hadoop 开发平台、Mapreduce 应用等内容，使学生理解云计算、大数据的基本概念、关键技术和应用领域，初步了解本专业方向的知识体系、发展概况及前沿发展动态，以激发其对本专业的兴趣，为后续课程的学习和专业发展奠定基础。

（三）授课方式

线下授课。

二、教学设计

（一）融入人物

王骥鹏，青农软件外包专业 2009 级校友，现任青岛凌睿软件有限公司经理。公司拥有专利 50 余项，为青岛市双软认证企业、青岛市知识产权贯标企业、山东省优秀软件产品企业。

（二）知识点

云计算与大数据导论课程第一章第一节云计算概述。

（三）教学目标

1. 知识目标

了解云计算与大数据相关概念，熟悉数据的使用步骤及数据的价值。

2. 能力目标

列举学习和生活中的常见大数据应用场景，阐述云计算与大数据、信息社会的关系，能够获取公开的大数据集。

3. 素质目标

培养学生搜集信息、整理信息、发现问题、分析问题和解决问题的能力。

（四）案例设计

1. 导入

半个世纪以来，随着计算机技术全面融入社会生活，信息已经积累到开始引发变革的程度，而且其增长速度一直在加快，最先经历信息爆炸的学科如天文学和基因学创造出了"大数据"这个概念，这节课大家一起来了解云计算与大数据（图 1）。

图 1　数据也被称为"未来的石油"

2. 展开

（1）人类信息文明发展历程

人类社会经历了语言、文字、电磁波、电脑四次重要的信息革命，信息的传播、融合和持续发展是人们发明、创造、开拓、进取的基础条件，是人类历史前进的推动力（引导学生举例说明信息技术对生活的影响）。

（2）第三次信息化浪潮

第三次信息化浪潮涌来，大数据时代已全面到来。人类社会信息科技的发展为大数据时代的到来提供了技术支撑，而数据产生方式的变革是促进大数据时代到来至关重要的因素。引导学生思考工作、生活中大数据的应用案例，如青农"每日上报"新冠肺炎疫情大数据（疫情上报小程序由校友王骥鹏团队制作完成）、医疗大数据、教育大数据，让学生自行思考，并谈谈感想。

案例：王骥鹏带领青岛凌睿软件开发有限公司在新冠肺炎疫情防控关键时期，利用所学知识开发疫情防控管理平台，为青农提供防控数据，同时也为城阳区疫情防控领导小组办公室提供一些官方疫情监测数据，采用大数据分析方法分析疫情发病数据，追踪疑似病例或接触者动向，跟踪密接人员等。其公司积极推动疫情传播模型的建立，利用大数据技术构建疫情防控体系，提出疫情防控新模式，为城阳区乃至青岛市疫情防控工作作出了突出贡献。

（3）云计算与大数据概念

首先让学生自己理解云计算与大数据的概念（图 2），然后介绍并详细分析云计算与大数据相关概念、数据类型、应用范围等。信息技术为大数据时代提供技术支撑，以应对存储设备不足、CPU 处理能力提升、网络带宽不断增加的需求。

（4）数据的使用步骤

数据使用需要经过采集、清洗、管理、分析、展示等步骤，老师在课堂上采用员工

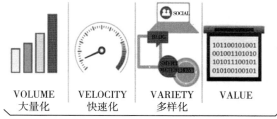

・数据量大
・数据类型繁多
・处理速度快
・价值密度低

| VOLUME 大量化 | VELOCITY 快速化 | VARIETY 多样化 | VALUE |

大数据不仅是数据的"大量化",而且包含"快速化""多样化""价值化"等多重属性。

图 2　大数据的概念

工资数据作为例子进行分析。使用人事工资数据案例,演示数据的使用步骤(图 3)。

01 第一步 数据清洗　　02 第二步 数据管理　　01 第三步 数据分析

图 3　数据的使用

（5）数据的价值性

数据的价值不会因为不断被使用而削减,反而会因为不断重组而产生更大的价值。例如二手房销售、高档车辆销售、物价、地价等数据整合可以精准预测该区域房地产价格走势。学生分组讨论大数据的价值及其对生活的影响。

（6）校友王骥鹏的价值引领

精神品质:王骥鹏在创业方面表现出较好的品质,能吃苦、懂得感恩、有诚信、有勇气,具备较好的领导能力。

感人事迹:王骥鹏为青农理学与信息科学学院设立了"凌睿"奖学金,用来鼓励在创新创业方面比较杰出的同学。疫情始发,为了解决每日上报工作难题,他免费为学校开发每日上报软件平台,并为城阳区疫情防控开发了疫情防控管理平台,创新疫情防控新模式。

荣誉:全国大学生创业典型、山东省创业大赛三等奖。

3. 作业

作业主题:根据课堂讲述内容,思考身边利用大数据解决工作、生活中问题的案例,反思如何利用大数据技术创新、创业。

完成方式:通过走访校友企业(青岛凌睿软件有限公司)、政府单位或通过相关媒体报道内容或网络搜索引擎完成本作业。

完成形式:word 形式文档报告或 ppt 形式演示报告。

三、教学总结

（一）教学依据

《高等学校课程思政建设指导纲要》指出，工学类专业课程，要注重强化学生工程伦理教育，培养学生精益求精的大国工匠精神，激发学生科技报国的家国情怀和使命担当。

（二）教学方法

教学过程中采用问题引导式教学、需求引导式教学、直观演示法教学、讨论式教学、讲授式教学、案例式教学等教学方法。

问题引导式：结合人类信息文明发展历程，让学生思考信息技术给人类生活、工作带来了哪些影响；结合第三次信息化浪潮，让学生思考大数据技术在身边的应用案例。

需求引导式：云计算与大数据概念，让学生尝试自己理解大数据与云计算的概念。

直观演示法：数据的使用步骤，使用人事工资数据案例，演示数据的使用步骤。

讨论式：数据的价值性，学生分组讨论大数据的价值及其对生活的影响。

（三）教学反思

第一，通过学生身边案例，以问题引入的方式开展教学，可以让学生快速融入课堂教学环境，提高学生的专注力。

第二，从时政内容、民生问题切入，可以使课程知识点与案例元素结合得更自然、更平滑。例如疫情上报大数据、防疫流调数据、抖音视频大数据等。

第三，思政实践环节，可以提高课程挑战度和高阶性，极大提高学生课堂参与度，让课程思政内化于心、外化于行。

花 卉 学 A

一、基本情况

（一）教师简介

万雪丽，副教授，硕士生导师。山东省林业保护发展智库专家委员会委员、山东省科技特派员。主要研究方向为园林植物种质资源与应用。主持国家自然科学基金项目 2 项，山东省高校科技计划项目 1 项，发表 10 余篇 SCI 及中文核心论文。主讲《园林树木学》《花卉学》等理论课程。

（二）课程简介

本课程是园林、风景园林、风景外包专业的基础课。课程分为总论和各论，总论向学生介绍花卉的分类、生态习性、栽培设施、繁殖、栽培管理及花期调控等理论知识；各论涉及常见花卉的形态特征、分布、生态习性、繁殖和园林用途等内容。使学生获得花卉相关的基础知识，培养能够对园林中常见花卉进行识别与应用的能力、初步的花卉繁殖与栽培管理能力，为从事花卉生产等工作和科学研究打下基础。通过思政融入理论知识，培养学生的中国文化自豪感、建设美丽乡村的责任心及可持续发展理念。

（三）授课方式

线下授课。

二、教学设计

（一）融入人物

星耀武，农学 2003 届校友，现为中国科学院西双版纳热带植物园研究员。24 岁攻读博士，28 岁出国从事博士后研究，30 岁建立全球最大的被子植物化石数据库，被誉为"行走的植物百科全书"。长期从事植物区系地理、系统发育、古植物学跨学科研究，探讨了北半球尤其是横断山区植物多样性的演化历史与环境演变关系，极大推动了我国植物区系演变的研究，提升了我国在生物多样性研究的国际影响力。

为研究横断山区高寒植物演化，了解生物多样性，星耀武每年会有两三个月蹲守高寒山区，采集材料，建立生物地理模型，为生物多样性保护及利用提供了科学依据。

获 2021 年度第三届"吴征镒植物学奖"青年创新奖。

（二）知识点

花卉学 A 课程第一章第二节中国花卉种质资源的特点及对世界园林的贡献。

（三）教学目标

1. 知识目标

掌握中国花卉种质资源种类繁多、分布集中、丰富多彩、特点突出等特性，了解中国花卉资源对世界花卉育种、花卉产业及其贸易的重要贡献。

2. 能力目标

培养学生合理利用中国丰富的花卉资源进行城市绿化、美丽乡村建设的潜在能力。利用花卉种质资源培育新品种的潜在能力。

3. 素质目标

增强学生对中国丰富多彩的花卉资源的认同感，知农爱农。保护并合理利用种质资源、自主开展知识产权品种研发的责任感。

（四）案例设计

1. 导入

花卉种质资源是丰富园林植物多样性的基础，是育种、科学研究、创造有价值栽培作物新类型的重要物质基础。中国地域辽阔，地形复杂，气候多样，花卉种质资源十分丰富。

问题导入：同学们，你最熟悉哪种花卉？说说你印象中的她？

2. 展开

（1）中国花卉种质资源特点

第一，种类繁多。中国蕴藏着宝贵的花卉种质资源，如报春花属植物 500 种，原产中国的有 294 种。兰花世界总数 50 种，中国有 31 种，中国种占世界种的 62.0%。百合世界总数 80 种，中国有 40 种，中国种占世界种的 50%。

第二，分布集中。中国西南山区是世界上植物种类最丰富的地区之一，集中分布着众多植物；中国是杜鹃花属植物的世界分布中心，集中分布于西南山区；中国报春花属植物以云南、四川、西藏为分布中心。

第三，丰富多彩。中国幅员辽阔，自然生态环境复杂，物种多样性丰富。以常绿杜鹃亚属为例，有小型的平卧杜鹃，有巨型的大树杜鹃；花序、花形、花香方面有巨大差异。

第四，特点突出。中国有 243 个特有属，527 个特有种。中国花卉优良遗传品质主要表现在四个方面：一是多季开花的种类与品种多。这是培育周年开花新品种的重要基因资源及难得的育种材料，如四季荷花等。二是早花种类与品种多。这是培育低能耗花卉的重要基因资源与育种材料，如低温开花的梅花、迎春、报春等。三是珍稀黄色的种与品种多。黄色的种和品种被视为极为珍贵的植物资源，是培育黄色花系列品种的重要基因资源。四是奇异类型与品种多。中国花卉遗传多样性极为丰富，如变色类型的品种、台阁类型的品种、天然龙游类型的品种、微型与巨型种及品种等。

这些丰富的植物资源是大自然赋予我们的宝贵财富，我们应该保护并合理利用这些珍贵的种质资源。

提问：大家如何看待有人在巴朗山摘花拍照？

黄色的驴蹄草、紫色的碎米荠和报春花，还有藜芦、大狼毒及西藏杓兰（大狼毒大戟科）被列入《世界自然保护联盟红色名录》，保护级别为易危。西藏杓兰（杓兰属）生于海拔 2 300～4 200 米，是生存环境遭受威胁的杓兰属植物之一。据国际自然保护联盟红色名录评估，绝大多数杓兰的生存都受到威胁，其中超过一半是濒危和极危物种。引出巴朗山，指出我国西南地区拥有丰富多彩的植物资源，要提高保护花卉种质资源的意识。

（2）中国花卉资源对世界城市园林绿化的贡献

中国花卉资源丰富，对世界各国，特别是北温带地区的国家城市园林建设起到了重要作用。

18 世纪中期到 19 世纪，随着国外植物收集家在中国进行的大量调查和采集，中国大量花卉被引种到国外，特别是引入欧洲和美国等地。

英国的亨利·威尔逊（Henry Wilson），被称为"植物猎人"。他于 1899—1911 年 4 次到中国，在湖北、四川引种植物 1 000 余种，带到了西方，被西方人称为"打开中国西部花园的人"。在他收集的植物中，有被称为"中国鸽子树"的珙桐、黄花杓兰、岷江百合和绿绒蒿等。1913 年他写了一本书——《一个博物学家在华西》，向西方国家展示了中国西南地区丰富的花卉资源。1929 年他又写了一本书——《中国，园林之母》，向全世界介绍了中国丰富多彩的园林植物，他在这本著作中首次把中国称为"世界园林之母"。

中国也有一位学者，他为了在密林中采集植物样本，毫不在意受到的各种伤痛，他就是我们优秀的校友星耀武，他在 30 岁建立完成了一个庞大的、包含全球每个大洲已经发现的新生代被子植物化石数据库，为全世界的植物学家提供了一个探讨植物多样性变化的大数据平台。

"一定要在中国的土地上做出让国际同行认可的成就。"星耀武回国后组建研究团队，他很大一部分时间活跃在户外，与水、风、岩石等大自然的万物打交道，他甚至要学习爬树、攀登，因为在野外科考惊喜总是和危险并存。其团队专门研究我国西南地区尤其是横断山脉生物多样性的形成机制，陆续在国际顶级期刊 Science 和 PNAS 上发表论文，提升了我国在生物多样性保护研究领域的国际影响力。

课后思考"重走威尔逊之路"的意义，培养学生保护种质资源的意识，见证社会和生态环境的变迁。

（3）中国花卉资源对世界花卉育种及产业的贡献

中国花卉资源有很多重要特点，如四季开花特性，早花性，高抗性，奇异性，花型、枝姿多样性等。这些重要的基因资源为世界花卉育种和产业化栽培作出了重要贡献。

以现代花卉育种的两大奇迹——月季和菊花为例，介绍中国花卉资源对世界花卉育種和产业的贡献。

现代月季最初大约由 15 个原种育成，其中来源于中国的原种有 10 余个。欧洲人对月季、蔷薇进行了几百年的育种，在 1 800 年以前仍然只育成一季或一季半开花的品种，且花色、花形单调。对现代月季育种起重要作用的亲本是中国的月季花和香水月季。1789 年中国的月季品种"月月粉"被引入欧洲，1791 年"月月红"被引入欧洲，1809 年"彩晕香水月季"被引入欧洲，1824 年"淡黄香水月季"被引入欧洲。到目前为止，月季授权新品种已达 20 000 个以上。

菊花是世界四大切花之一，产值在各类切花中名列前茅。菊花原产中国，经过长期的努力，菊花授权新品种已达到 6 000 个以上。

罗伯特·福琼（Robert Fortune）等多次来华收集花卉和树木种子、球根、插穗等，将中国大量的植物引种到英国。利用中国原产植物资源进行杂交育种，选育出大量栽培品种，为欧洲和北美的苗圃业和园林应用带来了巨大的利润。

3. 作业

改革开放后，中国花卉业取得了举世瞩目的成绩，但在核心育种方面却差强人意。据《中国花卉报》报道，云南省政府数据显示，2019 年云南省花卉种植总面积 175.7 万亩，花卉总产值 751.7 亿元，综合产值 572 亿元，其中鲜切花种植面积 25 万亩，产量 139.7 亿支，居全球第一。海关数据显示，2019 年荷兰花卉和植物出口额达 75 亿美元，中国花卉出口额仅 3.5 亿美元；中国花卉进口额约 2.6 亿美元，其中种球进口额约 1.1 亿美元，种苗进口额约 2 671 万美元，种源进口占比近一半。

昆明花拍中心数据统计，2020 年花拍中心登记的国外专利品种为 231 个，交易专利品种为 211 个，成交额约 2.56 亿元，专利费约 198.04 万元。而我国 2020 年登记专利种为 22 个，交易专利品种只有 14 个，成交额约 0.23 亿元，专利费约 19.47 万元，整体占比不足 10%。说明我国的自主知识产权品种发展之路任重道远。

思考：结合以上数据，说一说这么多年过去了，中国还是"世界花园之母"么？我国要实现从花卉资源大国向世界花卉强国蜕变应该从哪些方面努力？

三、教学总结

（一）教学依据

《高等学校课程思政建设指导纲要》指出，农学类专业课程，要引导学生以强农兴农为己任，"懂农业、爱农村、爱农民"，增强学生服务乡村全面振兴的使命感和责任感，培养知农爱农创新人才。

本节课通过问题导入法"你最熟悉哪种花卉？"引出中国丰富多彩的花卉种质资源。教师讲授，展示我国花卉资源的特点，增强学生民族自豪感。通过引入问题及介绍威尔逊来华经历，说明要具有保护种质资源的意识。引入校友经历，引导学生合理开发利用种质资源，爱国奉献。介绍中国花卉资源对世界花卉育种及产业的贡献，同时引入思考题"中国还是'世界花园之母'么？"引导学生振兴花卉产业的责任感。

（二）教学方法

1. 课前：问题导入法

提出问题，学生回答，引出我国丰富的花卉资源，增强学生的民族自豪感。

2. 课中：教学融合课程思政

采用讨论发言法，学生介绍熟悉的花卉。运用教师讲授法，总结我国花卉资源的特点。运用问题分析法，提出问题"大家如何看待有人在巴朗山摘花拍照？"引导学生保护种质资源。运用案例分析法融合威尔逊的来华经历，展示中国花卉资源对世界城市园林绿化的贡献。校友案例＋课后任务，引导学生合理利用资源，培养爱国奉献的精神。运用任务辨析法，引导学生勇于承担国家赋予我们的责任。

3. 课后：总结反思

学生结合思考题及任务，自主学习，提升振兴花卉事业的责任感和使命感。收集学生对课程效果的反馈，综合评价课程思政的实施效果。

（三）教学反思

专任课教师要注重发掘专业课程中蕴含的思政元素，以"润物细无声"的方式将其融入教学中，实现知识讲授与价值引领相结合，助力学生的全面发展。本节课通过问题导入法、任务驱动法、讨论辨析法及课后任务，让学生掌握我国花卉种质资源的特点及对世界园林的贡献，增强民族自豪感，提高保护种质资源的意识。同时融入优秀校友的实例，引导学生合理利用种质资源，爱国奉献，勇于承担国家赋予我们的责任，做到更好地"立德树人"。

动画概念设计 A

一、基本情况

（一）教师简介

方潇，讲师。主要从事影视动画理论与艺术传播学研究，在传统文化数字创意转化方面具有丰富的经验。主讲动画概念设计 A、影视色彩、动画导论等课程。主持地厅级科研项目 6 项，发表学术论文 15 篇，参与编写教材 1 部，参与智慧树在线课程建设 1 门。曾获第五届全国数字创意教学技能大赛国赛二等奖，被评为米兰设计周高校设计学科师生优秀作品展优秀指导教师。

（二）课程简介

本课程是动画专业新媒体动画方向，具有承前启后作用的一门专业必修课程。以培养学生创意思维和创新设计能力为目标，在内容编排上贯穿以动画概念创新为主线的思想，主要结合动画概念的基础理论、基本方法及原则，系统介绍动画概念设计特征、动画角色设计基础、动画场景设计基础、画面构成与镜头表现方法等，要求学生发挥团队合作优势，完成一套动画概念设计作品。概念设计是动画创作前期一个非常重要的环节，本课程教学重在启发学生的创造性思维，激发学生对动画概念设计的兴趣，提高学生的科学文化素养和艺术审美能力，为学生学习后续课程和毕业设计提供必要的技能，同时也为学生今后从事动画工作打下一定的基础。

（三）授课方式

线下教学。

二、教学设计

（一）融入人物

刘建军（图 1），青农农学专业 1982 级校友。现任山东省农科院作物所小麦遗传育种团队学术带头人、二级研究员，山东省有突出贡献的中青年专家、山东省先进工作者、全国农业科研杰出人才、全国粮食生产突出贡献农业科技人员，享受国务院政府特殊津贴，入选"新世纪百千万人才工程国家级人选"，获中华农业英才奖、全国五一劳动奖章、全国创新争先奖。

刘建军一直从事小麦遗传育种工作，在协调小麦优质与高产、超高产与广适性矛盾等方面取得重大突破。作为主要完成人育成 13 个高产优质小麦新品种，在全国累计推广 5 亿亩，增产小麦 500 多亿斤，其中济麦 22 连续 9 年为全国第一大品种，累计推广超过 3 亿亩。

按照常规育种方式，培育一个小麦品种，从选择亲本进行杂交到最后得到性状稳定的品种，少则十年，多则十五

图 1　刘建军

六年，其中预估效果达成率存在较大不稳定性。然而，勤劳踏实的刘建军始终坚守自己的梦想和麦田，从无数不可能中寻找可能。他认为，农业科研靠的是全身心的投入，来不得半点投机，而且要守住初心，不能急功近利。轻名利方得"千粒重"，刘建军反复强调济麦系列良种源于团队智慧，而非个人，充分发挥团队优势，才能激活团队创新。

（二）知识点

第五章第一节人物角色造型设计。

（三）教学目标

1. 知识目标

简述人物角色造型设计在动画概念设定中的地位及其主要任务；分析案例的造型特征、视觉元素、艺术风格；解释人物角色造型设计"五步法"的基本流程；描述设计具体人物造型的注意事项。

2. 能力目标

使用"头脑风暴法"构思人物角色造型方案；画出本案例校友刘建军的角色造型设计；根据专题训练成果举一反三，完成其他人物角色造型设计案例，并结合师生评价进行调整与优化设计。

3. 素质目标

学生通过校友人物角色造型设计学习，培养爱农助农情怀，为推动乡村振兴贡献自己的力量；形成良好的自我学习和信息获取能力；培养对职业的认同感，形成严谨的职业道德及精益求精的工匠精神。

（四）案例设计

1. 导入

通过观看人物角色造型设计案例与人物原型照片引出教学内容，阐述案例突出了人物的哪些特征、采用哪种绘画风格、带给人怎样的视觉感受，唤起学生情感共鸣。

讨论如何根据人物照片与真实事迹塑造国风人物角色形象。引导学生积极发言，顺

势引入本节知识点"人物角色造型设计"。

2. 展开

（1）人物角色造型设计构思方法

在动画概念设定中，人物角色造型设计属于前期工作，剧本中的人物造型只是单纯的文字描述，将文字转化为画面是造型设计人员的主要任务。设计具体人物造型时要符合人物的身份、年龄、性格、民族、职业等特征，并融入设计者对人物的理解。

因此，设计者必须全面了解人物事迹，深入挖掘周边元素，准确定位角色形象与画面基调，将人物恰当地传达给观赏者。将人物角色造型设计过程归纳为"五步法"，即构思角色、绘制草图、细化勾线、色彩搭配与细节延展。

（2）人物角色造型设计实践

教师引导：对比人物现实照片与角色造型设计图，大家能找出哪些异同之处？画面塑造了怎样的角色特征？整体传达出何种视觉感受？

图 2　人物的现实照片与角色造型设计对比示意图

教师总结：相同之处表现在基本构图、人物动态、画面近景等，不同之处表现在整体色调、画面远景、人物服饰等。动画塑造了人物淳朴、专注等特征，传达出丰收喜悦之感。此外，融入工笔画线条塑造生动、灵巧的画面造型也是本案例的重要特点。接下来，为大家演示运用"五步法"绘制作品。

第一步：构思角色

构思角色不要局限于照片，可以使用头脑风暴法寻找创意元素。首先写下人物姓名，然后无限制地自由联想，麦田、农具、色彩等关键字，都有可能转为象征性符号融入角色以增强视觉表现力。

最后结合头脑风暴图，确定创作主题《耕耘育种 心系粮仓》，提炼出能够表现人物精神的象征性视觉符号服务画面主体。例如麦子代表科研内容，农田烘托工作环境，燕子表达人物勤劳、智慧、善良的精神品格，展现充满丰收喜悦、带有工笔画特色的国潮画风。

第二步：绘制草图

打开 PS 软件，新建 A3（297×420MM）画布，在画笔工具中选择笔刷勾画出画面

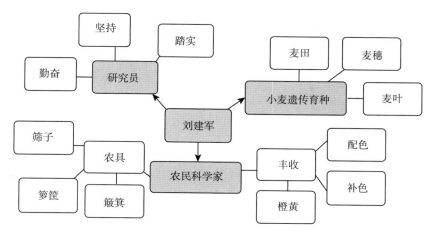

图3 头脑风暴图

各项元素的基本轮廓。

为了突出角色形象，将人物作为主体占据画面中间位置，人物动作、神态参照现实照片绘制，照片中人物注视小麦的眼神里流露出对小麦的热爱，所以重点刻画表情以增加角色感染力。在人物服饰上增加点缀增添画面细节，将麦子作为首要视觉元素置于前景，将农舍、自然景观作为远景，从而形成前后对比增强画面空间感。

第三步：细化勾线

主要使用画笔工具![画笔图标]勾线，在绘制无压感的线条时可以切换到钢笔工具![钢笔图标]，这样绘制的线条看上去更加流畅，更改线条颜色时配合锁定工具![锁定图标]。

图4 草图

需要注意的是，勾线过程中不要只在一个图层上作画，尤其是线稿重叠的情况下，每增加一个元素就新建一个图层，这样不仅有利于后期上色，而且方便修改。假如无意间画在了同一个图层上，必须擦掉草稿重新勾线，如果不及时更改，小问题逐渐累积，后期处理难度更大。同学们要以校友刘建军为榜样，对工作"踏踏实实"，培养良好的设计习惯。

第四步：色彩搭配

在线稿下面的图层进行试色后，确定橙色为主基调，传达丰收、喜悦、温暖的色彩感觉。

先使用多边形套索工具![套索图标]建立选区，然后根据画面需要填充不同明度的橙色，注意区分人物面部及画面整体的明暗空间关系。

融入对比色蓝色增强画面的视觉冲击力，可以在橙色铺底基础上，结合"叠加"技法，使用蓝色叠加铺色，轻画透出下面的底色，呈现蓝与橙两种颜色交融的效果。再使用"平涂"技法为小麦上固有色黄色。

图 5　细化勾线　　　　　　　　　　　图 6　大面积铺色

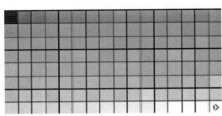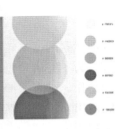

图 7　色卡

从色卡中选取配色方案，融入同类色与互补色以增加画面氛围感，然后逐渐区分画面整体与细节的明暗关系。

第五步：细节延展

在二维人物造型设计中，脸部的塑造尤为重要，除铺色外，还要结合涂抹工具局部调整细节，烘托画面氛围。根据人物面部肌肉结构，运用颜色深入刻画，阴影部要加深，亮部要提亮，慢慢丰富颜色，使五官细节的颜色自然过渡。

图 8　细化五官

头发处理要注意虚实关系，先铺色，然后晕染边缘，加深头发暗部，最后添加线条。

图 9　头发处理

现实照片中人物身穿深色格纹衬衫，当前画面中的衣服如果也用深色格纹则与麦穗线条冲突，使画面显得凌乱。所以为了与画面主色调保持统一、与背景色拉开距离，将角色服饰设计成纯色。先在人物身体部位平铺橙色，然后逐一刻画细节，包括服饰纹理、装饰性图案等，适当使用互补色活跃画面。最后，根据画面情况调整细节。

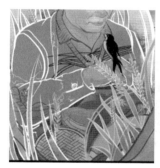

图 10　身体细节处理

3. 作业

课堂讨论：说说自己还了解哪位校友，并为其设定一套人物角色造型方案。

课后作业：独立完成刘建军人物角色造型设计案例的制作。

三、教学总结

（一）教学依据

依据知识内容，从理论角度阐述人物角色造型设计的功能及意义，再从实践角度演示校友刘建军的人物角色造型设计步骤。

图 11　成稿效果图

依据能力目标，指导学生细心观察角色造型设计对象，按照"五步法"规范设计流程，并用于其他人物角色造型设计项目。

依据素质目标，融入人物的职业精神和助农品格，教育学生立足时代、学好专业、关心农业，树立正确的艺术观和创作观，提高创新能力和人文素养，增强文化自信。

（二）教学方法

1. 讲授法

向学生传授人物角色造型设计的基础知识，分析本案例的造型特征、视觉元素、艺术风格，融入校友对待工作踏踏实实的态度。

2. 讨论法

探讨本节案例刘建军人物角色造型设计与实物照片的视觉共性，讨论如何从照片等相关信息中提取视觉元素、组织画面；谈谈自己还熟悉哪位校友的事迹，交流人物角色造型设计的创作思路。

3. 演示法

课件与视频相结合，完整演示刘建军人物角色造型设计流程，让学生清楚"五步法"的具体步骤与实施过程。

4. 练习法

完成本节课案例刘建军人物角色造型设计的制作，进一步巩固创作技法。

（三）教学反思

本节课注重对学生创新思维能力和爱农助农精神的培养。

首先，在教学设计中融入校友刘建军在小麦遗传育种方面的贡献，阐述了人物角色造型设计在动画概念设定中的地位与功能，树立学习信心，激发助农动力。

其次，在讲授知识点时结合课件演示刘建军人物角色造型设计的"五步法"，多数学生可以掌握从人物照片、事迹中提取符号元素转化为视觉形象的方法。在课堂讨论中有意引导学生关注农业，提出自己对校友的人物角色造型设计见解，独立完成课后作业。

最后，针对本教学设计的学习效果组织了课后师生小组访谈，学生的感想主要体现在两个方面：一是创作思维发生转变。以前只注重画面视觉美感，忽视画面元素含义，容易出现角色与概念脱离的情况，今后会重视视觉符号语言表达。二是对农业的认识发生了转变。以前没有建立动画专业与农业的关联，通过本次学习了解了校友，掌握了为农业科研人员创作角色造型的思路。

总之，学生在以校友为创作对象学习人物角色造型设计的过程中，学会了挖掘与人物相关的视觉符号、表现人物的精神特质，通过加深对人物原型的理解，更好地把握适合设计对象的造型风格，从而提高了自己的审美能力和专业水平。

建 筑 构 造 Ⅰ

一、基本情况

（一）教师简介

王晓静，副教授，主要研究方向为建筑设计及其理论。主持市级和省级科研课题 2 项，参加国家级和省级科研课题 2 项，指导国家级和校级大学生创新 5 项，发表中文核心期刊 8 篇、SCI 1 篇，授权专利 3 项。获全国高校土木工程专业多媒体教学课件竞赛二等奖、山东省高校微课件教学竞赛三等奖。

（二）课程简介

本课程是建筑学本科专业必修的专业基础课程，主要讲述大量性民用建筑的基本构造原理和构造方法，由概论、墙体、楼地层、饰面装修、楼梯、屋顶、门窗和基础等多个部分组成。通过本课程教学，使学生能够运用所学知识进行建筑构造技术设计、阅读和绘制建筑施工图，并能更好地实现建筑设计及其细部表达，为从事建筑设计、建筑施工等方面的工作打下基础；培养学生严谨认真、实事求是的职业素养，并将课程与建筑工程人才的培养定位进行对接，聚焦于厚植建筑师价值观和工程伦理道德，培养学生的家国情怀和社会责任感，坚定热爱建筑事业、为祖国建筑事业发展作贡献的信念。

（三）授课方式

线下授课。

二、教学设计

（一）融入人物

董勤景，1995 年 7 月毕业于青农土木工程专业，1998 年获海军工程大学经济学士学位，2001 年获上海交通大学建筑工程学士学位，2005 年获同济大学工程硕士学位，2016 年获中国社科院金融博士学位，2018 年美国加州大学旧金山博士后出站。现任中国中铁置业集团上海公司副总经理、高级工程师、英国皇家特许建造师，中国被动房高级顾问、中航国际集团有限公司顾问。

（二）知识点

建筑构造 I 课程第二章第二节中墙体的设计要求第二个问题"功能方面的要求"。

墙体是建筑物的重要组成部分之一，起承重和围护建筑的作用。作为承重构件，它需要满足结构方面的承载力和稳定性等要求；作为围护构件，其性能应满足使用和围护的要求，应符合保温、隔热、隔声、防火、防潮等功能性要求。

（三）教学目标

1. 知识目标

了解墙体在功能方面的整体设计要求；掌握墙体保温、隔热、隔声等相关构造措施；认识到墙体保温、隔热在建筑节能方面的重要意义，增强职责意识和绿色环保意识。

2. 能力目标

在建筑设计中，可以根据建筑环境特点和使用需求，通过一定的构造方法措施实现墙体在功能方面的相关要求。建立墙体构造设计的框架概念，认识到建筑师在节能环保中的重要作用，具备初步根据建筑功能需求设计节能墙体的能力。

3. 素质目标

进一步提升对建筑物重要组成部分墙体的认知，通过学习墙体相关构造措施，思考其中的构造原理，形成逻辑清晰、层次分明的思维方式，培养严谨科学的专业素养。将墙体节能设计与国家绿色低碳发展相联系，认识并重视建筑和建筑师在绿色可持续发展中的重要作用，思考建筑师的责任与使命，树立主人翁意识，增强责任感。

（四）案例设计

1. 导入

社会发展和科技进步使人们的生活水平日益提高，同时也带来了环境污染、能源危机等问题，迫使人们开始关注和追求可持续发展的居住环境。据统计，建筑能耗在整个社会能耗中占比一般为 $30\%\sim40\%$，绝大部分是采暖和空调的能耗。因此，需要对建筑热量传输的重要通道——墙体进行良好的热工性能设计，以降低能源消耗，营造良好的内环境。

2. 展开

知识点 1：墙体作为围护构件应具有的功能要求

人类居住、生活于由墙体结合其他结构或构件围合起来的建筑中，除了要求其安全性，还应当尽可能获得舒适和满足某些方面的使用要求。墙体作为围护构件，分为外墙和内墙。外墙用以抵御风雨、温度变化、太阳辐射等，应具有保温、隔热、隔声、防水防潮、防火等性能。内墙起分隔室内空间的作用，具有隔声、隔视线及某些特殊要求的性能。

知识点 2：提高墙体保温、隔热能力的构造措施

建筑要保证冬暖夏凉，除了借助于人工设备——空调、采暖设备进行调节外，还要

求作为围护结构的外墙具有良好的热稳定性，即保温隔热能力，从而减少建筑长期的运营费用，并保持室内温度环境的相对稳定。从当前我国提倡节能环保的角度来讲，这也是非常重要的。

2022年3月，住建部的《"十四五"建筑节能与绿色建筑发展规划》提出，要提高建筑绿色低碳发展质量，降低建筑能源资源消耗，推广保温隔热性能好的建筑保温隔热系统。2022年7月，住建部发布国家标准《民用建筑通用规范》（GB 55031—2022），其中规定外墙应根据气候条件和建筑使用要求，采取保温隔热、隔声、防火、防水、防潮和防结露等措施。

（1）外墙的隔热措施

第一，选热阻大、重量大的材料；第二，选表面反射性好的材料（光滑、平整、浅色）；第三，对外墙进行绿化。

（2）外墙的保温措施

第一，减少热损失。包括增加墙体厚度，选用孔隙率高、密度轻的材料，采用多种材料的组合墙。第二，防止外墙结露。在靠室内高温一侧设置隔蒸汽层。第三，防止外墙出现空气渗透。选择密实度高的墙体材料，墙内外加抹灰层，加强构件间的密缝处理。第四，被动式太阳房。

引入建筑案例：

图1中，中德生态科技小镇产业园区的建筑就像是"保温瓶"，夏天隔热，冬天保温，能耗还低。该建筑外墙使用

图1　中德生态科技小镇产业园区中的建筑

了加厚的石墨聚苯板及真空绝热板等绿色环保建材，与外墙基层间进行了保温构造处理，在最低气温低于−30℃的哈尔滨，这个产业园区从未接入城市供暖管网。据统计，相比同等面积的普通建筑，该项目每年可减少碳排放超过1 000吨。

引入人物案例：

外围护结构的热损耗较大，而外墙墙体面积约占总建筑面积的60%，因此加强外墙保温隔热对节能降耗有着极为重要的作用，这与当前我国在绿色低碳环保方面的追求目标是一致的。在建筑生产实践中，要将节能措施落到实处，真正为国家绿色建筑发展添砖加瓦，还要有一份对建筑事业的执着热爱和为之奋斗的奉献精神，并在实践中遵循严谨科学的专业作风，将工作做实做精。这其中不乏我们的优秀校友董勤景。

董勤景，在中建八局工作期间，一开始他就要求下基层到现场锻炼自己，并凭借莱农人的拼搏精神和扎实的知识功底，很快得到了单位的重用，接连不断获得单位的优秀共青团员、优秀员工、优秀项目经理、先进生产工作者、优秀管理者等称号，连续三届荣获上海节能优秀工程师、上海建设工程先进人物、上海建设功臣等奖励。

在工作期间，董勤景依然不断进行自我学习和提升，他表示："打铁还需自身硬，

作为建工人，必须要有过硬的技术，要踏实能干。"

在建筑工程实践中，董勤景始终坚持节能减排、低碳绿色的方针。尤其是在当下，面对碳达峰、碳中和的国际和国内严峻形势，他认为，央企的执行力度更应该加大，执行到位，以确保 2030 年前打胜这场硬仗，让中国的天更蓝、水更清、山更绿、人民更有幸福感。董勤景是这么想也是这么做的，他带领企业员工通过节能减排工作实施，完成了外围护体系、空调系统、照明系统、结构优化节能一系列建设。其中，外围护体系包括墙体、屋面、门窗等。在墙体方面，通过保温板的规范铺设、构造层次间的良好衔接、工程质量的严格把控，大大提高了建筑的保温隔热效果，降低了建筑能耗。正是心怀大志加上这种匠心专注、精益求精的精神，才让董勤景在建筑施工项目中建造了一个又一个精品，并为国家绿色建筑和节能环保作出了贡献。

知识点 3：墙体其他方面的功能要求

(1) 满足隔声要求

传声途径包括墙体的缝隙和微孔传递，声波作用下墙体振动。构造措施有加强密缝；增加墙体密实性及厚度；采用有空气间层或多孔性材料的夹层墙；设置绿化带降低噪声。

(2) 满足防火要求

具体措施有选择燃烧性能和耐火极限符合防火规范规定的材料；防火分区间设置防火墙。

(3) 防水防潮和建筑工业化要求

在卫生间、厨房、实验室等有水的房间及地下室的墙应采取防水防潮措施。在大量性民用建筑中，墙体工程量占有相当比重，因此墙体的机械化生产及机械化施工是建筑工业化的一个重要举措。

3. 作业

从本节课内容可以看出，墙体良好的保温隔热设计和实施可以降低建筑能耗，为我们营造舒适的居住工作环境，并有助于建筑和城市的绿色可持续发展。

除了墙体外，还有哪些外围护结构的节能设计可以为我们营造绿色低碳生活，助力城市可持续发展呢？请结合《建筑节能与可再生能源利用通用规范》（GB 55015—2021）中的新建建筑和既有建筑围护结构节能设计，《"十四五"建筑节能与绿色建筑发展规划》2022 中的重点任务，查阅相关资料，论述建筑外围护结构的节能设计还涉及建筑的哪些部位，就其主要构造措施进行梳理总结。

三、教学总结

(一) 教学依据

《高等学校课程思政建设指导纲要》对理学、工学类专业课程思政建设做出如下要求：理学类专业课程，要注重科学思维方法的训练和科学伦理的教育，培养学生探索未知、追求真理、勇攀科学高峰的责任感和使命感。工学类专业课程，要注重强化学生工程伦理教育，培养学生精益求精的大国工匠精神，激发学生科技报国的家国情怀和使命担当。

　　本节课对墙体应具有的功能要求进行了阐述，通过对墙体构造措施的讲述和构造原理的分析，引导学生形成逻辑清晰、层次分明的思维方式，培养严谨科学的专业素养。其中墙体良好的保温、隔热能力可以减少对空调采暖设备的依赖，降低能源消耗和碳排放，这与国家大政方针——节能减排、低碳绿色目标一致。结合这方面的工程和实践人物案例，引导学生树立绿色建筑和节能概念，增强学生作为建筑师的责任感和使命感，培养学生追求扎实专业知识的奋斗精神，树立主人翁意识和责任意识。

（二）教学方法

　　本次教学过程首先由社会问题导入引出知识点，进而结合国家节能减排政策方针，以及绿色建筑发展规划和建筑法规等，引入理论知识讲解。讲解结合启发式教学及图片分析、工程实践案例分析来进行，理论加实践工程的讲述方式有助于学生切实掌握知识点，并有机融入实践人物案例这一思政元素，寓价值观引导于知识传授中，落实价值塑造。最后完成全部知识学习，并在课后作业中结合社会生活将知识进行拓展和深入。以上整体教学过程表现为：导入（社会问题）—目标（政策法规依据）—知识学习（启发式、案例式教学）—思政融入—知识学习—知识拓展和深入。

（三）教学反思

　　在本次课程讲授过程中，教师结合社会相关问题引出教学知识点，响应当前国家相关政策法规，有机融入优秀校友的践行案例，弘扬典型人物故事的工匠精神，将职业素养追求和工程伦理价值观念贯穿其中，实现了知识传授和价值引领的有机统一，激发了学生的学习热情及对建筑师职业的认同感和责任感。同时学生感受到自身所学对社会的重要意义，增强了主人翁意识和为祖国建筑事业而努力奋斗的爱国情怀，达到课程思政育人的功效。

园林设计艺术原理

一、基本情况

（一）教师简介

梁红，副教授，硕士生导师，主要从事风景园林规划设计和城市生态学方向研究。主持国家自然科学基金 1 项，发表 SCI 论文多篇，担任 2 部"十三五"规划教材的主编和副主编。曾获山东省"超星杯"第六届高校教师教学比赛一等奖，主讲的课程园林设计艺术原理获首届国家级一流课程认定和首届山东省课程思政示范课程认定，获得山东省课程思政教学名师称号。

（二）课程简介

本课程是风景园林和园林本科专业必修课，也是专业核心课。承担着培养学生的必备风景园林艺术素养，为后续四门实验课程风景园林规划设计Ⅰ、Ⅱ、Ⅲ、Ⅳ奠定扎实的理论基础的重要任务。本课程主要从造园者和游览者两个角度进行设计理论的学习和解析，前者主要包含园林艺术特征、园林要素、造景手法、生态设计等基本理论和方法，后者主要涉及风景欣赏、园林和城市环境的体验等理论。培养学生艺术、生态和心理与行为三方面的设计思维，协调不同设计中三者之间的关系。

（三）授课方式

线下教学。

二、教学设计

（一）融入人物

青农风景园林和园林专业历届学子专业基础扎实、积极上进、求真求实、敢于创新，就职于山东乃至全国的各大设计院所、上市公司等，广受好评。在青岛市市政设计院，他们已经成为该院的中坚力量，城阳区"五水绕城"项目即由他们全程设计并现场施工完成（见表 1）。

表 1　青岛市政设计研究院"五水绕城"项目青年校友介绍

校友姓名	教育经历	校友简介
原英东	05 级青农园林专业本科；东北林业大学风景园林专业硕士	青岛市政院副总工，风景园林高级工程师、国土空间规划高级工程师、山东省公共资源交易综合评标评审专家、青岛市咨询院评审专家。荣获青岛市"2021 年度国土绿化工作突出个人"，主持并完成项目 200 余项，荣获国家级奖项 2 项、省级奖项 9 项、市级奖项 22 项，完成著作 1 本，论文 5 篇，获专利 5 项
尹清苓	05 级青农园林专业本科；南京林业大学风景园林专业硕士	景观分院绿化所所长，风景园林高级工程师、国土空间规划高级工程师，注册规划师。完成项目百余项，包括重点大型项目"崂山路（滨海公路—李沙路）建设工程景观环境工程""2014 青岛世园会规划及后规划设计"等。荣获国家级奖项 1 项、省级奖项 7 项、市级奖项 7 项
沈敬林	10 级青农园林专业本科	青岛市政工程设计院设计师，获省级奖项 2 项、市级奖项 6 项
孔森	11 级青农风景园林专业本科；中国林业科学研究院硕士	青岛市政院设计师，主要从事景观绿化设计、景观园建设计等工作，以核心设计人员身份参加众多重点项目的设计及后期服务工作，项目落地 200 余项，获省级奖项 1 项、市级奖项 4 项
尚楠	11 级青农风景园林专业本科；15 级青农风景园林专业硕士	共参与项目 100 余项，多个项目成功落地，包含平度公园城市工程、城阳公园城市工程、台东步行街提升工程、吞东路景观提升工程等，并获得市级奖项 2 项
王霖	14 级青农风景园林专业本科	青岛市政院设计师，主要从事景观绿化设计、景观园建设计等工作，以核心设计人员身份参加众多重点项目的设计及后期服务工作，获青岛市奖项 9 项
徐玥	14 级青农风景园林专业本科	青岛市政院设计师，主要从事景观绿化设计、现场服务等工作，作为主创设计师先后参与胶州市海尔大道改扩建提升工程、新机场高速连接线（双埠—夏庄段）工程等，获得青岛市奖项 9 项

（二）知识点

园林设计艺术原理第六章第一节生态设计的概念与意义。

（三）教学目标

1. 知识目标

了解与掌握生态、生态学和生态设计等相关概念、生态学在园林中的重要意义和生态学的相关理论及应用。

2. 能力目标

培养学生用可持续发展的理念思考城市园林建设的相关问题，将生态思维应用在景观规划设计中。

3. 素质目标

树立正确的生态观，理解生态设计相关方法，能够将生态理念与景观设计相结合，为建设美丽中国贡献力量；增强职业责任感，培养学生踏实肯干的工匠精神和开拓创新的职业素养。

（四）案例设计

1. 导入

大家来看几张图片（图1），严重的空气污染、水污染、土壤污染在城市中不断上演，我们称之为"都市病"。其背后的原因是什么？

中国的城市化率从1995年的29%攀升至2021年的近64.72%，相当于一个中等发达国家的全部人口从农村迁移到城市，这是世界人类史上的一个壮举。快速的城市化进程给人们生活带来便利的同时，也带来了人口膨胀、交通拥挤、环境污染、气候变化等诸多城市病，如何解决？——大家都会想到一个词"生态"，到底什么是生态？在景观设计中如何应用生态理念？

图1　课程导入

2. 展开

（1）生态的相关概念

生态城市、生态城镇、生态小区、生态园林、生态旅游……目前，"生态"一词被高频使用，生态理念虽好，但被平庸化，泛化了。

生态：生物在一定的自然环境下生产及其发展的状态。

生态设计：运用生态学的原理、方法和知识，对景观进行规划和设计。

生态学：生物与环境（生物的、非生物的）相互作用的科学。

（2）城市园林中生态建设的思考

以水生生态系统为例。城市三面固化的"游泳池"式河道、常见的水污染等现象丛生，如何利用生态学理念和景观设计的相关手段，进行受损、退化水生生态系统的修复和恢复，构建科学的水生生态系统景观？这里以我们身边的案例城阳"五水绕城"项目为例进行详细解析——这也是由我们优秀的校友设计并现场施工服务完成的项目。

（3）具体做法——案例解析

问题与讨论 1："五水绕城"项目的研究范围及地理位置是什么？

五水绕城指墨水河、虹字河、小北曲河、南疃河、爱民河。"五水绕城"项目主要是对墨水河、虹字河、小北曲河、南疃河、爱民河等五条过城区河进行综合治理，本次研究主要内容包括：防洪工程、管线工程、景观工程、电气照明工程、结构工程等。

问题与讨论 2：为什么要进行"五水绕城"工程的项目改造？

"五水绕城"项目主要针对城阳水系干流，这些水系见证了城市发展的光辉岁月，串联起市民诸多记忆碎片。改造前水体污染、雨污混流、行洪不足、河岸单一、文化缺失、缺乏特色，提升水安全、保护水资源、改善水生态、改善水环境，创造出能供市民娱乐休闲的活力空间，促进人与自然的融合势在必行。

问题与讨论 3：基于现状，应该如何定位"五水绕城"项目设计理念和目标？

统筹考虑城市防洪、生态保护、环境改善、景观休闲等城市功能和市民需求，充分融入中水回用、海绵城市、自然涵养等生态理念，从三个层面将"五水绕城"打造成防洪屏障、生态绿道、亲水长廊和城市名片。

问题与讨论 4：你认为目标实现的难点是什么？

保障水安全："安全＋功能"——提高防洪能力，实现安全河道。

改善水生态："生态＋活力"——生态基底修复，提升河道韧性。

优化水环境："便捷＋丰富"——构建活力水岸，回归城市生活。

问题与讨论 5：试总结生态理念在"五水绕城"项目中体现在哪些地方？

新理念——全线贯彻"海绵城市"理念，开创平衡生态的新方法，开发雨水花园新专利。

新技术——创建"水森林"，营造健康稳定的水生生态系统。

新手法——全线中水蓄水让"废水"变"活水"，实现环境保护和经济效益双赢。

新材料——首次利用生态抗旱驳岸修复水生态环境，深度研发实用新型专利。

（4）课堂总结

了解、理解并准确掌握生态设计的相关概念，用可持续发展的理念，在"城市双修"政策倡导下，对受损、退化的生态系统进行修复和恢复。将我们生活的城市建设成美好的家园是风景园林专业和园林专业学子的任务和职业使命。

"五水绕城"项目由青农园林与林学院的优秀毕业生设计并现场施工服务完成，他们凭借学生阶段掌握的扎实专业知识和在工作单位养成的积极上进、敢于创新的精神，取得了瞩目的成绩。该项目获得 2022 年度中国风景园林学会科学技术奖、山东省建筑信息模型（BIM）技术应用大赛二等奖、虹字河荣获"省级美丽幸福示范河湖"荣誉称号。由于生态修复手段效果极佳，河流水质改善效果良好，青岛市将其先进经验引鉴至《青岛市城市滨水景观技术标准》中，使其成为树立城市更新视角下的新时代河湖治理典范和标杆。

3. 作业

结合课堂上"五水绕城"项目讲解，学生课后查阅生态学相关书籍，准确说出该项目中应用了哪些生态学原理。

园林设计艺术原理

通过查阅文献和调研，思考城市园林建设中陆生生态系统的景观建设存在哪些误区，并基于"城市双修"理念对陆生生态系统进行修复和恢复的方法与途径谈谈自己的看法。

三、教学总结

（一）教学依据

根据《高等学校课程思政建设指导纲要》，本节课程围绕以下两点展开：

第一，培育和践行社会主义核心价值观。习近平总书记指出，"绿水青山就是金山银山"，要牢固树立社会主义生态文明观，推动形成人与自然和谐发展的现代化建设格局。党的十九大报告 43 次使用"生态"一词，4 次专门论述生态修复。通过本节课的教学，引导学生准确掌握生态相关概念，树立正确的生态观，理解生态设计相关方法，能够将生态理念与景观设计相结合，为建设美丽中国贡献力量。

第二，深化职业理想和职业道德教育。增强职业责任感，培养爱岗敬业、开拓创新的职业品格和行为习惯。从学生熟悉的身边人和身边案例入手，选择本专业优秀学子的成功景观设计，让学生树立职业信念，培养学生踏实肯干的工匠精神和敢于创新的职业素养。

（二）教学方法

采用讲授法、案例分析法、讨论学习法、情景导入学习法，利用"学习通"等网络平台，通过多媒体结合图片、史料记载、理论铺陈等手段组织教学，从而展开情境导入—理论讲授—案例解析—辩证思考层层深入的教学设计。

为实现知识目标，采用情景导入法和理论讲授法。通过污染图片的手法诱导学生迅速进入情景；采取理论讲授法铺陈知识点，形成完整的知识脉络。

为实现能力目标，采用案例分析法分析城市水生生态系统出现了什么问题，风景园林师应该如何思考和解决；通过身边成功的案例解析分析生态理论在设计中的应用，理论密切结合实践。辅助多媒体手段直观展示案例的图片等，使学生形象、直观、快速地接受与掌握理论知识。

为实现素质目标，理论授课后采用讨论学习法结合思考题的方式展开讨论。促进学生进行知识背后的主动思考，将知识转化为能力，提升学生素质。

（三）教学反思

第一，课程案例的选题是否合理？根据高校课程思政教学实施要求，紧扣本门课程的育人目标，以景观中的生态设计为主题，以生态设计等相关概念为基础，解析城阳"五水绕城"项目的生态设计，设置五大问题，环环相扣，层层解析。五大问题以清晰的价值主线和价值基调贯穿在一起，使学生树立正确的生态观，将生态理念与景观设计相结合，为建设美丽中国贡献力量；同时增强职业责任感，培养踏实肯干的工匠精神和开拓创新的职业素养。强化学生的素质与能力培养。

第二，教学设计是否合理？课前通过"学习通"平台布置学习任务，为课堂的案例精讲奠定基础，培养学生自主学习、独立思考的能力。课中围绕五大问题，设置讨论环节。课后让学生对课堂内容进行思考与总结，为学生参与各种设计大赛或完成实践项目做铺垫，将生态理念融入作品，由技入道、实现文化自觉。

第三，教学效果是否理想？课后问卷调查表明，95％的学生认为教师在教学过程中投入了饱满的热情，能够激发其情感共鸣与价值认同。学生在学习低阶知识的同时，提升了高阶的能力与素养，最终达成了良好的教学目标。

园林与建筑设计初步

一、基本情况

（一）教师简介

孙迎坤，园林与林学院教授，农学博士，研究方向为风景园林规划设计和园林植物应用。从事园林和风景园林专业方向教学。主持山东省专业学位研究生教学案例库建设项目 1 项，参与 20 余项课程建设；参编教材和著作 3 部；获省级教学成果奖 2 项；发表教研论文 10 余篇，核心及以上科研论文 30 余篇。

（二）课程简介

本课程为风景园林专业的专业必修课，于大学一年级上学期开设，对风景园林专业学生的价值观塑造和能力培养至关重要。学生通过对园林与建筑制图规范、制图方法、平立剖和鸟瞰图设计表现基本技巧的学习和实践操作，具备基本的图面绘制能力和较好的设计表现能力，培养严谨的工匠精神，为后续从事风景园林规划设计、风景园林建筑设计等奠定扎实的基础。

（三）授课方式

线上线下混合教学。

二、教学设计

（一）融入人物

杜金龙，2000 年 7 月毕业于青农园林专业，随后就读南昌大学研究生。毕业后进入青岛园林设计院开始了设计生涯。

在多年的设计实践中，他创造性地提出"第一人称景观（i-scape）"理念，丰富了景观的"第四维"属性。"第一人称景观"作品《华晨悦胜办公区景观工程》荣获"影响中国一百名杰出设计人物"荣誉称号。

近几年，杜金龙主持完成的园林景观设计项目有济宁经济开发区十字绿廊项目（嘉德路—嘉宾路）EPC 项目、山东省桓台县视觉一体化项目设计、山东省博兴县人居环境综合整治项目设计、山东省滨州市董永公园改造提升设计、山能伴山林语景观设计（住宅景观）等。

（二）知识点

园林与建筑设计初步课程第十一章第一节园林平面图。

园林平面图，概括来说是规划设计范围内所有园林要素的水平投影图组合，涉及的要素包括植物、道路和广场、地形水体、园林建筑及小品、其他景观构筑物等。它是反映风景园林总体设计意图的主要图纸，也是绘制其他图纸及造园施工的依据。园林平面图绘制不仅是设计方案的直接体现，还是设计者思想的体现。因此，掌握平面图绘制及表现对于园林设计至关重要。

（三）教学目标

1. 知识目标

通过风景园林平面图绘制知识的讲授，使学生掌握根据园林设计原则进行园林平面图绘制的方法，提升园林要素综合表现效果，为后期专业知识学习奠定基础。

2. 能力目标

使学生具备风景园林专业图纸读图能力，为行业内专业交流奠定基础；提升园林平面图绘制表现能力，深化艺术性、可持续性和生态性等在设计中的图面表现。

3. 素质目标

使学生养成刻苦钻研、不断学习的习惯，深化风景园林行业中的创新设计，包括理念创新、方法创新和效果创新等；提升美学、建筑学、城市规划、园林工程等多学科综合运用能力；提升学生的生态素养，激发学生作为风景园林师提高城乡环境质量的职业责任感。

（四）案例设计

1. 导入

上次课程讲述了园林要素的表现方法，对植物、置石、水体、建筑等园林要素绘制方法进行了讲解和示范，大家了解了中国园林历史、与不同园林要素的相关设计大师等，对中国传统文化特别是园林文化有了深入了解，希望在以后的专业学习中传承和发扬我国优秀的传统文化。

中国拥有许多世界上举世瞩目的传统园林，如颐和园、拙政园、避暑山庄等，也建立了多处有世界影响力的现代园林，如北京奥林匹克公园、上海新天地等。这些景色优美、意境深远的园林绿地，无不展现出我国的优秀文化和设计实力。我们作为风景园林人，要有将传统文化发扬光大的决心，要有将优秀设计作品呈现给世界的信心。

2. 展开

根据设计阶段和表现手法的不同，园林平面图有方案设计图、扩初图、施工图等类型。一般而言，方案设计图是经过调查分析产生的初步设计方案，能够直接反应设计者的设计意图。其线条粗犷，醒目，平面表现力强，设计内容概括，不够精准。扩初图是在方案设计基础上的进一步设计，但设计深度还未达到施工图的要求，可以简单表达出各种园林要素的尺寸、材料、色彩等，但不包括节点做法和详细的大样及工艺要求等具体内容。施工图是将园林设计方案与现场施工联系起来的图纸，平面图要求规范，线条表现细致，能准确表示出各项设计内容的尺寸、位置、形状、材料、数量、色彩等，能够依据图纸指导现场施工。

这里讲授的园林平面图主要指园林设计总体表现平面图，包含的内容主要有：用地周边环境、设计红线、各类园林要素、图例说明、定位尺寸或坐标网、标题、比例、指北针等。

要进行合理的园林设计，创新园林设计手法。要明确园林的社会性特征，把握园林设计的原则。园林是具有游憩功能的绿地，要满足社会各个阶层、不同年龄游人的需求，提供游览、观光、休息、运动、娱乐等场所，并具有陶冶人们情操、美化环境的作用。作为中国的风景园林设计师，我们要以社会主义核心价值观为指导，具有为人民服务的意识和社会责任感。只有这样，我们的园林设计作品才经得起实践的检验，才能得到社会的认可，为大众所接受。同时，造型艺术的特征是具有创造性。园林作为一门艺术性的学科，只有不断创新，设计的作品才有生命力。

这里给大家分享一下青农的优秀校友 2000 级杜金龙在园林设计道路上的一些经验。杜金龙现任青岛墨澜国际工程技术有限公司董事长，并兼任青岛华诚国际工程技术集团职务。他长期致力于精细型景观的研究与设计实践，在风景园林设计中敢于颠覆传统的景观规划设计思路，在不断探索由小及大、由点及面、由面及里的四维景观表现过程中，创造性地提出了"第一人称景观（i-scape）"理念，丰富了景观的"第四维"属性。

杜金龙说："设计师需要丰富的创意，所以更需要不断学习，去丰富自己的内心，这样才能用设计的形式将心中所想表达出来。"作为一名一直奋战在一线的设计师，他和其他设计师一样执着，对自己的设计有着强烈的表现意愿。从业近 15 年，杜金龙主持设计的项目遍布全国各地，并荣获多项设计大奖，铸就其成为"影响中国一百名杰出设计人物"。

图 1　杜金龙设计的作品"山能伴山林语景观"

优秀的园林设计平面图起源于缜密的园林构思。方案构思是带有整体与全局观的设想，包括方案主题思想的确立、方案设计的总体布局、理性的逻辑思维与感性的形象思维的切入点等。关于平面布局设计的知识，线上课程中已经进行了详细的阐述，需要同学们在后期平面表现中深化掌握。在创作实践中，设计方案是多种多样的。针对不同的环境与设计对象，不同的设计者会采用不同的方法与对策，因而形成不同的设计形式。园林设计法无定式，通过合理设计、巧妙构思形成的作品都具有观赏性。

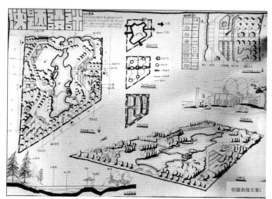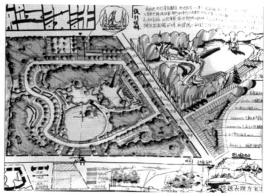

图 2 不同设计方案的平面图

请大家思考一个问题：作为风景园林设计者，如何才能设计出合理的园林方案，做到设计创新呢？唯有不断学习。正如杜金龙所说："学会学习，是每个人应该身体力行的事情。但是，我们通常情况下会故步自封……设计师的路不好走，但是只要用心去走，总会有收获。"

我们要学什么呢？首先，要学习专业知识，掌握专业技能。其次，要学习优秀的风景园林设计作品，从作品中深化专业知识。最后，还要参与设计实践项目，在实践中完善理论知识。不断学习，坚持不懈，总会有收获。

请大家结合前期进行的实测数据，进行 50 米×50 米地段的园林绿地总平面图表现（课上练习）。

从以上园林设计平面图表现包含的内容来看，要做好风景园林设计，要了解设计区域的气象气候条件，熟悉土壤的理化性质，懂得水文地质，掌握工程技艺，涉猎历史和美术，兼顾生态效益等，由此验证了风景园林是一个多学科交汇的综合体。所以，要注重相关学科知识的积累，提高自己的综合素质。

正如杜金龙所说的"只凭设计一个专业就单打独斗的年代已经过去了"。设计工作需要多个专业的知识相互贯通、共同配合。可以借鉴他的"三个来回"综合知识学习法。在园林景观设计环节，经常会遇到结构设计的问题。比如景观水池的基础结构设计，他首先向结构设计师请教有关水池结构设计的要点，然后在园林景观中根据项目情况进行不同形状和深度的景观水池设计。随后，请结构设计师对他的水池结构进行评价，找出其中需要改进的地方。最后，他优化水池结构，做到因地制宜地进行不同景观水池的基础结构设计。经过三次配合，向其他设计师请教、再改进，在下一次配合中主动帮助该专业设计师画专业设计图纸。这就是"三个来回"的成效。也正是如此，杜金龙融合多学科的设计才能经得起行业内大部分设计师的审视，他的设计作品也因此多了一抹匠心独运。

当今的风景园林设计范畴涵盖宏观和微观层次，从风景区到公园再到街头绿地，都是我们施展才华的场所。无论是大范围的城市公园规划、大型楼盘景观营造，还是小到百平方米的样板庭院及会所景观，只要我们不断学习，敢于创新，均能妙笔生花。

3. 思考题

第一，园林设计平面图包含地形、植物、建筑、道路和广场等所有园林要素。为什么杜金龙设计的住宅景观、市政园林、文旅生态等项目包含的园林要素数量不等、表现形式也不同，但都能给人们提供优美的游憩场所？请结合实例分析，在园林设计中如何将诸多的园林要素合理组合到园林设计图纸中。

第二，随着社会的快速发展，人们的生活节奏不断加快。当今社会环境中高楼林立，基础设施发展迅速，导致某些地方的环境质量受到工业和农业的污染，而同时人们对高质量园林的需要日益增强。如何结合"绿水青山就是金山银山"的理念，做出让人们满意的风景园林设计作品？

三、教学总结

（一）教学依据

根据《高等学校课程思政建设指导纲要》中"四、科学设计课程思政教学体系"关于专业教育课程的指导意见，本门课程立足滨海城市地域特色，借助农业院校的学科优势，制定了培养服务乡村和城市建设、具有扎实专业基础和跨界整合能力的创新应用型高级专业人才的育人目标，深度挖掘本课程中蕴含的社会价值观、文化传承和思维创新等要素，提升本课程的专业引领性、时代性和开放性。

（二）教学方法

一是线上与线下相结合。将中国大学慕课资源中园林建筑设计课程中的"园林与建筑设计过程"和"设计方案推敲与深化"两章内容作为线上资源安排学生课下学习，课上对线上部分进行学习效果检查，并讲授园林与建筑制图和表现部分的重难点知识。

二是理论和实践相结合。根据本门课程讲授和实验相结合的性质，在"园林平面图绘制"知识点学习过程中，采用理论讲授绘制法和课堂练习相结合的方法，提高知识的吸收率。

（三）教学反思

在本次课的讲授过程中，教师根据园林平面图绘制的知识内容分两次融入校友杜金龙对学习持之以恒、勇于创新的品格，突出学科交叉的重要性，采用理论讲授和课堂练习相结合的方法，使学生了解风景园林学科的重要性，激发学生努力学习、持之以恒的兴趣，培养学生的创新能力。

大学生心理健康（一）

一、基本情况

（一）教师简介

张利萍，学生工作处心理发展指导中心主任，副教授。中国心理学会临床心理学专业委员会注册心理师、注册督导师。从事高校心理健康教育教学、研究和实务工作。先后发表论文 17 篇，担任 5 部教材的主编或副主编。获山东省心理健康教育优秀成果奖10 余项。

（二）课程简介

本课程是集知识传授、心理体验与行为训练于一体的公共必修课程，开设于大学一年级第二学期。该课程旨在使学生明确心理健康的标准及意义，增强自我心理保健意识和心理危机预防意识，掌握并应用心理健康知识，培养自我认知能力、人际沟通能力、自我调节能力，不断优化心理品质，切实提高心理素质，掌握自我探索、应对压力和挫折的技能，促进身心素质的全面发展。

（三）授课方式

线下授课。

二、教学设计

（一）融入人物

何启伟，青农果蔬专业 1959 级校友。曾任山东省农科院院长助理、研究员，山东农业大学蔬菜学博士生导师，兼任山东省农业专家顾问团蔬菜团团长等职。先后被授予国家有突出贡献中青年专家、全国优秀科技工作者、全国先进工作者等荣誉称号。何启伟用实际行动诠释着"悟农、懂农、爱农"的拳拳之意。2021 年夏，何启伟为母校青农园艺学院捐款 100 万元，设立"何安奖学金"，用于蔬菜育种、人才培养。

李登海，1974 年在莱阳农学院深造，是世界玉米栽培史上唯一一个有档案记载的中国人，是"中国种业十大功勋人物"中唯一一位农民科学家。他育成了我国首个具有亩产 1 000 斤以上高产能力的夏玉米品种，开创了 1 亩地可以养活 4 个中国人的新纪元，被誉为"中国紧凑型杂交玉米之父"。2015 年 9 月 25 日，中宣部向全社会公开发布"时代楷模"李登海先进事迹。2017 李登海获得全国创新争先奖，2019 年被授予"最美奋斗者"荣誉称号。

张唐之，青农畜牧兽医系畜牧专业 1982 级校友。1992 年创立山东六和集团有限公司，2004 年创立山东亚太中慧集团有限公司。在他担任董事长期间，公司迅速发展，拥有现代化、规模化、标准化养殖农场 130 余家，饲料销量突破 500 万吨，为消费者生产了健康、安全、美味的鸡肉产品。

栾升，1982 年毕业于青农果树专业，同年考取中国科学院上海植物生理研究所硕士研究生，1991 年获哈佛大学细胞与发育生物学系博士学位，1991—1994 年在哈佛大学化学系从事博士后研究，1995—2000 年在加州大学伯克利分校植物学系任助理教师，为加州大学伯克利分校植物学系终身教授。栾升长期从事植物分子细胞及生理学方面的研究。2008 年获美国植物生物学学会青年研究奖、德国 Alexander von Humboldt 奖。2012 年当选美国科学促进会会士。

（二）知识点

大学生心理健康课程第二章第三节大学生健全自我和人格的培养，个体发展的生态系统理论。

（三）教学目标

1. 知识目标

了解关于"人的发展"影响因素的不同观点（中国传统文化视角、现代心理学观点），掌握个体发展的生态系统理论和模型，理解个人选择和成长背景之间的交互关系，理解个人人生发展轨迹的内在逻辑。

2. 能力目标

理性分析生态系统各因素在自我发展过程中所起的作用，包括个体因素、父母、家庭、学校、同伴、地方经济和文化、国家宏观发展背景等，理性看待自我成长过程中的外界环境和重要事件，促发自我能动意识。

3. 素质目标

综合自我发展过程中的重要影响因素，主动适应时代发展要求，寻找自我和人格优化的路径，实现个人价值和社会价值的统一。

（四）案例设计

1. 导入

通过前两节课的学习，同学们了解了自我意识的概念和结构，以及个体在发展过程中可能存在的自我意识偏差。那么，在一个人的发展过程中，什么因素使他成了他？是天生的遗传因素？是偶发的生活事件？是生活中的重要他人？抑或是家庭、学校和社会环境？也许我们会因为自身家庭、环境，甚至考上不知名的大学而沮丧，迷茫于自己未来的发展道路。那么就让我们来了解几位优秀校友的事迹，思考他们的成长之路是否对自己有所启发。

2. 展开

(1) 四位校友通往"优秀"的心路历程

何启伟："当我回想起学农之路起源时，除了受童年时期帮助家人种田等亲身实践的影响，也与高中时那场'小说梦'脱不了关系。'双百'方针影响了活跃的文艺创作气氛，也触发了自己写作的愿望。我课余时间几乎全部都在思考小说的写作问题，甚至夜不能寐患上了失眠症。濒临精神崩溃边缘的我请假回家。看着日渐衰老的母亲依旧辛勤劳作，乡村夜间的宁静让我的失眠症不治而愈。"经过这一番折腾，何启伟放弃了学文、写小说，渐渐萌发了学农的意念。高考前他决定报考农医类高校，最终被莱阳农学院果蔬专业录取。

李登海：1966年，初中毕业的李登海回到家乡务农，后担任村里的农科队队长。1972年一则美国农民春玉米亩产2 500斤的消息深深震撼了他。那时，我国玉米亩产量只有三四百斤。"美国人行，我们中国人为什么不行？"他在内心立下誓言——"开创中国玉米高产道路，赶超世界先进水平"，这成为他一生的理想追求。

张唐之：1982年毕业后，他被分配至淄博市周村区政府任秘书。但朝九晚五的机关生活让他很不适应，在他的积极要求下，上级派他出任淄博饲料厂厂长。仅仅用了三个月的时间，他就让企业成功摘掉"亏损"的帽子华丽转身，让职工住进了崭新的单元楼，饲料厂成为广受羡慕的"好单位"。在淄博饲料厂的小试牛刀，让张唐之学会了"游泳"。1992年邓小平南方谈话极大地鼓舞了张唐之，特别是国家鼓励民营经济发展的好政策，让他内心澎湃。这一年，张唐之做出了一个举动：辞去公职"下海"，由此开启了一名企业家的追梦报国之路。

栾升：他的父母都是中学老师，父母工作的学校有个一间屋子那么大的图书馆。虽然图书馆面积并不大，藏书量也只有几百本，但因为年少无聊，总有许多时间需要打发，他就一本一本不紧不慢地取回家看。直到读高中前，栾升已经不知不觉看完了图书馆里所有的书。从那时起，栾升养成了一个保持至今的习惯——泡图书馆。

由于早起跑操，十几岁的他每天早上睡不够，一个三十多岁的老军体委员就来喊他起床。这个"人工闹钟"可不讲人情，"冬天天气冷，很想赖会儿床，他就直接把我的被子掀开"。栾升上学时喜欢打篮球和排球，交了几位体育生朋友。"有一次，我跟着一名体育生翻墙去果园偷苹果。结果刚翻出去，就被校长抓住了，挨了好一顿批评。"他笑着回忆。老师们把栾升的调皮归因为年龄太小，没有苛责于他。相反，这样一个聪明活泼的孩子，让老师们格外喜欢。

(2) 个体发展影响因素

首先，中国传统文化关于人的发展影响因素的思想。关于"人是怎样长大的"，中国传统的心理学思想给出过很多答案。但无外乎个体和环境两个因素，如《劝学》中说"蓬生麻中，不扶而直；白沙在涅，与之俱黑"，体现了环境的重要作用；《孟子·滕文公下》中说"富贵不能淫，贫贱不能移，威武不能屈"，突出了自我坚定人格和自我选择的因素。

其次，现代心理学关于人的发展影响因素的观点。美国心理学家布朗芬布伦纳（Bronfenbrenner）提出了个体发展的生态系统理论。他认为，个体生活的环境是一个

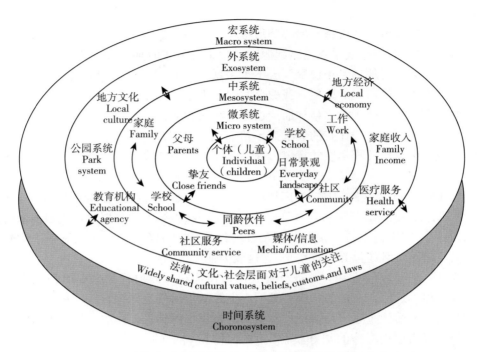

图 1　布朗芬布伦纳生态系统的理论模型

广阔的，由不同层次、不同性质的环境相互交织在一起构成的一个既有中心又向四处扩散的网络。这个生态环境包含微观系统、中间系统、外层系统和宏观系统。

以儿童成长为例：

微观系统是儿童自身的生理、心理特征，以及儿童的父母、教师等与儿童接触最为密切的人员都在生态系统的最内层。

中间系统是两个或多个微观系统的联结。由儿童直接接触的环境之间的相互关系组成，包括家庭、邻居、学校等小系统之间的相互关系。

外层系统由儿童环境中正式组织和非正式组织要素组成，是儿童非即时性的环境。正式组织，如父母所在的工作单位、社区活动等。

宏观系统由社会文化、行为规范和准则、法律等构成。它们会对儿童产生间接影响。如集体主义价值观会使父母更关注孩子的服从，进而影响他们的教养行为，影响儿童的发展。

（3）优秀校友成长中的重要因素

何启伟：从学文到学农，从失眠症到重整旗鼓，母亲（微观系统）日夜劳作的经历给予了他战胜困难的勇气和未来发展的动力。

李登海：美国与中国玉米产量差距（宏观系统）使他受到心灵的震动，立下誓言。

张唐之：从政府公务员到辞职下海，个人性格因素（微观系统）和改革开放政策（宏观系统）对他的发展产生了重要影响。

栾升：父母工作环境和教育方式、大学同学的照顾和喜爱（中间系统）帮助他适应

144

了大学生活，并为将来的成功奠定了基础。

3. 课堂讨论

在你个人的成长发展过程中，有哪些系统、哪些因素促进了你的发展？你要如何运用这些资源发展和完善自己，并实现个人潜能？

三、教学总结

（一）教学依据

"课程思政建设内容要紧紧围绕坚定学生理想信念，以爱党、爱国、爱社会主义、爱人民、爱集体为主线，围绕政治认同、家国情怀、文化素养、宪法法治意识、道德修养等重点优化课程思政内容供给，系统进行中国特色社会主义和中国梦教育、社会主义核心价值观教育、法治教育、劳动教育、心理健康教育、中华优秀传统文化教育。"心理健康教育属于大思政范畴，又因其与思想政治教育的总目标高度一致，因此两者互相借鉴和补充，可以促进学生内在心理状态和上层意识形态的同步提升，从而巩固育人效果，取得育人实效。

心理健康教育课程立足心理健康教育知识体系，将有关政治学、社会学、哲学及思想政治教育领域的理论进行整合，对社会热点问题进行全面合理的解释，促进学生对外部世界的正确认知和理解。青农优秀校友事迹贴合学生实际，且其成长轨迹本身即蕴含着丰富的心理健康元素，非常适合用在心理健康课堂上，以启迪学生心智，丰富学生知识，激发其学习动力。

"加强中华优秀传统文化教育。大力弘扬以爱国主义为核心的民族精神和以改革创新为核心的时代精神，教育引导学生深刻理解中华优秀传统文化中讲仁爱、重民本、守诚信、崇正义、尚和合、求大同的思想精华和时代价值，教育引导学生传承中华文脉，富有中国心、饱含中国情、充满中国味。"尽管我国心理学研究起步较晚，但是中国传统文化中蕴含着大量的心理学思想，且在日常生活中被人们广泛运用。道德健康和心理健康是相互作用的两个因素，因此将优秀传统文化植入心理健康课堂有助于增加教学的文化底蕴，涵养健康人格，树立文化自信。

"深化职业理想和职业道德教育。教育引导学生深刻理解并自觉实践各行业的职业精神和职业规范，增强职业责任感，培养遵纪守法、爱岗敬业、无私奉献、诚实守信、公道办事、开拓创新的职业品格和行为习惯。"良好的工作状态是适应社会和心理健康的标志之一。在工作中创造价值会彰显一个人的生命意义，促进个体的心理健康。因此，在农业院校心理健康课堂中，通过优秀校友投身农业的理想萌发、事业拼搏、社会影响等要素，引导学生爱农知农、树立矢志"三农"的职业理想。

（二）教学方法

一是理论讲授法。针对"个体发展的影响因素"内容，从不同文化视角阐明观点，使学生全面客观地掌握理论知识。

二是课堂讨论法。以四位优秀校友"成长发展关键因素"为内容，促进学生对个体发展的理解，培养理性思维。

（三）教学反思

本课程以人的一生发展为主题，融入优秀校友事迹，有效帮助学生理解个体发展的进程，从而释放焦虑和压力，得到心灵上的鼓舞和支持。课堂中设立的讨论环节激发学生的学习兴趣，使学生可以更好地进行自我成长的觉察和反思，促进学生对心理健康知识的学以致用。

课堂中选用的校友事迹均与农业有关，激发了大学生投身"三农"的职业热情。很多学生在课后说："没想到在我们身边就有这么平凡而伟大的人物，我也要向他们学习，克服内心的困难和现实的困难，做成功的自己，做对社会有用的人才！"

大学生心理健康（二）

一、基本情况

（一）教师简介

王洋，讲师。现任青岛农业大学生命科学学院团委书记，国家三级心理咨询师、中级社会工作师。主要从事大学生思想政治教育工作，长期负责大学生心理健康教育课程教学工作。被评为全国农林院校研究生思想教育及管理工作先进个人、山东省社会实践优秀指导老师等。参与省级课题4项，发表中文核心教研论文2篇。

（二）授课方式

线下授课。

二、教学设计

（一）融入人物

"人民对美好生活的向往，就是我们的奋斗目标。"党的十八大以来，以习近平同志为核心的党中央把脱贫攻坚摆到治国理政的重要位置，动员全党全社会力量，坚持精准扶贫、精准脱贫，打响了反贫困斗争的攻坚战，我国扶贫工作取得举世瞩目的成就。

图1 青岛农业大学欢送第四轮挂职第一书记

2012 年 4 月，山东省从 171 个省直单位选派出 582 名"第一书记"到全省最贫困的农村抓党建、促脱贫。青农成为这一工作任务的承担单位之一。自 2012 年起，学校秉持强农兴农使命，连续 9 年先后选派 19 位"第一书记"到枣庄、菏泽、济宁等地挂职，开展驻村帮扶。在学校党委的坚强领导、全校上下的大力支持下，"第一书记"们深入贯彻落实习近平总书记重要指示精神，聚焦"脱贫攻坚"神圣使命扎实开展工作，为地方党建、经济社会发展作出了重要贡献。

"疾风知劲草，板荡识诚臣。"工作中，他们与村民同吃同住同劳动，不计严寒酷暑，无私奉献，带领地方群众早日脱贫致富、走向幸福美好的小康生活，留下了一串串用心血和汗水浇灌而成的"农大脚印"，传播了一个个"矢志三农"的新时代故事，在展现学校党员干部良好精神风貌的同时，为学校赢得了广泛社会赞誉。

全面推进乡村振兴，第一书记的压力更大，责任更重，需要进一步传承弘扬新时代愚公移山精神，"咬定青山不放松"，不达目的不罢休，努力绘就乡村振兴的新画卷，逐步实现共同富裕的目标。

（二）知识点

大学生心理健康教育课程第五章第二节大学生压力管理——压力的定义、压力的防御机制、压力管理的方法。

（三）教学目标

1. 知识目标

掌握"压力"的概念；了解学习压力带来的影响既有积极的一面，也有消极的一面；掌握自我防御机制内涵，了解精神分析学派自我防御机制内容及常见的防御机制种类；掌握缓解学习压力的有效方法。

2. 能力目标

能够理论与实际相结合，正确看待压力，自行解决压力带来的负面情绪，了解自己的防御机制，合理化防御机制；能够树立正确的价值观，运用缓解学习压力的有效方法，在学习中将个人前途与国家命运结合起来，追求正确的人生目标，指导自己应对压力。

3. 素质目标

从压力的来源、缓解的方式等方面引导学生深入思考个人、国家与社会之间的关系，明确个人命运、个人发展与国家繁荣富强息息相关，进而激发爱国主义情怀。

（四）案例设计

1. 导入

我国刚刚取得的脱贫攻坚巨大成就，离不开扶贫一线攻坚"驻村第一书记"，"带着压力上任"成了每一名第一书记的写照。

第一书记驻村故事

故事一：2017 年 2 月，省派第一书记丛鹏进村工作，感受到了村民"第一书记"

工作的责任重大和困难重重，预期目标、村民期望、组织信任都压在他的肩头。开会时，村里一位老党员怀疑的眼神更让他的心里五味杂陈，"估计是觉得我没有经验，干不好这个工作吧"。为了让孩子不再踩着泥泞上学，丛鹏组织人员对道路进行了修建。

紧接着，村里危房改造又成了丛鹏的心头大事。但工作对象不配合工作，3个月20多次劝说的失败让丛鹏感受到了前所未有的压力。最终，他以踏实的工作态度、换位思考的工作方法、绝不放弃的工作原则慢慢感动了老人，使穆庄村的经济建设迈向轨道式发展。去菏泽驻守时家里的二宝刚满1岁，而他每个月25天的驻守加上菏泽的交通出行压力，使他无法照顾到家庭。丛鹏舍小家为大家，工作就就业业，用爱和责任守候着这片土地的人民，体现着新时代共产党人的担当。

故事二：2015年2月，马启山作为第二轮"第一书记"，接过接力棒，在山亭区徐庄镇宋庄村进行帮扶。为了做到精准扶贫，他跑遍了宋庄的7个自然村，到老党员、老干部、老教师、致富能手、困难家庭走访座谈，认真询问走访家庭的年收入、惠农补贴落实等事项。既关注重点人群，又解决实际问题。

宋庄村深处沂蒙山脉，居住分散，交通闭塞，山路崎岖，"晴天一身土，雨天一身泥"，硬化道路成了宋庄村村民翘首以盼的大事。而经费难题是解决行路难的关键，马启山多方奔走，四处"化缘"，先后筹集资金100万元实现了水泥路村村通。路修通了，脱贫的政策才能更好地送到村民手中。马启山下定决心要做好可持续发展的大文章，激活山区"第一生产力"，创造出乡村发展的新生力量。"贫困户合作社＋留守妇女＋电商服务站"模式的成功运作，使宋庄村受到强烈关注，国务院扶贫办、山东省扶贫办和商务厅等部门工作人员多次到宋庄村指导检查工作，新华社、《人民日报》海外网等媒体进行采访、报道。2017年4月，马启山顺利完成帮扶任务，实现全村432户贫困村民脱贫99.8%，赢得了驻村群众的一致好评。

2. 学生参与活动

以班为单位进行分组，阅读故事"第一书记驻村日记"。思考第一书记工作面临的压力有哪些。

3. 展开

（1）初识压力——什么是压力？

首先，开展头脑风暴。在故事一中，"不被信任""服务对象不配合、工作受挫""家庭和工作的平衡"，让你想到什么？在故事二中，带入第一书记的角色，"村民的翘首以盼""肩上的工作责任""筹集资金，指导脱贫"，让你感受到了什么？

（学生回答，教师小结。）

其次，讲解压力的定义。心理学家谢尔耶（Serje）认为，压力是产生于个体"无能力、无资源应对外在需求"时的一种非特定的生理反应。艾利斯（Ellis）认为，压力来自人类的内部认知系统，与个人的"认知系统"及"价值系统"有关。

黄希庭认为，压力有三种意义：一是指现实存在的具有威胁性的刺激，即压力源。二是指人对压力事件的反应，即压力反应。三是指威胁性刺激带来的一种被压迫的主观感受，即压力感。

最后，讲解压力的生理与心理反应。引导与联想：与第一书记驻村一样，同学们大多离开家乡，带着父母的期许、对未来的憧憬来到一个陌生的环境求学，大学生活过程中难免有不适应的地方，分析其表现和原因。

表 1　压力状态下的身体反应阶段

阶段	特征
警觉	刺激的突然出现产生了情绪紧张与注意力提高，体温与血压下降，肾上腺分泌增加，进入应激状态
抗拒	企图对身体上任何受损的部分加以维护复原，因而产生大量调节身体的激素
衰竭	压力存在太久，应付压力的精力耗尽，身体各项功能缓慢下来，以适应能力的丧失

表 2　压力状态下的心理反应

不同反应	具体表现
认知反应	可能降低或提高注意力、工作能力与逻辑思考能力
情绪反应	焦虑不安，恐惧，易怒，攻击性，无助，工作成就感降低
行为反应	生产力降低或升高，行为慌乱，易发生意外事件

（2）压力的来源

思考并分析故事中第一书记的压力来源有哪些。

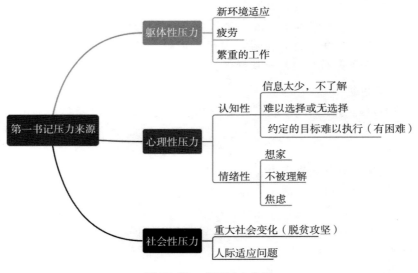

图 2　第一书记压力来源

教师引导学生讨论自己或身边的同学是否像案例中的第一书记一样面对新环境有困境的现象，分析产生压力的原因来自哪里，他们如何看待自己面临的压力，以及如何缓解压力带来的不适。

两个重要因素：

一是压力源事件的客观性。包括学习、就业、贫困、人际关系、情感等各方面的客观事件。挑战性压力是指个体认为能克服，对成长有积极意义；阻碍性压力是指个体认为难以克服，对发展有阻碍作用。

二是自我感觉的主观性。个体内在的抗压素质起主导作用。

课堂活动：填写生活事件压力表。该表是世界著名的霍尔姆斯生活事件（心理压力）量表，每个压力事件后面都注明了相应的分数。勾出你在近一年内经历的压力事件，并且计算出最后的压力总分（表3）。

表3　压力事件程度排名表

事件	压力指数	事件	压力指数
配偶去世	100	丧失抵押品赎回权	30
离婚	73	工作职责改变	29
分居	65	子女离家	29
入狱	63	有法律上的问题	29
亲近的家人去世	63	杰出的个人成就	28
本人受伤或生病	53	配偶开始/结束工作	26
结婚	50	入学或毕业	26
被解雇	47	居住情况改变	25
婚姻的调解	45	个人习惯改变	24
退休	45	与上司起冲突	23
家人的健康状况改变	44	工作时间或条件改变	20
怀孕	40	搬家/转学	20
性的问题	39	休闲/宗教活动改变	19
增加新的家庭成员	39	社交活动改变	18
工作的再适应	39	借款或抵押次要财产	17
经济状况改变	38	睡眠习惯改变	16
亲近的朋友去世	37	家人相聚次数改变	15
工作性质改变	36	饮食习惯改变	15
与配偶争执次数改变	35	度假	13
借款	31	过年	12
抵押重要财产	31	轻微违法	11

算出你的压力总分是多少了吗？如果你的分数在：

150～190分，那么你在一年内的压力处于低水平。生活中你需要适当的刺激与改变。

200～299分，压力处于适当水平。

超过300分你的压力过大，急需减压！

带领学生计算自己的压力总分，统计不同压力范围的学生人数，分小组分享结果并讨论，在这一过程中引导学生互相理解与支持。

(3) 压力利弊——压力有好坏之分吗？

关于压力的利弊，主要有 2 种观点。一种是压力有益论，认为压力可以提高个体的潜能。适度的压力可以激发人的潜能，让人高效率地完成任务，帮助人们更好地应对生活的挑战。

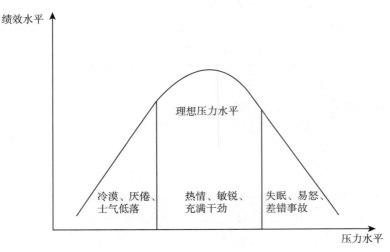

图 3　压力水平与绩效的关系

另一种是压力有害论，认为压力过大会影响健康。如果压力超过了承受限度，会带来严重的后果，影响个体的身心健康。

图 4　压力过大造成的影响

该理论认为三种情况下，压力最可能有害：个人感觉无法应对压力；压力使人与别人孤立；压力完全无意义，还违背人的意愿。

实际上，压力的影响取决于认知方式。相信压力有促进作用的人比认为压力有害的人更少抑郁，对生活更满意。真正有害的不是压力，而是认为压力有害的想法。真正对人有影响的是对压力的想法。

问题 1：第一书记的压力是有害的还是有益的？

问题 2：请学生回答生活中最近一次遇到的"压力"是什么？怎样处理？效果如何？

(4) 理清压力

课堂活动：画画我的压力圈（图 5）。

在大小圈内写下自己的各种压力（大圈代表压力大，小圈

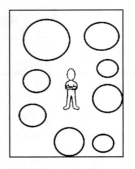

图 5　压力圈

代表压力小），分享与交流：你的压力来源有哪些？它为什么给你带来这么大的压力？每个圆圈给你的感觉是什么？

学生写下压力后分成5~6人的小组，结合所学内容思考以上问题，在小组内进行讨论分享。

三、教学总结

（一）教学依据

《高等学校课程思政建设指导纲要》对公共基础课课程思政教学体系做出明确规定，指出要重点建设一批提高大学生思想道德修养、人文素质、科学精神、宪法法治意识、国家安全意识和认知能力的课程，注重在潜移默化中坚定学生理想信念、厚植爱国主义情怀、加强品德修养、增长知识见识、培养奋斗精神，提升学生综合素质。

大学生的情绪和压力管理章是心理健康教育课程的重要内容，通过讲述压力的概述、特点、来源、好坏等内容使学生正确看待压力，建立正确的自我意识，提高认识压力、应对压力的能力。让学生认识到压力取决于自我意识，要善于利用压力的正面影响。

教师在这节的课程设计中使用第一书记人物事迹和故事作为授课素材，不仅可以引导学生树立正确的人生观，培育学生的积极心态，提升对新环境的适应性，同时在讲述青农人故事的过程中使学生认识到"小我融入大我，发扬爱国主义精神"的重要性，在事迹和故事中不断深化认知，内化认同，外化于行，增强学生的理想信念和责任担当。

（二）教学方法

大学生心理健康教育课程的教学不同于一般学科的教学，因为其教学目标不是为了传授心理学知识，而是希望通过一系列的心理辅导活动，让学生能够从活动中懂得认识与了解自我、发展自我的重要性，进而能够主动去提升自己的心理品质。根据这些特点，为提高教学的实效性，本节课教学中采用了多种方法：

一是理论教学。主要讲述心理学的基本原理、心理调适方法、处理各种心理问题的技巧。

二是案例讨论。对于学生关心的问题，选取典型案例，组织课堂讨论，结合所学专题，在课堂上进行案例分析教学，使教学更有针对性。

三是心理活动。根据教学内容设计团体心理活动并在教学中开展，激发学生的学习体验积极性。

（三）教学反思

课程教学环节是对学生进行教育的关键核心。对大学生的学习目的教育绝不能仅仅止于"找份好工作"，而是在学习中锤炼品质和素养，使其成为一个合格的劳动者。

在课程教学中引入学生身边的"第一书记"，引导学生面对现实，接受现实，而不是逃避现实；对周围事物和环境能做出客观的认识和评价，并能与环境保持良好的接触，主动适应环境。同时对自己的能力有充分的信心，能妥善处理学习、生活和工作中的各种困难。对学习、工作和生活中的压力不会感到单调乏味、心烦郁闷，而是感到它们之中包含着无尽的乐趣，甚至发现其中具有某种崇高的意义。

创 业 基 础

一、基本情况

（一）教师简介

田保玲，博士研究生，化学与药学院教师。教育部高校毕业生就业协会认证创业导师（中级）、国家心理咨询师（三级）。先后主持青岛市科普项目 1 项，校级教学改革 2 项。2014 年指导"聚焦农残"实践队荣获第四届阿克苏诺贝尔中国大学生社会公益奖铜奖，多次荣获山东省暑期三下乡社会实践优秀指导教师称号。

（二）课程简介

本课程是面向全校本科学生开设的公共必修课。课程以立德树人为导向，采用学科融入和校友融合的方式达到思政育人目标。在系统化培养学生创新精神、创业意识和创业思维与技能的同时，通过价值引领，把学生个人成长与国家发展、社会进步相融合，将思政教育中的三观教育、中国梦、社会主义核心价值观等与职业价值观、职业道德、敬业精神、集体利益和社会责任等相融合，让学生在潜移默化中接受主流价值观的熏陶，实现全球视野、家国情怀、创新精神和专业素养提升的人才培养目标。

（三）授课方式

线下授课。

二、教学设计

（一）融入人物

李登海是世界玉米栽培史上唯一一个有档案记载的中国人，青农 1996 级校友。

1974 年只有初中学历的李登海到莱阳农学院深造。他废寝忘食、如饥似渴，一年学完 4 年课程。老师被他的勤奋所感动，赠予他 20 粒珍贵的杂交种子。随后 8 年时间里，他先后选用国内 100 多个优良品种。终于，1979 年秋，一个轰动全国的纪录诞生，名为"掖单 2 号"的玉米品种创下我国夏玉米单产 1 553.8 斤的最高纪录。1989 年李登海的"掖单 13 号"紧凑大穗型玉米创造了新的夏玉米世界纪录——亩产 2 192.58 斤！这些成功代表着李登海为我国玉米育种闯出了一条新路。

1996 年世界种业巨头美国先锋公司把进军中国市场的合作目标锁定为登海种业，

要求建立合资公司。李登海听到对方要求控股 60％ 的合作条件，立即拒绝了。2002 年经过 6 年多"马拉松式"谈判，我国第一家中外合资种业公司——山东登海先锋种业公司成立，中方控股 51％。

李登海现任山东登海种业股份有限公司党支部书记、名誉董事长，国家玉米工程技术研究中心（山东）主任，被誉为"中国紧凑型杂交玉米之父"。2014 年被评为"中国种业十大功勋人物"。2015 年 9 月 25 日，中宣部向全社会公开发布"时代楷模"李登海先进事迹，2017 年获全国创新争先奖，2019 年被授予"最美奋斗者"荣誉称号。

（二）知识点

创业基础课程第一章第二节创业精神的知识点为创业精神培养及其重要意义。

"你可以不创业，但一定要有创业精神！"本节重点指引学生重新审视创业精神与个人成长的关系，打破大多数人眼中只有开公司、办企业才叫创业，才需要创业精神的观念。课程通过促进学生对创业理论的学习和青农知名校友创业实践的领会，强化价值引导，从而将个人成长与国家社会发展紧密结合，将创业精神融入未来成长发展中。

（三）教学目标

1. 知识目标

创业强调价值创造，在价值创造中学习创业。人的成长离不开实践（价值创造），创业者在价值创造中成长和提升，而人的成长又可以促使我们更好地去创造价值。

2. 能力目标

能够运用头脑风暴产生创意构思；发展创新思维能力、表达能力、行动执行能力及团队协作能力。

3. 素质目标

培养创新兴趣，深刻理解创业精神对个人发展的意义，养成大胆创新、严谨实践的学习作风，增强对专业学习的责任感，发扬为实现社会主义伟大复兴而奉献的精神。学会积极思考和动手实践相结合的学习方法，养成主动探索问题的习惯，培养创新思维能力和团队协作精神。

（四）案例设计

1. 思政导入

衔接上节课：在创新和创业的内涵和本质的基础上，探讨立足过去，新中国的建设是一种创业；面向未来，实现中华民族伟大复兴的中国梦也是一种创业。

播放视频《共产党创业团队》，让学生领会中国共产党带领中华民族完成了华夏大地上最大的创新和创业。

2. 展开

在中国历史的舞台上，有青农优秀校友代表李登海——中国紧凑型杂交水稻第一人浓墨重彩的一笔。

课前：课堂教学前，学生利用学习通线上教学资源自主学习优秀校友李登海案例。

教师引导学生运用头脑风暴等创新技法，围绕青年优秀校友李登海案例挖掘对创业精神的认知，筛选核心要点，升华爱国情怀。

课上：通过随机选人复习上节课所学知识，以团队为单位，进行头脑风暴。

头脑风暴1：李登海校友身上有哪些创业者品质？

头脑风暴2：李登海个人品质与国家发展同频共振的体现？

教师主要作为观察者和引导者，帮助各团队产生创意构想。进一步讨论李登海个人品质与国家发展同频共振的统一性和一致性，培养学生深刻理解创业精神对个人发展的意义，养成大胆创新、勇于实践的学习作风，增强对专业学习的认同感和为实现社会主义伟大复兴而奉献的精神。

教学内容主要涉及四方面：

第一，创业精神发掘环节，触发学生对个人发展现状的深度思考和职业规划意识，将个人发展和国家发展相统一。

第二，创业精神的讨论环节，开发创新思维，根植家国情怀。

第三，创业精神的筛选阶段，理解创新思维、冒险精神、团队协作和社会责任对个人干事创业、国家发展的重要意义。

第四，教师总结和赋能，播散梦想的种子，突出课程思政意义，期待学生立足专业，扎实勤奋，勇于挑战与创新，为实现中华民族伟大复兴的中国梦而努力奋斗。

思政元素类型：创新创业助力国家发展、家国情怀、中国梦想。

大众创业、万众创新的本质是人人都要有创业精神。创业是少数人的事，不是每个人都适合创业，但是人人都要有创业精神。企业的诞生与发展需要创业精神，国家的建设更需要千千万万人民的创业精神，这是时代的需要，也是生活在这个时代的每一个个体的需要。

在当今这个充满不确定性的时代，我们每个人都要像创业者一样思考和行动，如此才有能力真正做到"在危机中育新机，于变局中开新局"，这将是21世纪引领型人才的重要特质。

3. 作业

根据课堂讨论和知识学习情况，立足学生所学的专业，结合个人特质，对标创业者精神，自由联想，撰写个人创业成长自传。

题目：假设20年后自己成为某一领域的领军人物，结合个人特质和创业成长史，以我与祖国同频共振为主题撰写短文，谱写精彩创业人生。

三、教学总结

（一）教学依据

根据《高等学校课程思政建设指导纲要》精神，本课程思政建设围绕全面提高人才培养能力这一核心点，以政治认同、家国情怀、文化素养、创新能力等重点来优化课程思政内容，将价值塑造、知识传授和能力培养三者融为一体，进行中国特色社会主义和中国梦教育、社会主义核心价值观教育，坚定学生理想信念，切实提升立德树人的成效。

（二）教学方法

采用翻转课堂、问题链式教学、头脑风暴相结合的方法，挖掘企业者精神实质。然后是敢于挑战和冒险的决心，最后是正视过程中的困难。创意到创业机会是一个筛选、锤炼的过程，国家发展需要具备对家国的热爱之情、对事物发展的好奇之心、寻求答案的欲望和较好韧性的年轻人。

在课程思政的理念引导下，课程采用多元而开放的教学方式，着力调动学生的学习积极性和自主性，将知识与实践进行有效结合，发展学生的创意思维，完善考核制度，培养具有高尚情操和拼搏精神的创新创业型人才。

（三）教学反思

教师在课前发送学情需求表，课中登记小组任务观察表，课后发放教学满意度调查表，并在学习通发布线上讨论、作业等复习和评估环节，对学生的学习效果和满意度进行了解和评估。在评估和反思的基础上，锤炼课程思政教学基本功。

排　　球

一、基本情况

（一）教师简介

陈丽，副教授，主要研究方向为体育教学与训练。自参加工作以来，一直讲授排球课程。潜心教学之余，积极开展教研和科研工作，主持、参与地厅级以上科研项目 10 余项，参编省部级规划教材 4 部，发表学术论文 30 余篇。

（二）课程简介

排球课是学校体育课程的重要部分，是面向全校学生开设的一门必修课程。通过排球课学习，学生了解排球文化，掌握排球基本技战术和基本理论，促进身心健康，并能运用适宜的方法调节自身的情绪，改善心理状态，克服心理障碍，并培养良好的体育道德和团队协作精神，正确处理竞争与合作的关系。

（三）授课方式

线下授课。

二、教学设计

（一）融入团队：青岛农业大学男子排球队

青农男子排球队成立于 2016 年，自成立之日起，全体队员在训练中发扬不怕苦、不怕累的球队作风，在比赛中不畏艰难、勇于拼搏，2017 年第一次参加山东省大学生排球赛获得第三名；同年获山东省"学校体协杯"大学生排球比赛第三名、"中国体育彩票杯"山东省大学生排球比赛第二名，2018 年获山东省第 24 届运动会排球比赛冠军，2020 年获山东省大学生排球锦标赛冠军，2021 年获山东省第十六届大学生运动会排球比赛（甲组）冠军。

（二）知识点

体育 I-女生排球第七次课和体育 IV-女生排球第一次课中的体育思政教育。

图1 青农男子排球队

（三）教学目标

1. 知识目标

通过本节课的学习，学生能够加深对排球运动的了解，了解现代排球运动的产生、发展过程和现状、特点、发展动向及趋势。培养对排球运动的热爱和兴趣，并能参与其中，养成积极参加体育活动的兴趣和习惯，形成体育文化欣赏能力。

2. 能力目标

通过本课程的学习，学生培养对排球运动的兴趣和爱好，形成自学自练的习惯和健康行为能力，能够科学地开展体育锻炼，进而掌握一种终身锻炼的体育手段。

3. 素质目标

通过本节课的学习，学生能够提高自律性，培养良好的体育道德，培养遇事坚持不懈的意志品质，形成积极乐观的生活态度，激发竞争和合作意识，陶冶美德情操，增强心理调适能力和对社会生活的适应能力。

（四）案例设计

1. 导入

青农男排队员均是普通学生中的一员，是学生身边的同学、舍友，与学生日常生活紧密联系。把抽象的道德形象化、人格化，以其直观的教育形式，融审美、情感、道德理论于一体，将说教式、灌输式的思政教育形式转化为由学习者内心仰慕而产生情感共鸣并主动效仿和内化榜样精神，更好地将教、学和做相统一，教育学生自强不息、奋发向上，培养学生的爱校情怀，具有极强的现实意义。

教师简单介绍青农男排的历史成绩及近况，并展示历届校队男排照片。

2. 展开

让学生讲述熟悉的校队男排队员或排球爱好者，分组讨论他们取得学习和排球双优异成绩的原因。教师向学生介绍优秀队员的训练历程及现状。

李岚钦，2016 级生命科学学院学生，2016 年加入校男子排球队，2017 年参加"中国体育彩票杯"山东省大学生排球比赛获得亚军，2018 年参加山东省第 24 届运动会排球比赛获得冠军。2019 年参加 CUVA 中国大学生排球联赛获得"体育道德风尚奖"。2020 年考入中国海洋大学海洋生命学院海洋生物学专业。

王棒，2018 级植物医学学院植物保护专业学生，在校期间，获得第十六届挑战杯省级一等奖、国家级二等奖，第二届全国大学生植保技能大赛团体二等奖，主持国家级创新立项 1 项。2018 年加入校男排，并逐渐成为校队主力自由人，曾随校队参加 2020 年山东省大学生排球锦标赛获得冠军。2022 年考入西北农林科技大学生命科学学院生物信息学专业。

王棒校友一直认为，任何成绩的取得都离不开坚持不懈的努力，排球作为一项竞技运动更是如此。刚进大学时，排球对于他来说是一项消遣的娱乐活动，2016 级校男排学长们带着山东省冠军的成绩回来时，他发现原来自己与优秀的人之间还有如此大的差距。从此他彻底改变了自己对排球的态度：他把每天早上六点十分的训练都当成比赛、下午课后去球场主动找学长练球、晚上独自对着墙角垫球……如此坚持一年，他终于从 6 个校队自由人候选人中脱颖而出，开始了校队之旅。在 2020 年的山东省大学生排球锦标赛中，王棒作为主力队员和队友们一起捧回了冠军的奖杯。

于王棒而言，排球队的经历和成绩的取得与他最终考研成功是相辅相成的。因为有了明确的考研目标院校，所以他在训练时更加积极。

除此之外，每天六点十分的准时早训使他养成了分秒必争的好习惯。身体是革命的本钱，前期的规律训练提高了他的身体素质，整个备考期间，他没有生过一次病，这种意外的收获，无异于锦上添花。

3. 作业

谈谈青农校队男排队员排球和学习成绩双丰收对你的启示。要求：不少于 600 字，题材不限。

三、教学总结

（一）教学依据

习近平总书记强调，"体育承载着国家强盛、民族振兴的梦想。体育强则中国强，国运兴则体育兴。" 2020 年教育部印发的《高等学校课程思政建设指导纲要》对属于公共基础课程的体育类课程的课程思政要求和目标是帮助学生在体育锻炼中享受乐趣、增强体质、健全人格、锤炼意志。根据这一要求，教师立足体育课堂，制定了该次课的课程思政目标。

（二）教学方法

课前采用分组法和任务驱动教学法布置学习任务：了解身边的青农男排校队队员或排球运动爱好者。要求学生通过自己的努力获得第一手资料，对所得资料进行整理，再选出代表，课上进行讲述。采用此方法有利于培养学生分析问题、解决问题的能力，同时也培养了学生的独立探索及合作精神。

课上主要采用提问式教学法、讲授法、分组讨论法等教学方法，既掌握学生对青农男子排球队及其队员的了解程度，又调动学生参与课堂学习的积极性和主动性。

（三）教学反思

目前课程思政内容已有计划地融入体育课程中，在教学过程中教师也有意识地把课程思政内容贯穿其中。但也发现，目前排球课程教学计划以文字形式体现的思政内容仅局限在每学期的理论课中，技术实践课仍延续传统的模式，因此，教学过程中思政内容比重的设置、思政教学内容如何更好地选择适当的切入点还需在教学实践中改进。处理好每一节体育课程知识与具体思政内容知识的有机融合是后期教学工作的重中之重。

市 场 营 销 学

一、基本情况

（一）教师简介

包乌兰托亚，农林经济管理系副主任，副教授。主要从事农林经济、农产品营销与品牌建设方向研究。主讲品牌农业、市场营销学、品牌管理等课程。主持省级、地厅级科研项目 8 项，参与国家、省部级、地厅级各类纵向科研课题 17 项，横向课题 10 余项。主持地厅级、校级教研教改项目 5 项。发表科研论文 20 余篇，教研论文 4 篇。主编教材 2 部，副主编省部级规划教材 1 部。曾获山东省第十届"超星杯"高校青年教师教学比赛一等奖，山东省首届课程思政教学比赛二等奖；山东省本科高校黄河重大国家战略课程思政优秀案例；山东省高等学校课程联盟疫情防控期间优秀教学案例三等奖。

（二）课程简介

本课程是面向电子商务专业开设的专业课，是一门典型的应用型课程。针对学生缺乏明确的、具有适度挑战性的学习目标，知识建构能力与价值认同感不高、缺少自主探索与主动创造的学习情境等"痛点问题"，课程秉持以学生为中心、以产出为导向持续改进理念，兼顾专业视角与课程思政要求，坚持知识、能力、素质与思政目标有机融合。将学术研究动态、行业与社会发展的前沿成果引入课堂，以提高学生知识面的广度和深度，从复杂的现实问题出发引导学生深入思考，创设项目式学习情境，提高学生的复杂问题解决能力、审辩式思维能力和协作创新能力，思政要素提炼兼具学科高度与价值导向，引导学生的价值情怀。

（三）授课方式

线上线下混合教学。

二、教学设计

（一）融入人物

何启伟是青农果蔬专业 1959 级校友。曾任省农科院院长助理、研究员、山东农业大学蔬菜学博士生导师，兼任山东省农业专家顾问团蔬菜团团长等职。先后被授予国家有突出贡献中青年专家、科教兴鲁先进工作者、全国优秀科技工作者、全国先进工作者等荣誉称号，他用实际行动诠释着自己"悟农、懂农、爱农"的拳拳之意。

（二）知识点

市场营销学课程第二章第二节顾客满意与顾客忠诚。知识点为提升顾客感知价值。

（三）教学目标

1. 知识目标

理解感知价值、顾客满意与顾客忠诚的含义；掌握顾客满意的三种情形，提升顾客感知价值的技巧与方法；掌握提高顾客忠诚度的途径。

2. 能力目标

能够准确把握如何提高顾客感知价值，提高分析问题、解决问题的能力；举一反三，结合具体案例分析感知价值、顾客满意度与顾客忠诚之间的关系；能够对顾客忠诚理论活学活用，提高分析现实情境问题能力与思辨能力。

3. 素质目标

培养学生关注社会发展，了解国情民情，增强社会责任感和使命感；通过情境任务与主题讨论，培养独立探究与协作创新意识。学习和思考知识体系、价值观念之间的相互关系；认同知识脉络中蕴含的专业价值情怀、文化底蕴、社会责任。深刻理解和认同何启伟作为一名农业科研科技工作者，立志从事农业科技事业，树立为国家、为农业、为农民奉献的精神。

（四）案例设计

1. 导入

进行课前线上任务点评与内容回顾：营销的需求观点与价值观点。

开篇案例：山东省蔬菜品牌建设中存在的问题

近年来，山东省持续加大品牌培育力度，省级知名农产品区域公用品牌和企业产品品牌分别达到 81 个和 700 个，品牌农业发展取得了长足进步，但与农业大省地位、与农产品产量在全国排名，特别是与广大群众对农产品品质要求相比，在品牌价值、品牌认可度、品牌影响力等方面仍有差距。一方面，在山东省广大农村由于家庭农场、农民专业合作组织、龙头企业等新型农业经营主体相对较散较弱，品牌农业缺乏龙头企业带动，使得农产品发展规模有限，难以形成标准化、工业化的品牌农业发展业态。以宁阳薄皮核桃为例，主要是以农村果园承包户为生产单位，虽然产品品质好，基本连成片，但因缺乏龙头带动、组团出击、集中打响品牌的合力，仍难形成区域化品牌农业，是较典型的"诸侯割据、各自为政"业态。另一方面，由于农产品档次低，群众怨言多、市场不买账、品牌难形成，使得一些品牌农产品没有实现应有市场价值，这也是当前农业供给侧结构性改革的核心问题。山东省农产品数量充足，但大多标准化程度低，一些监管标准操作性较差，普及覆盖面也有限，许多农业企业和农民对农业标准方面的知识和技能知之甚少或一无所知，这已成为拓展国内外中高端市场的瓶颈。

思考：品牌之所以能够在市场立足，是因为其两端连接着"生产者"与"消费者"，山东省蔬菜品牌建设如何促进产业提质升级？如何增强消费者对品牌产品的价值感知？

2. 展开

（1）要点讲授：顾客感知价值、顾客满意与顾客忠诚

知识点1：顾客感知价值理论。

瑟摩尔（Zaithaml）在1988年首先从顾客角度提出了顾客感知价值理论（Customer Perceived Value，CPV）。她将顾客感知价值定义为：顾客所能感知到的利得与其在获取产品或服务中所付出的成本进行权衡后对产品或服务效用的整体评价。

消费者由对产品属性的评价形成质量感知，并由感知质量形成对产品完整价值的判断。价值中收益成分包括显著的内部特性、外部特性和其他相关的高层次的抽象概念。虽然许多顾客将产品质量（内部特性）作为价值收益的主要部分，但从总体上衡量，价值收益仍包括如包装、颜色等外部特性和产品或企业的信誉、便利、形象等更高层次的抽象的利益。感知价值中的付出包括货币成本和非货币成本。顾客付出货币和其他资源（如时间、精力、努力）以获得产品或服务。对于一些价格感知程度高的顾客而言，货币方面的付出是关键性因素，减少货币支出即增加了感知价值；对于那些价格感知程度低的顾客而言，减少时间、精力方面的支出更能增加感知价值（图1）。

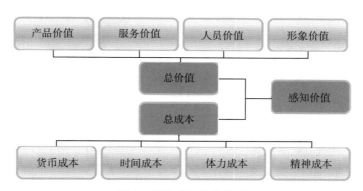

图1　顾客感知价值维度

案例导入：以蔬菜产业为例，在市场经济条件下，消费者的一个显著行为特征是以品牌来区别和选择同类产品和服务。市场已进入品牌时代，蔬菜行业竞争已从原本的价格、质量等转为品牌竞争。何启伟说："作为一名蔬菜科研工作者，不论做什么研究，都应该了解蔬菜生产实际，了解农民和市场需求，把研究和生产实际紧密结合起来，并悟出前瞻性、明确研究重点和目标，才会取得符合生产和市场需求的研究成果。"从事专业研究，为蔬菜产业标准化品牌化发展提供技术支撑，辐射带动广大菜农增收致富，始终是何启伟从事科研工作的初心使命。蔬菜产业的生产者多是农民，他们对消费市场需求和品牌的认知不足，我们要引导蔬菜生产经营者关注市场需求，重视蔬菜质量，基于消费心理构建品牌权益，提高蔬菜品牌顾客满意度与忠诚度。

知识点2：顾客满意与顾客忠诚理论。

顾客满意（Customer Satisfaction，CS）的思想和观念，早在20世纪50年代就受到世人的认识和关注。学者们对顾客满意的认识大都围绕着"期望—差异"范式。这一范式的基本内涵是顾客期望形成了一个可以对产品、服务进行比较、判断的参照点。顾客满意（Customer Satisfaction）以购买者知觉到的产品实际状况和购买者的预期相比较来决定。顾客的预期则由过去的购买经验、朋友的意见及营销人员和竞争者的信息和承诺来决定，是衡量顾客对其需求被满足程度的感受、感知价值与期望进行比较形成的愉悦或失望的感觉状态。

满意水平是可感知效果或测量分析后效果和期望值之间的差异函数。如果效果低于期望，顾客就会不满意；如果效果与期望相匹配，顾客就满意；如果效果超过期望，顾客就会高度满意、高兴或欣喜，从而提高满意度。

顾客忠诚（Customer Loyalty）是顾客对企业与品牌形成的信任、承诺、情感维系和情感依赖。顾客忠诚度是指由于质量、价格、服务等诸多因素的影响，顾客对某一企业的产品或服务产生感情，形成偏爱并长期重复购买该企业产品或服务的程度。格兰姆勒（Gremler）和布朗（Brown）（1996）的研究将顾客忠诚分为行为忠诚、意向忠诚和情感忠诚（图2）。

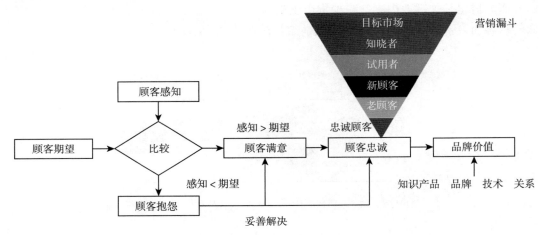

图2 顾客满意与顾客忠诚

超越顾客期望，是指企业不仅能够达到顾客的期望，而且还能提供更完美、更关心顾客的产品和服务，超过顾客预期的要求，使之得到意想不到的甚至感到惊喜的服务和好处，获得更高层次上的满足，从而对企业产生情感上的满意，发展成稳定的忠诚顾客群。品牌忠诚度高的顾客对价格的敏感度较低，愿意为高质量付出高价格，能够认识到品牌的价值并将其视为朋友与伙伴，也愿意为品牌作出贡献。品牌忠诚度是品牌价值的核心。

案例分析：我国蔬菜市场存在有产品无品牌、有品牌无名气、有产地无内涵的现象。一家一户的家庭式蔬菜种植是主要的种植模式，大部分农民、企业对产品质量、品牌的认识不够，尚未树立品牌蔬菜的现代化经营理念。随着健康安全意识的增强，消费者对品牌蔬菜有了更高的需求和期望。由全面小康到全面现代化，人们对美好生活的向往总体上已从"有没有"转向"好不好"，农产品供给、农业业态等都要跟着转过来。从需求端看，要增加优质、绿色和特色农产品供给；从生产端看，实现农业投入品减量化、产业模式生态化势在必行。习近平总书记指出，"要深入推进农业供给侧结构性改革，推动品种培优、品质提升、品牌打造和标准化生产"，这是新发展阶段农业生产全过程的行动指南。

品种培优要保障良种先行，发挥种业"芯片"作用，培育推广一批质量优良、适销对路的新品种。何启伟长期从事蔬菜遗传育种及栽培研究，将研制蔬菜新品种、新技术，为蔬菜生产和广大菜农服务作为工作的出发点，也是落脚点。他的研究始终聚集品种培优、品质创新、取得了许多创新性研究成果。他倡导并组织了山东名产蔬菜和日光温室蔬菜系统技术工程研究。该项目促进了山东设施蔬菜的产业化，并推动了全国日光温室蔬菜的发展，丰富了我国冬春蔬菜市场供应，获得了显著的经济和社会效益。他的研究成果为蔬菜生产经营者从源头上加强蔬菜质量安全、提升蔬菜产品品质奠定了基础。

农产品品牌建设应致力于提高消费者感知价值和满意度、忠诚度，适应变化，积极回应消费者的品质生活需求，洞察消费者"心"引力，提升产品品质，坚守品牌独特价值，丰富品牌内涵，赢得价值认同，形成品牌共鸣，建立起品牌"新势能"。

（2）课堂小结

思政要素统整：围绕主题，阐述知识框架体系，应用案例解析知识体系与价值观念之间的相互关系，引发学生关注区域蔬菜产业发展、行业发展，让学生体会何启伟教授基于市场需求取得的研究成果，进一步促进了山东省蔬菜产业规模化、品牌化发展，提升了山东省蔬菜品牌的顾客感知价值。

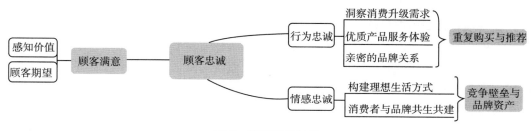

图 3　课程思维导图

（3）作业

分组任务：以蔬菜区域公用品牌为主题分析提高顾客感知价值的途径，分组讨论。通过设定情境任务，加深学生对顾客满意与顾客忠诚理论的认知、理解与内化；通过分组讨论，提高学生的课堂参与积极性，培养学生的团队协作能力和探究学习能力。

聚焦问题的挑战度与高阶性：突出学习重点，结合山东蔬菜品牌顾客满意度与忠诚度不高的现实问题，探究现象背后的知识与价值逻辑，引导学生产生专业价值认同、行业情怀与社会责任感。

三、教学总结

（一）教学依据

《高等学校课程思政建设指导纲要》指出，专业课程是课程思政建设的基本载体。

要深入梳理专业课教学内容，结合不同课程特点、思维方法和价值理念，深入挖掘课程思政元素，有机融入课程教学，达到润物无声的育人效果。经济学、管理学专业课程要帮助学生了解相关专业和行业领域的国家战略、法律法规和相关政策，引导学生深入社会实践、关注现实问题，培育学生经世济民、诚信服务、德法兼修的职业素养。

（二）教学方法

线上课前自主学习阶段，采取"MOOC＋课前评测＋主题设计"方式。慕课资源方面，基于问题引领、任务驱动，运用教学平台、公众号、思政资源、慕课网站等信息化平台，推送优质自主学习资源；课前评测阶段，学生利用学习通教学平台进行知识点的学习和线上习题作答；主题设计方面，结合现实行业问题，提供案例资源，设计项目主题和问题链。

线下课堂教学与探究阶段，采取"案例解析＋PBL＋主题研讨"方式。以学生为中心，设计递进式活动。将理论讲授法、案例分析法、启发式、探究式、讨论式、任务驱动教学法等多种手段相结合。

设计分组任务，与学科行业企业接轨，结合校外社会服务和社会实践基地的情境问题，创设高阶拓展的知识应用场景，引导学生开展自主式、探究式的学习，强化学生分析问题与解决问题的能力，实现知识应用迁移。

（三）教学反思

课程中有效运用现代信息技术进行线上线下混合式教学，将学术研究动态、行业与社会发展前沿成果、现实情境问题引入课程，结合校友典型案例、山东省蔬菜行业发展现实问题引发学生对课程内容的思考，鼓励学生通过课堂讨论、分组任务等方式在观点碰撞、多维思考中深化知识理解，建立知识框架体系，培养学生解决复杂问题的综合能力和高阶思维；引导学生认同知识脉络中蕴含的道德规范、文化底蕴与社会责任。

冷 链 物 流

一、基本情况

（一）教师简介

王宏智，经济管理学院物流管理（外包）专业负责人，教授。主要研究方向为农产品物流与供应链管理。近 5 年来主持教育部人文社科规划项目、山东省社会科学规划办、山东省社科联、山东省教育厅、青岛市社科联、青岛市社会科学规划办等省部级、地厅级科研课题 12 项，参与国家自然科学基金项目 2 项。在国内外期刊上公开发表 SCI、SSCI、EI、CSSCI、中文核心等各类论文 40 余篇。组织和指导研究生、本科生参加全国各类竞赛，多次获得优秀指导师称号。主要讲授冷链物流、物流系统规划与设计、农产品物流、配送与配送中心、供应链管理等课程。

（二）课程简介

本课程立足国内外冷链物流管理实践，瞄准冷链物流发展趋势与政策导向，从冷链物流的基本理论、管理方法、设施设备、技术手段与物流标准化等方面进行系统阐述。教学内容包括：冷链物流概述、冷链物流系统、冷库建造与管理、冷链运输与配送、冷链物流技术装备、冷链物流信息管理和冷链物流标准化。系统介绍冷链物流理论和方法，结合国内外冷链物流发展趋势，立足于冷链物流发展的实践，尤其是餐饮、食品、农产品领域冷链物流发展实际，解决当下冷链物流存在的短板，攻克技术难题；培养具有冷链物流运营与管理能力，以及家国情怀、社会责任思政素养的冷链物流人才。

（三）授课方式

线上线下混合教学。

二、教学设计

（一）融入人物

仇焕广（图 1），青农农业经济管理 1994 级校友。2005 年获中国科学院经济学博士学位。现任中国人民大学农业与农村发展学院院长、党委副书记，为教育部“长江学者”特聘教授。入选首批“国家优秀青年基金”和首批“青年长江

图 1　仇焕广

学者"。发表中英文学术论文 160 余篇，出版中英文著作 10 部。

主要研究领域包括农产品市场与贸易、农业发展与环境政策、应用计量经济学和空间一般均衡模型等。主持国家自然科学基金课题 3 项，国家社科基金课题 1 项，973 课题子课题、加拿大国际发展研究中心等课题 20 余项。2013 年入选达沃斯世界经济论坛"全球青年领袖"。在国内外学术期刊发表学术论文 90 余篇，其中 SCI/SSCI 论文 15 篇。

（二）知识点

冷链物流模块 1 内容点（节）12 全程冷链。

（三）教学目标

1. 知识目标

掌握全程冷链的概念；了解我国全程冷链的发展现状和特征；全程冷链中断的影响因素及改进措施；短链的设计方案。

2. 能力目标

培养学生独立思考、发现问题、解决问题的能力；掌握全程冷链常用的设施设备与技术；培养学生全程低温控制的能力，熟悉先进信息技术、监控技术在冷链中的应用；知悉 OLIVO 干冰冷藏箱冷链运输的具体操作与优点。

3. 素质目标

培养创新、思辨、沟通、协作等职业素养；树立正确的价值观；培养家国情怀、社会责任、人文关怀等思政素养；树立食品安全意识、节能环保意识、科技创新意识和工匠精神，激发创新精神和职业担当。

（四）案例设计

1. 导入

新闻案例：目前，在世界各地，由于冷链体系不健全使运输中断，导致许多易腐烂的物品，特别是水果、蔬菜和鱼，从生产端运往消费端的成本高得惊人，并造成大量的食品浪费。尤其是海鲜食品，由于反复融冻，滋生了大量细菌，进而引发食品安全问题。引导学生讨论其原因，进而培养学生的职业担当和服务国家的爱国情怀。

2. 展开

回顾课前预习：了解学生课前学习效果，掌握学生的学情，引出本节课的相关知识点。

知识点 1：全程冷链的概念。

全程冷链指从仓库到分拣基地、最终配送到消费者全程温控，或不入库由原产地直接温控发货（一般在自建冷链物流中使用）。

知识点 2：全程冷链的关键问题。

一是传统冷藏（冷冻）运输车运送食品的缺点。二是冷链配套设施不健全，在中转过程中未能实现全程冷链。三是冷链中断，造成严重损失，甚至引起食品安全问题。四是生产地缺少预冷设施，导致全程冷链物流无法实现。五是冷链系统不完善，配送中出现"断链""脱冷"现象，影响生鲜产品等质量安全。六是规模小，难以形成规模效应。

知识点 3：全程冷链物流的发展对策。

第一，完善基础设施、减少冷链物流成本。第二，提高冷冻技术水平。第三，加强宏观调控，冷链运输过程中，由于其特殊性，应建立与之相对应的监控体系。第四，采用 OLIVO 干冰冷藏箱运输。

3. 学生参与式活动（课堂讨论）

问题一：传统冷链（冷冻）运输车的缺点有哪些？

运输过程中，有些司机为了节省柴油，不一定全程开动制冷设备，只是在到达卸货点前将温度恢复到所需数值，而某些高端产品若温度没有全程控制，其口感会完全改变。

下货时，除非在冷库内下货，其他收货点基本不具备低温条件，尤其在夏季，收货时若不能及时运送到冷藏陈列柜中，所送货物很容易发生部分解冻、

图 2　冷链物流中心

部分融化等现象，使整个冷链过程在最后一个环节发生断链，导致整个链条失败，客户拒绝签收等争议时有发生。

问题二：如何克服传统冷链的缺点？如何保证整个运输链条受温度控制？

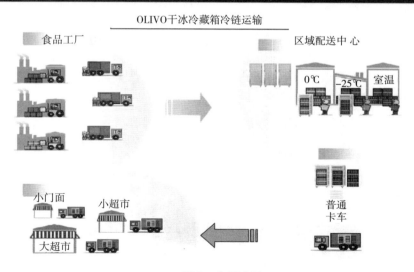

图 3　全程冷链

面对"断链"掣肘各行业的严峻现状，我们可以从哪些方面改变这一发展形势？

首先，政府对冷链物流各方面的支持引导至关重要，在政策及时出台、资金到位、

规划体系不断完善的前提下，严格监管避免安全事故和资源浪费。其次，用行业标准来修复冷链断裂带，规范冷链物流行业的发展。目前，全国物流标准化技术委员会专门成立了冷链物流分技术委员会，负责制定国家和行业标准，规范市场，对冷链物流进行宏观引导。最后，通过各种途径不断提高从业人员和消费者的冷链意识，加快冷链物流行业发展的信息化进程。

问题三：针对全程冷链"断链"的问题及如何实现短链，作为新一代青年的我们应该怎么办？

冷链"断链"问题及如何实现短链是目前行业的痛点和难点，也是我们物流人亟须解决的问题，作为物流学子，我们要把发展冷链物流作为己任，就像我们的校友仇焕广一样，深耕专业领域几十年，为我国农经发展做出了卓越成绩。

引入校友仇焕广案例：仇焕广从母校毕业后几十年如一日躬耕在农业经济、农产品贸易领域，2021年10月，在第六届安仁论坛上，仇焕广指出，目前，美国的人均耕地面积为82公顷，日本的人均耕地面积是2.4公顷，中国的人均耕地面积为0.2公顷。中国与国外发达国家相比，仍存在差距，这也是未来乡村振兴建设需要明确的事情，这些因素会影响我国的乡村振兴，走上与其他国家不同的发展之路。可以通过组织大中小学生到农村开展农业农村教育，组织艺术家到农村采风等举措，来促进农村文化宣传和推广。人才振兴是最重要的振兴，真正把优秀人才吸引到农村很难实践，但可以采取不同的措施吸引这些人才去农村交流，即便是短期交流，对农村的文化、人才振兴也十分重要。相对于国际全程冷链，目前我国全程冷链还存在较多缺陷，由于冷链中断的后果十分严重，所以希望作为新一代青年的你们，可以主动承担起中华民族伟大复兴的大任，展示青年担当。就像我们的校友仇焕广那样，在自己的专业领域作出贡献，不负使命，继续向前。

问题四：探究冷链变短的方案，可能运用到哪些黑科技？

预冷技术：预冷技术是指在货物运输、储藏或加工前将其温度迅速降低到规定温度的措施。预冷必须在生产地采收后立即进行，如此可以大大减缓农产品的呼吸频率和微生物的侵袭速度。

图4 先进冷链设施设备

速冻技术：速冻技术一般通过液氮与食品接触，吸收掉大量的潜热和显热致使食品冻结。食品冷冻过程中，由于瞬间带走大量热量而致使食品由外向内迅速降温至冻结，不会严重损伤到食品细胞组织，可以持续保持新鲜。液氮速冻技术以液氮为冷源，对环境没有任何危害。速冻的明显特征是短时间（20～60分钟）内将食品温度降低到－18℃以下。

规模化包装技术：在食材配送中，蔬菜食材的需求量巨大，有些食材还需要包装。即将空气和水分抽取干净，抑制霉菌和其他好氧微生物的繁殖。包装大多只能延缓和抑制食材的氧化速度，并不能制止氧化作用。常见的包装方式是收缩包装，包装好的食材薄膜经过加热后收缩，贴紧食材表面，防止食材松散，便于运输和销售。

4. 作业

为缩短冷链出谋划策；针对冷链中断的原因做一份问卷调查。

三、教学总结

（一）教学依据

《高等学校课程思政建设指导纲要》指出，全面推进课程思政建设，就是要寓价值观引导于知识传授和能力培养之中，帮助学生塑造正确的世界观、人生观、价值观，这是人才培养的应有之义，更是必备内容。对课专业教育课程思政教学体系做出明确规定，要根据不同学科专业的特色和优势，深入研究不同专业的育人目标，深度挖掘提炼专业知识体系中所蕴含的思想价值和精神内涵，科学合理拓展专业课程的广度、深度和温度，从课程所涉专业、行业、国家、国际、文化、历史等角度，增加课程的知识性、人文性，提升引领性、时代性和开放性。

本次课程思政引入农产品冷链物流运作场景与校友的优秀案例，在全程冷链各个知识点中不断融入家国情怀、社会责任等思政主题，增强学生的"三农"情怀、职业担当和民族自豪感。

（二）教学方法

本节课将问题驱动法和课堂研讨环节引入教学组织环节，设计了以学生为中心的"课前＋课中＋课后"三段式教学方法，体现了课程的高阶性。课前，基于项目主题，教师在线上发布自主学习项目任务单。课中，学生以小组为单位，通过研讨环节进行翻转课堂的探究活动，通过头脑风暴、成果展示等方式参与课堂活动。课后，教师布置复习任务，通过线上和线下两种方式与学生沟通互动、协作答疑，让学生巩固和拓展所学知识，提升综合能力。课堂内容融入思政元素，实现课堂思政。

（三）教学反思

通过课程思政教学让学生充分感受到冷链物流与国计民生的重要性，认识到知识、技术、管理缺一不可，以报国担当为己任。本案例实现了国家战略＋课程知识＋个人能力＋意识形态四位一体的思政效果。"教育者本人一定是受教育的"。课程思政教育教学改革的内在要求需要将思政元素加载在专业知识中，以具体的、形象的、生动的形式传输给学生。专业知识的讲授与思想德育找到合适的切入点是关键，专业课与思想政治理论课交叉互联，能够达到渗透式教学效果，提升教育亲和力和针对性，使学生意识到学习的崇高使命，形成协同效应，实现课程思政改革的最终目标。

汉语言文学文学综合实习

一、基本情况

（一）教师简介

付洁，人文社会科学学院讲师。研究方向为明清、近代诗文。主讲中国古代文学、中国古代小说名作鉴赏、大学语文等课程，获"第二届青岛农业大学青年教学能手"称号，山东省第七届"超星杯"高校青年教师讲课大赛优秀奖，主持省部级、地厅级等各类科研项目多项，参编教材1部。

（二）课程简介

本课程是汉语言文学本科专业必修课，涉及文学史理论、剧本改编与创作、舞台表演等多方面的知识与技能。本课程是在学生具备了中国古代文学、中国现当代文学、外国文学等课程基本理论基础后，或对古今中外的经典名著进行改编，或以当代英雄人物及道德楷模为主角进行剧本创作，并搬演至舞台的实践实习活动，旨在巩固和提升学生的知识和技能，使学生具备良好的专业素养，从而更好地适应社会发展，积极投身于文学文化相关工作中。

（三）授课方式

线下教学。

二、教学设计

（一）融入人物

本课程选取古代经典故事进行改编，或选取当下代表人物，以他们的亲身经历为素材创作剧本，弘扬故事或人物身上蕴含的可贵精神，如保家卫国、爱岗敬业、艰苦奋斗、无私奉献等。例如，话剧《在希望的田野上》便是根据青岛农业大学优秀教授王东伟、杨延蕃、姚源喜、林琪等的真实事迹而创作。

杨延蕃、姚源喜，原莱阳农学院教授。1958年刚刚组建的莱阳农学院急需一批科研人员充实力量，杨延蕃响应号召来到这片等待开垦的土地。两年后，他的夫人姚源喜也来到这里，两人开始携手奋斗。1978年杨延蕃与姚源喜一起选定了"肥料长期定位试验"课题进行实践。这是中国持续时间最长的同类试验，至今已有40余年。经过两代人的接续耕耘，位于青岛农业大学的这块试验田成为我国持续时间最长的肥料长期定位试验点，因数据资料齐全、土壤与植物样品保存完整被列为国家农业科学观测实验站。

图 1　王东伟

林琪，青农农学院教授，原农学与植物保护学院院长，山东省旱作农业技术重点实验室主任。长期从事粮食生产教学、科研及技术推广工作，立志服务"三农"，致力于农业教学与研究，他的"旱地小麦早、深、平高产栽培理论与技术"累计推广面积达 7 000 余万亩，增加小麦产量 80 余亿斤，节约农业用水 100 余亿立方米，增加农民收入达 60 余亿元。

王东伟，青农机电工程学院院长、教授。国家花生产业技术体系岗位科学家、全国黄大年式教师团队农业机械团队第二负责人、山东省有突出贡献的中青年专家，荣获全国五一劳动奖章、全国十佳农机教师、全国优秀农机科普工作者等荣誉称号。

（二）知识点

本课程将选择一个故事或一至两位人物作为重点塑造对象，以此作为剧本编写及舞台演出的中心并进行深度挖掘，形成完整作品。

（三）教学目标

1. 知识目标

灵活掌握汉语言文学的专业知识，包括话剧的主要要素是什么？如何塑造好几位教授的形象？如何集中情节？如何凸显主题？如何在短短的一幕中制造出剧本冲突等。

2. 能力目标

培养学生改编或创作剧本的能力，包括把握人物心理、演出能力等。引导学生自己探索如何更好地展现所选择的优秀教授的事迹，如何更好地凸显、弘扬他们的精神，如何使观众从中受到感染。

3. 素质目标

加深学生对话剧的理解，提高学生的文学鉴赏能力，启发学生对楷模人物的共情和崇敬，引导学生发现这些人物的可贵之处，力求做到情感感染和价值引领并重，从而实现文学和思政教育结合的有效性和高效性。

（四）案例设计

1. 导入

2021 年恰逢青岛农业大学建校 70 周年，学校陆续发表了关于本校优秀教师的相关报道，并组织学生多次参观校史馆，学生对青农的发展历程非常感兴趣。因此，根据前期理论课程中所学相关知识，结合新闻报道和亲身所见所闻后，剧组主创人员最终选择了王东伟、林琪、杨延蕃、姚源喜几位教授作为《在希望的田野上》的主要角色。

2. 展开

剧组确定主题后，围绕主题选择了最适合搬演到舞台的素材，即以青岛农业大学由莱阳农学院、莱阳农业大学一步步发展壮大的光辉历程为背景，以青农不同时期优秀教授为原型，展现优秀人物的科研奋斗史，凸显他们的可贵精神和品质。因本剧所选择教授的研究方向都与"三农"相关，故命名为《在希望的田野上》，并以彭丽媛演唱的同名歌曲为此剧主题曲。

《在希望的田野上》重在表现青农三代教授苦心科研、矢志"三农"的奉献精神。剧组主创人员的设想是从每一代青农杰出教授中选出代表，主角不同，但主题一致，以三幕构成一个完整剧作。

第一幕以原莱阳农学院杨延蕃、姚源喜教授为主角，两位教授是中国持续时间最长、世界持续时间第二的土壤定位实验开创者。1978年姚源喜和杨延蕃认识到肥料长期定位试验的重要性和前瞻性，主持创建了肥料长期定位试验，并肩战斗30余年。杨延蕃教授去世后，姚源喜教授选择将爱人的骨灰一半送回故乡，一半撒进试验田。姚源喜教授曾言："我把他的骨灰埋在试验地的保护行里，让他陪伴我，完成这个长期定位试验。"姚教授的这番话，感动了无数人。

第二幕的主角是青农农学院林琪教授。林琪教授在旱地小麦栽培理论与技术方面有突出贡献，长期从事粮食生产教学、科研及技术推广工作，重视深入基层解决农业生产中的实践问题，推广先进的农业生产技术，先后在全省各地举办科技讲座100余场次，发放宣传材料5万余份，直接听众逾3万人，向省、市相关部门提出抗灾增产技术方案30余条，解答、解决农民生产实践问题数百个，并为中央电视台、山东电视台等录制栽培技术讲座。一组组数字中凝结了林琪教授及其科研团队的汗水，是他们深入一线、立志服务于"三农"的最好证明。

第三幕的主角是构建了我国花生两段收获机械化技术体系的王东伟教授。王东伟教授首创花生多垄多行单体仿形单双粒联合精确播种与多行有序铺放收获为核心的技术体系，建立了花生高速播种、多垄多行联合收获理论体系，创制并推广应用了适应花生不同种植要求、不同种植区域的3种大型联合播种机、2种大型分段收获机和2种联合收获机等。其本人是全国首批黄大年式教学团队骨干成员，获得省级教学成果奖一等奖1项、二等奖2项，被评为全国十佳农机教师、全国农机优秀科普工作者。一系列成绩的背后，是王东伟教授高强度、无休止的付出。

三幕剧时间横跨70年，全面展现了三代青农教授薪火相传、初衷不改的奋斗岁月。怀着数十年如一日的梦想，我们的教授走出实验室，走出学校，走进了一线和乡村。在他们眼中，乡村的田野绝不仅是冷冰冰的科研试验之地，而是承载着无数人心血和期冀的热土。习近平总书记指出："新时代，农村是充满希望的田野，是干事创业的广阔舞台，我国高等农林教育大有可为。"青农教授们的付出，既是科研之路上的努力与拼搏，也是对时代呼唤的最有力响应。

汉语言文学文学综合实习

在课程进行过程中，指导教师以现场指导的方式全程跟进，把握实习的进度和方向。

图 2 《在希望的田野上》剧照

3. 作业

总结：根据本次演出，考查学生在这一过程中对所学知识的运用，以及对话剧创作和舞台演出等相关能力的掌握，认识文学与人生、创作与现实生活的关系。

同时，学生应注意反思各位教授为何能够在各自的领域获得成功，他们身上有哪些可贵之处？从上述内容入手，写一篇实习总结或创作相关题材的新剧本。

三、教学总结

（一）教学依据

《高等学校课程思政建设指导纲要》明确指出教师在授课过程中应"引导学生把国家、社会、公民的价值要求融为一体，提高个人的爱国、敬业、诚信、友善修养"，并使学生能够"自觉弘扬中华优秀传统文化、革命文化、社会主义先进文化"。

同时，实践类课程还需"学思结合、知行统一""扎根中国大地了解国情民情，在实践中增长智慧才干"。通过对《在希望的田野上》这一话剧的编写和演出，学生不但可以弥补在应用能力、实际训练方面的不足，提高文学素养，讲好中国故事，还可以加深对传统文化的感情，并自觉、自愿以同时代的优秀人物为楷模，树立正确的人生观与价值观。

（二）教学方法

《在希望的田野上》这一话剧的改编和演出实现了教学方法方面的较大突破。这一实习综合了讨论法（编剧组内部的讨论，编剧、导演和演员之间的讨论，指导教师和学生之间的讨论等）、任务驱动法（教师规定实习的基本流程，确定实习目标，将任务传达给学生，学生通过自己翻阅话剧编写和演出的相关理论知识，并将之应用于实际操作）和参观教学法（在本剧的撰写过程中，教师带领学生多次进行了实地调研和人物采访）等多种教学方法。

多样化的教学方法打破了本专业以往学习固定教材内容的局限，拓展了学习内容的广度、深度及与现实生活的关联度，构建起以课堂学习鉴赏为基础、以舞台化形象编演为表现形式的新的立体化综合学习模式，积极探索、优化、创新社会主义核心价值观在当代大学生中的传承理念与方式，通过形象化的舞台编演体系建构学生对社会主义核心价值观最直接、最鲜活的认知与理解。

（三）教学反思

从本次实习情况来看，通过剧情弘扬社会主义核心价值观的表现形式卓有成效。在整个剧本的创作和演出过程中，指导教师除专业知识传授和能力培养外，有意识地做好情感感染和价值引领，希望通过这次实习使学生的精神面貌和思想状况有一定改善。

实习过程中教师与学生近距离交流发现，学生的思想在两个方面比较值得注意：一是学生心态良好，精神面貌较为积极向上。二是学生表现出对国家、民族和学校的强烈认同。例如 2021 年为庆祝建党 100 周年和建校 70 周年，学生自发选择了青农三代优秀教授为原型进行话剧创作和演出。

同时教学中也有一些不足，需在今后的实践中改进。例如如何选择最恰当的人物，如何充分挖掘学生的共情能力，通过何种方式最大限度地调动学生积极性等还存在继续进步的空间。

图书在版编目（CIP）数据

课程思政教学设计：立德树人　强农兴农. 校友篇 /
田义轲，张玉梅主编. —北京：中国农业出版社，
2023.12

ISBN 978-7-109-31620-1

Ⅰ.①课…　Ⅱ.①田…②张…　Ⅲ.①思想政治教育
－教学设计－高等学校　Ⅳ.①G641

中国国家版本馆 CIP 数据核字（2024）第 010937 号

中国农业出版社出版

地址：北京市朝阳区麦子店街 18 号楼
邮编：100125
责任编辑：张　丽　邓琳琳　胡晓纯
版式设计：王　晨　　责任校对：吴丽婷
印刷：北京印刷一厂
版次：2023 年 12 月第 1 版
印次：2023 年 12 月北京第 1 次印刷
发行：新华书店北京发行所
开本：787mm×1092mm　1/16
总印张：24.75
总字数：570 千字
总定价：158.00 元